税务干部业务能力升级学习丛书

税务稽查
岗位知识与技能

本书编写组 ◎ 编

中国税务出版社

图书在版编目（CIP）数据

税务稽查岗位知识与技能 / 本书编写组编. -- 北京：中国税务出版社，2024.8. --（税务干部业务能力升级学习丛书）. -- ISBN 978-7-5678-1535-3

Ⅰ.F812.423

中国国家版本馆 CIP 数据核字第 2024B7P102 号

限税务系统使用·版权所有·侵权必究

丛 书 名：	税务干部业务能力升级学习丛书
书 　 名：	税务稽查岗位知识与技能
	SHUIWU JICHA GANGWEI ZHISHI YU JINENG
作 　 者：	本书编写组　编
责任编辑：	张　敏
责任校对：	姚浩晴
技术设计：	林立志
出版发行：	中国税务出版社
	北京市丰台区广安路 9 号国投财富广场 1 号楼 11 层
	邮政编码：100055
	网址：https://www.taxation.cn
	投稿：https://www.taxation.cn/qt/zztg
	发行中心电话：(010)83362083/85/86
	传真：(010)83362047/49
印 　 刷：	天津嘉恒印务有限公司
规 　 格：	787 毫米×1092 毫米　1/16
印 　 张：	30.75
字 　 数：	634000 字
版 　 次：	2024 年 8 月第 1 版　2024 年 8 月第 1 次印刷
书 　 号：	ISBN 978-7-5678-1535-3
定 　 价：	89.00 元

如有印装错误　本社负责调换

编 者 说 明

为落实打造效能税务要求，持续深化依法治税、以数治税、从严治税一体贯通，不断提升税务干部税费征管、便民服务、风险防范的能力和水平，我们结合税收工作实际，组织编写了"税务干部业务能力升级学习丛书"，分为《通用知识》《综合管理岗位知识与技能》《纳税服务岗位知识与技能》《征收管理岗位知识与技能》《税务稽查岗位知识与技能》《信息技术岗位知识与技能》及配套习题集。

《税务稽查岗位知识与技能》旨在帮助税务稽查岗位税务干部快速掌握业务知识，系统提升专业能力。本书具有以下特点：一是以法条为依据，严格依照税务稽查相关法律法规文件进行知识点编写，帮助税务稽查干部把握处理稽查案件尺度的统一和维护税收工作法制的统一。二是以实战为目标，注重提升税务干部从事税务稽查工作所必须具备的专业知识和技能，特别是运用有关基本理论、基本知识和基本方法分析解决税务稽查工作中相关实际问题的能力。三是以岗位重点工作为侧重，更新补充涉税违法行为与《刑法》罪名的衔接、最新税收政策及相应检查方法等内容。

由于时间及能力所限，书中疏漏在所难免，不妥之处恳请读者批评指正。具体修改意见和建议，请与编辑联系（邮箱：bjzx@taxation.cn，QQ：1050456451），以便修订时更正。

编 者

目录

第一章 税务稽查总述   1

知识架构   3
第一节   税务稽查基本任务与原则   3
第二节   税务稽查信息化   4
第三节   税务稽查工作要求   5

第二章 税务稽查相关法律适用   11

知识架构   13
第一节   税务稽查法律关系   13
第二节   相关行政法律在税务稽查中的适用   17
第三节   刑事法律在税务稽查中的运用   64
第四节   民商法在税务稽查中的适用   85

第三章 税务稽查案件办理程序   95

知识架构   97
第一节   选案   98
第二节   检查   101
第三节   审理   112

第四节　执行　123
第五节　签章　131

第四章　货物和劳务税稽查　**133**

知识架构　135
第一节　增值税的检查方法　135
第二节　消费税的检查方法　174

第五章　所得税稽查　**205**

知识架构　207
第一节　企业所得税的检查方法　207
第二节　个人所得税的检查方法　276

第六章　其他税种稽查　**317**

知识架构　319
第一节　城镇土地使用税的检查方法　319
第二节　城市维护建设税及教育费附加的检查方法　324
第三节　耕地占用税的检查方法　329
第四节　土地增值税的检查方法　333
第五节　房产税的检查方法　340
第六节　印花税的检查方法　344
第七节　契税的检查方法　355
第八节　资源税的检查方法　363
第九节　环境保护税的检查方法　371
第十节　车船税的检查方法　377
第十一节　车辆购置税的检查方法　382
第十二节　烟叶税的检查方法　386

第七章　涉税违法行为的检查与定性　　　　389

知识架构　　　　391
第一节　虚开发票行为的检查与定性　　　　391
第二节　骗税行为的检查与定性　　　　416
第三节　偷逃税行为的检查与定性　　　　430

第八章　税务稽查管理制度　　　　437

知识架构　　　　439
第一节　"双随机、一公开"制度　　　　439
第二节　稽查案卷管理制度　　　　449
第三节　其他稽查管理制度　　　　462

第一章 税务稽查总述

>> 知识架构

税务稽查总述 ｛ 税务稽查基本任务与原则 —— 3个知识点
税务稽查信息化 —— 4个知识点
税务稽查工作要求 —— 4个知识点

>> 第一节
税务稽查基本任务与原则

【知识点1】 税务稽查基本任务和主要职责

税务稽查案件由稽查局依法实施。

根据《中华人民共和国税收征收管理法》(以下简称《税收征收管理法》)第十四条规定，税务机关，是指各级税务局、税务分局、税务所和按照国务院规定设立的并向社会公告的税务机构。

《税收征收管理法》第十四条所称按照国务院规定设立的并向社会公告的税务机构，是指省以下税务局的稽查局。稽查局专司偷税、逃避追缴欠税、骗税、抗税案件的查处。国家税务总局应当明确划分税务局和稽查局的职责，避免职责交叉。

《税务稽查案件办理程序规定》第四条明确，稽查局的主要职责，是依法对纳税人、扣缴义务人和其他涉税当事人履行纳税义务、扣缴义务情况及涉税事项进行检查处理，以及围绕检查处理开展的其他相关工作。

【知识点2】 税务稽查的原则

办理税务稽查案件应当以事实为根据，以法律为准绳，坚持公平、公开、公正、效率的原则。具有一定社会影响的行政处罚决定应当依法公开。

【知识点3】 税务稽查分工制约原则

稽查局办理税务稽查案件时，实行选案、检查、审理、执行分工制约原则。

>> 第二节
税务稽查信息化

【知识点1】 稽查信息化内涵

国家有计划地用现代信息技术装备各级税务机关，加强税收征收管理信息系统的现代化建设，建立、健全税务机关与政府其他管理机关的信息共享制度。

税务系统要持续推进稽查信息化建设，通过稽查视频指挥系统、协查信息管理系统、涉税案件资金网络查控平台等，充分运用信息化战法，进一步提升打击质效。

中共中央办公厅、国务院办公厅印发《关于进一步深化税收征管改革的意见》（以下简称《意见》）中提到：到2025年，深化税收征管制度改革取得显著成效，基本建成功能强大的智慧税务，形成国内一流的智能化行政应用系统，全方位提高税务执法、服务、监管能力。充分运用大数据、云计算、人工智能、移动互联网等现代信息技术，着力推进内外部涉税数据汇聚联通、线上线下有机贯通，驱动税务执法、服务、监管制度创新和业务变革，进一步优化组织体系和资源配置。2025年实现税务执法、服务、监管与大数据智能化应用深度融合、高效联动、全面升级。

【知识点2】 数电票

数电票，目前主要包括电子发票（增值税专用发票）、电子发票（普通发票），是全面数字化的电子发票，是与纸质发票具有同等法律效力的全新发票，不以纸质形式存在、不用介质支撑、不需申请领用。数电票将纸质发票的票面信息全面数字化，通过标签管理将多个票种集成归并为电子发票单一票种，设立税务数字账户，实现全国统一赋码、智能赋予发票开具金额总额度、自动流转交付。

【知识点3】 人工智能技术

人工智能（AI），是研究、开发用于模拟、延伸和扩展人的智能的理论、方法、技术及应用系统的一门新的技术科学。人工智能是新一轮科技革命和产业变革的重要驱动力量，被认为21世纪三大尖端技术（基因工程、纳米科学、人工智能）之一。

【知识点4】 数字中国建设

2023年2月，中共中央、国务院印发了《数字中国建设整体布局规划》（以下简称《规划》），《规划》的主要内容如下。

（1）建设数字中国是数字时代推进中国式现代化的重要引擎，是构筑国家竞争新优势的有力支撑。加快数字中国建设，对全面建设社会主义现代化国家、全面推进中华民族伟大复兴具有重要意义和深远影响。

（2）要全面提升数字中国建设的整体性、系统性、协同性，促进数字经济和实体经济深度融合，以数字化驱动生产生活和治理方式变革。

（3）到2025年，基本形成横向打通、纵向贯通、协调有力的一体化推进格局，数字中国建设取得重要进展。数字基础设施高效联通，数据资源规模和质量加快提升，数据要素价值有效释放，……数字治理体系更加完善，数字领域国际合作打开新局面。到2035年，数字化发展水平进入世界前列，数字中国建设取得重大成就。

（4）数字中国建设按照"2522"的整体框架进行布局，即夯实数字基础设施和数据资源体系"两大基础"，推进数字技术与经济、政治、文化、社会、生态文明建设"五位一体"深度融合，强化数字技术创新体系和数字安全屏障"两大能力"，优化数字化发展国内国际"两个环境"。

（5）要夯实数字中国建设基础。一是打通数字基础设施大动脉。加快5G网络与千兆光网协同建设，深入推进IPv6规模部署和应用，推进移动物联网全面发展，大力推进北斗规模应用。系统优化算力基础设施布局，促进东西部算力高效互补和协同联动，引导通用数据中心、超算中心、智能计算中心、边缘数据中心等合理梯次布局。整体提升应用基础设施水平，加强传统基础设施数字化、智能化改造。二是畅通数据资源大循环。构建国家数据管理体制机制，健全各级数据统筹管理机构。推动公共数据汇聚利用，建设公共卫生、科技、教育等重要领域国家数据资源库。释放商业数据价值潜能，加快建立数据产权制度，开展数据资产计价研究，建立数据要素按价值贡献参与分配机制。

（6）要全面赋能经济社会发展。一是做强做优做大数字经济，二是发展高效协同的数字政务，三是打造自信繁荣的数字文化，四是构建普惠便捷的数字社会，五是建设绿色智慧的数字生态文明。

（7）要强化数字中国关键能力。一是构筑自立自强的数字技术创新体系，二是筑牢可信可控的数字安全屏障。

>> 第三节
税务稽查工作要求

【知识点1】 税务稽查工作纪律

税务稽查人员应当遵守工作纪律，恪守职业道德，不得有下列行为：

(1) 违反法定程序、超越权限行使职权；
(2) 利用职权为自己或者他人牟取利益；
(3) 玩忽职守，不履行法定义务；
(4) 泄露国家秘密、工作秘密，向被查对象通风报信、泄露案情；
(5) 弄虚作假，故意夸大或者隐瞒案情；
(6) 接受被查对象的请客送礼等影响公正执行公务的行为；
(7) 其他违法违纪行为。

税务稽查人员在执法办案中滥用职权、玩忽职守、徇私舞弊的，依照有关规定严肃处理；涉嫌犯罪的，依法移送司法机关处理。

税务机关应当加强队伍建设，提高税务人员的政治业务素质。税务机关、税务人员必须秉公执法、忠于职守、清正廉洁、礼貌待人、文明服务，尊重和保护纳税人、扣缴义务人的权利，依法接受监督。税务人员不得索贿受贿、徇私舞弊、玩忽职守、不征或者少征应征税款；不得滥用职权多征税款或者故意刁难纳税人和扣缴义务人。

《中华人民共和国公务员法》规定，公务员执行公务时，认为上级的决定或者命令有错误的，可以向上级提出改正或者撤销该决定或者命令的意见；上级不改变该决定或者命令，或者要求立即执行的，公务员应当执行该决定或者命令，执行的后果由上级负责，公务员不承担责任；但是，公务员执行明显违法的决定或者命令的，应当依法承担相应的责任。

《行政执法类公务员管理规定》（2023年9月1日中共中央修订）规定，行政执法类公务员有公开发表存在严重政治问题言论、对党不忠诚不老实、表里不一、阳奉阴违等违反政治纪律行为的，在履行职责中有态度恶劣粗暴造成不良后果或者影响、故意刁难或者吃拿卡要、弄虚作假、滥用职权、玩忽职守、徇私枉法、打击报复行政相对人等违纪违法行为以及违反机关的决定和命令的，按照有关规定给予谈话提醒、批评教育、责令检查、诫勉、组织处理、处分；构成犯罪的，依法追究刑事责任。

【知识点2】 税务稽查保密纪律

1. 一般规定

税务稽查保密管理，是指稽查局依据国家保密法律、行政法规、规章及规范性文件，在依法履行税务稽查职责时，按照保密工作要求，对稽查工作中产生的相关事项对照保密事项确定密级、保密期限和知悉范围，或者根据工作需要对各实施环节明确保密要求，以及各稽查岗位按照职责范围做好国家秘密、工作秘密和纳税人涉税信息的保密工作。税务稽查人员上岗必须签订《保密承诺书》。

税务稽查保密管理包括税务工作国家秘密、工作秘密、纳税人涉税保密信息、税务稽查网络安全管理、税务涉密会议保密管理、强化稽查保密管理等。

税务稽查人员对实施税务稽查过程中知悉的国家秘密、商业秘密或者个人隐私、个人信息，应当依法予以保密。

纳税人、扣缴义务人和其他涉税当事人的税收违法行为不属于保密范围。但涉及的国家秘密、商业秘密或者个人隐私、个人信息仍应当依法予以保密。

《中华人民共和国民法典》和《中华人民共和国个人信息保护法》中关于个人隐私、个人信息的相关规定，见本书第二章第四节。

2. 国家秘密

根据《中华人民共和国保守国家秘密法》规定，国家秘密是关系国家安全和利益，依照法定程序确定，在一定时间内只限一定范围的人员知悉的事项。下列涉及国家安全和利益的事项，泄露后可能损害国家在政治、经济、国防、外交等领域的安全和利益的，应当确定为国家秘密：

（1）国家事务重大决策中的秘密事项；

（2）国防建设和武装力量活动中的秘密事项；

（3）外交和外事活动中的秘密事项以及对外承担保密义务的秘密事项；

（4）国民经济和社会发展中的秘密事项；

（5）科学技术中的秘密事项；

（6）维护国家安全活动和追查刑事犯罪中的秘密事项；

（7）经国家保密行政管理部门确定的其他秘密事项。

政党的秘密事项中符合前款规定的，属于国家秘密。

国家秘密的密级分为绝密、机密、秘密三级。绝密级国家秘密是最重要的国家秘密，泄露会使国家安全和利益遭受特别严重的损害；机密级国家秘密是重要的国家秘密，泄露会使国家安全和利益遭受严重的损害；秘密级国家秘密是一般的国家秘密，泄露会使国家安全和利益遭受损害。

机关、单位对所产生的国家秘密事项，应当按照国家秘密及其密级的具体范围的规定确定密级，同时确定保密期限和知悉范围。国家秘密的保密期限，应当根据事项的性质和特点，按照维护国家安全和利益的需要，限定在必要的期限内；不能确定期限的，应当确定解密的条件。国家秘密的保密期限，除另有规定外，绝密级不超过30年，机密级不超过20年，秘密级不超过10年。

机关、单位应当对信息系统、信息设备的保密管理，建设保密自监管设施，及时发现并处置安全保密风险隐患。任何组织和个人不得有下列行为：

（1）未按照国家保密规定和标准采取有效保密措施，将涉密计算机、涉密存储设备接入互联网及其他公共信息网络；

（2）未按照国家保密规定和标准在未采取防护措施的情况下，在涉密信息系统、涉密信息设备与互联网及其他公共信息网络之间进行信息交换；

(3）使用非涉密信息系统、非涉密存储设备存储、处理国家秘密信息；

（4）擅自卸载、修改涉密信息系统的安全技术程序、管理程序；

（5）将未经安全技术处理的退出使用的涉密计算机、涉密存储设备赠送、出售、丢弃或者改作其他用途。

（6）其他违反信息系统、信息设备保密规定的行为。

机关、单位应当加强对国家秘密载体的管理，任何组织和个人不得有下列行为：

（1）非法获取、持有国家秘密载体；

（2）买卖、转送或者私自销毁国家秘密载体；

（3）通过普通邮政、快递等无保密措施的渠道传递国家秘密载体；

（4）邮寄、托运国家秘密载体出境；

（5）未经有关主管部门批准，携带、传递国家秘密载体出境；

（6）其他违反国家秘密载体保密规定的行为。

禁止非法复制、记录、存储国家秘密。禁止在互联网及其他公共信息网络或者未采取保密措施的有线和无线通信中传递国家秘密。禁止在私人交往和通信中涉及国家秘密。

涉密人员离岗离职应当遵守国家保密规定。机关、单位应当开展保密教育提醒，清退国家秘密载体，实行脱密期管理。涉密人员在脱密期内，不得违反规定就业和出境，不得以任何方式泄露国家秘密；脱密期结束后，应当遵守国家保密规定，对知悉的国家秘密继续履行保密义务。涉密人员严重违反离岗离职及脱密期国家保密规定的，机关、单位应当及时报告同级保密行政管理部门，由保密行政管理部门会同有关部门依法采取处置措施。

【知识点3】 强化税务执法内部控制和监督

《意见》中强调："2022年基本构建起全面覆盖、全程防控、全员有责的税务执法风险信息化内控监督体系，将税务执法风险防范措施嵌入信息系统，实现事前预警、事中阻断、事后追责。强化内外部审计监督和重大税务违法案件'一案双查'，不断完善对税务执法行为的常态化、精准化、机制化监督。"

近年来，税务部门采取了编制权力和责任清单，规范税务行政处罚裁量权，推进行政执法"三项制度"，健全内控监督体系，严查严处失职失责和违纪违法税务人员等措施加强税务执法内部控制和监督。

【知识点4】 税务稽查回避

税务稽查人员实施税务稽查过程中，与纳税人、扣缴义务人或者其法定代表人（主要负责人）、直接责任人有下列关系之一的，应当回避，纳税人、扣缴义务人也有权以口头或者书面形式申请其回避：夫妻关系；直系血亲关系；三代以内旁系血亲关系；近姻亲关系；可能影响公正执法的其他利害关系。

被查对象可以书面或者口头提出稽查人员回避要求，口头提出的，稽查人员应当及时记录；稽查人员可以自行提出回避申请。

税务稽查人员是否回避由稽查局局长依法决定；稽查局局长发现稽查人员有应当回避情形的，应当要求其回避。

稽查局局长的回避，由稽查局所属税务局局长或者稽查局所属税务局分管领导依法决定。

涉及听证的，听证申请人收到听证通知书后，提出回避申请的或者听证主持人自行提出回避申请的，经稽查局局长审批同意后重新指定听证主持人，并制作《税务事项通知书》告知案件当事人。如稽查局局长认为不需回避的，按期实施听证。对驳回申请回避的决定，听证申请人可以申请复核一次。

第二章 税务稽查相关法律适用

>> 知识架构

```
税务稽查相关法律适用
├── 税务稽查法律关系
│   ├── 税务稽查法律关系的主体、客体与内容 —— 5个知识点
│   ├── 税务稽查行政主体的权力与责任 —— 2个知识点
│   ├── 税务稽查行政相对人的权利与义务 —— 2个知识点
│   └── 法律适用原则 —— 10个知识点
├── 相关行政法律在税务稽查中的适用
│   ├── 《行政处罚法》在税务稽查中的适用 —— 31个知识点
│   ├── 《行政复议法》在税务稽查中的适用 —— 25个知识点
│   ├── 《行政诉讼法》在税务稽查中的适用 —— 24个知识点
│   └── 《行政强制法》在税务稽查中的适用 —— 11个知识点
├── 刑事法律在税务稽查中的运用
│   ├── 《刑法》与税法在处罚种类上的衔接 —— 4个知识点
│   ├── 涉税违法行为与《刑法》罪名的衔接 —— 14个知识点
│   ├── 涉税刑事案件立案追诉标准 —— 16个知识点
│   └── 《刑法》第11次修正案中与税务稽查相关的修正内容 —— 7个知识点
└── 民商法在税务稽查中的适用
    ├── 关于法人与营利法人的相关规定 —— 1个知识点
    ├── 关于人格权的相关规定 —— 5个知识点
    ├── 关于代位权和撤销权的规定 —— 2个知识点
    └── 关于期间和送达的规定 —— 3个知识点
```

>> 第一节 税务稽查法律关系

一、税务稽查法律关系的主体、客体与内容

【知识点1】税务稽查法律关系的概念

税务稽查法律关系作为税收法律关系的组成部分，同样是由税收法律规范确认和

调整的，国家和纳税人及其他行政相对人之间形成的特定的权利和义务关系，它具有税收法律关系的基本特征，但同时又具有其特殊性，包括税务稽查法律关系的主体、税务稽查法律关系的客体与税务稽查法律关系的内容。

【知识点2】 税务稽查法律关系的主体

税务稽查法律关系的主体，是指税务稽查法律关系的参加者，即在税务稽查法律关系中享有权利和承担义务的当事人，主要包括税务稽查行政主体、税务稽查行政相对人。

【知识点3】 税务稽查法律关系的客体

税务稽查法律关系的客体，是指税务稽查法律关系主体的权利义务所指向的对象。法律关系的客体可以分为四个大类：一是物，即能够成为人们所控制和支配的物质财富；二是行为，包括作为和不作为；三是精神财富，即从事智力活动所取得的成果；四是人身权，包括生命权、健康权、人格权、人身自由权等。而税务稽查法律关系的客体主要是物和行为。

【知识点4】 税务稽查法律关系的内容

税务稽查法律关系的内容，是指税务稽查法律关系主体之间的权利和义务，主要包括税务稽查行政主体的权利义务和税务稽查行政相对人的权利义务。

【知识点5】 税务稽查法律关系的产生、变更与消灭

税务稽查法律关系的产生、变更和消灭是由税务稽查法律事实来决定的。税务稽查法律事实，就是税收法律法规规定的、能够引起税务稽查法律关系产生、变更和消灭的事件或行为。事件，是指能直接引起稽查法律关系产生、变更和消灭的，不以当事人的意志为转移的客观现象。行为，是指能引起稽查法律关系产生、变更和消灭的人们的某种活动。

二 税务稽查行政主体的权力与责任

【知识点1】 税务稽查行政主体的权力

税务稽查行政主体的权力主要表现为税款追征权、税务检查权、行政处罚权、税收保全权和强制执行权等。

【知识点2】 税务稽查行政主体的责任

税务稽查行政主体的责任主要表现为依法定程序和权限开展税务稽查，出示税务检查证和送达《税务检查通知书》，依法履行告知义务，告知被查对象陈述权和申辩权，不得超越职权和滥用职权，不得侵害被查对象的合法权益。

三 税务稽查行政相对人的权利与义务

【知识点1】 税务稽查行政相对人的权利

税务稽查行政相对人的权利主要表现为要求保密权、要求回避权、陈述权、申辩权、对未出示税务检查证或《税务检查通知书》检查行为的拒绝权、要求听证权、申请行政复议权、提起行政诉讼权、请求国家赔偿权等。

【知识点2】 税务稽查行政相对人的义务

税务稽查行政相对人的义务主要表现为配合检查的义务，接受稽查局依法进行的税务检查，如实反映情况，提供有关资料，接受问询，不得拒绝、隐瞒或提供虚假资料、做伪证，以及对稽查发现的问题及时补缴税款、纠正错误等。

四 法律适用原则

【知识点1】 法律的效力
法律的效力高于行政法规、地方性法规、规章。

【知识点2】 行政法规的效力
行政法规的效力高于地方性法规、规章。

【知识点3】 地方性法规的效力
地方性法规的效力高于本级和下级地方政府规章。

【知识点4】 行政规章的效力
省、自治区的人民政府制定的规章的效力高于本行政区域内的设区的市、自治州的人民政府制定的规章。

【知识点5】 自治条例和单行条例的效力

自治条例和单行条例依法对法律、行政法规、地方性法规作变通规定的，在本自治地方适用自治条例和单行条例的规定。

【知识点6】 经济特区法规的效力

经济特区法规根据授权对法律、行政法规、地方性法规作变通规定的，在本经济特区适用经济特区法规的规定。

部门规章之间、部门规章与地方政府规章之间具有同等效力，在各自的权限范围内施行。

【知识点7】 特别规定与一般规定的适用原则

同一机关制定的法律、行政法规、地方性法规、自治条例和单行条例、规章，特别规定与一般规定不一致的，适用特别规定；新的规定与旧的规定不一致的，适用新的规定。

法律之间对同一事项的新的一般规定与旧的特别规定不一致，不能确定如何适用时，由全国人民代表大会常务委员会裁决。

行政法规之间对同一事项的新的一般规定与旧的特别规定不一致，不能确定如何适用时，由国务院裁决。

同一机关制定的地方性法规、规章之间新的一般规定与旧的特别规定不一致时，由制定机关裁决。

【知识点8】 不溯及既往原则

法律、行政法规、地方性法规、自治条例和单行条例、规章不溯及既往，但为了更好地保护公民、法人和其他组织的权利和利益而作的特别规定除外。

【知识点9】 地方性法规、规章之间不一致的适用原则

地方性法规、规章之间不一致时，除前述【知识点7】所列情形外，由有关机关依照下列规定的权限作出裁决：

（1）地方性法规与部门规章之间对同一事项的规定不一致，不能确定如何适用时，由国务院提出意见，国务院认为应当适用地方性法规的，应当决定在该地方适用地方性法规的规定；认为应当适用部门规章的，应当提请全国人民代表大会常务委员会裁决。

（2）部门规章之间、部门规章与地方政府规章之间对同一事项的规定不一致时，由国务院裁决。

根据授权制定的法规与法律规定不一致，不能确定如何适用时，由全国人民代表大会常务委员会裁决。

【知识点10】 刑事司法解释时间效力适用原则

根据《最高人民法院 最高人民检察院关于适用刑事司法解释时间效力问题的规定》（高检发释字〔2001〕5号），关于刑事司法解释时间效力问题的适用原则有：

（1）司法解释是最高人民法院对审判工作中具体应用法律问题和最高人民检察院对检察工作中具体应用法律问题所作的具有法律效力的解释，自发布或者规定之日起施行，效力适用于法律的施行期间。

（2）对于司法解释实施前发生的行为，行为时没有相关司法解释，司法解释施行后尚未处理或者正在处理的案件，依照司法解释的规定办理。

（3）对于新的司法解释实施前发生的行为，行为时已有相关司法解释，依照行为时的司法解释办理，但适用新的司法解释对犯罪嫌疑人、被告人有利的，适用新的司法解释。

（4）对于在司法解释施行前已办结的案件，按照当时的法律和司法解释，认定事实和适用法律没有错误的，不再变动。

>> 第二节
相关行政法律在税务稽查中的适用

一 《行政处罚法》在税务稽查中的适用

【知识点1】 税务行政处罚的实施主体

行政处罚由具有行政处罚权的行政机关在法定职权范围内实施。

实施行政处罚的税务机关包括各级税务局、税务分局、税务所和省以下税务局的稽查局。

行政处罚没有依据或者实施主体不具有行政主体资格的，行政处罚无效。

【知识点2】 行政处罚的定义和种类

行政处罚是指行政机关依法对违反行政管理秩序的公民、法人或者其他组织，以减损权益或者增加义务的方式予以惩戒的行为。

行政处罚的种类包括：①警告、通报批评；②罚款、没收违法所得、没收非法财物；③暂扣许可证件、降低资质等级、吊销许可证件；④限制开展生产经营活动、责令停产停业、责令关闭、限制从业；⑤行政拘留；⑥法律、行政法规规定的其他行政处罚。

税务行政处罚的种类包括：①罚款；②没收违法所得、没收非法财物；③停止出口退税权；④法律、法规和规章规定的其他行政处罚。

【知识点3】 行政处罚管辖

行政处罚管辖分为地域管辖和指定管辖。

1. 地域管辖

行政处罚由县级以上地方人民政府具有行政处罚权的行政机关管辖。法律、行政法规另有规定的，从其规定。

2. 指定管辖

两个以上行政机关都有管辖权的，由最先立案的行政机关管辖。对管辖发生争议的，应当协商解决，协商不成的，报请共同的上一级行政机关指定管辖；也可以直接由共同的上一级行政机关指定管辖。

【知识点4】 双向移送和行刑衔接

违法行为涉嫌犯罪的，行政机关应当及时将案件移送司法机关，依法追究刑事责任。对依法不需要追究刑事责任或者免予刑事处罚，但应当给予行政处罚的，司法机关应当及时将案件移送有关行政机关。

违法行为构成犯罪，人民法院判处罚金时，行政机关已经给予当事人罚款的，应当折抵相应罚金；行政机关尚未给予当事人罚款的，不再给予罚款。

【知识点5】 税务行政处罚的追诉时效

《行政处罚法》规定，违法行为在2年内未被发现的，不再给予行政处罚；涉及公民生命健康安全、金融安全且有危害后果的，上述期限延长至5年。法律另有规定的除外。以上规定的期限，从违法行为发生之日起计算；违法行为有连续或者继续状态的，从行为终了之日起计算。

《税收征收管理法》规定，违反税收法律、行政法规应当给予行政处罚的行为，在5年内未被发现的，不再给予行政处罚。

任何机关只要启动调查、取证和立案程序，均可视为"发现"；群众举报后被认定属实的，发现时效以举报时间为准。

【知识点 6】 责令限期改正

税务机关应当责令当事人改正或者限期改正违法行为的，除法律、法规、规章另有规定外，责令限期改正的期限一般不超过 30 日。

【知识点 7】 一事不二罚和竞合从一重处

对当事人的同一个违法行为，不得给予两次以上罚款的行政处罚。同一个违法行为违反多个法律规范应当给予罚款处罚的，按照罚款数额高的规定处罚。

【知识点 8】 不予行政处罚的情形

当事人有下列情形之一的，不予行政处罚：

（1）违法行为轻微并及时改正，没有造成危害后果的，不予行政处罚。初次违法且危害后果轻微并及时改正的，可以不予行政处罚。当事人有证据足以证明没有主观过错的，不予行政处罚。法律、行政法规另有规定的，从其规定。对当事人的违法行为依法不予行政处罚的，行政机关应当对当事人进行教育。

（2）不满 14 周岁的未成年人有违法行为的，不予行政处罚，责令监护人加以管教。

（3）精神病人、智力残疾人在不能辨认或者不能控制自己行为时有违法行为的，不予行政处罚，但应当责令其监护人严加看管和治疗。

【知识点 9】 依法从轻或者减轻行政处罚的情形

当事人有下列情形之一的，应当依法从轻或者减轻行政处罚：

（1）已满 14 周岁不满 18 周岁的未成年人有违法行为的，应当从轻或者减轻行政处罚；

（2）尚未完全丧失辨认或者控制自己行为能力的精神病人、智力残疾人有违法行为的，可以从轻或者减轻行政处罚；

（3）主动消除或者减轻违法行为危害后果的；

（4）受他人胁迫或者诱骗实施违法行为的；

（5）主动供述行政机关尚未掌握的违法行为的；

（6）配合行政机关查处违法行为有立功表现的；

（7）法律、法规、规章规定其他应当从轻或者减轻行政处罚的。

【知识点 10】 行政处罚决定的一般要求

公民、法人或者其他组织违反行政管理秩序的行为，依法应当给予行政处罚的，行政机关必须查明事实；违法事实不清、证据不足的，不得给予行政处罚。

行政机关在作出行政处罚决定之前，应当告知当事人拟作出行政处罚内容及事实、理由、依据，并告知当事人依法享有的陈述、申辩、要求听证等权利。

【知识点 11】 无过不罚原则

当事人有证据足以证明没有主观过错的，不予行政处罚。法律、行政法规另有规定的，从其规定。

【知识点 12】 行政处罚简易程序——行政处罚简易程序适用范围

违法事实确凿并有法定依据，对公民处以 200 元以下、对法人或者其他组织处以 3000 元以下罚款或者警告的行政处罚的，可以当场作出行政处罚决定。法律另有规定的，从其规定。

【知识点 13】 首违不罚

对当事人首次发生表 2-1 中所列事项且危害后果轻微，在税务机关发现前主动改正或者在税务机关责令限期改正的期限内改正的，不予行政处罚。

表 2-1　　　　　　　　税务行政处罚"首违不罚"事项清单

序号	事项
1	纳税人未按照《税收征收管理法》及实施细则等有关规定将其全部银行账号向税务机关报送
2	纳税人未按照《税收征收管理法》及实施细则等有关规定设置、保管账簿或者保管记账凭证和有关资料
3	纳税人未按照《税收征收管理法》及实施细则等有关规定的期限办理纳税申报和报送纳税资料
4	纳税人使用税控装置开具发票，未按照《税收征收管理法》及实施细则、《发票管理办法》等有关规定的期限向主管税务机关报送开具发票的数据且没有违法所得
5	纳税人未按照《税收征收管理法》及实施细则、《发票管理办法》等有关规定取得发票，以其他凭证代替发票使用且没有违法所得
6	纳税人未按照《税收征收管理法》及实施细则、《发票管理办法》等有关规定缴销发票且没有违法所得
7	扣缴义务人未按照《税收征收管理法》及实施细则等有关规定设置、保管代扣代缴、代收代缴税款账簿或者保管代扣代缴、代收代缴税款记账凭证及有关资料
8	扣缴义务人未按照《税收征收管理法》及实施细则等有关规定的期限报送代扣代缴、代收代缴税款有关资料
9	扣缴义务人未按照《税收票证管理办法》的规定开具税收票证
10	境内机构或个人向非居民发包工程作业或劳务项目，未按照《非居民承包工程作业和提供劳务税收管理暂行办法》的规定向主管税务机关报告有关事项

续表

序号	事项
11	纳税人使用非税控电子器具开具发票，未按照《税收征收管理法》及其实施细则、《发票管理办法》等有关规定将非税控电子器具使用的软件程序说明资料报主管税务机关备案且没有违法所得
12	纳税人未按照《税收征收管理法》及其实施细则、《税务登记管理办法》等有关规定办理税务登记证件验证或者换证手续
13	纳税人未按照《税收征收管理法》及其实施细则、《发票管理办法》等有关规定加盖发票专用章且没有违法所得
14	纳税人未按照《税收征收管理法》及其实施细则等有关规定将财务、会计制度或者财务、会计处理办法和会计核算软件报送税务机关备查

【知识点 14】 处罚集体审议的范围

对情节复杂、争议较大、处罚较重、影响较广或者拟减轻处罚等税务行政处罚案件，应当经过集体审议决定。

【知识点 15】 行政处罚法制审核制度

有下列情形之一，在行政机关负责人作出行政处罚的决定之前，应当由从事行政处罚决定法制审核的人员进行法制审核；未经法制审核或者审核未通过的，不得作出决定：

（1）涉及重大公共利益的；

（2）直接关系当事人或者第三人重大权益，经过听证程序的；

（3）案件情况疑难复杂、涉及多个法律关系的；

（4）法律、法规规定应当进行法制审核的其他情形。

【知识点 16】 行政处罚一般程序——适用范围

除可以当场作出的行政处罚外，行政机关发现公民、法人或者其他组织有依法应当给予行政处罚的行为的，必须全面、客观、公正地调查，收集有关证据；必要时，依照法律、法规的规定，可以进行检查。符合立案标准的，行政机关应当及时立案。

【知识点 17】 行政处罚一般程序——执法程序

执法人员在调查或者进行检查时，应当主动向当事人或者有关人员出示执法证件。执法人员不出示执法证件的，当事人或者有关人员有权拒绝接受调查或者检查。当事人或者有关人员应当如实回答询问，并协助调查或者检查，不得拒绝或者阻挠。询问或者检查应当制作笔录。违反法定程序构成重大且明显违法的，行政处罚无效。

【知识点 18】 行政处罚一般程序——证据保全

行政机关在收集证据时，可以采取抽样取证的方法；在证据可能灭失或者以后难以取得的情况下，经行政机关负责人批准，可以先行登记保存，并应当在 7 日内及时作出处理决定，在此期间，当事人或者有关人员不得销毁或者转移证据。

【知识点 19】 行政处罚一般程序——回避

执法人员与案件有直接利害关系或者有其他关系可能影响公正执法的，应当回避。当事人提出回避申请的，行政机关应当依法审查，由行政机关负责人决定。决定作出之前，不停止调查。

【知识点 20】 行政处罚一般程序——行政处罚决定

调查终结，行政机关负责人应当对调查结果进行审查，根据不同情况，分别作出如下决定：
（1）确有应受行政处罚的违法行为的，根据情节轻重及具体情况，作出行政处罚决定；
（2）违法行为轻微，依法可以不予行政处罚的，不予行政处罚；
（3）违法事实不能成立的，不予行政处罚；
（4）违法行为涉嫌犯罪的，移送司法机关。
对情节复杂或者重大违法行为给予行政处罚，行政机关负责人应当集体讨论决定。

【知识点 21】 行政处罚一般程序——行政处罚决定书

行政机关应当自行政处罚案件立案之日起 90 日内作出行政处罚决定。法律、法规、规章另有规定的，从其规定。行政处罚决定书应当载明下列事项：
（1）当事人的姓名或者名称、地址；
（2）违反法律、法规、规章的事实和证据；
（3）行政处罚的种类和依据；
（4）行政处罚的履行方式和期限；
（5）申请行政复议、提起行政诉讼的途径和期限；
（6）作出行政处罚决定的行政机关名称和作出决定的日期。
行政处罚决定书必须盖有作出行政处罚决定的行政机关的印章。

【知识点 22】 行政处罚一般程序——行政处罚决定的送达

税务机关按照一般程序实施行政处罚,应当在执法文书中对事实认定、法律适用、基准适用等说明理由。

行政处罚决定书应当在宣告后当场交付当事人;当事人不在场的,行政机关应当在 7 日内依照民事诉讼法的有关规定,将行政处罚决定书送达当事人。

当事人同意并签订确认书的,行政机关可以采用传真、电子邮件等方式,将行政处罚决定书等送达当事人。

经受送达人同意,税务机关可以采用电子送达方式送达税务文书。电子送达与其他送达方式具有同等法律效力。受送达人可以据此办理涉税事宜,行使权利、履行义务。电子送达,是指税务机关通过电子税务局等特定系统向纳税人、扣缴义务人送达电子版式税务文书。

税务处理决定书、税务行政处罚决定书(不含简易程序处罚)、税收保全措施决定书、税收强制执行决定书、阻止出境决定书以及税务稽查、税务行政复议过程中使用的税务文书等暂不适用电子送达。

【知识点 23】 陈述申辩

当事人有权进行陈述和申辩。税务机关应当充分听取当事人的意见,对其提出的事实、理由或者证据进行复核,陈述申辩事由成立的,税务机关应当采纳;不采纳的,应予说明理由。

税务机关不得因当事人的申辩而加重处罚。

行政机关及其执法人员在作出行政处罚决定之前,未依照《行政处罚法》第四十四条、第四十五条的规定向当事人告知拟作出的行政处罚内容及事实、理由、依据,或者拒绝听取当事人的陈述、申辩,不得作出行政处罚决定;当事人明确放弃陈述或者申辩权利的除外。

【知识点 24】 行政处罚听证程序——听证程序适用范围

行政机关拟作出下列行政处罚决定,应当告知当事人有要求听证的权利,当事人要求听证的,行政机关应当组织听证:①较大数额罚款[税务机关对公民作出 2000 元以上(含本数)罚款或者对法人或者其他组织作出 1 万元以上(含本数)罚款];②没收较大数额违法所得、没收较大价值非法财物;③降低资质等级、吊销许可证件;④责令停产停业、责令关闭、限制从业;⑤其他较重的行政处罚;⑥法律、法规、规章规定的其他情形。

【知识点 25】 行政处罚听证程序

听证应当依照以下程序组织：

（1）当事人要求听证的，应当在行政机关告知后 5 日内提出。

（2）行政机关应当在举行听证的 7 日前，通知当事人及有关人员听证的时间、地点。

（3）除涉及国家秘密、商业秘密或者个人隐私依法予以保密外，听证公开举行。

（4）听证由行政机关指定的非本案调查人员主持；当事人认为主持人与本案有直接利害关系的，有权申请回避。

（5）当事人可以亲自参加听证，也可以委托 1~2 人代理。

（6）当事人及其代理人无正当理由拒不出席听证或者未经许可中途退出听证的，视为放弃听证权利，行政机关终止听证。

（7）举行听证时，调查人员提出当事人违法的事实、证据和行政处罚建议，当事人进行申辩和质证。

（8）听证应当制作笔录。笔录应当交当事人或者其代理人核对无误后签字或者盖章。当事人或者其代理人拒绝签字或者盖章的，由听证主持人在笔录中注明。

听证结束后，行政机关应当根据听证笔录，依照《行政处罚法》第五十七条的规定，作出决定。

【知识点 26】 行政处罚的执行和暂缓或者分期缴纳

行政处罚决定依法作出后，当事人应当在行政处罚决定书载明的期限内，予以履行。当事人确有经济困难，需要延期或者分期缴纳罚款的，经当事人申请和行政机关批准，可以暂缓或者分期缴纳。

【知识点 27】 行政处罚的罚缴分离

作出罚款决定的行政机关应当与收缴罚款的机构分离。除依照规定当场收缴的罚款外，作出行政处罚决定的行政机关及其执法人员不得自行收缴罚款。

当事人应当自收到行政处罚决定书之日起 15 日内，到指定的银行或者通过电子支付系统缴纳罚款。银行应当收受罚款，并将罚款直接上缴国库。

【知识点 28】 行政处罚的当场收缴

依照《行政处罚法》第五十一条的规定当场作出行政处罚决定，有下列情形之一，执法人员可以当场收缴罚款：①依法给予 100 元以下罚款的；②不当场收缴事后难以执行的。

在边远、水上、交通不便地区，行政机关及其执法人员依照《行政处罚法》第五十一条、第五十七条的规定作出罚款决定后，当事人到指定的银行或者通过电子支付系统缴纳罚款确有困难，经当事人提出，行政机关及其执法人员可以当场收缴罚款。

行政机关及其执法人员当场收缴罚款的，必须向当事人出具国务院财政部门或者省、自治区、直辖市人民政府财政部门统一制发的专用票据；不出具财政部门统一制发的专用票据的，当事人有权拒绝缴纳罚款。

执法人员当场收缴的罚款，应当自收缴罚款之日起 2 日内，交至行政机关；在水上当场收缴的罚款，应当自抵岸之日起 2 日内交至行政机关；行政机关应当在 2 日内将罚款缴付指定的银行。

【知识点29】 逾期不履行行政处罚决定的措施

当事人逾期不履行行政处罚决定的，作出行政处罚决定的行政机关可以采取下列措施：

（1）到期不缴纳罚款的，每日按罚款数额的3%加处罚款，加处罚款的数额不得超出罚款的数额；

（2）根据法律规定，将查封、扣押的财物拍卖、依法处理或者将冻结的存款、汇款划拨抵缴罚款；

（3）根据法律规定，采取其他行政强制执行方式；

（4）依照《中华人民共和国行政强制法》的规定申请人民法院强制执行。行政机关批准延期、分期缴纳罚款的，申请人民法院强制执行的期限，自暂缓或者分期缴纳罚款期限结束之日起计算。

【知识点30】 对行政处罚决定不服的行政救济

当事人对行政处罚决定不服，申请行政复议或者提起行政诉讼的，行政处罚不停止执行，法律另有规定的除外。当事人对限制人身自由的行政处罚决定不服，申请行政复议或者提起行政诉讼的，可以向作出决定的机关提出暂缓执行申请。符合法律规定情形的，应当暂缓执行。当事人申请行政复议或者提起行政诉讼的，加处罚款的数额在行政复议或者行政诉讼期间不予计算。

【知识点31】 行政处罚法中时限的计算

《行政处罚法》中明确"二日、三日、五日、七日"的时限规定，指工作日，不含法定节假日。

二、《行政复议法》在税务稽查中的适用

【知识点1】行政复议的适用情形

有下列情形之一的,公民、法人或者其他组织可以依照《行政复议法》申请行政复议:

(1) 对行政机关作出的行政处罚决定不服;

(2) 对行政机关作出的行政强制措施、行政强制执行决定不服;

(3) 申请行政许可,行政机关拒绝或者在法定期限内不予答复,或者对行政机关作出的有关行政许可的其他决定不服;

(4) 对行政机关作出的确认自然资源的所有权或者使用权的决定不服;

(5) 对行政机关作出的征收征用决定及其补偿决定不服;

(6) 对行政机关作出的赔偿决定或者不予赔偿决定不服;

(7) 对行政机关作出的不予受理工伤认定申请的决定或者工伤认定结论不服;

(8) 认为行政机关侵犯其经营自主权或者农村土地承包经营权、农村土地经营权;

(9) 认为行政机关滥用行政权力排除或者限制竞争;

(10) 认为行政机关违法集资、摊派费用或者违法要求履行其他义务;

(11) 申请行政机关履行保护人身权利、财产权利、受教育权利等合法权益的法定职责,行政机关拒绝履行、未依法履行或者不予答复;

(12) 申请行政机关依法给付抚恤金、社会保险待遇或者最低生活保障等社会保障,行政机关没有依法给付;

(13) 认为行政机关不依法订立、不依法履行、未按照约定履行或者违法变更、解除政府特许经营协议、土地房屋征收补偿协议等行政协议;

(14) 认为行政机关在政府信息公开工作中侵犯其合法权益;

(15) 认为行政机关的其他行政行为侵犯其合法权益。

【知识点2】不属于行政复议范围的事项

下列事项不属于行政复议范围:

(1) 国防、外交等国家行为;

(2) 行政法规、规章或者行政机关制定、发布的具有普遍约束力的决定、命令等规范性文件;

(3) 行政机关对行政机关工作人员的奖惩、任免等决定;

(4) 行政机关对民事纠纷作出的调解。

【知识点3】 行政复议附带审查的情形

公民、法人或者其他组织认为行政机关的行政行为所依据的下列规范性文件不合法，在对行政行为申请行政复议时，可以一并向行政复议机关提出对该规范性文件的附带审查申请：

（1）国务院部门的规范性文件；
（2）县级以上地方各级人民政府及其工作部门的规范性文件；
（3）乡、镇人民政府的规范性文件；
（4）法律、法规、规章授权的组织的规范性文件。

前述所列规范性文件不含规章。规章的审查依照法律、行政法规办理。

【知识点4】 行政复议参加人

1. 行政复议申请人

依照《行政复议法》申请行政复议的公民、法人或者其他组织是申请人。有权申请行政复议的公民死亡的，其近亲属可以申请行政复议。有权申请行政复议的法人或者其他组织终止的，其权利义务承受人可以申请行政复议。有权申请行政复议的公民为无民事行为能力人或者限制民事行为能力人的，其法定代理人可以代为申请行政复议。

同一行政复议案件申请人人数众多的，可以由申请人推选代表人参加行政复议。代表人变更行政复议请求、撤回行政复议申请、承认第三人请求的，应当经被代表的申请人同意。

2. 行政复议第三人

申请人以外的同被申请行政复议的行政行为或者行政复议案件处理结果有利害关系的公民、法人或者其他组织，可以作为第三人申请参加行政复议，或者由行政复议机构通知其作为第三人参加行政复议。第三人不参加行政复议，不影响行政复议案件的审理。

3. 委托代理人

申请人、第三人可以委托1至2名律师、基层法律服务工作者或者其他代理人代为参加行政复议。申请人、第三人变更或者解除代理人权限的，应当书面告知行政复议机构。

4. 被申请人

公民、法人或者其他组织对行政行为不服申请行政复议的，作出行政行为的行政机关或者法律、法规、规章授权的组织是被申请人。

两个以上行政机关以共同的名义作出同一行政行为的，共同作出行政行为的行政机关是被申请人。

行政机关委托的组织作出行政行为的,委托的行政机关是被申请人。

作出行政行为的行政机关被撤销或者职权变更的,继续行使其职权的行政机关是被申请人。

【知识点5】 税务行政复议申请人

税务行政复议申请人是指对税务机关作出的税务具体行政行为不服,依法以自己的名义向行政复议机关提起复议申请的公民、法人和其他组织等税务行政相对人。税务行政复议申请人按以下规则确定。

合伙企业申请行政复议的,应当以核准登记的企业为申请人,由执行合伙事务的合伙人代表该企业参加行政复议;其他合伙组织申请行政复议的,由合伙人共同申请行政复议。其他不具备法人资格的其他组织申请行政复议的,由该组织的主要负责人代表该组织参加行政复议;没有主要负责人的,由共同推选的其他成员代表该组织参加行政复议。

股份制企业的股东大会、股东代表大会、董事会认为税务具体行政行为侵犯企业合法权益的,可以以企业的名义申请行政复议。

有权申请行政复议的公民死亡的,其近亲属可以申请行政复议;有权申请行政复议的公民为无行为能力人或者限制行为能力人,其法定代理人可以代理申请行政复议。

有权申请行政复议的法人或者其他组织发生合并、分立或终止的,承受其权利义务的法人或者其他组织可以申请行政复议。

非具体行政行为的行政管理相对人,但其权利直接被该具体行政行为所剥夺、限制或者被赋予义务的公民、法人或其他组织,在行政管理相对人没有申请行政复议时,可以单独申请行政复议。

同一行政复议案件申请人超过5人的,应当推选1至5名代表参加行政复议。

申请人可以委托1至2名代理人参加行政复议。申请人委托代理人的,应当向行政复议机构提交授权委托书。申请人解除或者变更委托的,应当书面告知行政复议机构。

【知识点6】 税务行政复议被申请人

申请人对具体行政行为不服申请行政复议的,作出该具体行政行为的税务机关为被申请人。

申请人对扣缴义务人的扣缴税款行为不服的,主管该扣缴义务人的税务机关为被申请人;对税务机关委托的单位和个人的代征行为不服的,委托税务机关为被申请人。

税务机关与法律、法规授权的组织以共同的名义作出具体行政行为的,税务机关和法律、法规授权的组织为共同被申请人。

税务机关与其他组织以共同名义作出具体行政行为的,税务机关为被申请人。

税务机关依照法律、法规和规章规定,经上级税务机关批准作出具体行政行为的,批准机关为被申请人。

申请人对经重大税务案件审理程序作出的决定不服的,审理委员会所在税务机关为被申请人。

税务机关设立的派出机构、内设机构或者其他组织,未经法律、法规授权,以自己名义对外作出具体行政行为的,税务机关为被申请人。

被申请人不得委托本机关以外人员参加行政复议。

【知识点7】 行政复议申请期限

公民、法人或者其他组织认为行政行为侵犯其合法权益的,可以自知道或者应当知道该行政行为之日起60日内提出行政复议申请;但是法律规定的申请期限超过60日的除外。因不可抗力或者其他正当理由耽误法定申请期限的,申请期限自障碍消除之日起继续计算。

行政机关作出行政行为时,未告知公民、法人或者其他组织申请行政复议的权利、行政复议机关和申请期限的,申请期限自公民、法人或者其他组织知道或者应当知道申请行政复议的权利、行政复议机关和申请期限之日起计算,但是自知道或者应当知道行政行为内容之日起最长不得超过1年。

因不动产提出的行政复议申请自行政行为作出之日起超过20年,其他行政复议申请自行政行为作出之日起超过5年的,行政复议机关不予受理。

【知识点8】 税务行政复议申请期限

申请人可以在知道税务机关作出具体行政行为之日起60日内提出行政复议申请。因不可抗力或者被申请人设置障碍等原因耽误法定申请期限的,申请期限的计算应当扣除被耽误时间。

行政复议申请期限的计算,依照下列规定办理:

(1) 当场作出具体行政行为的,自具体行政行为作出之日起计算。

(2) 载明具体行政行为的法律文书直接送达的,自受送达人签收之日起计算。

(3) 载明具体行政行为的法律文书邮寄送达的,自受送达人在邮件签收单上签收之日起计算;没有邮件签收单的,自受送达人在送达回执上签名之日起计算。

(4) 具体行政行为依法通过公告形式告知受送达人的,自公告规定的期限届满之日起计算。

(5) 税务机关作出具体行政行为时未告知申请人,事后补充告知的,自该申请人收到税务机关补充告知的通知之日起计算。

（6）被申请人能够证明申请人知道具体行政行为的，自证据材料证明其知道具体行政行为之日起计算。

税务机关作出具体行政行为，依法应当向申请人送达法律文书而未送达的，视为该申请人不知道该具体行政行为。

申请人依照上述规定申请税务机关履行法定职责，税务机关未履行的，行政复议申请期限依照下列规定计算：

（1）有履行期限规定的，自履行期限届满之日起计算。

（2）没有履行期限规定的，自税务机关收到申请满60日起计算。

【知识点9】 行政复议申请方式

申请人申请行政复议，可以书面申请；书面申请有困难的，也可以口头申请。书面申请的，可以通过邮寄或者行政复议机关指定的互联网渠道等方式提交行政复议申请书，也可以当面提交行政复议申请书。行政机关通过互联网渠道送达行政行为决定书的，应当同时提供提交行政复议申请书的互联网渠道。口头申请的，行政复议机关应当当场记录申请人的基本情况、行政复议请求、申请行政复议的主要事实、理由和时间。

申请人对两个以上行政行为不服的，应当分别申请行政复议。

【知识点10】 行政复议前置的情形

有下列情形之一的，申请人应当先向行政复议机关申请行政复议，对行政复议决定不服的，可以再依法向人民法院提起行政诉讼：

（1）对当场作出的行政处罚决定不服；

（2）对行政机关作出的侵犯其已经依法取得的自然资源的所有权或者使用权的决定不服；

（3）认为行政机关存在《行政复议法》第十一条规定的未履行法定职责情形；

（4）申请政府信息公开，行政机关不予公开；

（5）法律、行政法规规定应当先向行政复议机关申请行政复议的其他情形。

【知识点11】 税务行政复议前置的补充情形

《税收征收管理法》规定，纳税人、扣缴义务人、纳税担保人同税务机关在纳税上发生争议时，必须先依照税务机关的纳税决定缴纳或者解缴税款及滞纳金或者提供相应的担保，然后可以依法申请行政复议。对行政复议决定不服的，可以依法向人民法院起诉。《税收征收管理法实施细则》规定，纳税争议，是指纳税人、扣缴义务人、纳税担保人对税务机关确定纳税主体、征税对象、征税范围、减税、免税及退税、适用税率、计税依据、纳税环节、纳税期限、纳税地点以及税款征收方式等具体行政行为有异议而发生的争议。

申请人按照上述规定申请行政复议的，必须依照税务机关根据法律、法规确定的税额、期限，先行缴纳或者解缴税款和滞纳金，或者提供相应的担保，才可以在缴清税款和滞纳金以后或者所提供的担保得到作出具体行政行为的税务机关确认之日起60日内提出行政复议申请。

【知识点12】 复议前置情形告知要求

对行政复议前置的情形，行政机关在作出行政行为时应当告知公民、法人或者其他组织先向行政复议机关申请行政复议。

【知识点13】 行政复议的管辖

1. 相对集中行政复议管辖权

《行政复议法》落实党中央决策部署，在第二十四条、第二十五条对相对集中行政复议管辖权作出明确规定：取消地方人民政府工作部门的行政复议职责，由县级以上地方人民政府统一行使，同时保留海关、金融、外汇管理等实行垂直领导的行政机关、税务和国家安全机关并由上一级机关管辖，省、自治区、直辖市人民政府以及国务院部门自我管辖的规定。这样就将原来"条块结合"的管辖体制改为以"块块管辖"为主、"条条管辖"为补充的管辖体制，即相对集中的复议管辖体制。这有利于优化行政复议资源配置，统一办案标准，实现"同案同判"，增强行政复议的公正性，发挥化解行政争议主渠道作用。

2. 特殊行政机关的行政复议管辖

对海关、金融、外汇管理等实行垂直领导的行政机关、税务和国家安全机关的行政行为不服的，向上一级主管部门申请行政复议。

3. 司法行政部门的行政复议管辖

对履行行政复议机构职责的地方人民政府司法行政部门的行政行为不服的，可以向本级人民政府申请行政复议，也可以向上一级司法行政部门申请行政复议。

4. 国务院最终裁决

对省、自治区、直辖市人民政府管辖的对本机关作出的行政行为不服的行政复议案件和国务院部门管辖的行政复议案件作出的行政复议决定不服的，可以向人民法院提起行政诉讼；也可以向国务院申请裁决，国务院依照《行政复议法》的规定作出最终裁决。

5. 复议和诉讼不同时进行

公民、法人或者其他组织申请行政复议，行政复议机关已经依法受理的，在行政复议期间不得向人民法院提起行政诉讼。公民、法人或者其他组织向人民法院提起行政诉讼，人民法院已经依法受理的，不得申请行政复议。

【知识点14】 税务行政复议管辖

1. 对税务机关具体行政行为不服时的复议申请

对税务机关的具体行政行为不服的，按照下列规定申请行政复议：

（1）对各级税务局的具体行政行为不服的，向其上一级税务局申请行政复议。

（2）对计划单列市税务局的具体行政行为不服的，向国家税务总局申请行政复议。

（3）对两个以上税务机关共同作出的具体行政行为不服的，向共同上一级税务机关申请行政复议；对税务机关与其他行政机关共同作出的具体行政行为不服的，向其共同上一级行政机关申请行政复议。

（4）对被撤销的税务机关在撤销以前所作出的具体行政行为不服的，向继续行使其职权的税务机关的上一级税务机关申请行政复议。

2. 税务稽查案件的行政复议管辖

一般情况下，对各级税务局的稽查局的具体行政行为不服的，向稽查局所属税务局申请行政复议。

对税务稽查案件经重大税务案件审理程序作出的决定不服的，应根据被申请人，即审理委员会所在的税务机关确定税务行政复议的管辖权，如审理委员会所在的税务机关为省、自治区、直辖市、计划单列市以下的税务局，则应向其上一级税务局申请行政复议；如审理委员会所在的税务机关为国家税务总局，则应向国家税务总局申请行政复议。

【知识点15】 行政复议的受理

1. 行政复议申请受理的条件

行政复议机关收到行政复议申请后，应当在5个工作日内进行审查。对符合下列规定的，行政复议机关应当予以受理：

（1）有明确的申请人和符合《行政复议法》规定的被申请人；

（2）申请人与被申请行政复议的行政行为有利害关系；

（3）有具体的行政复议请求和理由；

（4）在法定申请期限内提出；

（5）属于《行政复议法》规定的行政复议范围；

（6）属于本机关的管辖范围；

（7）行政复议机关未受理过该申请人就同一行政行为提出的行政复议申请，并且人民法院未受理过该申请人就同一行政行为提起的行政诉讼。

对不符合前述规定的行政复议申请，行政复议机关应当在审查期限内决定不予受理并说明理由；不属于本机关管辖的，还应当在不予受理决定中告知申请人有管辖权的行政复议机关。行政复议申请的审查期限届满，行政复议机关未作出不予受理决定的，审查期限届满之日起视为受理。

2. 申请材料补正制度

行政复议申请材料不齐全或者表述不清楚，无法判断行政复议申请是否符合行政复议申请受理条件的，行政复议机关应当自收到申请之日起5个工作日内书面通知申请人补正。补正通知应当一次性载明需要补正的事项。

申请人应当自收到补正通知之日起10个工作日内提交补正材料。有正当理由不能按期补正的，行政复议机关可以延长合理的补正期限。无正当理由逾期不补正的，视为申请人放弃行政复议申请，并记录在案。

行政复议机关收到补正材料后，依照《行政复议法》第三十条的规定处理。

3. 对当场作出或者依据电子监控作出的行政处罚决定不服申请行政复议的处理

对当场作出或者依据电子技术监控设备记录的违法事实作出的行政处罚决定不服申请行政复议的，可以通过作出行政处罚决定的行政机关提交行政复议申请。行政机关收到行政复议申请后，应当及时处理；认为需要维持行政处罚决定的，应当自收到行政复议申请之日起5个工作日内转送行政复议机关。

4. 决定驳回申请的情形

行政复议机关受理行政复议申请后，发现该行政复议申请不符合《行政复议法》第三十条第一款规定的，应当决定驳回申请并说明理由。

5. 行政复议机关无正当理由不予受理、驳回申请或者受理后逾期不答复的救济途径

公民、法人或者其他组织依法提出行政复议申请，行政复议机关无正当理由不予受理、驳回申请或者受理后超过行政复议期限不作答复的，申请人有权向上级行政机关反映，上级行政机关应当责令其纠正；必要时，上级行政复议机关可以直接受理。

6. 复议前置时无正当理由不予受理、驳回申请或者受理后逾期不答复的救济途径

法律、行政法规规定应当先向行政复议机关申请行政复议、对行政复议决定不服再向人民法院提起行政诉讼的，行政复议机关决定不予受理、驳回申请或者受理后超过行政复议期限不作答复的，公民、法人或者其他组织可以自收到决定书之日起或者行政复议期限届满之日起15日内（非15个工作日内），依法向人民法院提起行政诉讼。

【知识点16】 行政复议的审理

1. 行政复议人员

行政复议机关受理行政复议申请后,依照《行政复议法》适用普通程序或者简易程序进行审理。行政复议机构应当指定行政复议人员负责办理行政复议案件。行政复议人员对办理行政复议案件过程中知悉的国家秘密、商业秘密和个人隐私,应当予以保密。

2. 行政复议审理依据

行政复议机关依照法律、法规、规章审理行政复议案件。行政复议机关审理民族自治地方的行政复议案件,同时依照该民族自治地方的自治条例和单行条例。

3. 提级审理制度

上级行政复议机关根据需要,可以审理下级行政复议机关管辖的行政复议案件。

下级行政复议机关对其管辖的行政复议案件,认为需要由上级行政复议机关审理的,可以报请上级行政复议机关决定。

4. 行政复议中止

行政复议期间有下列情形之一的,行政复议中止:

(1) 作为申请人的公民死亡,其近亲属尚未确定是否参加行政复议;

(2) 作为申请人的公民丧失参加行政复议的行为能力,尚未确定法定代理人参加行政复议;

(3) 作为申请人的公民下落不明;

(4) 作为申请人的法人或者其他组织终止,尚未确定权利义务承受人;

(5) 申请人、被申请人因不可抗力或者其他正当理由,不能参加行政复议;

(6) 依照《行政复议法》规定进行调解、和解,申请人和被申请人同意中止;

(7) 行政复议案件涉及的法律适用问题需要有权机关作出解释或者确认;

(8) 行政复议案件审理需要以其他案件的审理结果为依据,而其他案件尚未审结;

(9) 有《行政复议法》第五十六条或者第五十七条规定的情形;

(10) 需要中止行政复议的其他情形。

行政复议中止的原因消除后,应当及时恢复行政复议案件的审理。

行政复议机关中止、恢复行政复议案件的审理,应当书面告知当事人。

行政复议期间,行政复议机关无正当理由中止行政复议的,上级行政机关应当责令其恢复审理。

5. 行政复议终止

行政复议期间有下列情形之一的,行政复议机关决定终止行政复议:

(1) 申请人撤回行政复议申请,行政复议机构准予撤回;

（2）作为申请人的公民死亡，没有近亲属或者其近亲属放弃行政复议权利；

（3）作为申请人的法人或者其他组织终止，没有权利义务承受人或者其权利义务承受人放弃行政复议权利；

（4）申请人对行政拘留或者限制人身自由的行政强制措施不服申请行政复议后，因同一违法行为涉嫌犯罪，被采取刑事强制措施；

（5）依照《行政复议法》第三十九条第一款第一项、第二项、第四项的规定中止行政复议满60日，行政复议中止的原因仍未消除。（即：作为申请人的公民死亡，其近亲属尚未确定是否参加行政复议；作为申请人的公民丧失参加行政复议的行为能力，尚未确定法定代理人参加行政复议；作为申请人的法人或者其他组织终止，尚未确定权利义务承受人。）

6. 行政复议期间行政行为不停止执行和例外原则

行政复议期间行政行为不停止执行；但是有下列情形之一的，应当停止执行：

（1）被申请人认为需要停止执行；

（2）行政复议机关认为需要停止执行；

（3）申请人、第三人申请停止执行，行政复议机关认为其要求合理，决定停止执行；

（4）法律、法规、规章规定停止执行的其他情形。

【知识点17】 行政复议证据规则

1. 行政复议证据类型

行政复议证据包括：①书证；②物证；③视听资料；④电子数据；⑤证人证言；⑥当事人的陈述；⑦鉴定意见；⑧勘验笔录、现场笔录。

以上证据经行政复议机构审查属实，才能作为认定行政复议案件事实的根据。

2. 申请人和被申请人的举证责任

被申请人对其作出的行政行为的合法性、适当性负有举证责任。

有下列情形之一的，申请人应当提供证据：

（1）认为被申请人不履行法定职责的，提供曾经要求被申请人履行法定职责的证据，但是被申请人应当依职权主动履行法定职责或者申请人因正当理由不能提供的除外；

（2）提出行政赔偿请求的，提供受行政行为侵害而造成损害的证据，但是因被申请人原因导致申请人无法举证的，由被申请人承担举证责任；

（3）法律、法规规定需要申请人提供证据的其他情形。

3. 行政复议机关的调查取证权

行政复议机关有权向有关单位和个人调查取证，查阅、复制、调取有关文件和资料，向有关人员进行询问。调查取证时，行政复议人员不得少于两人，并应当出示行政复议工作证件。被调查取证的单位和个人应当积极配合行政复议人员的工作，不得拒绝或者阻挠。

4. 被申请人不得自行收集证据，但特定情形下可以补充证据

行政复议期间，被申请人不得自行向申请人和其他有关单位或者个人收集证据；自行收集的证据不作为认定行政行为合法性、适当性的依据。

行政复议期间，申请人或者第三人提出被申请行政复议的行政行为作出时没有提出的理由或者证据的，经行政复议机构同意，被申请人可以补充证据。

5. 申请人、第三人及其委托代理人的查阅、复制权

行政复议期间，申请人、第三人及其委托代理人可以按照规定查阅、复制被申请人提出的书面答复、作出行政行为的证据、依据和其他有关材料，除涉及国家秘密、商业秘密、个人隐私或者可能危及国家安全、公共安全、社会稳定的情形外，行政复议机构应当同意。

【知识点18】 行政复议审理的普通程序

1. 被申请人书面答复

行政复议机构应当自行政复议申请受理之日起 7 个工作日内，将行政复议申请书副本或者行政复议申请笔录复印件发送被申请人。被申请人应当自收到行政复议申请书副本或者行政复议申请笔录复印件之日起 10 个工作日内，提出书面答复，并提交作出行政行为的证据、依据和其他有关材料。

2. 听取意见原则

适用普通程序审理的行政复议案件，行政复议机构应当当面或者通过互联网、电话等方式听取当事人的意见，并将听取的意见记录在案。因当事人原因不能听取意见的，可以书面审理。

3. 听证制度

审理重大、疑难、复杂的行政复议案件，行政复议机构应当组织听证。行政复议机构认为有必要听证，或者申请人请求听证的，行政复议机构可以组织听证。

听证由一名行政复议人员任主持人，两名以上行政复议人员任听证员，一名记录员制作听证笔录。

行政复议机构组织听证的，应当于举行听证的 5 个工作日前将听证的时间、地点和拟听证事项书面通知当事人。

申请人无正当理由拒不参加听证的，视为放弃听证权利。被申请人的负责人应当参加听证。不能参加的，应当说明理由并委托相应的工作人员参加听证。

4. 行政复议委员会制度

县级以上各级人民政府应当建立相关政府部门、专家、学者等参与的行政复议委员会，为办理行政复议案件提供咨询意见，并就行政复议工作中的重大事项和共性问题研究提出意见。行政复议委员会的组成和开展工作的具体办法，由国务院行政复议机构制定。

审理行政复议案件涉及下列情形之一的，行政复议机构应当提请行政复议委员会提出咨询意见：

（1）案情重大、疑难、复杂；

（2）专业性、技术性较强；

（3）《行政复议法》第二十四条第二款规定的行政复议案件（即省、自治区、直辖市人民政府管辖对本机关作出的行政行为不服的行政复议案件）；

（4）行政复议机构认为有必要。

行政复议机构应当记录行政复议委员会的咨询意见。

【知识点19】 行政复议审理的简易程序

1. 简易程序的适用范围

行政复议机关审理下列行政复议案件，认为事实清楚、权利义务关系明确、争议不大的，可以适用简易程序：

（1）被申请行政复议的行政行为是当场作出；

（2）被申请行政复议的行政行为是警告或者通报批评；

（3）案件涉及款额3000元以下；

（4）属于政府信息公开案件。

除上述规定以外的行政复议案件，当事人各方同意适用简易程序的，可以适用简易程序。

2. 行政复议审理简易程序

适用简易程序审理的行政复议案件，行政复议机构应当自受理行政复议申请之日起3个工作日内，将行政复议申请书副本或者行政复议申请笔录复印件发送被申请人。被申请人应当自收到行政复议申请书副本或者行政复议申请笔录复印件之日起5个工作日内，提出书面答复，并提交作出行政行为的证据、依据和其他有关材料。

适用简易程序审理的行政复议案件，可以书面审理。

适用简易程序审理的行政复议案件，行政复议机构认为不宜适用简易程序的，经行政复议机构的负责人批准，可以转为普通程序审理。

【知识点20】 行政复议附带审查程序

申请人依照《行政复议法》第十三条的规定提出对有关规范性文件的附带审查申请，行政复议机关有权处理的，应当在30日内依法处理；无权处理的，应当在7个工作日内转送有权处理的行政机关依法处理。

行政复议机关在对被申请人作出的行政行为进行审查时，认为其依据不合法，本机关有权处理的，应当在30日内依法处理；无权处理的，应当在7个工作日内转送有权处理的国家机关依法处理。

行政复议机关依照《行政复议法》第五十六条、第五十七条的规定有权处理有关规范性文件或者依据的，行政复议机构应当自行政复议中止之日起3个工作日内，书面通知规范性文件或者依据的制定机关就相关条款的合法性提出书面答复。制定机关应当自收到书面通知之日起10个工作日内提交书面答复及相关材料。

行政复议机构认为必要时，可以要求规范性文件或者依据的制定机关当面说明理由，制定机关应当配合。

行政复议机关依照《行政复议法》第五十六条、第五十七条的规定有权处理有关规范性文件或者依据，认为相关条款合法的，在行政复议决定书中一并告知；认为相关条款超越权限或者违反上位法的，决定停止该条款的执行，并责令制定机关予以纠正。

依照《行政复议法》第五十六条、第五十七条的规定接受转送的行政机关、国家机关应当自收到转送之日起60日内，将处理意见回复转送的行政复议机关。

【知识点21】 行政复议决定

1. 行政复议决定程序

行政复议机关依照《行政复议法》审理行政复议案件，由行政复议机构对行政行为进行审查，提出意见，经行政复议机关的负责人同意或者集体讨论通过后，以行政复议机关的名义作出行政复议决定。

经过听证的行政复议案件，行政复议机关应当根据听证笔录、审查认定的事实和证据，依照《行政复议法》作出行政复议决定。

提请行政复议委员会提出咨询意见的行政复议案件，行政复议机关应当将咨询意见作为作出行政复议决定的重要参考依据。

2. 行政复议决定期限

适用普通程序审理的行政复议案件，行政复议机关应当自受理申请之日起60日内作出行政复议决定；但是法律规定的行政复议期限少于60日的除外。情况复杂，不能在规定期限内作出行政复议决定的，经行政复议机构的负责人批准，可以适当延长，并书面告知当事人；但是延长期限最多不得超过30日。

适用简易程序审理的行政复议案件，行政复议机关应当自受理申请之日起30日内作出行政复议决定。

行政复议机关作出行政复议决定，应当制作行政复议决定书，并加盖行政复议机关印章。行政复议决定书一经送达，即发生法律效力。

3. 行政复议决定类型

（1）行政复议决定变更行政行为；

（2）行政复议决定撤销或者部分撤销行政行为；

（3）行政复议决定确认行政行为违法；

（4）行政复议决定限期履行行政行为；

（5）行政复议决定确认行政行为无效；

（6）行政复议决定维持行政行为；

（7）行政复议决定驳回复议请求；

（8）涉及行政协议的行政复议决定（承担依法订立、继续履行、采取补救措施或赔偿损失等责任）；

（9）行政复议决定给予补偿。

行政复议决定方式的多元化，赋予行政复议机关更大的审查和决定职权。行政复议机关对下级行政机关的行政行为不仅可以审查其合法性，也可以审查其合理性；不仅可以撤销该行政行为，也可以变更，推动各级复议机关运用多种复议决定方式，一次性实质性解决行政争议。

4. 行政复议决定变更

行政行为有下列情形之一的，行政复议机关决定变更该行政行为：

（1）事实清楚，证据确凿，适用依据正确，程序合法，但是内容不适当；

（2）事实清楚，证据确凿，程序合法，但是未正确适用依据；

（3）事实不清、证据不足，经行政复议机关查清事实和证据。

行政复议机关不得作出对申请人更为不利的变更决定，但是第三人提出相反请求的除外。

5. 行政复议决定撤销或者部分撤销

行政行为有下列情形之一的，行政复议机关决定撤销或者部分撤销该行政行为，并可以责令被申请人在一定期限内重新作出行政行为：

（1）主要事实不清、证据不足；

（2）违反法定程序；

（3）适用的依据不合法；

（4）超越职权或者滥用职权。

行政复议机关责令被申请人重新作出行政行为的，被申请人不得以同一事实和理由作出与被申请行政复议的行政行为相同或者基本相同的行政行为，但是行政复议机关以违反法定程序为由决定撤销或者部分撤销的除外。

6. 行政复议决定确认违法

行政行为有下列情形之一的，行政复议机关不撤销该行政行为，但是确认该行政行为违法：

（1）依法应予撤销，但是撤销会给国家利益、社会公共利益造成重大损害；

（2）程序轻微违法，但是对申请人权利不产生实际影响。

行政行为有下列情形之一，不需要撤销或者责令履行的，行政复议机关确认该行政行为违法：

（1）行政行为违法，但是不具有可撤销内容；

（2）被申请人改变原违法行政行为，申请人仍要求撤销或者确认该行政行为违法；

（3）被申请人不履行或者拖延履行法定职责，责令履行没有意义。

7. 行政复议决定限期履行

被申请人不履行法定职责的，行政复议机关决定被申请人在一定期限内履行。

8. 行政复议决定确认无效

行政行为有实施主体不具有行政主体资格或者没有依据等重大且明显违法情形，申请人申请确认行政行为无效的，行政复议机关确认该行政行为无效。

9. 行政复议决定维持

行政行为认定事实清楚，证据确凿，适用依据正确，程序合法，内容适当的，行政复议机关决定维持该行政行为。

10. 行政复议决定驳回请求

行政复议机关受理申请人认为被申请人不履行法定职责的行政复议申请后，发现被申请人没有相应法定职责或者在受理前已经履行法定职责的，决定驳回申请人的行政复议请求。

11. 被申请人不配合的行政复议决定

被申请人不按照《行政复议法》第四十八条、第五十四条的规定提出书面答复、提交作出行政行为的证据、依据和其他有关材料的，视为该行政行为没有证据、依据，行政复议机关决定撤销、部分撤销该行政行为，确认该行政行为违法、无效或者决定被申请人在一定期限内履行，但是行政行为涉及第三人合法权益，第三人提供证据的除外。

12. 涉及行政协议的行政复议决定

被申请人不依法订立、不依法履行、未按照约定履行或者违法变更、解除行政协议的，行政复议机关决定被申请人承担依法订立、继续履行、采取补救措施或者赔偿损失等责任。

被申请人变更、解除行政协议合法，但是未依法给予补偿或者补偿不合理的，行政复议机关决定被申请人依法给予合理补偿。

13. 作出行政复议决定时对行政赔偿请求和相关财物的处理

申请人在申请行政复议时一并提出行政赔偿请求，行政复议机关对依照《中华人民共和国国家赔偿法》（以下简称《国家赔偿法》）的有关规定应当不予赔偿的，在作出行政复议决定时，应当同时决定驳回行政赔偿请求；对符合《国家赔偿法》的有关规定应当给予赔偿的，在决定撤销或者部分撤销、变更行政行为或者确认行政行为违法、无效时，应当同时决定被申请人依法给予赔偿；确认行政行为违法的，还可以同时责令被申请人采取补救措施。

申请人在申请行政复议时没有提出行政赔偿请求的，行政复议机关在依法决定撤销或者部分撤销、变更罚款，撤销或者部分撤销违法集资、没收财物、征收征用、摊派费用以及对财产的查封、扣押、冻结等行政行为时，应当同时责令被申请人返还财产，解除对财产的查封、扣押、冻结措施，或者赔偿相应的价款。

【知识点22】 行政复议的调解和和解

1. 行政复议调解

当事人经调解达成协议的，行政复议机关应当制作行政复议调解书，经各方当事人签字或者签章，并加盖行政复议机关印章，即具有法律效力。

调解未达成协议或者调解书生效前一方反悔的，行政复议机关应当依法审查或者及时作出行政复议决定。

2. 行政复议和解

当事人在行政复议决定作出前可以自愿达成和解，和解内容不得损害国家利益、社会公共利益和他人合法权益，不得违反法律、法规的强制性规定。

当事人达成和解后，由申请人向行政复议机构撤回行政复议申请。行政复议机构准予撤回行政复议申请、行政复议机关决定终止行政复议的，申请人不得再以同一事实和理由提出行政复议申请。但是，申请人能够证明撤回行政复议申请违背其真实意愿的除外。

3. 税务行政复议和解和调解

对下列行政复议事项，按照自愿、合法的原则，申请人和被申请人在行政复议机关作出行政复议决定以前可以达成和解，行政复议机关也可以调解：

（1）行使自由裁量权作出的具体行政行为，如行政处罚、核定税额、确定应税所得率等。

（2）行政赔偿。

（3）行政奖励。

（4）存在其他合理性问题的具体行政行为。

【知识点23】 行政复议监督制度

1. 行政复议意见书的制发和反馈

行政复议机关在办理行政复议案件过程中，发现被申请人或者其他下级行政机关的有关行政行为违法或者不当的，可以向其制发行政复议意见书。有关机关应当自收到行政复议意见书之日起60日内，将纠正相关违法或者不当行政行为的情况报送行政复议机关。

2. 行政复议决定书的公开

行政复议机关根据被申请行政复议的行政行为的公开情况，按照国家有关规定将行政复议决定书向社会公开。

3. 行政复议决定书、意见书的抄告

县级以上地方各级人民政府办理以本级人民政府工作部门为被申请人的行政复议案件，应当将发生法律效力的行政复议决定书、意见书同时抄告被申请人的上一级主管部门。

【知识点24】 行政复议决定书、调解书和意见书的执行

1. 被申请人的执行

被申请人应当履行行政复议决定书、调解书、意见书。

被申请人不履行或者无正当理由拖延履行行政复议决定书、调解书、意见书的，行政复议机关或者有关上级行政机关应当责令其限期履行，并可以约谈被申请人的有关负责人或者予以通报批评。

2. 申请人、第三人的执行

申请人、第三人逾期不起诉又不履行行政复议决定书、调解书的，或者不履行最终裁决的行政复议决定的，按照下列规定分别处理：

（1）维持行政行为的行政复议决定书，由作出行政行为的行政机关依法强制执行，或者申请人民法院强制执行；

（2）变更行政行为的行政复议决定书，由行政复议机关依法强制执行，或者申请人民法院强制执行；

（3）行政复议调解书，由行政复议机关依法强制执行，或者申请人民法院强制执行。

【知识点25】 税务机关作出不利影响的具体行政行为的告知义务

税务机关作出的具体行政行为对申请人的权利、义务可能产生不利影响的，应当告知其申请行政复议的权利、行政复议机关和行政复议申请期限。

 三 《行政诉讼法》 在税务稽查中的适用

【知识点1】 行政诉讼的基本原则——合法性审查原则

人民法院审理行政案件,对行政行为是否合法进行审查。

公民、法人或者其他组织认为行政行为所依据的国务院部门和地方人民政府及其部门制定的规范性文件(不含规章)不合法,在对行政行为提起诉讼时,可以一并请求对该规范性文件进行审查。

人民法院在审理行政案件中,经审查认为上述规范性文件不合法的,不作为认定行政行为合法的依据,并向制定机关提出处理建议。

【知识点2】 行政诉讼的基本原则——被告负举证责任原则

被告对作出的行政行为负有举证责任,应当提供作出该行政行为的证据和所依据的规范性文件。

被告不提供或者无正当理由逾期提供证据,视为没有相应证据。但是,被诉行政行为涉及第三人合法权益,第三人提供证据的除外。

【知识点3】 行政诉讼的基本原则——诉讼期间一般不停止行政行为的执行

诉讼期间,不停止行政行为的执行。但有下列情形之一的,裁定停止执行:

(1) 被告认为需要停止执行的;

(2) 原告或者利害关系人申请停止执行,人民法院认为该行政行为的执行会造成难以弥补的损失,并且停止执行不损害国家利益、社会公共利益的;

(3) 人民法院认为该行政行为的执行会给国家利益、社会公共利益造成重大损害的;

(4) 法律、法规规定停止执行的。

当事人对停止执行或者不停止执行的裁定不服的,可以申请复议一次。

【知识点4】 行政诉讼的基本原则——行政诉讼一般不适用调解

人民法院审理行政案件,不适用调解。但是,行政赔偿、补偿以及行政机关行使法律、法规规定的自由裁量权的案件可以调解。

调解应当遵循自愿、合法原则,不得损害国家利益、社会公共利益和他人合法权益。

【知识点5】 行政诉讼的受案范围

人民法院受理公民、法人或者其他组织提起的下列诉讼：

（1）对行政拘留、暂扣或者吊销许可证和执照、责令停产停业、没收违法所得、没收非法财物、罚款、警告等行政处罚不服的；

（2）对限制人身自由或者对财产的查封、扣押、冻结等行政强制措施和行政强制执行不服的；

（3）申请行政许可，行政机关拒绝或者在法定期限内不予答复，或者对行政机关作出的有关行政许可的其他决定不服的；

（4）对行政机关作出的关于确认土地、矿藏、水流、森林、山岭、草原、荒地、滩涂、海域等自然资源的所有权或者使用权的决定不服的；

（5）对征收、征用决定及其补偿决定不服的；

（6）申请行政机关履行保护人身权、财产权等合法权益的法定职责，行政机关拒绝履行或者不予答复的；

（7）认为行政机关侵犯其经营自主权或者农村土地承包经营权、农村土地经营权的；

（8）认为行政机关滥用行政权力排除或者限制竞争的；

（9）认为行政机关违法集资、摊派费用或者违法要求履行其他义务的；

（10）认为行政机关没有依法支付抚恤金、最低生活保障待遇或者社会保险待遇的；

（11）认为行政机关不依法履行、未按照约定履行或者违法变更、解除政府特许经营协议、土地房屋征收补偿协议等协议的；

（12）认为行政机关侵犯其他人身权、财产权等合法权益的。

除以上规定外，人民法院受理法律、法规规定可以提起诉讼的其他行政案件。

人民法院不受理公民、法人或者其他组织对下列事项提起的诉讼：

（1）国防、外交等国家行为；

（2）行政法规、规章或者行政机关制定、发布的具有普遍约束力的决定、命令；

（3）行政机关对行政机关工作人员的奖惩、任免等决定；

（4）法律规定由行政机关最终裁决的行政行为。

公民、法人或者其他组织对行政机关及其工作人员的行政行为不服，依法提起诉讼的，属于人民法院行政诉讼的受案范围。

下列行为不属于人民法院行政诉讼的受案范围：

（1）公安、国家安全等机关依照刑事诉讼法的明确授权实施的行为；

（2）调解行为以及法律规定的仲裁行为；

(3)行政指导行为;

(4)驳回当事人对行政行为提起申诉的重复处理行为;

(5)行政机关作出的不产生外部法律效力的行为;

(6)行政机关为作出行政行为而实施的准备、论证、研究、层报、咨询等过程性行为;

(7)行政机关根据人民法院的生效裁判、协助执行通知书作出的执行行为,但行政机关扩大执行范围或者采取违法方式实施的除外;

(8)上级行政机关基于内部层级监督关系对下级行政机关作出的听取报告、执法检查、督促履责等行为;

(9)行政机关针对信访事项作出的登记、受理、交办、转送、复查、复核意见等行为;

(10)对公民、法人或者其他组织权利义务不产生实际影响的行为。

纳税人、扣缴义务人、纳税担保人同税务机关在纳税上发生争议时,必须先依照税务机关的纳税决定缴纳或者解缴税款及滞纳金或者提供相应的担保,然后可以依法申请行政复议。对行政复议决定不服的,可以依法向人民法院起诉。

当事人对税务机关的处罚决定、强制执行措施或者税收保全措施不服的,可以依法申请行政复议,也可以依法向人民法院起诉。

对属于人民法院受案范围的行政案件,公民、法人或者其他组织可以先向行政机关申请复议,对复议决定不服的,再向人民法院提起诉讼;也可以直接向人民法院提起诉讼。

法律、法规规定应当先向行政机关申请复议,对复议决定不服再向人民法院提起诉讼的,依照法律、法规的规定。

【知识点6】 行政诉讼的管辖——级别管辖

基层人民法院管辖第一审行政案件。

中级人民法院管辖下列第一审行政案件:

(1)对国务院部门或者县级以上地方人民政府所作的行政行为提起诉讼的案件。

(2)海关处理的案件。

(3)本辖区内重大、复杂的案件(主要指社会影响重大的共同诉讼案件;涉外或者涉及香港特别行政区、澳门特别行政区、台湾地区的案件;其他重大、复杂案件)。

(4)其他法律规定由中级人民法院管辖的案件。

高级人民法院管辖本辖区内重大、复杂的第一审行政案件。

最高人民法院管辖全国范围内重大、复杂的第一审行政案件。

【知识点7】 行政诉讼的管辖——地域管辖

行政案件由最初作出行政行为的行政机关所在地人民法院管辖。经复议的案件，也可以由复议机关所在地人民法院管辖。

经最高人民法院批准，高级人民法院可以根据审判工作的实际情况，确定若干人民法院跨行政区域管辖行政案件。

各级人民法院行政审判庭审理行政案件和审查行政机关申请执行其行政行为的案件。专门人民法院、人民法庭不审理行政案件，也不审查和执行行政机关申请执行其行政行为的案件。对行政机关基于同一事实，既采取限制公民人身自由的行政强制措施，又采取其他行政强制措施或者行政处罚不服的，由被告所在地或者原告所在地的人民法院管辖。

因不动产提起的行政诉讼，由不动产所在地人民法院管辖。不动产已登记的，以不动产登记簿记载的所在地为不动产所在地；不动产未登记的，以不动产实际所在地为不动产所在地。

【知识点8】 行政诉讼的管辖——选择管辖

两个以上人民法院都有管辖权的案件，原告可以选择其中一个人民法院提起诉讼。原告向两个以上有管辖权的人民法院提起诉讼的，由最先立案的人民法院管辖。

【知识点9】 行政诉讼的管辖——移送管辖

人民法院发现受理的案件不属于本院管辖的，应当移送有管辖权的人民法院，受移送的人民法院应当受理。受移送的人民法院认为受移送的案件按照规定不属于本院管辖的，应当报请上级人民法院指定管辖，不得再自行移送。

【知识点10】 行政诉讼的管辖——指定管辖

有管辖权的人民法院由于特殊原因不能行使管辖权的，由上级人民法院指定管辖。人民法院对管辖权发生争议，由争议双方协商解决。协商不成的，报它们的共同上级人民法院指定管辖。上级人民法院有权审理下级人民法院管辖的第一审行政案件。下级人民法院对其管辖的第一审行政案件，认为需要由上级人民法院审理或者指定管辖的，可以报请上级人民法院决定。

基层人民法院对其管辖的第一审行政案件，认为需要由中级人民法院审理或者指定管辖的，可以报请中级人民法院决定。中级人民法院应当根据不同情况在7日内分别作出以下处理：①决定自行审理；②指定本辖区其他基层人民法院管辖；③决定由报请的人民法院审理。

【知识点 11】 管辖权异议的处理

当事人以案件重大复杂为由,认为有管辖权的基层人民法院不宜行使管辖权或者根据《行政诉讼法》第五十二条的规定,向中级人民法院起诉,中级人民法院应当根据不同情况在 7 日内分别作出以下处理:①决定自行审理;②指定本辖区其他基层人民法院管辖;③书面告知当事人向有管辖权的基层人民法院起诉。

人民法院受理案件后,被告提出管辖异议的,应当在收到起诉状副本之日起 15 日内提出。对当事人提出的管辖异议,人民法院应当进行审查。异议成立的,裁定将案件移送有管辖权的人民法院;异议不成立的,裁定驳回。人民法院对管辖异议审查后确定有管辖权的,不因当事人增加或者变更诉讼请求等改变管辖,但违反级别管辖、专属管辖规定的除外。

有下列情形之一的,人民法院不予审查:

(1) 人民法院发回重审或者按第一审程序再审的案件,当事人提出管辖异议的;

(2) 当事人在第一审程序中未按照法律规定的期限和形式提出管辖异议,在第二审程序中提出的。

立案后,受诉人民法院的管辖权不受当事人住所地改变、追加被告等事实和法律状态变更的影响。

【知识点 12】 行政诉讼参加人——原告

行政行为的相对人以及其他与行政行为有利害关系的公民、法人或者其他组织,有权提起诉讼。有权提起诉讼的公民死亡,其近亲属可以提起诉讼。有权提起诉讼的法人或其他组织终止,承受其权利的法人或者其他组织可以提起诉讼。

人民检察院在履行职责中发现生态环境和资源保护、食品药品安全、国有财产保护、国有土地使用权出让等领域负有监督管理职责的行政机关违法行使职权或者不作为,致使国家利益或者社会公共利益受到侵害的,应当向行政机关提出检察建议,督促其依法履行职责。行政机关不依法履行职责的,人民检察院依法向人民法院提起诉讼。

债权人以行政机关对债务人所作的行政行为损害债权实现为由提起行政诉讼的,人民法院应当告知其就民事争议提起民事诉讼,但行政机关作出行政行为时依法应予保护或者应予考虑的除外。

股份制企业的股东大会、股东会、董事会等认为行政机关作出的行政行为侵犯企业经营自主权的,可以企业名义提起诉讼。联营企业、中外合资或者合作企业的联营、合资、合作各方,认为联营、合资、合作企业权益或者自己一方合法权益受行政行为侵害的,可以自己的名义提起诉讼。非国有企业被行政机关注销、撤销、合并、强令兼并、出售、分立或者改变企业隶属关系的,该企业或者其法定代表人可以提起诉讼。

事业单位、社会团体、基金会、社会服务机构等非营利法人的出资人、设立人认为行政行为损害法人合法权益的，可以自己的名义提起诉讼。业主委员会对于行政机关作出的涉及业主共有利益的行政行为可以自己提起诉讼。业主委员会不起诉的，专有部分占建筑物总面积过半数或者占总户数过半数的业主可以提起诉讼。

【知识点13】 行政诉讼参加人——被告

公民、法人或者其他组织直接向人民法院提起诉讼的，作出行政行为的行政机关是被告。

经复议的案件，复议机关决定维持原行政行为的，作出原行政行为的行政机关和复议机关是共同被告；复议机关改变原行政行为的，复议机关是被告。复议机关在法定期限内未作出复议决定，公民、法人或者其他组织起诉原行政行为的，作出原行政行为的行政机关是被告；起诉复议机关不作为的，复议机关是被告。

复议机关改变原行政行为，是指复议机关改变原行政行为的处理结果。复议机关改变原行政行为所认定的主要事实和证据、改变原行政行为所适用的规范依据，但未改变原行政行为处理结果的，视为复议机关维持原行政行为。复议机关确认原行政行为无效，属于改变原行政行为。复议机关确认原行政行为违法，属于改变原行政行为，但复议机关以违反法定程序为由确认原行政行为违法的除外。

两个以上行政机关作出同一行政行为的，共同作出行政行为的行政机关是共同被告。行政机关委托的组织所作的行政行为，委托的行政机关是被告。行政机关被撤销或者职权变更的，继续行使其职权的行政机关是被告。

当事人不服经上级行政机关批准的行政行为，向人民法院提起诉讼的，以在对外发生法律效力的文书上署名的机关为被告。

行政机关组建并赋予行政管理职能但不具有独立承担法律责任能力的机构，以自己的名义作出行政行为，当事人不服提起诉讼的，应当以组建该机构的行政机关为被告。

法律、法规或者规章授权行使行政职权的行政机关内设机构、派出机构或者其他组织，超出法定授权范围实施行政行为，当事人不服提起诉讼的，应当以实施该行为的机构或者组织为被告。

没有法律、法规或者规章规定，行政机关授权其内设机构、派出机构或者其他组织行使行政职权的，属于《行政诉讼法》第二十六条规定的委托。当事人不服提起诉讼的，应当以该行政机关为被告。

行政机关被撤销或者职权变更，没有继续行使其职权的行政机关的，以其所属的人民政府为被告；实行垂直领导的，以垂直领导的上一级行政机关为被告。

原告所起诉的被告不适格，人民法院应当告知原告变更被告；原告不同意变更的，裁定驳回起诉。

应当追加被告而原告不同意追加的，人民法院应当通知其以第三人的身份参加诉讼，但行政复议机关作共同被告的除外。

【知识点14】 行政诉讼参加人——第三人和诉讼代表人

公民、法人或者其他组织同被诉行政行为有利害关系但没有提起诉讼，或者同案件处理结果有利害关系的，可以作为第三人申请参加诉讼，或者由人民法院通知参加诉讼。

人民法院判决第三人承担义务或者减损第三人权益的，第三人有权依法提起上诉。

必须共同进行诉讼的当事人没有参加诉讼的，人民法院应当依法通知其参加；当事人也可以向人民法院申请参加。

【知识点15】 行政诉讼参加人——诉讼代理人

被诉行政机关负责人应当出庭应诉。不能出庭的，应当委托行政机关相应的工作人员出庭。

没有诉讼行为能力的公民，由其法定代理人代为诉讼。法定代理人互相推诿代理责任的，由人民法院指定其中一人代为诉讼。

当事人、法定代理人，可以委托1至2人作为诉讼代理人。

律师、社会团体、提起诉讼的公民的近亲属或者所在单位推荐的人，以及经人民法院许可的其他公民，可以受委托为诉讼代理人。代理诉讼的律师，可以依照规定查阅本案有关材料，可以向有关组织和公民调查，收集证据。对涉及国家秘密和个人隐私的材料，应当依照法律规定保密。经人民法院许可，当事人和其他诉讼代理人可以查阅本案庭审材料，但涉及国家秘密和个人隐私的除外。

【知识点16】 出庭应诉的行政机关负责人

1. 一般规定

被诉行政机关负责人应当出庭应诉。不能出庭的，应当委托行政机关相应的工作人员出庭。

2. 出庭应诉的被诉行政机关负责人

被诉行政机关负责人，包括行政机关的正职、副职负责人、参与分管被诉行政行为实施工作的副职级别的负责人以及其他参与分管的负责人。

被诉行政机关委托的组织或者下级行政机关的负责人，不能作为被诉行政机关负责人出庭。

有共同被告的行政案件，可以由共同被告协商确定行政机关负责人出庭应诉；也可以由人民法院确定。

对于同一审级需要多次开庭的同一案件，行政机关负责人到庭参加一次庭审的，一般可以认定其已经履行出庭应诉义务，但人民法院通知行政机关负责人再次出庭的除外。

行政机关负责人在一个审理程序中出庭应诉，不免除其在其他审理程序出庭应诉的义务。

有下列情形之一的，属于行政诉讼法规定的行政机关负责人不能出庭的情形：

（1）不可抗力；

（2）意外事件；

（3）需要履行他人不能代替的公务；

（4）无法出庭的其他正当事由。

行政机关负责人有正当理由不能出庭的，应当提交相关证明材料，并加盖行政机关印章或者由该机关主要负责人签字认可。人民法院应当对行政机关负责人不能出庭的理由以及证明材料进行审查。行政机关负责人有正当理由不能出庭，行政机关申请延期开庭审理的，人民法院可以准许；人民法院也可以依职权决定延期开庭审理。

3. 受托出庭的行政机关相应的工作人员

受托出庭的行政机关相应的工作人员，是指被诉行政机关中具体行使行政职权的工作人员。行政机关委托行使行政职权的组织或者下级行政机关的工作人员，可以视为行政机关相应的工作人员。人民法院应当参照前述规定，对行政机关相应的工作人员的身份证明进行审查。

4. 行政机关诉讼参与人应遵守的法庭规则

诉讼参与人参加诉讼活动，应当依法行使诉讼权利，履行诉讼义务，遵守法庭规则，自觉维护诉讼秩序。

行政机关负责人或者行政机关委托的相应工作人员在庭审过程中应当就案件情况进行陈述、答辩、提交证据、辩论、发表最后意见，对所依据的规范性文件进行解释说明。

行政机关负责人出庭应诉的，应当就实质性解决行政争议发表意见。

诉讼参与人和其他人以侮辱、谩骂、威胁等方式扰乱法庭秩序的，人民法院应当制止，并根据行政诉讼法第五十九条规定进行处理。

5. 行政机关负责人出庭应诉情况的监督

有下列情形之一的，人民法院应当向监察机关、被诉行政机关的上一级行政机关提出司法建议：

（1）行政机关负责人未出庭应诉，且未说明理由或者理由不成立的；

（2）行政机关有正当理由申请延期开庭审理，人民法院准许后再次开庭审理时行政机关负责人仍未能出庭应诉，且无正当理由的；

（3）行政机关负责人和行政机关相应的工作人员均不出庭应诉的；

（4）行政机关负责人未经法庭许可中途退庭的；

（5）人民法院在庭审中要求行政机关负责人就有关问题进行解释或者说明，行政机关负责人拒绝解释或者说明，导致庭审无法进行的。

有前述情形之一的，人民法院应当记录在案并在裁判文书中载明。

人民法院可以通过适当形式将行政机关负责人出庭应诉情况向社会公开。

当事人对行政机关具有行政机关负责人未出庭应诉，且未说明理由或者理由不成立的情形提出异议的，人民法院可以在庭审笔录中载明，不影响案件的正常审理。

原告以行政机关具有行政机关有正当理由申请延期开庭审理，人民法院准许后再次开庭审理时行政机关负责人仍未能出庭应诉，且无正当理由的情形为由拒不到庭、未经法庭许可中途退庭的，人民法院可以按照撤诉处理。

原告以行政机关具有行政机关负责人未出庭应诉，且未说明理由或者理由不成立的情形为由在庭审中明确拒绝陈述或者以其他方式拒绝陈述，导致庭审无法进行，经法庭释明法律后果后仍不陈述意见的，人民法院可以视为放弃陈述权利，由其承担相应的法律后果。

【知识点17】行政诉讼的基本程序——起诉期限

公民、法人或者其他组织不服复议决定的，可以在收到复议决定书之日起15日内向人民法院提起诉讼。复议机关逾期不作决定的，申请人可以在复议期满之日起15日内向人民法院提起诉讼。法律另有规定的除外。

公民、法人或者其他组织直接向人民法院提起诉讼的，应当自知道或者应当知道作出行政行为之日起6个月内提出。法律另有规定的除外。

行政机关作出行政行为时，没有制作或者没有送达法律文书，公民、法人或者其他组织只要能证明行政行为存在，并在法定期限内起诉的，人民法院应当依法立案。

行政机关作出行政行为时，未告知公民、法人或者其他组织起诉期限的，起诉期限从公民、法人或者其他组织知道或者应当知道起诉期限之日起计算，但从知道或者应当知道行政行为内容之日起最长不得超过1年。复议决定未告知公民、法人或者其他组织起诉期限的，适用上述规定。

因不动产提起诉讼的案件自行政行为作出之日起超过20年，其他案件自行政行为作出之日起超过5年提起诉讼的，人民法院不予受理。

公民、法人或者其他组织申请行政机关履行保护其人身权、财产权等合法权益的法定职责，行政机关在接到申请之日起2个月内不履行的，公民、法人或者其他组织可以向人民法院提起诉讼。法律、法规对行政机关履行职责的期限另有规定的，从其规定。

公民、法人或者其他组织依照《行政诉讼法》第四十七条第一款的规定，对行政机关不履行法定职责提起诉讼的，应当在行政机关履行法定期限届满之日起6个月内提出。

公民、法人或者其他组织在紧急情况下请求行政机关履行保护其人身权、财产权等合法权益的法定职责，行政机关不履行的，提起诉讼不受上述规定期限的限制。

公民、法人或者其他组织因不可抗力或者其他不属于其自身的原因耽误起诉期限的，被耽误的时间不计算在起诉期限内。

公民、法人或者其他组织因上述规定以外的其他特殊情况耽误起诉期限的，在障碍消除后10日内，可以申请延长期限，是否准许由人民法院决定。

【知识点18】 行政诉讼的基本程序——起诉条件

提起诉讼应当符合下列条件：
（1）原告是符合《行政诉讼法》第二十五条规定的公民、法人或者其他组织；
（2）有明确的被告；
（3）有具体的诉讼请求和事实根据；
（4）属于人民法院受案范围和受诉人民法院管辖。

起诉应当向人民法院递交起诉状，并按照被告人数提出副本。

书写起诉状确有困难的，可以口头起诉，由人民法院记入笔录，出具注明日期的书面凭证，并告知对方当事人。

【知识点19】 行政诉讼的基本程序——受理

人民法院在接到起诉状时，对符合《行政诉讼法》规定的起诉条件的，应当登记立案。

对当场不能判定是否符合《行政诉讼法》规定的起诉条件的，应当接收起诉状，出具注明收到日期的书面凭证，并在7日内决定是否立案。不符合起诉条件的，作出不予立案的裁定。裁定书应当载明不予立案的理由。原告对裁定不服的，可以提起上诉。

人民法院既不立案，又不作出不予立案裁定的，当事人可以向上一级人民法院起诉。上一级人民法院认为符合起诉条件的，应当立案、审理，也可以指定其他下级人民法院立案、审理。

公民、法人或者其他组织认为行政行为所依据的国务院部门和地方人民政府及其部门制定的规范性文件（不含规章）不合法，在对行政行为提起诉讼时，可以一并请求对该规范性文件进行审查。

【知识点20】 行政诉讼的第一审程序——起诉

人民法院应当在立案之日起5日内，将起诉状副本发送被告。被告应当在收到起诉状副本之日起15日内向人民法院提交作出行政行为的证据和所依据的规范性文件，并提出答辩状。人民法院准许延期提供的，被告应当在正当事由消除后15日内提供证据。逾期提供的，视为被诉行政行为没有相应的证据。人民法院应当在收到答辩状之日起5日内，将答辩状副本发送原告。

被告不提出答辩状的，不影响人民法院审理。

行政行为证据确凿，适用法律、法规正确，符合法定程序的，或者原告申请被告履行法定职责或者给付义务理由不成立的，人民法院判决驳回原告的诉讼请求。

行政行为有下列情形之一的，人民法院判决撤销或者部分撤销，并可以判决被告重新作出行政行为：

（1）主要证据不足的；

（2）适用法律、法规错误的；

（3）违反法定程序的；

（4）超越职权的；

（5）滥用职权的；

（6）明显不当的。

人民法院判决被告重新作出行政行为的，被告不得以同一的事实和理由作出与原行政行为基本相同的行政行为。

人民法院经过审理，查明被告不履行法定职责的，判决被告在一定期限内履行。

人民法院经过审理，查明被告依法负有给付义务的，判决被告履行给付义务。

行政行为有下列情形之一的，人民法院判决确认违法，但不撤销行政行为：

（1）行政行为依法应当撤销，但撤销会给国家利益、社会公共利益造成重大损害的；

（2）行政行为程序轻微违法，但对原告权利不产生实际影响的。

行政行为有下列情形之一，不需要撤销或者判决履行的，人民法院判决确认违法：

（1）行政行为违法，但不具有可撤销内容的；

（2）被告改变原违法行政行为，原告仍要求确认原行政行为违法的；

（3）被告不履行或者拖延履行法定职责，判决履行没有意义的。

行政行为的实施主体不具有行政主体资格或者没有依据等重大且明显违法情形，原告申请确认行政行为无效的，人民法院判决确认无效。

人民法院判决确认违法或者无效的，可以同时判决责令被告采取补救措施；给原告造成损失的，依法判决被告承担赔偿责任。

行政处罚明显不当，或者其他行政行为涉及对款额的确定、认定确有错误的，人民法院可以判决变更。

人民法院判决变更，不得加重原告的义务或者减损原告的权益。但利害关系人同为原告，且诉讼请求相反的除外。

被告不依法履行、未按照约定履行或者违法变更、解除政府特许经营协议、土地房屋征收补偿协议等协议的，人民法院判决被告承担继续履行、采取补救措施或者赔偿损失等责任。

被告变更、解除政府特许经营协议、土地房屋征收补偿协议等协议合法，但未依法给予补偿的，人民法院判决给予补偿。

复议机关与作出原行政行为的行政机关为共同被告的案件，人民法院应当对复议决定和原行政行为一并作出裁判。

人民法院对公开审理和不公开审理的案件，一律公开宣告判决。

当庭宣判的，应当在10日内发送判决书；定期宣判的，宣判后立即发给判决书。

宣告判决时，必须告知当事人上诉权利、上诉期限和上诉的人民法院。

人民法院应当在立案之日起6个月内作出第一审判决。有特殊情况需要延长的，由高级人民法院批准，高级人民法院审理第一审案件需要延长的，由最高人民法院批准。

【知识点21】 行政诉讼的简易程序

人民法院审理下列第一审行政案件，认为事实清楚、权利义务关系明确、争议不大的，可以适用简易程序：

（1）被诉行政行为是依法当场作出的；

（2）案件涉及款额2000元以下的；

（3）属于政府信息公开案件的。

除上述规定以外的第一审行政案件，当事人各方同意适用简易程序的，可以适用简易程序。

发回重审、按照审判监督程序再审的案件不适用简易程序。

适用简易程序审理的行政案件，由审判员一人独任审理，并应当在立案之日起45日内审结。

人民法院在审理过程中，发现案件不宜适用简易程序的，裁定转为普通程序。

【知识点22】 行政诉讼的第二审程序——上诉权、上诉期限和审理期限

当事人不服人民法院第一审判决的，有权在判决书送达之日起15日内向上一级人民法院提起上诉。当事人不服人民法院第一审裁定的，有权在裁定书送达之日起10日

内向上一级人民法院提起上诉。逾期不提起上诉的,人民法院的第一审判决或者裁定发生法律效力。

人民法院审理上诉案件,应当在收到上诉状之日起 3 个月内作出终审判决。有特殊情况需要延长的,由高级人民法院批准,高级人民法院审理上诉案件需要延长的,由最高人民法院批准。

【知识点 23】 行政诉讼的第二审程序——审理方式

人民法院对上诉案件,应当组成合议庭,开庭审理。经过阅卷、调查和询问当事人,对没有提出新的事实、证据或者理由,合议庭认为不需要开庭审理的,也可以不开庭审理。

人民法院审理上诉案件,应当对原审人民法院的判决、裁定和被诉行政行为进行全面审查。

【知识点 24】 行政诉讼的第二审程序——二审判决

人民法院审理上诉案件,按照下列情形,分别处理:

(1) 原判决、裁定认定事实清楚,适用法律、法规正确的,判决或者裁定驳回上诉,维持原判决、裁定;

(2) 原判决、裁定认定事实错误或者适用法律、法规错误的,依法改判、撤销或者变更;

(3) 原判决认定基本事实不清、证据不足的,发回原审人民法院重审,或者查清事实后改判;

(4) 原判决遗漏当事人或者违法缺席判决等严重违反法定程序的,裁定撤销原判决,发回原审人民法院重审。

原审人民法院对发回重审的案件作出判决后,当事人提起上诉的,第二审人民法院不得再次发回重审。

人民法院审理上诉案件,需要改变原审判决的,应当同时对被诉行政行为作出判决。

四 《行政强制法》 在税务稽查中的适用

【知识点 1】 行政强制的内涵

行政强制,包括行政强制措施和行政强制执行。

行政强制措施,是指行政机关在行政管理过程中,为制止违法行为、防止证据损毁、避免危害发生、控制危险扩大等情形,依法对公民的人身自由实施暂时性限制,或者对公民、法人或者其他组织的财物实施暂时性控制的行为。

行政强制执行，是指行政机关或者行政机关申请人民法院，对不履行行政决定的公民、法人或者其他组织，依法强制履行义务的行为。

【知识点2】 行政强制措施的种类

行政强制措施的种类包括：
（1）限制公民人身自由；
（2）查封场所、设施或者财物；
（3）扣押财物；
（4）冻结存款、汇款；
（5）其他行政强制措施。

【知识点3】 行政强制执行的方式

行政强制执行的方式包括：
（1）加处罚款或者滞纳金；
（2）划拨存款、汇款；
（3）拍卖或者依法处理查封、扣押的场所、设施或者财物；
（4）排除妨碍、恢复原状；
（5）代履行；
（6）其他强制执行方式。

【知识点4】 行政强制措施的实施程序——一般规定

1. 行政机关履行行政管理职责，依照法律、法规的规定，实施行政强制措施。违法行为情节显著轻微或者没有明显社会危害的，可以不采取行政强制措施。

2. 行政强制措施由法律、法规规定的行政机关在法定职权范围内实施。行政强制措施权不得委托。依据《行政处罚法》的规定行使相对集中行政处罚权的行政机关，可以实施法律、法规规定的与行政处罚权有关的行政强制措施。行政强制措施应当由行政机关具备资格的行政执法人员实施，其他人员不得实施。

3. 行政机关实施行政强制措施应当遵守下列规定：
（1）实施前须向行政机关负责人报告并经批准；
（2）由两名以上行政执法人员实施；
（3）出示执法身份证件；
（4）通知当事人到场；
（5）当场告知当事人采取行政强制措施的理由、依据以及当事人依法享有的权利、救济途径；

(6) 听取当事人的陈述和申辩；

(7) 制作现场笔录；

(8) 现场笔录由当事人和行政执法人员签名或者盖章，当事人拒绝的，在笔录中予以注明；

(9) 当事人不到场的，邀请见证人到场，由见证人和行政执法人员在现场笔录上签名或者盖章；

(10) 法律、法规规定的其他程序。

4. 情况紧急，需要当场实施行政强制措施的，行政执法人员应当在24小时内向行政机关负责人报告，并补办批准手续。行政机关负责人认为不应当采取行政强制措施的，应当立即解除。

5. 违法行为涉嫌犯罪应当移送司法机关的，行政机关应当将查封、扣押、冻结的财物一并移送，并书面告知当事人。

【知识点5】 行政强制措施的实施程序——查封、扣押

1. 查封、扣押应当由法律、法规规定的行政机关实施，其他任何行政机关或者组织不得实施。

2. 查封、扣押限于涉案的场所、设施或者财物，不得查封、扣押与违法行为无关的场所、设施或者财物；不得查封、扣押公民个人及其所扶养家属的生活必需品。当事人的场所、设施或者财物已被其他国家机关依法查封的，不得重复查封。

3. 行政机关决定实施查封、扣押的，应当履行《行政强制法》第十八条规定的程序，制作并当场交付查封、扣押决定书和清单。

查封、扣押决定书应当载明下列事项：

(1) 当事人的姓名或者名称、地址；

(2) 查封、扣押的理由、依据和期限；

(3) 查封、扣押场所、设施或者财物的名称、数量等；

(4) 申请行政复议或者提起行政诉讼的途径和期限；

(5) 行政机关的名称、印章和日期。

查封、扣押清单一式二份，由当事人和行政机关分别保存。

4. 查封、扣押的期限不得超过30日；情况复杂的，经行政机关负责人批准，可以延长，但是延长期限不得超过30日。法律、行政法规另有规定的除外。

延长查封、扣押的决定应当及时书面告知当事人，并说明理由。

对物品需要进行检测、检验、检疫或者技术鉴定的，查封、扣押的期间不包括检测、检验、检疫或者技术鉴定的期间。检测、检验、检疫或者技术鉴定的期间应当明

确，并书面告知当事人。检测、检验、检疫或者技术鉴定的费用由行政机关承担。

5. 对查封、扣押的场所、设施或者财物，行政机关应当妥善保管，不得使用或者损毁；造成损失的，应当承担赔偿责任。

对查封的场所、设施或者财物，行政机关可以委托第三人保管，第三人不得损毁或者擅自转移、处置。因第三人的原因造成的损失，行政机关先行赔付后，有权向第三人追偿。

因查封、扣押发生的保管费用由行政机关承担。

6. 行政机关采取查封、扣押措施后，应当及时查清事实，在《行政强制法》第二十五条规定的期限内作出处理决定。对违法事实清楚，依法应当没收的非法财物予以没收；法律、行政法规规定应当销毁的，依法销毁；应当解除查封、扣押的，作出解除查封、扣押的决定。

7. 有下列情形之一的，行政机关应当及时作出解除查封、扣押决定：
（1）当事人没有违法行为；
（2）查封、扣押的场所、设施或者财物与违法行为无关；
（3）行政机关对违法行为已经作出处理决定，不再需要查封、扣押；
（4）查封、扣押期限已经届满；
（5）其他不再需要采取查封、扣押措施的情形。

解除查封、扣押应当立即退还财物；已将鲜活物品或者其他不易保管的财物拍卖或者变卖的，退还拍卖或者变卖所得款项。变卖价格明显低于市场价格，给当事人造成损失的，应当给予补偿。

【知识点6】 行政强制措施的实施程序——冻结

1. 冻结存款、汇款应当由法律规定的行政机关实施，不得委托给其他行政机关或者组织；其他任何行政机关或者组织不得冻结存款、汇款。

冻结存款、汇款的数额应当与违法行为涉及的金额相当；已被其他国家机关依法冻结的，不得重复冻结。

2. 行政机关依照法律规定决定实施冻结存款、汇款的，应当履行《行政强制法》第十八条第一项、第二项、第三项、第七项规定的程序，并向金融机构交付冻结通知书。

金融机构接到行政机关依法作出的冻结通知书后，应当立即予以冻结，不得拖延，不得在冻结前向当事人泄露信息。

法律规定以外的行政机关或者组织要求冻结当事人存款、汇款的，金融机构应当拒绝。

3. 依照法律规定冻结存款、汇款的，作出决定的行政机关应当在3日内向当事人交付冻结决定书。冻结决定书应当载明下列事项：

（1）当事人的姓名或者名称、地址；

（2）冻结的理由、依据和期限；

（3）冻结的账号和数额；

（4）申请行政复议或者提起行政诉讼的途径和期限；

（5）行政机关的名称、印章和日期。

4. 自冻结存款、汇款之日起 30 日内，行政机关应当作出处理决定或者作出解除冻结决定；情况复杂的，经行政机关负责人批准，可以延长，但是延长期限不得超过 30 日。法律另有规定的除外。

延长冻结的决定应当及时书面告知当事人，并说明理由。

5. 有下列情形之一的，行政机关应当及时作出解除冻结决定：

（1）当事人没有违法行为；

（2）冻结的存款、汇款与违法行为无关；

（3）行政机关对违法行为已经作出处理决定，不再需要冻结；

（4）冻结期限已经届满；

（5）其他不再需要采取冻结措施的情形。

行政机关作出解除冻结决定的，应当及时通知金融机构和当事人。金融机构接到通知后，应当立即解除冻结。

行政机关逾期未作出处理决定或者解除冻结决定的，金融机构应当自冻结期满之日起解除冻结。

【知识点 7】 行政机关强制执行措施——一般规定

1. 行政机关依法作出行政决定后，当事人在行政机关决定的期限内不履行义务的，具有行政强制执行权的行政机关依照《行政强制法》第四章规定强制执行。

2. 行政机关作出强制执行决定前，应当事先催告当事人履行义务。催告应当以书面形式作出，并载明下列事项：

（1）履行义务的期限；

（2）履行义务的方式；

（3）涉及金钱给付的，应当有明确的金额和给付方式；

（4）当事人依法享有的陈述权和申辩权。

3. 当事人收到催告书后有权进行陈述和申辩。行政机关应当充分听取当事人的意见，对当事人提出的事实、理由和证据，应当进行记录、复核。当事人提出的事实、理由或者证据成立的，行政机关应当采纳。

4. 经催告，当事人逾期仍不履行行政决定，且无正当理由的，行政机关可以作出强制执行决定。

强制执行决定应当以书面形式作出，并载明下列事项：

（1）当事人的姓名或者名称、地址；

（2）强制执行的理由和依据；

（3）强制执行的方式和时间；

（4）申请行政复议或者提起行政诉讼的途径和期限；

（5）行政机关的名称、印章和日期。

在催告期间，对有证据证明有转移或者隐匿财物迹象的，行政机关可以作出立即强制执行决定。

5. 催告书、行政强制执行决定书应当直接送达当事人。当事人拒绝接收或者无法直接送达当事人的，应当依照《中华人民共和国民事诉讼法》的有关规定送达。

6. 有下列情形之一的，中止执行：

（1）当事人履行行政决定确有困难或者暂无履行能力的；

（2）第三人对执行标的主张权利，确有理由的；

（3）执行可能造成难以弥补的损失，且中止执行不损害公共利益的；

（4）行政机关认为需要中止执行的其他情形。

中止执行的情形消失后，行政机关应当恢复执行。对没有明显社会危害，当事人确无能力履行，中止执行满3年未恢复执行的，行政机关不再执行。

7. 有下列情形之一的，终结执行：

（1）公民死亡，无遗产可供执行，又无义务承受人的；

（2）法人或者其他组织终止，无财产可供执行，又无义务承受人的；

（3）执行标的灭失的；

（4）据以执行的行政决定被撤销的；

（5）行政机关认为需要终结执行的其他情形。

8. 在执行中或者执行完毕后，据以执行的行政决定被撤销、变更，或者执行错误的，应当恢复原状或者退还财物；不能恢复原状或者退还财物的，依法给予赔偿。

9. 实施行政强制执行，行政机关可以在不损害公共利益和他人合法权益的情况下，与当事人达成执行协议。执行协议可以约定分阶段履行；当事人采取补救措施的，可以减免加处的罚款或者滞纳金。

执行协议应当履行。当事人不履行执行协议的，行政机关应当恢复强制执行。

10. 行政机关不得在夜间或者法定节假日实施行政强制执行。但是，情况紧急的除外。

行政机关不得对居民生活采取停止供水、供电、供热、供燃气等方式迫使当事人履行相关行政决定。

11. 对违法的建筑物、构筑物、设施等需要强制拆除的，应当由行政机关予以公告，限期当事人自行拆除。当事人在法定期限内不申请行政复议或者提起行政诉讼，又不拆除的，行政机关可以依法强制拆除。

【知识点 8】行政机关强制执行措施——金钱给付义务的执行

1. 行政机关依法作出金钱给付义务的行政决定，当事人逾期不履行的，行政机关可以依法加处罚款或者滞纳金。加处罚款或者滞纳金的标准应当告知当事人。

加处罚款或者滞纳金的数额不得超出金钱给付义务的数额。

2. 行政机关依照《行政强制法》第四十五条规定实施加处罚款或者滞纳金超过 30 日，经催告当事人仍不履行的，具有行政强制执行权的行政机关可以强制执行。

行政机关实施强制执行前，需要采取查封、扣押、冻结措施的，依照《行政强制法》第三章的规定办理。

没有行政强制执行权的行政机关应当申请人民法院强制执行。但是，当事人在法定期限内不申请行政复议或者提起行政诉讼，经催告仍不履行的，在实施行政管理过程中已经采取查封、扣押措施的行政机关，可以将查封、扣押的财物依法拍卖抵缴罚款。

3. 划拨存款、汇款应当由法律规定的行政机关决定，并书面通知金融机构。金融机构接到行政机关依法作出划拨存款、汇款的决定后，应当立即划拨。

法律规定以外的行政机关或者组织要求划拨当事人存款、汇款的，金融机构应当拒绝。

4. 依法拍卖财物，由行政机关委托拍卖机构依照《中华人民共和国拍卖法》的规定办理。

5. 划拨的存款、汇款以及拍卖和依法处理所得的款项应当上缴国库或者划入财政专户。任何行政机关或者个人不得以任何形式截留、私分或者变相私分。

【知识点 9】行政机关强制执行措施——代履行

1. 行政机关依法作出要求当事人履行排除妨碍、恢复原状等义务的行政决定，当事人逾期不履行，经催告仍不履行，其后果已经或者将危害交通安全、造成环境污染或者破坏自然资源的，行政机关可以代履行，或者委托没有利害关系的第三人代履行。

2. 代履行应当遵守下列规定：

（1）代履行前送达决定书，代履行决定书应当载明当事人的姓名或者名称、地址、代履行的理由和依据、方式和时间、标的、费用预算以及代履行人；

（2）代履行 3 日前，催告当事人履行，当事人履行的，停止代履行；

（3）代履行时，作出决定的行政机关应当派员到场监督；

(4) 代履行完毕，行政机关到场监督的工作人员、代履行人和当事人或者见证人应当在执行文书上签名或者盖章。

代履行的费用按照成本合理确定，由当事人承担。但是，法律另有规定的除外。

代履行不得采用暴力、胁迫以及其他非法方式。

3. 需要立即清除道路、河道、航道或者公共场所的遗洒物、障碍物或者污染物，当事人不能清除的，行政机关可以决定立即实施代履行；当事人不在场的，行政机关应当在事后立即通知当事人，并依法作出处理。

【知识点10】 申请人民法院强制执行

1. 当事人在法定期限内不申请行政复议或者提起行政诉讼，又不履行行政决定的，没有行政强制执行权的行政机关可以自期限届满之日起3个月内，依照《行政强制法》第五章规定申请人民法院强制执行。

2. 行政机关申请人民法院强制执行前，应当催告当事人履行义务。催告书送达10日后当事人仍未履行义务的，行政机关可以向所在地有管辖权的人民法院申请强制执行；执行对象是不动产的，向不动产所在地有管辖权的人民法院申请强制执行。

3. 行政机关向人民法院申请强制执行，应当提供下列材料：

（1）强制执行申请书；

（2）行政决定书及作出决定的事实、理由和依据；

（3）当事人的意见及行政机关催告情况；

（4）申请强制执行标的情况；

（5）法律、行政法规规定的其他材料。

强制执行申请书应当由行政机关负责人签名，加盖行政机关的印章，并注明日期。

4. 人民法院接到行政机关强制执行的申请，应当在5日内受理。

行政机关对人民法院不予受理的裁定有异议的，可以在15日内向上一级人民法院申请复议，上一级人民法院应当自收到复议申请之日起15日内作出是否受理的裁定。

5. 人民法院对行政机关强制执行的申请进行书面审查，对符合《行政强制法》第五十五条规定，且行政决定具备法定执行效力的，除《行政强制法》第五十八条规定的情形外，人民法院应当自受理之日起7日内作出执行裁定。

6. 人民法院发现有下列情形之一的，在作出裁定前可以听取被执行人和行政机关的意见：

（1）明显缺乏事实根据的；

（2）明显缺乏法律、法规依据的；

（3）其他明显违法并损害被执行人合法权益的。

人民法院应当自受理之日起30日内作出是否执行的裁定。裁定不予执行的，应当说明理由，并在 5 日内将不予执行的裁定送达行政机关。

行政机关对人民法院不予执行的裁定有异议的，可以自收到裁定之日起 15 日内向上一级人民法院申请复议，上一级人民法院应当自收到复议申请之日起 30 日内作出是否执行的裁定。

7. 因情况紧急，为保障公共安全，行政机关可以申请人民法院立即执行。经人民法院院长批准，人民法院应当自作出执行裁定之日起 5 日内执行。

8. 行政机关申请人民法院强制执行，不缴纳申请费。强制执行的费用由被执行人承担。

人民法院以划拨、拍卖方式强制执行的，可以在划拨、拍卖后将强制执行的费用扣除。

依法拍卖财物，由人民法院委托拍卖机构依照《中华人民共和国拍卖法》的规定办理。

划拨的存款、汇款以及拍卖和依法处理所得的款项应当上缴国库或者划入财政专户，不得以任何形式截留、私分或者变相私分。

【知识点 11】 关于人民法院强制执行被执行人财产有关税收问题

1. 人民法院的强制执行活动属司法活动，不具有经营性质，不属于应税行为，税务部门不能向人民法院的强制执行活动征税。

2. 无论拍卖、变卖财产的行为是纳税人的自主行为，还是人民法院实施的强制执行活动，对拍卖、变卖财产的全部收入，纳税人均应依法申报缴纳税款。

3. 税收具有优先权。《税收征收管理法》第四十五条规定，税务机关征收税款，税收优先于无担保债权，法律另有规定的除外；纳税人欠缴的税款发生在纳税人以其财产设定抵押、质押或者纳税人的财产被留置之前的，税收应当先于抵押权、质权、留置权执行。

4. 鉴于人民法院实际控制纳税人因强制执行活动而被拍卖、变卖财产的收入，根据《税收征收管理法》第五条规定，人民法院应当协助税务机关依法优先从该收入中征收税款。

第三节 刑事法律在税务稽查中的运用

一、《刑法》与税法在处罚种类上的衔接

【知识点1】《刑法》与税法在处罚种类上的衔接

刑罚分为主刑和附加刑。

主刑的种类如下：①管制；②拘役；③有期徒刑；④无期徒刑；⑤死刑。

附加刑的种类如下：①罚金；②剥夺政治权利；③没收财产。

附加刑也可以独立适用。

行政处罚的种类如下：①警告；②罚款；③没收违法所得、没收非法财物；④责令停产停业；⑤暂扣或者吊销许可证、暂扣或者吊销执照；⑥行政拘留；⑦法律、行政法规规定的其他行政处罚。

税务行政处罚的种类包括：①罚款；②没收违法所得、没收非法财物；③停止出口退税权；④法律、法规和规章规定的其他行政处罚。

【知识点2】罚金与罚款的衔接

违法行为构成犯罪，人民法院判处罚金时，行政机关已经给予当事人罚款的，应当折抵相应罚金。

【知识点3】税务机关征缴优先原则

犯逃税罪，抗税罪，逃避追缴欠税罪，骗取出口退税罪，偷税罪，虚开增值税专用发票、用于骗取出口退税、抵扣税款发票罪，被判处罚金、没收财产的，在执行前，应当先由税务机关追缴税款和所骗取的出口退税款。

【知识点4】没收违法所得、没收非法财物与没收财产的衔接

没收违法所得、非法财物是行政处罚的一种。没收违法所得，是指行政机关或司法机关依法将违法行为人取得的违法所得财物的所有权予以强制性剥夺的处罚方式。没收非法财物，是指行政机关将违法行为人非法占有的违禁品和其他财物无偿收缴的处罚方式。

没收财产是刑罚附加刑种类中最重的一种,是指司法机关将犯罪分子所有财产的一部分或者全部强制无偿地收归国有的刑罚方法,被没收的财产可能是犯罪分子违法或非法拥有的财产,也可能是合法拥有的财产。

可以并处没收财产的罪名主要有:骗取出口退税罪,虚开增值税专用发票、用于骗取出口退税、抵扣税款发票罪,伪造、出售伪造的增值税专用发票罪,非法出售用于骗取出口退税、抵扣税款发票罪。在这四类犯罪中,一般情况下,除有特别严重的情形只能并处没收财产外,没收财产与罚金是选择适用的,即如果并处罚金就不能再并处没收财产,反之亦然。

一般情况下,司法机关在作出判决时并不考虑税务机关是否已实施了没收违法所得、非法财物的行政处罚,而应依法判处没收财产,当然也不存在相互折抵的情况。

二 涉税违法行为与《刑法》罪名的衔接

【知识点1】偷税(逃避缴纳税款)与逃税罪的衔接

1. 偷税

纳税人伪造、变造、隐匿、擅自销毁账簿、记账凭证,或者在账簿上多列支出或者不列、少列收入,或者经税务机关通知申报而拒不申报或者进行虚假的纳税申报,不缴或者少缴应纳税款的,是偷税。对纳税人偷税的,由税务机关追缴其不缴或者少缴的税款、滞纳金,并处不缴或者少缴的税款50%以上5倍以下的罚款;构成犯罪的,依法追究刑事责任。

扣缴义务人采取上述所列手段,不缴或者少缴已扣、已收税款,由税务机关追缴其不缴或者少缴的税款、滞纳金,并处不缴或者少缴的税款50%以上5倍以下的罚款;构成犯罪的,依法追究刑事责任。

2. 逃税罪

(1) 纳税人采取欺骗、隐瞒手段进行虚假纳税申报或者不申报,逃避缴纳税款数额较大并且占应纳税额10%以上的,处3年以下有期徒刑或者拘役,并处罚金;数额巨大并且占应纳税额30%以上的,处3年以上7年以下有期徒刑,并处罚金。

扣缴义务人采取上述所列手段,不缴或者少缴已扣、已收税款,数额较大的,依照上述规定处罚。

对多次实施上述两类行为,未经处理的,按照累计数额计算。

有上述第一类行为,经税务机关依法下达追缴通知后,补缴应纳税款,缴纳滞纳金,已受行政处罚的,不予追究刑事责任;但是,5年内因逃避缴纳税款受过刑事处罚或者被税务机关给予2次以上行政处罚的除外。

(2)纳税人进行虚假纳税申报，具有下列情形之一的，应当认定为《刑法》第二百零一条第一款规定的"欺骗、隐瞒手段"：①伪造、变造、转移、隐匿、擅自销毁账簿、记账凭证或者其他涉税资料的；②以签订"阴阳合同"等形式隐匿或者以他人名义分解收入、财产的；③虚列支出、虚抵进项税额或者虚报专项附加扣除的；④提供虚假材料，骗取税收优惠的；⑤编造虚假计税依据的；⑥为不缴、少缴税款而采取的其他欺骗、隐瞒手段。

具有下列情形之一的，应当认定为《刑法》第二百零一条第一款规定的"不申报"：①依法在登记机关办理设立登记的纳税人，发生应税行为而不申报纳税的；②依法不需要在登记机关办理设立登记或者未依法办理设立登记的纳税人，发生应税行为，经税务机关依法通知其申报而不申报纳税的；③其他明知应当依法申报纳税而不申报纳税的。

扣缴义务人采取上述手段，不缴或者少缴已扣、已收税款，数额较大的，依照《刑法》第二百零一条第一款的规定定罪处罚。扣缴义务人承诺为纳税人代付税款，在其向纳税人支付税后所得时，应当认定扣缴义务人"已扣、已收税款"。

(3)《刑法》第二百零一条第一款规定的"逃避缴纳税款数额"，是指在确定的纳税期间，不缴或者少缴税务机关负责征收的各税种税款的总额。

《刑法》第二百零一条第一款规定的"应纳税额"，是指应税行为发生年度内依照税收法律、行政法规规定应当缴纳的税额，不包括海关代征的增值税、关税等及纳税人依法预缴的税额。

《刑法》第二百零一条第一款规定的"逃避缴纳税款数额占应纳税额的百分比"，是指行为人在一个纳税年度中的各税种逃税总额与该纳税年度应纳税总额的比例；不按纳税年度确定纳税期的，按照最后一次逃税行为发生之日前一年中各税种逃税总额与该年应纳税总额的比例确定。纳税义务存续期间不足一个纳税年度的，按照各税种逃税总额与实际发生纳税义务期间应纳税总额的比例确定。

逃税行为跨越若干个纳税年度，只要其中一个纳税年度的逃税数额及百分比达到《刑法》第二百零一条第一款规定的标准，即构成逃税罪。各纳税年度的逃税数额应当累计计算，逃税额占应纳税额百分比应当按照各逃税年度百分比的最高值确定。

(4)纳税人有《刑法》第二百零一条第一款规定的逃避缴纳税款行为，在公安机关立案前，经税务机关依法下达追缴通知后，在规定的期限或者批准延缓、分期缴纳的期限内足额补缴应纳税款，缴纳滞纳金，并全部履行税务机关作出的行政处罚决定的，不予追究刑事责任。但是，5年内因逃避缴纳税款受过刑事处罚或者被税务机关给予2次以上行政处罚的除外。

纳税人有逃避缴纳税款行为，税务机关没有依法下达追缴通知的，依法不予追究刑事责任。

（5）纳税人逃避缴纳税款 10 万元以上、50 万元以上的，应当分别认定为《刑法》第二百零一条第一款规定的"数额较大""数额巨大"。

扣缴义务人不缴或者少缴已扣、已收税款"数额较大""数额巨大"的认定标准，依照上述规定。

【知识点 2】 抗税与抗税罪的衔接

1. 抗税

以暴力、威胁方法拒不缴纳税款的，是抗税，除由税务机关追缴其拒缴的税款、滞纳金外，依法追究刑事责任。情节轻微，未构成犯罪的，由税务机关追缴其拒缴的税款、滞纳金，并处拒缴税款 1 倍以上 5 倍以下的罚款。

2. 抗税罪

（1）以暴力、威胁方法拒不缴纳税款的，处 3 年以下有期徒刑或者拘役，并处拒缴税款 1 倍以上 5 倍以下罚金；情节严重的，处 3 年以上 7 年以下有期徒刑，并处拒缴税款 1 倍以上 5 倍以下罚金。

（2）以暴力、威胁方法拒不缴纳税款，具有下列情形之一的，应当认定为《刑法》第二百零二条规定的"情节严重"：①聚众抗税的首要分子；②故意伤害致人轻伤的；③其他情节严重的情形。

实施抗税行为致人重伤、死亡，符合《刑法》第二百三十四条或者第二百三十二条规定的，以故意伤害罪或者故意杀人罪定罪处罚。

【知识点 3】 逃避追缴欠税与逃避追缴欠税罪的衔接

1. 逃避追缴欠税

纳税人欠缴应纳税款，采取转移或者隐匿财产的手段，妨碍税务机关追缴欠缴的税款的，由税务机关追缴欠缴的税款、滞纳金，并处欠缴税款 50% 以上 5 倍以下的罚款；构成犯罪的，依法追究刑事责任。

2. 逃避追缴欠税罪

（1）纳税人欠缴应纳税款，采取转移或者隐匿财产的手段，致使税务机关无法追缴欠缴的税款，数额在 1 万元以上不满 10 万元的，处 3 年以下有期徒刑或者拘役，并处或者单处欠缴税款 1 倍以上 5 倍以下罚金；数额在 10 万元以上的，处 3 年以上 7 年以下有期徒刑，并处欠缴税款 1 倍以上 5 倍以下罚金。

（2）纳税人欠缴应纳税款，为逃避税务机关追缴，具有下列情形之一的，应当认定为《刑法》第二百零三条规定的"采取转移或者隐匿财产的手段"：①放弃到期债权的；②无偿转让财产的；③以明显不合理的价格进行交易的；④隐匿财产的；⑤不履行税收义务并脱离税务机关监管的；⑥以其他手段转移或者隐匿财产的。

【知识点4】 骗取出口退税与骗取出口退税罪、逃税罪的衔接

1. 骗取出口退税

以假报出口或者其他欺骗手段，骗取国家出口退税款，由税务机关追缴其骗取的退税款，并处骗取税款1倍以上5倍以下的罚款；构成犯罪的，依法追究刑事责任。

对骗取国家出口退税款的，税务机关可以在规定期间内停止为其办理出口退税。

2. 骗取出口退税罪、逃税罪

（1）以假报出口或者其他欺骗手段，骗取国家出口退税款，数额较大的，处5年以下有期徒刑或者拘役，并处骗取税款1倍以上5倍以下罚金；数额巨大或者有其他严重情节的，处5年以上10年以下有期徒刑，并处骗取税款1倍以上5倍以下罚金；数额特别巨大或者有其他特别严重情节的，处10年以上有期徒刑或者无期徒刑，并处骗取税款1倍以上5倍以下罚金或者没收财产。

纳税人缴纳税款后，采取上述欺骗方法，骗取所缴纳的税款的，依照《刑法》第二百零一条的规定（逃税罪）定罪处罚；骗取税款超过所缴纳的税款部分，依照骗取出口退税罪的规定处罚。

（2）具有下列情形之一的，应当认定为《刑法》第二百零四条第一款规定的"假报出口或者其他欺骗手段"：①使用虚开、非法购买或者以其他非法手段取得的增值税专用发票或者其他可以用于出口退税的发票申报出口退税的；②将未负税或者免税的出口业务申报为已税的出口业务的；③冒用他人出口业务申报出口退税的；④虽有出口，但虚构应退税出口业务的品名、数量、单价等要素，以虚增出口退税额申报出口退税的；⑤伪造、签订虚假的销售合同，或者以伪造、变造等非法手段取得出口报关单、运输单据等出口业务相关单据、凭证，虚构出口事实申报出口退税的；⑥在货物出口后，又转入境内或者将境外同种货物转入境内循环进出口并申报出口退税的；⑦虚报出口产品的功能、用途等，将不享受退税政策的产品申报为退税产品的；⑧以其他欺骗手段骗取出口退税款的。

（3）骗取国家出口退税款数额10万元以上、50万元以上、500万元以上的，应当分别认定为《刑法》第二百零四条第一款规定的"数额较大""数额巨大""数额特别巨大"。

具有下列情形之一的，应当认定为《刑法》第二百零四条第一款规定的"其他严重情节"：①2年内实施虚假申报出口退税行为3次以上，且骗取国家税款30万元以上的；②5年内因骗取国家出口退税受过刑事处罚或者2次以上行政处罚，又实施骗取国家出口退税行为，数额在30万元以上的；③致使国家税款被骗取30万元以上并且在提起公诉前无法追回的；④其他情节严重的情形。

具有下列情形之一的，应当认定为《刑法》第二百零四条第一款规定的"其他特别严重情节"：①2年内实施虚假申报出口退税行为5次以上，或者以骗取出口退税为主要业务，且骗取国家税款300万元以上的；②5年内因骗取国家出口退税受过刑事处罚或者2次以上行政处罚，又实施骗取国家出口退税行为，数额在300万元以上的；③致使国家税款被骗取300万元以上并且在提起公诉前无法追回的；④其他情节特别严重的情形。

（4）实施骗取国家出口退税行为，没有实际取得出口退税款的，可以比照既遂犯从轻或者减轻处罚。

从事货物运输代理、报关、会计、税务、外贸综合服务等中介组织及其人员违反国家有关进出口经营规定，为他人提供虚假证明文件，致使他人骗取国家出口退税款，情节严重的，依照《刑法》第二百二十九条的规定追究刑事责任。

【知识点5】 虚开发票与虚开增值税专用发票、用于骗取出口退税、抵扣税款发票罪、 虚开普通发票罪的衔接

1. 虚开发票违法行为

《发票管理办法》第二十一条规定：开具发票应当按照规定的时限、顺序、栏目，全部联次一次性如实开具，并加盖发票专用章。

任何单位和个人不得有下列虚开发票行为：

（1）为他人、为自己开具与实际经营业务情况不符的发票；

（2）让他人为自己开具与实际经营业务情况不符的发票；

（3）介绍他人开具与实际经营业务情况不符的发票。

《发票管理办法实施细则》第二十九条规定，与实际经营业务情况不符是指具有下列行为之一的：①未购销商品、未提供或者接受服务、未从事其他经营活动，而开具或取得发票；②有购销商品、提供或者接受服务、从事其他经营活动，但开具或取得的发票载明的购买方、销售方、商品名称或经营项目、金额等与实际情况不符。

《发票管理办法》第三十五条规定：虚开发票的，由税务机关没收违法所得；虚开金额在1万元以下的，可以并处5万元以下的罚款；虚开金额超过1万元的，并处5万元以上50万元以下的罚款；构成犯罪的，依法追究刑事责任。非法代开发票的，依照上述规定处罚。

2. 虚开增值税专用发票、用于骗取出口退税、抵扣税款发票罪

（1）《刑法》第二百零五条规定：虚开增值税专用发票或者虚开用于骗取出口退税、抵扣税款的其他发票的，处3年以下有期徒刑或者拘役，并处2万元以上20万元以下罚金；虚开的税款数额较大或者有其他严重情节的，处3年以上10年以下有期徒刑，并处5万元以上50万元以下罚金；虚开的税款数额巨大或者有其他特别严

重情节的，处 10 年以上有期徒刑或者无期徒刑，并处 5 万元以上 50 万元以下罚金或者没收财产。

单位犯上述规定之罪的，对单位判处罚金，并对其直接负责的主管人员和其他直接责任人员，处 3 年以下有期徒刑或者拘役；虚开的税款数额较大或者有其他严重情节的，处 3 年以上 10 年以下有期徒刑；虚开的税款数额巨大或者有其他特别严重情节的，处 10 年以上有期徒刑或者无期徒刑。

（2）具有下列情形之一的，应当认定为《刑法》第二百零五条第一款规定的"虚开增值税专用发票或者虚开用于骗取出口退税、抵扣税款的其他发票"：①没有实际业务，开具增值税专用发票、用于骗取出口退税、抵扣税款的其他发票的；②有实际应抵扣业务，但开具超过实际应抵扣业务对应税款的增值税专用发票、用于骗取出口退税、抵扣税款的其他发票的；③对依法不能抵扣税款的业务，通过虚构交易主体开具增值税专用发票、用于骗取出口退税、抵扣税款的其他发票的；④非法篡改增值税专用发票或者用于骗取出口退税、抵扣税款的其他发票相关电子信息的；⑤违反规定以其他手段虚开的。

为虚增业绩、融资、贷款等不以骗抵税款为目的，没有因抵扣造成税款被骗损失的，不以本罪论处，构成其他犯罪的，依法以其他犯罪追究刑事责任。

（3）虚开增值税专用发票、用于骗取出口退税、抵扣税款的其他发票，税款数额在 10 万元以上的，应当依照《刑法》第二百零五条的规定定罪处罚；虚开税款数额在 50 万元以上、500 万元以上的，应当分别认定为《刑法》第二百零五条第一款规定的"数额较大""数额巨大"。

具有下列情形之一的，应当认定为《刑法》第二百零五条第一款规定的"其他严重情节"：①在提起公诉前，无法追回的税款数额达到 30 万元以上的；②5 年内因虚开发票受过刑事处罚或者 2 次以上行政处罚，又虚开增值税专用发票或者虚开用于骗取出口退税、抵扣税款的其他发票，虚开税款数额在 30 万元以上的；③其他情节严重的情形。

具有下列情形之一的，应当认定为《刑法》第二百零五条第一款规定的"其他特别严重情节"：①在提起公诉前，无法追回的税款数额达到 300 万元以上的；②5 年内因虚开发票受过刑事处罚或者 2 次以上行政处罚，又虚开增值税专用发票或者虚开用于骗取出口退税、抵扣税款的其他发票，虚开税款数额在 300 万元以上的；③其他情节特别严重的情形。

以同一购销业务名义，既虚开进项增值税专用发票、用于骗取出口退税、抵扣税款的其他发票，又虚开销项的，以其中较大的数额计算。

以伪造的增值税专用发票进行虚开，达到本条规定标准的，应当以虚开增值税专用发票罪追究刑事责任。

3. 虚开普通发票罪

（1）《刑法》第二百零五条规定：虚开增值税专用发票、用于骗取出口退税、抵扣税款发票以外的其他发票，情节严重的，处 2 年以下有期徒刑、拘役或者管制，并处罚金；情节特别严重的，处 2 年以上 7 年以下有期徒刑，并处罚金。

单位犯上述罪的，对单位判处罚金，并对其直接负责的主管人员和其他直接责任人员，依照上述的规定处罚。

（2）具有下列情形之一的，应当认定为《刑法》第二百零五条之一第一款规定的"虚开刑法第二百零五条规定以外的其他发票"：①没有实际业务而为他人、为自己、让他人为自己、介绍他人开具发票的；②有实际业务，但为他人、为自己、让他人为自己、介绍他人开具与实际业务的货物品名、服务名称、货物数量、金额等不符的发票的；③非法篡改发票相关电子信息的。

4. 违反规定以其他手段虚开的

具有下列情形之一的，应当认定为《刑法》第二百零五条之一第一款规定的"情节严重"：①虚开发票票面金额 50 万元以上的；②虚开发票 100 份以上且票面金额 30 万元以上的；③5 年内因虚开发票受过刑事处罚或者 2 次以上行政处罚，又虚开发票，票面金额达到第①、②项规定的标准 60% 以上的。

具有下列情形之一的，应当认定为《刑法》第二百零五条之一第一款规定的"情节特别严重"：①虚开发票票面金额 250 万元以上的；②虚开发票 500 份以上且票面金额 150 万元以上的；③5 年内因虚开发票受过刑事处罚或者 2 次以上行政处罚，又虚开发票，票面金额达到第①、②项规定的标准 60% 以上的。

以伪造的发票进行虚开，达到上述规定的标准的，应当以虚开发票罪追究刑事责任。

【知识点 6】 伪造发票与伪造、出售伪造的增值税专用发票罪的衔接

1. 私自印制、伪造、变造发票，非法制造发票防伪专用品，伪造发票监制章

私自印制、伪造、变造发票，非法制造发票防伪专用品，伪造发票监制章的，由税务机关没收违法所得，没收、销毁作案工具和非法物品，并处 1 万元以上 5 万元以下的罚款；情节严重的，并处 5 万元以上 50 万元以下的罚款；对印制发票的企业，可以并处吊销发票准印证；构成犯罪的，依法追究刑事责任。

上述处罚，《税收征收管理法》有规定的，依照其规定执行。

2. 伪造、出售伪造的增值税专用发票罪

（1）《刑法》第二百零六条规定：伪造或者出售伪造的增值税专用发票的，处 3 年以下有期徒刑、拘役或者管制，并处 2 万元以上 20 万元以下罚金；数量较大或者有其他严重情节的，处 3 年以上 10 年以下有期徒刑，并处 5 万元以上 50 万元以下罚金；

数量巨大或者有其他特别严重情节的，处 10 年以上有期徒刑或者无期徒刑，并处 5 万元以上 50 万元以下罚金或者没收财产。

单位犯本罪的，对单位判处罚金，并对其直接负责的主管人员和其他直接责任人员，处 3 年以下有期徒刑、拘役或者管制；数量较大或者有其他严重情节的，处 3 年以上 10 年以下有期徒刑；数量巨大或者有其他特别严重情节的，处 10 年以上有期徒刑或者无期徒刑。

（2）伪造或者出售伪造的增值税专用发票，具有下列情形之一的，应当依照《刑法》第二百零六条的规定定罪处罚：①票面税额 10 万元以上的；②伪造或者出售伪造的增值税专用发票 10 份以上且票面税额 6 万元以上的；③违法所得 1 万元以上的。

（3）伪造或者出售伪造的增值税专用发票票面税额 50 万元以上的，或者 50 份以上且票面税额 30 万元以上的，应当认定为《刑法》第二百零六条第一款规定的"数量较大"。

5 年内因伪造或者出售伪造的增值税专用发票受过刑事处罚或者 2 次以上行政处罚，又实施伪造或者出售伪造的增值税专用发票行为，票面税额达到上述规定的标准 60% 以上的，或者违法所得 5 万元以上的，应当认定为《刑法》第二百零六条第一款规定的"其他严重情节"。

（4）伪造或者出售伪造的增值税专用发票票面税额 500 万元以上的，或者 500 份以上且票面税额 300 万元以上的，应当认定为《刑法》第二百零六条第一款规定的"数量巨大"。

5 年内因伪造或者出售伪造的增值税专用发票受过刑事处罚或者 2 次以上行政处罚，又实施伪造或者出售伪造的增值税专用发票行为，票面税额达到上述规定的标准 60% 以上的，或者违法所得 50 万元以上的，应当认定为《刑法》第二百零六条第一款规定的"其他特别严重情节"。

伪造并出售同一增值税专用发票的，以伪造、出售伪造的增值税专用发票罪论处，数量不重复计算。

变造增值税专用发票的，按照伪造增值税专用发票论处。

【知识点 7】 转让发票与非法出售增值税专用发票罪的衔接

1. 转让发票

有下列情形之一的，由税务机关处 1 万元以上 5 万元以下的罚款；情节严重的，处 5 万元以上 50 万元以下的罚款；有违法所得的予以没收：

（1）转借、转让、介绍他人转让发票、发票监制章和发票防伪专用品的；

（2）知道或者应当知道是私自印制、伪造、变造、非法取得或者废止的发票而受让、开具、存放、携带、邮寄、运输的。

2. 非法出售增值税专用发票罪

（1）《刑法》第二百零七条规定：非法出售增值税专用发票的，处3年以下有期徒刑、拘役或者管制，并处2万元以上20万元以下罚金；数量较大的，处3年以上10年以下有期徒刑，并处5万元以上50万元以下罚金；数量巨大的，处10年以上有期徒刑或者无期徒刑，并处5万元以上50万元以下罚金或者没收财产。

（3）非法出售增值税专用发票的，依照伪造、出售伪造的增值税专用发票罪的定罪量刑标准定罪处罚。

【知识点8】非法购买发票、购买伪造的发票与非法购买增值税专用发票、购买伪造的增值税专用发票罪；虚开增值税专用发票罪、出售伪造的增值税专用发票罪、非法出售增值税专用发票罪的衔接

1. 非法购买发票、购买伪造的发票

有下列情形之一的，由税务机关处1万元以上5万元以下的罚款；情节严重的，处5万元以上50万元以下的罚款；有违法所得的予以没收：

（1）转借、转让、介绍他人转让发票、发票监制章和发票防伪专用品的；

（2）知道或者应当知道是私自印制、伪造、变造、非法取得或者废止的发票而受让、开具、存放、携带、邮寄、运输的。

2. 非法购买增值税专用发票、购买伪造的增值税专用发票罪；虚开增值税专用发票罪、出售伪造的增值税专用发票罪、非法出售增值税专用发票罪

（1）《刑法》第二百零八条规定：非法购买增值税专用发票或者购买伪造的增值税专用发票的，处5年以下有期徒刑或者拘役，并处或者单处2万元以上20万元以下罚金。

非法购买增值税专用发票或者购买伪造的增值税专用发票又虚开或者出售的，分别依照虚开增值税专用发票罪、出售伪造的增值税专用发票罪、非法出售增值税专用发票罪的规定定罪处罚。

（2）非法购买增值税专用发票或者购买伪造的增值税专用发票票面税额20万元以上的，或者20份以上且票面税额10万元以上的，应当依照《刑法》第二百零八条第一款的规定定罪处罚。

非法购买真、伪两种增值税专用发票的，数额累计计算，不实行数罪并罚。

购买伪造的增值税专用发票又出售的，以出售伪造的增值税专用发票罪定罪处罚；非法购买增值税专用发票用于骗取抵扣税款或者骗取出口退税款，同时构成非法购买增值税专用发票罪与虚开增值税专用发票罪、骗取出口退税罪的，依照处罚较重的规定定罪处罚。

【知识点 9】 伪造发票与非法制造、出售非法制造的用于骗取出口退税、抵扣税款发票罪；非法制造、出售非法制造的发票罪；非法出售用于骗取出口退税、抵扣税款发票罪；非法出售发票罪的衔接

1. 私自印制、伪造、变造发票，非法制造发票防伪专用品，伪造发票监制章

私自印制、伪造、变造发票，非法制造发票防伪专用品，伪造发票监制章的，由税务机关没收违法所得，没收、销毁作案工具和非法物品，并处 1 万元以上 5 万元以下的罚款；情节严重的，并处 5 万元以上 50 万元以下的罚款；对印制发票的企业，可以并处吊销发票准印证；构成犯罪的，依法追究刑事责任。

上述规定的处罚，《税收征收管理法》有规定的，依照其规定执行。

2. 非法制造、出售非法制造的用于骗取出口退税、抵扣税款发票罪；非法制造、出售非法制造的发票罪；非法出售用于骗取出口退税、抵扣税款发票罪；非法出售发票罪

（1）《刑法》第二百零九条规定：

①伪造、擅自制造或者出售伪造、擅自制造的可以用于骗取出口退税、抵扣税款的其他发票的，处 3 年以下有期徒刑、拘役或者管制，并处 2 万元以上 20 万元以下罚金；数量巨大的，处 3 年以上 7 年以下有期徒刑，并处 5 万元以上 50 万元以下罚金；数量特别巨大的，处 7 年以上有期徒刑，并处 5 万元以上 50 万元以下罚金或者没收财产。

②伪造、擅自制造或者出售伪造、擅自制造的上述规定以外的其他发票的，处 2 年以下有期徒刑、拘役或者管制，并处或者单处 1 万元以上 5 万元以下罚金；情节严重的，处 2 年以上 7 年以下有期徒刑，并处 5 万元以上 50 万元以下罚金。

③非法出售可以用于骗取出口退税、抵扣税款的其他发票的，依照第①条的规定处罚。

④非法出售上述第③条规定以外的其他发票的，依照第②条的规定处罚。

（2）伪造、擅自制造或者出售伪造、擅自制造的用于骗取出口退税、抵扣税款的其他发票，具有下列情形之一的，应当依照《刑法》第二百零九条第一款的规定定罪处罚：①票面可以退税、抵扣税额 10 万元以上的；②伪造、擅自制造或者出售伪造、擅自制造的发票 10 份以上且票面可以退税、抵扣税额 6 万元以上的；③违法所得 1 万元以上的。

（3）伪造、擅自制造或者出售伪造、擅自制造的可以用于骗取出口退税、抵扣税款的其他发票票面可以退税、抵扣税额 50 万元以上的，或者 50 份以上且票面可以退税、抵扣税额 30 万元以上的，应当认定为《刑法》第二百零九条第一款规定的"数量巨大"；伪造、擅自制造或者出售伪造、擅自制造的可以用于骗取出口退税、抵扣税款的其他发票票面可以退税、抵扣税额 500 万元以上的，或者 500 份以上且票面可以退

税、抵扣税额 300 万元以上的，应当认定为《刑法》第二百零九条第一款规定的"数量特别巨大"。

（4）伪造、擅自制造或者出售伪造、擅自制造《刑法》第二百零九条第二款规定的发票，具有下列情形之一的，应当依照该款的规定定罪处罚：①票面金额 50 万元以上的；②伪造、擅自制造或者出售伪造、擅自制造发票 100 份以上且票面金额 30 万元以上的；③违法所得 1 万元以上的。

伪造、擅自制造或者出售伪造、擅自制造《刑法》第二百零九条第二款规定的发票，具有下列情形之一的，应当认定为"情节严重"：①票面金额 250 万元以上的；②伪造、擅自制造或者出售伪造、擅自制造发票 500 份以上且票面金额 150 万元以上的；③违法所得 5 万元以上的。

（5）非法出售用于骗取出口退税、抵扣税款的其他发票的，定罪量刑标准依照第（2）、（3）条的规定执行。

（6）非法出售增值税专用发票、用于骗取出口退税、抵扣税款的其他发票以外的发票的，定罪量刑标准依照第（4）条的规定执行。

（7）具有下列情形之一的，应当认定为《刑法》第二百一十条之一第一款规定的"数量较大"：

①持有伪造的增值税专用发票或者可以用于骗取出口退税、抵扣税款的其他发票票面税额 50 万元以上的；或者 50 份以上且票面税额 25 万元以上的；②持有伪造的前项规定以外的其他发票票面金额 100 万元以上的，或者 100 份以上且票面金额 50 万元以上的。持有的伪造发票数量、票面税额或者票面金额达到前款规定的标准 5 倍以上的，应当认定为《刑法》第二百一十条之一第一款规定的"数量巨大"。

【知识点 10】 涉及发票的税收违法行为与盗窃罪、诈骗罪的衔接

1. 涉及发票的税收违法行为

盗窃增值税专用发票或者可以用于骗取出口退税、抵扣税款的其他发票的，依照《刑法》第二百六十四条【盗窃罪】的规定定罪处罚。

使用欺骗手段骗取增值税专用发票或者可以用于骗取出口退税、抵扣税款的其他发票的，依照《刑法》第二百六十六条【诈骗罪】的规定定罪处罚。

2. 盗窃罪

盗窃公私财物，数额较大的，或者多次盗窃、入户盗窃、携带凶器盗窃、扒窃的，处 3 年以下有期徒刑、拘役或者管制，并处或者单处罚金；数额巨大或者有其他严重情节的，处 3 年以上 10 年以下有期徒刑，并处罚金；数额特别巨大或者有其他特别严重情节的，处 10 年以上有期徒刑或者无期徒刑，并处罚金或者没收财产。

3. 诈骗罪

诈骗公私财物，数额较大的，处 3 年以下有期徒刑、拘役或者管制，并处或者单处罚金；数额巨大或者有其他严重情节的，处 3 年以上 10 年以下有期徒刑，并处罚金；数额特别巨大或者有其他特别严重情节的，处 10 年以上有期徒刑或者无期徒刑，并处罚金或者没收财产。《刑法》另有规定的，依照规定。

【知识点 11】 持有伪造发票与持有伪造发票罪的衔接

1. 持有伪造发票行为

《发票管理办法》第三十七条规定，有下列情形之一的，由税务机关处 1 万元以上 5 万元以下的罚款；情节严重的，处 5 万元以上 50 万元以下的罚款；有违法所得的予以没收：

（1）转借、转让、介绍他人转让发票、发票监制章和发票防伪专用品的；

（2）知道或者应当知道是私自印制、伪造、变造、非法取得或者废止的发票而受让、开具、存放、携带、邮寄、运输的。

2. 持有伪造发票罪

《刑法》第二百一十条之一规定：明知是伪造的发票而持有，数量较大的，处 2 年以下有期徒刑、拘役或者管制，并处罚金；数量巨大的，处 2 年以上 7 年以下有期徒刑，并处罚金。

单位犯本罪的，对单位判处罚金，并对其直接负责的主管人员和其他直接责任人员，依照上述规定处罚。

【知识点 12】 单位涉税违法行为与单位犯危害税收征管罪的衔接

单位犯危害税收征管罪的处罚规定：单位犯《刑法》第二百零一条【逃税罪】、第二百零三条【逃避追缴欠税罪】、第二百零四条【骗取出口退税罪、偷税罪】、第二百零七条【非法出售增值税专用发票罪】、第二百零八条【非法购买增值税专用发票、购买伪造的增值税专用发票罪；虚开增值税专用发票罪、出售伪造的增值税专用发票罪、非法出售增值税专用发票罪】、第二百零九条规定之罪的，对单位判处罚金，并对其直接负责的主管人员和其他直接责任人员，依照各条的规定处罚。

单位实施危害税收征管犯罪的定罪量刑标准，依照《最高人民法院 最高人民检察院关于办理危害税收征管刑事案件适用法律若干问题的解释》（法释〔2024〕4 号）规定的标准执行。

【知识点13】 明知他人实施危害税收征管犯罪而仍为其提供账号、资信证明或者其他帮助行为的刑事责任

《发票管理办法》第三十九条规定：违反发票管理法规，导致其他单位或者个人未缴、少缴或者骗取税款的，由税务机关没收违法所得，可以并处未缴、少缴或者骗取的税款1倍以下的罚款。

明知他人实施危害税收征管犯罪而仍为其提供账号、资信证明或者其他帮助的，以相应犯罪的共犯论处。

【知识点14】 从宽处罚、不起诉或者免予刑事处罚和不作为犯罪处理

实施危害税收征管犯罪，造成国家税款损失，行为人补缴税款、挽回税收损失，有效合规整改的，可以从宽处罚；犯罪情节轻微不需要判处刑罚的，可以不起诉或者免予刑事处罚；情节显著轻微危害不大的，不作为犯罪处理。

《最高人民法院 最高人民检察院关于办理危害税收征管刑事案件适用法律若干问题的解释》（法释〔2024〕4号）第十九条规定，对于实施该解释规定的相关行为被不起诉或者免予刑事处罚，需要给予行政处罚、政务处分或者其他处分的，依法移送有关主管机关处理。有关主管机关应当将处理结果及时通知人民检察院、人民法院。

三 涉税刑事案件立案追诉标准

为适应新时期打击经济犯罪案件工作需要，服务保障经济社会高质量发展，根据《刑法》《刑事诉讼法》等法律规定，最高人民检察院、公安部于2022年4月6日研究修订了《最高人民检察院 公安部关于公安机关管辖的刑事案件立案追诉标准的规定（二）》，对公安机关管辖的部分经济犯罪案件立案追诉标准进行修改完善，自2022年5月15日起施行。原《最高人民检察院 公安部关于公安机关管辖的刑事案件立案追诉标准的规定（二）》（公通字〔2010〕23号）和《最高人民检察院 公安部关于公安机关管辖的刑事案件立案追诉标准的规定（二）的补充规定》（公通字〔2011〕47号）同时废止。下文对于自2022年5月15日起施行的标准称之为新标准，对于2022年5月14日前适用的标准称之为旧标准。

【知识点1】 逃税案立案追诉标准

1. 旧标准：逃避缴纳税款，涉嫌下列情形之一的，应予立案追诉：

（1）纳税人采取欺骗、隐瞒手段进行虚假纳税申报或者不申报，逃避缴纳税款，数额在5万元以上并且占各税种应纳税总额10%以上，经税务机关依法下达追缴通知后,不补缴应纳税款、不缴纳滞纳金或者不接受行政处罚的。

(2)纳税人5年内因逃避缴纳税款受过刑事处罚或者被税务机关给予2次以上行政处罚,又逃避缴纳税款,数额在5万元以上并且占各税种应纳税总额10%以上的。

(3)扣缴义务人采取欺骗、隐瞒手段,不缴或者少缴已扣、已收税款,数额在5万元以上的。

2. 新标准:逃避缴纳税款,涉嫌下列情形之一的,应予立案追诉:

(1)纳税人采取欺骗、隐瞒手段进行虚假纳税申报或者不申报,逃避缴纳税款,数额在10万元以上并且占各税种应纳税总额10%以上,经税务机关依法下达追缴通知后,不补缴应纳税款、不缴纳滞纳金或者不接受行政处罚的;

(2)纳税人5年内因逃避缴纳税款受过刑事处罚或者被税务机关给予2次以上行政处罚,又逃避缴纳税款,数额在10万元以上并且占各税种应纳税总额10%以上的;

(3)扣缴义务人采取欺骗、隐瞒手段,不缴或者少缴已扣、已收税款,数额在10万元以上的。纳税人在公安机关立案后再补缴应纳税款、缴纳滞纳金或者接受行政处罚的,不影响刑事责任的追究。

3. 逃避缴纳税款数额和占比的计算。

逃避缴纳税款数额,是指在确定的纳税期间,不缴或者少缴各税种税款的总额。

逃避缴纳税款数额占应纳税额的百分比,是指一个纳税年度中的各税种逃避缴纳税款总额与该纳税年度应纳税总额的比例。不按纳税年度确定纳税期的其他纳税人,逃避缴纳税款数额占应纳税额的百分比,按照行为人最后一次逃避缴纳税款行为发生之日前一年中各税种逃避缴纳税款总额与该年纳税总额的比例确定。纳税义务存续期间不足一个纳税年度的,逃避缴纳税款数额占应纳税额的百分比,按照各税种逃避缴纳税款总额与实际发生纳税义务期间应当缴纳税款总额的比例确定。

逃避缴纳税款行为跨越若干个纳税年度的,只要其中一个纳税年度的逃避缴纳税款数额及百分比达到标准,即属于本情形中"逃避缴纳税款,数额在5万元以上并且占各税种应纳税总额10%以上"。各纳税年度的逃避缴纳税款数额应当累计计算,逃避缴纳税款百分比应当按照最高的百分比确定。

4. 纳税人在公安机关立案后再补缴应纳税款、缴纳滞纳金或者接受行政处罚的,不影响刑事责任的追究。

【知识点2】 抗税案立案追诉标准

以暴力、威胁方法拒不缴纳税款,涉嫌下列情形之一的,应予立案追诉:

(1)造成税务工作人员轻微伤以上的;

(2)以给税务工作人员及其亲友的生命、健康、财产等造成损害为威胁,抗拒缴纳税款的;

（3）聚众抗拒缴纳税款的；

（4）以其他暴力、威胁方法拒不缴纳税款的。

【知识点3】 逃避追缴欠税案立案追诉标准

纳税人欠缴应纳税款，采取转移或者隐匿财产的手段，致使税务机关无法追缴欠缴的税款，数额在1万元以上的，应予立案追诉。

【知识点4】 骗取出口退税案立案追诉标准

1. 旧标准：以假报出口或者其他欺骗手段，骗取国家出口退税款，数额在5万元以上的，应予立案追诉。

2. 新标准：以假报出口或者其他欺骗手段，骗取国家出口退税款，数额在10万元以上的，应予立案追诉。

【知识点5】 虚开增值税专用发票、用于骗取出口退税、抵扣税款发票案立案追诉标准

1. 旧标准：虚开增值税专用发票或者虚开用于骗取出口退税、抵扣税款的其他发票，虚开的税款数额在5万元以上的，应予立案追诉。

2. 新标准：虚开增值税专用发票或者虚开用于骗取出口退税、抵扣税款的其他发票，虚开的税款数额在10万元以上或者造成国家税款损失数额在5万元以上的，应予立案追诉。

【知识点6】 虚开发票案立案追诉标准

1. 旧标准：虚开《刑法》第二百零五条规定以外的其他发票，涉嫌下列情形之一的，应予立案追诉：

（1）虚开发票100份以上或者虚开金额累计在40万元以上的；

（2）虽未达到上述数额标准，但5年内因虚开发票行为受过行政处罚2次以上，又虚开发票的；

（3）其他情节严重的情形。

2. 新标准：虚开《刑法》第二百零五条规定以外的其他发票，涉嫌下列情形之一的，应予立案追诉：

（1）虚开发票金额累计在50万元以上的；

（2）虚开发票100份以上且票面金额在30万元以上的；

（3）5年内因虚开发票受过刑事处罚或者2次以上行政处罚，又虚开发票，数额达到第（1）、（2）项标准60%以上的。

【知识点 7】 伪造、出售伪造的增值税专用发票案立案追诉标准

1. 旧标准：伪造或者出售伪造增值税专用发票 25 份以上或者票面额累计在 10 万元以上的，应予立案追诉。

2. 新标准：伪造或者出售伪造的增值税专用发票，涉嫌下列情形之一的，应予立案追诉：

（1）票面税额累计在 10 万元以上的；

（2）伪造或者出售伪造的增值税专用发票 10 份以上且票面税额在 6 万元以上的；

（3）非法获利数额在 1 万元以上的。

【知识点 8】 非法出售增值税专用发票案立案追诉标准

1. 旧标准：非法出售增值税专用发票 25 份以上或者票面额累计在 10 万元以上的，应予立案追诉。

2. 新标准：非法出售增值税专用发票，涉嫌下列情形之一的，应予立案追诉：

（1）票面税额累计在 10 万元以上的；

（2）非法出售增值税专用发票 10 份以上且票面税额在 6 万元以上的；

（3）非法获利数额在 1 万元以上的。

【知识点 9】 非法购买增值税专用发票、购买伪造的增值税专用发票案立案追诉标准

1. 旧标准：非法购买增值税专用发票或者购买伪造的增值税专用发票 25 份以上或者票面额累计在 10 万元以上的，应予立案追诉。

2. 新标准：非法购买增值税专用发票或者购买伪造的增值税专用发票，涉嫌下列情形之一的，应予立案追诉：

（1）非法购买增值税专用发票或者购买伪造的增值税专用发票 20 份以上且票面税额在 10 万元以上的；

（2）票面税额累计在 20 万元以上的。

【知识点 10】 非法制造、出售非法制造的用于骗取出口退税、抵扣税款发票案立案追诉标准

1. 旧标准：伪造、擅自制造或者出售伪造、擅自制造的可以用于骗取出口退税、抵扣税款的非增值税专用发票 50 份以上或者票面额累计在 20 万元以上的，应予立案追诉。

2. 新标准：伪造、擅自制造或者出售伪造、擅自制造的用于骗取出口退税、抵扣

税款的其他发票，涉嫌下列情形之一的，应予立案追诉：

（1）票面可以退税、抵扣税额累计在 10 万元以上的；

（2）伪造、擅自制造或者出售伪造、擅自制造的发票 10 份以上且票面可以退税、抵扣税额在 6 万元以上的；

（3）非法获利数额在 1 万元以上的。

【知识点 11】 非法制造、出售非法制造的发票案立案追诉标准

1. 旧标准：伪造、擅自制造或者出售伪造、擅自制造的不具有骗取出口退税、抵扣税款功能的普通发票 100 份以上或者票面额累计在 40 万元以上的，应予立案追诉。

2. 新标准：伪造、擅自制造或者出售伪造、擅自制造的不具有骗取出口退税、抵扣税款功能的其他发票，涉嫌下列情形之一的，应予立案追诉：

（1）伪造、擅自制造或者出售伪造、擅自制造的不具有骗取出口退税、抵扣税款功能的其他发票 100 份以上且票面金额累计在 30 万元以上的；

（2）票面金额累计在 50 万元以上的；

（3）非法获利数额在 1 万元以上的。

【知识点 12】 非法出售用于骗取出口退税、抵扣税款发票案立案追诉标准

1. 旧标准：非法出售可以用于骗取出口退税、抵扣税款的非增值税专用发票 50 份以上或者票面额累计在 20 万元以上的，应予立案追诉。

2. 新标准：非法出售可以用于骗取出口退税、抵扣税款的其他发票，涉嫌下列情形之一的，应予立案追诉：

（1）票面可以退税、抵扣税额累计在 10 万元以上的；

（2）非法出售用于骗取出口退税、抵扣税款的其他发票 10 份以上且票面可以退税、抵扣税额在 6 万元以上的；

（3）非法获利数额在 1 万元以上的。

【知识点 13】 非法出售发票案立案追诉标准

1. 旧标准：非法出售普通发票 100 份以上或者票面额累计在 40 万元以上的，应予立案追诉。

2. 新标准：非法出售增值税专用发票、用于骗取出口退税、抵扣税款的其他发票以外的发票，涉嫌下列情形之一的，应予立案追诉：

（1）非法出售增值税专用发票、用于骗取出口退税、抵扣税款的其他发票以外的发票 100 份以上且票面金额累计在 30 万元以上的；

（2）票面金额累计在 50 万元以上的；

（3）非法获利数额在 1 万元以上的。

【知识点 14】 持有伪造的发票案立案追诉标准

1. 旧标准：明知是伪造的发票而持有，具有下列情形之一的，应予移送：

（1）持有伪造的增值税专用发票 50 份以上或者票面额累计在 20 万元以上的；

（2）持有伪造的可以用于骗取出口退税、抵扣税款的其他发票 100 份以上或者票面额累计在 40 万元以上的；

（3）持有伪造的除上述两项规定以外的其他发票 200 份以上或者票面额累计在 80 万元以上的。

2. 新标准：明知是伪造的发票而持有，涉嫌下列情形之一的，应予立案追诉：

（1）持有伪造的增值税专用发票或者可以用于骗取出口退税、抵扣税款的其他发票 50 份以上且票面税额累计在 25 万元以上的；

（2）持有伪造的增值税专用发票或者可以用于骗取出口退税、抵扣税款的其他发票票面税额累计在 50 万元以上的；

（3）持有伪造的第（1）项规定以外的其他发票 100 份以上且票面金额在 50 万元以上的；

（4）持有伪造的第（1）项规定以外的其他发票票面金额累计在 100 万元以上的。

【知识点 15】 隐匿、故意销毁会计凭证、会计账簿、财务会计报告案立案追诉标准

隐匿或者故意销毁依法应当保存的会计凭证、会计账簿、财务会计报告，涉嫌下列情形之一的，应予立案追诉：

（1）隐匿、故意销毁的会计凭证、会计账簿、财务会计报告涉及金额在 50 万元以上的；

（2）依法应当向监察机关、司法机关、行政机关、有关主管部门等提供而隐匿、故意销毁或者拒不交出会计凭证、会计账簿、财务会计报告的；

（3）其他情节严重的情形。

【知识点 16】 洗钱案立案追诉标准

为掩饰、隐瞒毒品犯罪、黑社会性质的组织犯罪、恐怖活动犯罪、走私犯罪、贪污贿赂犯罪、破坏金融管理秩序犯罪、金融诈骗犯罪的所得及其产生的收益的来源和性质，涉嫌下列情形之一的，应予立案追诉：

（1）提供资金账户的；

（2）将财产转换为现金、金融票据、有价证券的；

（3）通过转账或者其他支付结算方式转移资金的；

（4）跨境转移资产的；

（5）以其他方法掩饰、隐瞒犯罪所得及其收益的来源和性质的。

四 《刑法》第11次修正案中与税务稽查相关的修正内容

【知识点1】刑事责任年龄

已满16周岁的人犯罪，应当负刑事责任。

已满14周岁不满16周岁的人，犯故意杀人、故意伤害致人重伤或者死亡、强奸、抢劫、贩卖毒品、放火、爆炸、投放危险物质罪的，应当负刑事责任。

已满12周岁不满14周岁的人，犯故意杀人、故意伤害罪，致人死亡或者以特别残忍手段致人重伤造成严重残疾，情节恶劣，经最高人民检察院核准追诉的，应当负刑事责任。

对依照上述三款规定追究刑事责任的不满18周岁的人，应当从轻或者减轻处罚。

因不满16周岁不予刑事处罚的，责令其父母或者其他监护人加以管教；在必要的时候，依法进行专门矫治教育。

【知识点2】欺诈发行证券罪

在招股说明书、认股书、公司、企业债券募集办法等发行文件中隐瞒重要事实或者编造重大虚假内容，发行股票或者公司、企业债券、存托凭证或者国务院依法认定的其他证券，数额巨大、后果严重或者有其他严重情节的，处5年以下有期徒刑或者拘役，并处或者单处罚金；数额特别巨大、后果特别严重或者有其他特别严重情节的，处5年以上有期徒刑，并处罚金。

控股股东、实际控制人组织、指使实施上述行为的，处5年以下有期徒刑或者拘役，并处或者单处非法募集资金金额20%以上1倍以下罚金；数额特别巨大、后果特别严重或者有其他特别严重情节的，处5年以上有期徒刑，并处非法募集资金金额20%以上1倍以下罚金。

单位犯前两款罪的，对单位判处非法募集资金金额20%以上1倍以下罚金，并对其直接负责的主管人员和其他直接责任人员，依照第一款的规定处罚。

【知识点3】违规披露、不披露重要信息罪

依法负有信息披露义务的公司、企业向股东和社会公众提供虚假的或者隐瞒重要事实的财务会计报告，或者对依法应当披露的其他重要信息不按照规定披露，严重损害股东或者其他人利益，或者有其他严重情节的，对其直接负责的主管人员和其他直接责任人员，处 5 年以下有期徒刑或者拘役，并处或者单处罚金；情节特别严重的，处 5 年以上 10 年以下有期徒刑，并处罚金。

上述规定的公司、企业的控股股东、实际控制人实施或者组织、指使实施上述行为的，或者隐瞒相关事项导致上述规定的情形发生的，依照上述的规定处罚。

犯上述罪的控股股东、实际控制人是单位的，对单位判处罚金，并对其直接负责的主管人员和其他直接责任人员，依照《刑法》第一款的规定处罚。

【知识点 4】 骗取贷款、票据承兑、金融票证罪

以欺骗手段取得银行或者其他金融机构贷款、票据承兑、信用证、保函等，给银行或者其他金融机构造成重大损失的，处 3 年以下有期徒刑或者拘役，并处或者单处罚金；给银行或者其他金融机构造成特别重大损失或者有其他特别严重情节的，处 3 年以上 7 年以下有期徒刑，并处罚金。

单位犯上述罪的，对单位判处罚金，并对其直接负责的主管人员和其他直接责任人员，依照上述的规定处罚。

【知识点 5】 侵犯商业秘密罪

有下列侵犯商业秘密行为之一，情节严重的，处 3 年以下有期徒刑，并处或者单处罚金；情节特别严重的，处 3 年以上 10 年以下有期徒刑，并处罚金：

（1）以盗窃、贿赂、欺诈、胁迫、电子侵入或者其他不正当手段获取权利人的商业秘密的；

（2）披露、使用或者允许他人使用以前项手段获取的权利人的商业秘密的；

（3）违反保密义务或者违反权利人有关保守商业秘密的要求，披露、使用或者允许他人使用其所掌握的商业秘密的。

明知上述所列行为，获取、披露、使用或者允许他人使用该商业秘密的，以侵犯商业秘密论。

上述所称权利人，是指商业秘密的所有人和经商业秘密所有人许可的商业秘密使用人。

【知识点 6】 为境外窃取、刺探、收买、非法提供商业秘密罪

为境外的机构、组织、人员窃取、刺探、收买、非法提供商业秘密的，处 5 年以下有期徒刑，并处或者单处罚金；情节严重的，处 5 年以上有期徒刑，并处罚金。

【知识点 7】 提供虚假证明文件罪

承担资产评估、验资、验证、会计、审计、法律服务、保荐、安全评价、环境影

响评价、环境监测等职责的中介组织的人员故意提供虚假证明文件，情节严重的，处 5 年以下有期徒刑或者拘役，并处罚金；有下列情形之一的，处 5 年以上 10 年以下有期徒刑，并处罚金：

（1）提供与证券发行相关的虚假的资产评估、会计、审计、法律服务、保荐等证明文件，情节特别严重的；

（2）提供与重大资产交易相关的虚假的资产评估、会计、审计等证明文件，情节特别严重的；

（3）在涉及公共安全的重大工程、项目中提供虚假的安全评价、环境影响评价等证明文件，致使公共财产、国家和人民利益遭受特别重大损失的。

有上述行为，同时索取他人财物或者非法收受他人财物构成犯罪的，依照处罚较重的规定定罪处罚。

第（1）条规定的人员，严重不负责任，出具的证明文件有重大失实，造成严重后果的，处 3 年以下有期徒刑或者拘役，并处或者单处罚金。

>> 第四节
民商法在税务稽查中的适用

一 关于法人与营利法人的相关规定

【知识点】 税务稽查案件中应重点关注的相关条款

1. 法人对其分支机构民事责任的承担

《民法典》第七十四条规定，法人可以依法设立分支机构。法律、行政法规规定分支机构应当登记的，依照其规定。

分支机构以自己的名义从事民事活动，产生的民事责任由法人承担；也可以先以该分支机构管理的财产承担，不足以承担的，由法人承担。

2. 滥用出资人权利的民事责任承担

《民法典》第八十三条第一款规定，营利法人的出资人不得滥用出资人权利损害法人或者其他出资人的利益；滥用出资人权利造成法人或者其他出资人损失的，应当依法承担民事责任。

3. 滥用法人独立地位和出资人有限责任的民事责任承担

《民法典》第八十三条第二款规定，营利法人的出资人不得滥用法人独立地位和出资人有限责任损害法人债权人的利益；滥用法人独立地位和出资人有限责任，逃避债务，严重损害法人债权人的利益的，应当对法人债务承担连带责任。

4. 滥用关联关系的民事责任承担

《民法典》第八十四条规定，营利法人的控股出资人、实际控制人、董事、监事、高级管理人员不得利用其关联关系损害法人的利益；利用关联关系造成法人损失的，应当承担赔偿责任。

5. 滥用民事权利的责任承担

《民法典》第一百三十二条规定，民事主体不得滥用民事权利损害国家利益、社会公共利益或者他人合法权益。

《最高人民法院关于适用〈中华人民共和国民法典〉总则编若干问题的解释》（法释〔2022〕6号）第三条规定，对于《民法典》第一百三十二条所称的滥用民事权利，人民法院可以根据权利行使的对象、目的、时间、方式、造成当事人之间利益失衡的程度等因素作出认定。

行为人以损害国家利益、社会公共利益、他人合法权益为主要目的行使民事权利的，人民法院应当认定构成滥用民事权利。

构成滥用民事权利的，人民法院应当认定该滥用行为不发生相应的法律效力。滥用民事权利造成损害的，依照《民法典》第七编侵权责任等有关规定处理。

二、关于人格权的相关规定

【知识点1】关于人格权的相关规定

1. 人格权是民事主体享有的生命权、身体权、健康权、姓名权、名称权、肖像权、名誉权、荣誉权、隐私权等权利。

除上述人格权外，自然人享有基于人身自由、人格尊严产生的其他人格权益。

2. 民事主体的人格权受法律保护，任何组织或者个人不得侵害。

3. 人格权不得放弃、转让或者继承。

4. 民事主体可以将自己的姓名、名称、肖像等许可他人使用，但是依照法律规定或者根据其性质不得许可的除外。

5. 人格权受到侵害的，受害人有权依照《民法典》和其他法律的规定请求行为人承担民事责任。受害人的停止侵害、排除妨碍、消除危险、消除影响、恢复名誉、赔礼道歉请求权，不适用诉讼时效的规定。

6. 民事主体有证据证明行为人正在实施或者即将实施侵害其人格权的违法行为，不及时制止将使其合法权益受到难以弥补的损害的，有权依法向人民法院申请采取责令行为人停止有关行为的措施。

7. 为公共利益实施新闻报道、舆论监督等行为的，可以合理使用民事主体的姓名、名称、肖像、个人信息等；使用不合理侵害民事主体人格权的，应当依法承担民事责任。

8. 行为人因侵害人格权承担消除影响、恢复名誉、赔礼道歉等民事责任的，应当与行为的具体方式和造成的影响范围相当。

行为人拒不承担上述民事责任的，人民法院可以采取在报刊、网络等媒体上发布公告或者公布生效裁判文书等方式执行，产生的费用由行为人负担。

【知识点2】 关于隐私权的相关规定

1. 自然人享有隐私权。任何组织或者个人不得以刺探、侵扰、泄露、公开等方式侵害他人的隐私权。

隐私是自然人的私人生活安宁和不愿为他人知晓的私密空间、私密活动、私密信息。

2. 除法律另有规定或者权利人明确同意外，任何组织或者个人不得实施下列行为：

（1）以电话、短信、即时通讯工具、电子邮件、传单等方式侵扰他人的私人生活安宁；

（2）进入、拍摄、窥视他人的住宅、宾馆房间等私密空间；

（3）拍摄、窥视、窃听、公开他人的私密活动；

（4）拍摄、窥视他人身体的私密部位；

（5）处理他人的私密信息；

（6）以其他方式侵害他人的隐私权。

【知识点3】 关于个人信息保护的一般要求

1. 个人信息是以电子或者其他方式记录的与已识别或者可识别的自然人有关的各种信息，不包括匿名化处理后的信息。包括自然人的姓名、出生日期、身份证件号码、生物识别信息、住址、电话号码、电子邮箱、健康信息、行踪信息等。个人信息中的私密信息，适用有关隐私权的规定；没有规定的，适用有关个人信息保护的规定。自然人的个人信息受法律保护，任何组织、个人不得侵害自然人的个人信息权益。

2. 个人信息的处理包括个人信息的收集、存储、使用、加工、传输、提供、公开、删除等。

（1）处理个人信息应当遵循合法、正当、必要和诚信原则，不得通过误导、欺诈、胁迫等方式处理个人信息。

（2）处理个人信息应当具有明确、合理的目的，并应当与处理目的直接相关，采取对个人权益影响最小的方式。收集个人信息，应当限于实现处理目的的最小范围，不得过度收集个人信息。

（3）处理个人信息应当遵循公开、透明原则，公开个人信息处理规则，明示处理的目的、方式和范围。

（4）处理个人信息应当保证个人信息的质量，避免因个人信息不准确、不完整对个人权益造成不利影响。

（5）个人信息处理者应当对其个人信息处理活动负责，并采取必要措施保障所处理的个人信息的安全。

3. 任何组织、个人不得非法收集、使用、加工、传输他人个人信息，不得非法买卖、提供或者公开他人个人信息；不得从事危害国家安全、公共利益的个人信息处理活动。

4. 符合下列情形之一的，个人信息处理者方可处理个人信息：

（1）取得个人的同意；

（2）为订立、履行个人作为一方当事人的合同所必需，或者按照依法制定的劳动规章制度和依法签订的集体合同实施人力资源管理所必需；

（3）为履行法定职责或者法定义务所必需；

（4）为应对突发公共卫生事件，或者紧急情况下为保护自然人的生命健康和财产安全所必需；

（5）为公共利益实施新闻报道、舆论监督等行为，在合理的范围内处理个人信息；

（6）依照《个人信息保护法》规定在合理的范围内处理个人自行公开或者其他已经合法公开的个人信息；

（7）法律、行政法规规定的其他情形。

依照《个人信息保护法》其他有关规定，处理个人信息应当取得个人同意，但是有前述第（2）项至第（7）项规定情形的，不需取得个人同意。

5. 基于个人同意处理个人信息的，该同意应当由个人在充分知情的前提下自愿、明确作出。法律、行政法规规定处理个人信息应当取得个人单独同意或者书面同意的，从其规定。

个人信息的处理目的、处理方式和处理的个人信息种类发生变更的，应当重新取得个人同意。

6. 基于个人同意处理个人信息的，个人有权撤回其同意。个人信息处理者应当提供便捷的撤回同意的方式。个人撤回同意，不影响撤回前基于个人同意已进行的个人信息处理活动的效力。

7. 个人信息处理者不得以个人不同意处理其个人信息或者撤回同意为由，拒绝提供产品或者服务；处理个人信息属于提供产品或者服务所必需的除外。

8. 个人信息处理者在处理个人信息前，应当以显著方式、清晰易懂的语言真实、准确、完整地向个人告知下列事项：

（1）个人信息处理者的名称或者姓名和联系方式；

(2) 个人信息的处理目的、处理方式,处理的个人信息种类、保存期限;

(3) 个人行使《个人信息保护法》规定权利的方式和程序;

(4) 法律、行政法规规定应当告知的其他事项。

上述事项发生变更的,应当将变更部分告知个人。

个人信息处理者通过制定个人信息处理规则的方式告知第一款规定事项的,处理规则应当公开,并且便于查阅和保存。

9. 个人信息处理者处理个人信息,有法律、行政法规规定应当保密或者不需要告知的情形的,可以不向个人告知第 8 点第(1)项规定的事项。

紧急情况下为保护自然人的生命健康和财产安全无法及时向个人告知的,个人信息处理者应当在紧急情况消除后及时告知。

10. 除法律、行政法规另有规定外,个人信息的保存期限应当为实现处理目的所必要的最短时间。

11. 两个以上的个人信息处理者共同决定个人信息的处理目的和处理方式的,应当约定各自的权利和义务。但是,该约定不影响个人向其中任何一个个人信息处理者要求行使《个人信息保护法》规定的权利。

个人信息处理者共同处理个人信息,侵害个人信息权益造成损害的,应当依法承担连带责任。

12. 个人信息处理者委托处理个人信息的,应当与受托人约定委托处理的目的、期限、处理方式、个人信息的种类、保护措施以及双方的权利和义务等,并对受托人的个人信息处理活动进行监督。

受托人应当按照约定处理个人信息,不得超出约定的处理目的、处理方式等处理个人信息;委托合同不生效、无效、被撤销或者终止的,受托人应当将个人信息返还个人信息处理者或者予以删除,不得保留。

未经个人信息处理者同意,受托人不得转委托他人处理个人信息。

13. 个人信息处理者因合并、分立、解散、被宣告破产等原因需要转移个人信息的,应当向个人告知接收方的名称或者姓名和联系方式。接收方应当继续履行个人信息处理者的义务。接收方变更原先的处理目的、处理方式的,应当依照《个人信息保护法》规定重新取得个人同意。

14. 个人信息处理者向其他个人信息处理者提供其处理的个人信息的,应当向个人告知接收方的名称或者姓名、联系方式、处理目的、处理方式和个人信息的种类,并取得个人的单独同意。接收方应当在上述处理目的、处理方式和个人信息的种类等范围内处理个人信息。接收方变更原先的处理目的、处理方式的,应当依照《个人信息保护法》规定重新取得个人同意。

15. 个人信息处理者利用个人信息进行自动化决策,应当保证决策的透明度和结果公平、公正，不得对个人在交易价格等交易条件上实行不合理的差别待遇。

通过自动化决策方式向个人进行信息推送、商业营销，应当同时提供不针对其个人特征的选项，或者向个人提供便捷的拒绝方式。

通过自动化决策方式作出对个人权益有重大影响的决定，个人有权要求个人信息处理者予以说明，并有权拒绝个人信息处理者仅通过自动化决策的方式作出决定。

16. 个人信息处理者不得公开其处理的个人信息，取得个人单独同意的除外。

17. 在公共场所安装图像采集、个人身份识别设备，应当为维护公共安全所必需，遵守国家有关规定，并设置显著的提示标识。所收集的个人图像、身份识别信息只能用于维护公共安全的目的，不得用于其他目的；取得个人单独同意的除外。

18. 个人信息处理者可以在合理的范围内处理个人自行公开或者其他已经合法公开的个人信息；个人明确拒绝的除外。个人信息处理者处理已公开的个人信息，对个人权益有重大影响的，应当依照《个人信息保护法》规定取得个人同意。

【知识点4】 敏感个人信息的特殊处理规则

1. 敏感个人信息是指一旦泄露或者非法使用，容易导致自然人的人格尊严受到侵害或者人身、财产安全受到危害的个人信息，包括生物识别、宗教信仰、特定身份、医疗健康、金融账户、行踪轨迹等信息，以及不满十四周岁未成年人的个人信息。

只有在具有特定的目的和充分的必要性，并采取严格保护措施的情形下，个人信息处理者方可处理敏感个人信息。

2. 处理敏感个人信息应当取得个人的单独同意；法律、行政法规规定处理敏感个人信息应当取得书面同意的，从其规定。

3. 个人信息处理者处理敏感个人信息的，除【知识点3】关于个人信息保护的一般要求中第8点第（1）项规定的事项外，还应当向个人告知处理敏感个人信息的必要性以及对个人权益的影响；依照《个人信息保护法》规定可以不向个人告知的除外。

4. 个人信息处理者处理不满十四周岁未成年人个人信息的，应当取得未成年人的父母或者其他监护人的同意。

个人信息处理者处理不满十四周岁未成年人个人信息的，应当制定专门的个人信息处理规则。

5. 法律、行政法规对处理敏感个人信息规定应当取得相关行政许可或者作出其他限制的，从其规定。

【知识点5】 关于隐私权和个人信息保护中国家机关及其工作人员的责任

1. 国家机关、承担行政职能的法定机构及其工作人员对于履行职责过程中知悉的自然人的隐私和个人信息，应当予以保密，不得泄露或者向他人非法提供。

2. 国家机关为履行法定职责处理个人信息，应当依照法律、行政法规规定的权限、程序进行，不得超出履行法定职责所必需的范围和限度。

3. 国家机关为履行法定职责处理个人信息，应当依照《个人信息保护法》规定履行告知义务；个人信息处理者处理个人信息，有法律、行政法规规定应当保密或者不需要告知的情形的，或者告知将妨碍国家机关履行法定职责的除外。

4. 国家机关处理的个人信息应当在中华人民共和国境内存储；确需向境外提供的，应当进行安全评估。安全评估可以要求有关部门提供支持与协助。

三 关于代位权和撤销权的规定

【知识点 1】 关于代位权的相关规定

1. 因债务人怠于行使其债权或者与该债权有关的从权利，影响债权人的到期债权实现的，债权人可以向人民法院请求以自己的名义代位行使债务人对相对人的权利，但是该权利专属于债务人自身的除外。代位权的行使范围以债权人的到期债权为限。债权人行使代位权的必要费用，由债务人负担。相对人对债务人的抗辩，可以向债权人主张。

2. 债权人的债权到期前，债务人的债权或者与该债权有关的从权利存在诉讼时效期间即将届满或者未及时申报破产债权等情形，影响债权人的债权实现的，债权人可以代位向债务人的相对人请求其向债务人履行、向破产管理人申报或者作出其他必要的行为。

3. 人民法院认定代位权成立的，由债务人的相对人向债权人履行义务，债权人接受履行后，债权人与债务人、债务人与相对人之间相应的权利义务终止。债务人对相对人的债权或者与该债权有关的从权利被采取保全、执行措施，或者债务人破产的，依照相关法律的规定处理。

【知识点 2】 关于撤销权的相关规定

1. 债务人以放弃其债权、放弃债权担保、无偿转让财产等方式无偿处分财产权益，或者恶意延长其到期债权的履行期限，影响债权人的债权实现的，债权人可以请求人民法院撤销债务人的行为。

2. 债务人以明显不合理的低价转让财产、以明显不合理的高价受让他人财产或者为他人的债务提供担保，影响债权人的债权实现，债务人的相对人知道或者应当知道该情形的，债权人可以请求人民法院撤销债务人的行为。

3. 撤销权的行使范围以债权人的债权为限。债权人行使撤销权的必要费用，由债务人负担。

4. 撤销权自债权人知道或者应当知道撤销事由之日起 1 年内行使。自债务人的行为发生之日起 5 年内没有行使撤销权的，该撤销权消灭。

5. 债务人影响债权人的债权实现的行为被撤销的，自始没有法律约束力。

四 关于期间和送达的规定

【知识点 1】《民法典》中关于期间计算的相关规定

1. 民法所称的期间按照公历年、月、日、小时计算。

2. 按照年、月、日计算期间的，开始的当日不计入，自下一日开始计算。按照小时计算期间的，自法律规定或者当事人约定的时间开始计算。

3. 按照年、月计算期间的，到期月的对应日为期间的最后一日；没有对应日的，月末日为期间的最后一日。

4. 期间的最后一日是法定休假日的，以法定休假日结束的次日为期间的最后一日。期间的最后一日的截止时间为 24 时；有业务时间的，停止业务活动的时间为截止时间。

5. 期间的计算方法依照《民法典》的规定，但是法律另有规定或者当事人另有约定的除外。

【知识点 2】民事诉讼法中关于期间的相关规定

《中华人民共和国民事诉讼法》历经五次修正，最新修订自 2024 年 1 月 1 日起施行。关于期间的相关规定如下：

1. 期间包括法定期间和人民法院指定的期间。期间以时、日、月、年计算。期间开始的时和日，不计算在期间内。期间届满的最后一日是法定休假日的，以法定休假日后的第一日为期间届满的日期。期间不包括在途时间，诉讼文书在期满前交邮的，不算过期。

2. 当事人因不可抗拒的事由或者其他正当理由耽误期限的，在障碍消除后的 10 日内，可以申请顺延期限，是否准许，由人民法院决定。

【知识点 3】民事诉讼法及相关司法解释中关于送达的相关规定

1. 送达文书的一般规定

送达诉讼文书必须有送达回证，由受送达人在送达回证上记明收到日期，签名或者盖章。受送达人在送达回证上的签收日期为送达日期。

2. 直接送达

送达诉讼文书，应当直接送交受送达人。受送达人是公民的，本人不在交他的同住成年家属签收；受送达人是法人或者其他组织的，应当由法人的法定代表人、其他组织的主要负责人或者该法人、组织负责收件的人签收；受送达人有诉讼代理人的，可以送交其代理人签收；受送达人已向人民法院指定代收人的，送交代收人签收。

向法人或者其他组织送达诉讼文书，应当由法人的法定代表人、该组织的主要负责人或者办公室、收发室、值班室等负责收件的人签收或者盖章，拒绝签收或者盖章的，适用留置送达。

受送达人的同住成年家属，法人或者其他组织的负责收件的人，诉讼代理人或者代收人在送达回证上签收的日期为送达日期。

人民法院直接送达诉讼文书的，可以通知当事人到人民法院领取。当事人到达人民法院，拒绝签署送达回证的，视为送达。审判人员、书记员应当在送达回证上注明送达情况并签名。

人民法院可以在当事人住所地以外向当事人直接送达诉讼文书。当事人拒绝签署送达回证的，采用拍照、录像等方式记录送达过程即视为送达。审判人员、书记员应当在送达回证上注明送达情况并签名。

受送达人有诉讼代理人的，人民法院既可以向受送达人送达，也可以向其诉讼代理人送达。受送达人指定诉讼代理人为代收人的，向诉讼代理人送达时，适用留置送达。

民事调解书应当直接送达当事人本人，不适用留置送达。当事人本人因故不能签收的，可由其指定的代收人签收。

3. 留置送达

受送达人或者他的同住成年家属拒绝接收诉讼文书的，送达人可以邀请有关基层组织或者所在单位的代表到场，说明情况，在送达回证上记明拒收事由和日期，由送达人、见证人签名或者盖章，把诉讼文书留在受送达人的住所；也可以把诉讼文书留在受送达人的住所，并采用拍照、录像等方式记录送达过程，即视为送达。

有关基层组织和所在单位的代表，可以是受送达人住所地的居民委员会、村民委员会的工作人员以及受送达人所在单位的工作人员。

4. 电子送达

经受送达人同意，人民法院可以采用能够确认其收悉的电子方式送达诉讼文书。通过电子方式送达的判决书、裁定书、调解书，受送达人提出需要纸质文书的，人民法院应当提供。采用前述方式送达的，以送达信息到达受送达人特定系统的日期为送达日期。

受送达人同意采用电子方式送达的，应当在送达地址确认书中予以确认。电子送达可以采用传真、电子邮件、移动通信等即时收悉的特定系统作为送达媒介。到达受送达人特定系统的日期，为人民法院对应系统显示发送成功的日期，但受送达人证明到达其特定系统的日期与人民法院对应系统显示发送成功的日期不一致的,以受送达人证明到达其特定系统的日期为准。

5. 委托送达和邮寄送达

直接送达诉讼文书有困难的,可以委托其他人民法院代为送达,或者邮寄送达。邮寄送达的,以回执上注明的收件日期为送达日期。委托其他人民法院代为送达的,委托法院应当出具委托函,并附需要送达的诉讼文书和送达回证,以受送达人在送达回证上签收的日期为送达日期。委托送达的,受委托人民法院应当自收到委托函及相关诉讼文书之日起 10 日内代为送达。

6. 代为转交

受送达人是军人的,通过其所在部队团以上单位的政治机关转交。

受送达人被监禁的,通过其所在监所转交。受送达人被采取强制性教育措施的,通过其所在强制性教育机构转交。

代为转交的机关、单位收到诉讼文书后,必须立即交受送达人签收,以在送达回证上的签收日期,为送达日期。

7. 公告送达

受送达人下落不明,或者用本节规定的其他方式无法送达的,公告送达。自发出公告之日起,经过 30 日,即视为送达。公告送达,应当在案卷中记明原因和经过。

公告送达可以在法院的公告栏和受送达人住所地张贴公告,也可以在报纸、信息网络等媒体上刊登公告,发出公告日期以最后张贴或者刊登的日期为准。对公告送达方式有特殊要求的,应当按要求的方式进行。公告期满,即视为送达。人民法院在受送达人住所地张贴公告的,应当采取拍照、录像等方式记录张贴过程。

公告送达应当说明公告送达的原因;公告送达起诉状或者上诉状副本的,应当说明起诉或者上诉要点,受送达人答辩期限及逾期不答辩的法律后果;公告送达传票,应当说明出庭的时间和地点及逾期不出庭的法律后果;公告送达判决书、裁定书的,应当说明裁判主要内容,当事人有权上诉的,还应当说明上诉权利、上诉期限和上诉的人民法院。

适用民事诉讼简易程序的案件,不适用公告送达。

第三章
税务稽查案件办理程序

>> 知识架构

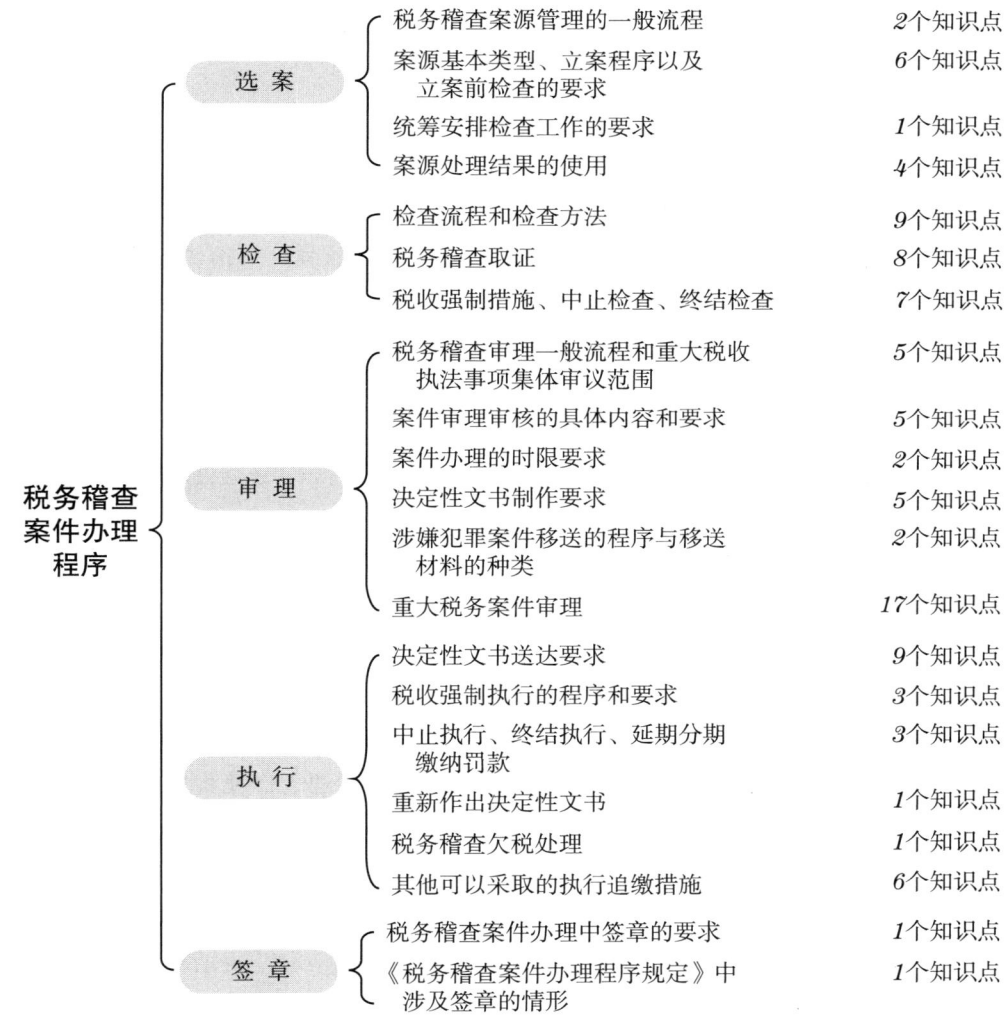

>> 第一节
选　案

一　税务稽查案源管理的一般流程

【知识点1】 税务稽查案源的概念

税务稽查案源（以下统称案源）即税收违法案件的来源，是指经过收集、分析、判断、处理等程序形成的涉嫌偷税（逃避缴纳税款）、逃避追缴欠税、骗税、抗税、虚开发票等税收违法行为的相关数据、信息和线索。

【知识点2】 税务稽查案源管理的一般流程

案源管理的具体流程主要包括：案源信息的收集、案源的分类处理、案源的立案分配和处理结果的使用。

二　案源基本类型、立案程序以及立案前检查的要求

【知识点1】 案源类型

根据案源信息的来源不同，将案源分为9种类型：

（1）推送案源，是指根据风险管理等部门按照风险管理工作流程推送的高风险纳税人风险信息分析选取的案源；

（2）督办案源，是指根据上级机关以督办函等形式下达的，有明确工作和时限要求的特定纳税人税收违法线索或者工作任务确认的案源；

（3）交办案源，是指根据上级机关以交办函等形式交办的特定纳税人税收违法线索或者工作任务确认的案源；

（4）安排案源，是指根据上级税务局安排的随机抽查计划和打击偷税（逃避缴纳税款）、逃避追缴欠税、骗税、抗税、虚开发票等稽查任务，对案源信息进行分析选取的案源；

（5）自选案源，是指根据本级税务局制定的随机抽查和打击偷税（逃避缴纳税款）、逃避追缴欠税、骗税、抗税、虚开发票等稽查任务，对案源信息进行分析选取的案源；

（6）检举案源，是指对检举线索进行识别判断确认的案源；

（7）协查案源，是指对协查线索进行识别判断确认的案源；

（8）转办案源，是指对公安、检察、审计、纪检监察等外部单位以及税务局督察内审、纪检监察等部门提供的税收违法线索进行识别判断确认的案源；

（9）其他案源，是指对税务稽查部门自行收集或者税务局内、外部相关单位和部门提供的其他税收违法线索进行识别判断确认的案源。

【知识点2】 特殊案源

督办案源、交办案源、转办案源、检举案源和协查案源由于来源渠道特殊，统称为特殊案源。

对特殊案源应当由稽查局指定专人负责管理，严格遵守保密纪律，依法依规进行处理。

【知识点3】 案源处理

案源处理，是指案源部门对收集的案源信息进行识别和判断，根据案源类型、纳税人状态、线索清晰程度、税收风险等级等因素，进行退回或者补正、移交税务局相关部门、暂存待查、调查核实（包括协查）、立案检查等分类处理的过程。

【知识点4】 立案检查的案源标准

符合下列情形之一的，确认为需要立案检查的案源：

（1）督办、交办事项明确要求立案检查的案源；

（2）案源部门接收并确认的高风险纳税人风险信息案源，以及按照稽查任务和计划要求安排和自选的案源；

（3）举报受理部门受理的检举内容详细、线索清楚的案源；

（4）协查部门接收的协查案源信息涉及的纳税人状态正常，且存在下列情形之一的案源：委托方已开具《已证实虚开通知单》并提供相关证据的，委托方提供的证据资料能够证明协查对象存在税收违法嫌疑的，协查证实协查对象存在税收违法行为的；

（5）转办案源涉及的纳税人状态正常，且税收违法线索清晰的案源；

（6）经过调查核实（包括协查）发现纳税人存在税收违法行为的案源；

（7）其他经过识别判断后应当立案的案源；

（8）上级稽查局要求立案检查的案源。

【知识点5】 撤销案源

发现被查对象符合下列情形之一的，填制《税务稽查案源撤销审批表》，经稽查局局长或者其授权的稽查局领导批准或者案源管理集体审议会议决定，可以申请撤销案源：

（1）案源登记有误或者案源重复的；

（2）多个部门同时入户，经稽查局所属税务局局长或者其授权的税务局领导决定稽查局停止实施检查的；

（3）不符合上级政策规定或者上级机关要求撤销案源的。

【知识点6】 立案程序及立案前检查的要求

稽查局应当加强稽查案源管理，全面收集整理案源信息，合理、准确地选择待查对象。待查对象确定后，经稽查局局长批准实施立案检查。必要时，依照法律法规的规定，稽查局可以在立案前进行检查。

《行政处罚法》规定，除可以当场作出的行政处罚外，行政机关发现公民、法人或者其他组织有依法应当给予行政处罚的行为的，必须全面、客观、公正地调查，收集有关证据；必要时，依照法律、法规的规定，可以进行检查。符合立案标准的，行政机关应当及时立案。

三 统筹安排检查工作的要求

【知识点】 统筹安排检查工作的要求

稽查局应当统筹安排检查工作，严格控制对纳税人、扣缴义务人的检查次数。

四 案源处理结果的使用

【知识点1】 案源处理结果反馈

案源部门接到案源处理结果，应当及时处理，并填写《案源处理结果反馈单》。

（1）推送案源，按照风险管理工作流程的要求向风险管理等部门反馈处理结果，对于高风险应对任务中反映出的行业性、地域性或者特定类型纳税人的共性税收风险特征，及时提交风险管理等部门；

（2）督办案源、交办案源和转办案源，根据案源来源部门要求就需核实的税收违法线索检查情况进行反馈；

（3）自选案源和安排案源，汇总检查情况并定期上报稽查局负责人；

（4）检举案源和协查案源，将检查情况反馈给举报受理部门或者协查部门，由举报受理部门或者协查部门反馈给实名检举人或者协查委托方。

【知识点 2】 《案源处理结果反馈单》的审批

按反馈对象的不同,《案源处理结果反馈单》的审批要求如下：

（1）反馈稽查局相关部门、实名检举人和协查委托方的，分别由案源部门、举报受理部门和协查部门负责人批准；

（2）反馈税务局其他部门的，由稽查局负责人批准；

（3）反馈税务局外部单位的，由税务局负责人批准。

【知识点 3】 案源反馈后续处理

稽查局未立案检查的推送案源，反馈后推送部门仍认为需要立案检查的，经税务局负责人批准，由稽查局按交办案源程序立案检查。

确因案情复杂无法按期查结反馈的，应当向信息来源部门说明情况。

【知识点 4】 立案检查案源的统计分析

案源部门负责按照年度工作任务和计划的要求，从案源信息的收集、案源的分类处理和立案分配、案源处理结果的使用等方面，对立案检查案源的分布区域、所属行业、企业规模、经济性质、税收违法类型、查补入库税额等情况定期进行统计分析。

>> 第二节
检 查

一 检查流程和检查方法

【知识点 1】 检查通知

检查前，稽查局应当告知被查对象检查时间、需要准备的资料等，但预先通知有碍检查的除外。

检查应当由两名以上具有执法资格的检查人员共同实施，并向被查对象出示税务检查证件、出示或者送达税务检查通知书，告知其权利和义务。

【知识点 2】 检查方法

检查应当依照法定权限和程序，采取实地检查、调取账簿资料、询问、查询存款账户或者储蓄存款、异地协查等方法。

对采用电子信息系统进行管理和核算的被查对象，检查人员可以要求其打开该电子信息系统，或者提供与原始电子数据、电子信息系统技术资料一致的复制件。被查对象拒不打开或者拒不提供的，经稽查局局长批准，可以采用适当的技术手段对该电子信息系统进行直接检查，或者提取、复制电子数据进行检查，但所采用的技术手段不得破坏该电子信息系统原始电子数据，或者影响该电子信息系统正常运行。

【知识点3】 调取账簿资料

调取账簿、记账凭证、报表和其他有关资料时，应当向被查对象出具调取账簿资料通知书，并填写调取账簿资料清单交其核对后签章确认。

调取纳税人、扣缴义务人以前会计年度的账簿、记账凭证、报表和其他有关资料的，应当经县以上税务局局长批准，并在3个月内完整退还；调取纳税人、扣缴义务人当年的账簿、记账凭证、报表和其他有关资料的，应当经设区的市、自治州以上税务局局长批准，并在30日（含本数）内退还。

退还账簿资料时，应当由被查对象核对调取账簿资料清单，并签章确认。

【知识点4】 查询存款账户

查询从事生产、经营的纳税人、扣缴义务人存款账户，应当经县以上税务局局长批准，凭检查存款账户许可证明向相关银行或者其他金融机构查询。

查询案件涉嫌人员储蓄存款的，应当经设区的市、自治州以上税务局局长批准，凭检查存款账户许可证明向相关银行或者其他金融机构查询。

税务机关查询所获得的资料，不得用于税收以外的用途。

税务机关行使上述职权时，应当指定专人负责，凭全国统一格式的检查存款账户许可证明进行，并有责任为被检查人保守秘密。检查存款账户许可证明，由国家税务总局制定。

税务机关查询的内容，包括纳税人存款账户余额和资金往来情况。

其他金融机构，是指信托投资公司、信用合作社、邮政储蓄机构以及经中国人民银行、中国证券监督管理委员会等批准设立的其他金融机构。

存款，包括独资企业投资人、合伙企业合伙人、个体工商户的储蓄存款以及股东资金账户中的资金等。

【知识点5】 询问

询问应当由两名以上检查人员实施。除在被查对象生产、经营、办公场所询问外，应当向被询问人送达询问通知书。询问时应当告知被询问人有关权利义务。

【知识点6】 对第三方调查取证

税务机关有权到车站、码头、机场、邮政企业及其分支机构检查纳税人托运、邮寄应纳税商品、货物或者其他财产的有关单据、凭证和有关资料。

税务机关依法进行税务检查时,有权向有关单位和个人调查纳税人、扣缴义务人和其他当事人与纳税或者代扣代缴、代收代缴税款有关的情况,有关单位和个人有义务向税务机关如实提供有关资料及证明材料。

【知识点7】 异地调查取证

检查人员异地调查取证的,当地税务机关应当予以协助;发函委托相关稽查局调查取证的,必要时可以派人参与受托地稽查局的调查取证,受托地稽查局应当根据协查请求,依照法定权限和程序调查。

需要取得境外资料的,稽查局可以提请国际税收管理部门依照有关规定程序获取。

【知识点8】 阻挠税务检查的处理

1. 被查对象有下列情形之一的,依照《税收征收管理法》和《税收征收管理法实施细则》有关逃避、拒绝或者以其他方式阻挠税务检查的规定处理:

(1) 提供虚假资料,不如实反映情况,或者拒绝提供有关资料的;

(2) 拒绝或者阻止税务机关记录、录音、录像、照相和复制与案件有关的情况和资料的;

(3) 在检查期间转移、隐匿、销毁有关资料的;

(4) 有不依法接受税务检查的其他情形的。

2. 纳税人、扣缴义务人逃避、拒绝或者以其他方式阻挠税务机关检查的,由税务机关责令改正,可以处1万元以下的罚款;情节严重的,处1万元以上5万元以下的罚款。

【知识点9】 税务稽查案件常用取证要求

1. 税务稽查案件的基础证据,包括但不限于:

(1) 被查对象的基本信息,包括登记、变更信息等,法定代表人、财务负责人、办税人员、股东等信息、经营范围、资产状况、组织架构、股权结构、是否为上市公司、重组、改制等重大经营决策情况、关联企业信息等。

(2) 税收征管系统中能够获取的被查对象基本涉税信息,包括增值税一般纳税人资格或小规模纳税人资格,是否为小型微利企业,是否为高新技术企业,是否享受研发费加计扣除,其他涉税优惠资格情况,被查所属年度的纳税申报情况、发票领用存情况、报送的财务报告信息、存款账户信息。

（3）被查所属期涉税专业报告，包括审计报告、涉税鉴定报告、土地增值税清算报告等。

2. 税务稽查案件拟作出违法行为定性所依据的事实的证据，包括但不限于：

（1）认定纳税人偷税的，可以采集下列证据：

①纳税人伪造、变造的账簿、记账凭证等证据。

②纳税人报送的与案件事实不符期间的纳税申报表、财务会计报表以及其他纳税资料。

③反映纳税人真实经营状况的账簿、会计凭证、业务合同等证据。

④纳税人出库、入库、送货单据、存货盘点表等存货购进与出售凭据等证据。

⑤购货与销售记录、账外账、日销单等证据。

⑥进账单、对账单、现金或银行结算凭据等资金往来方面证据。

⑦对纳税人隐匿和擅自销毁账簿、记账凭证的，在制作询问笔录、取得证人证言的同时，有销毁现场的，应针对具体情况制作现场笔录，以照相、录像等方式提取销毁账簿、记账凭证的残骸等图像资料。

⑧当事人陈述或相关人员的证人证言，制作询问笔录。

⑨税务机关通知申报拒不申报的证据，如税务事项通知书等。

⑩提供虚假资料，骗取税收优惠的证据。

⑪纳税人 5 年内是否被以偷税刑事处罚过证据。

⑫纳税人 5 年内是否被以偷税行政处罚过和行政处罚的次数的证据。

⑬其他与证明偷税事实相关的证据。

（2）对扣缴义务人采取偷税手段，不缴或者少缴已扣、已收税款的，除可以参照纳税人偷税进行取证外，还应取得下列证据：

①取得扣缴义务人发生扣缴义务，依法应扣、应收税款的证据；

②取得扣缴义务人已扣、已收税款的证据，如账簿资料、会计凭证，合同（协议），现金或银行收支证据等；

③取得扣缴义务人承诺扣缴税款的承诺书或承诺证明等证据。

④其他与证明扣缴义务人偷税事实相关的证据。

（3）认定纳税人、扣缴义务人编造虚假计税依据但未造成少缴税款的，可以采集下列证据：

①纳税人、扣缴义务人所编造的纳税申报表、财务会计报表；代扣代缴报告表或其他证据。

②反映纳税人、扣缴义务人真实生产经营状况、支付所得情况的证据资料，如营业账簿（账页）、记账凭证、票据、合同等证据。

③法定代表人、财务负责人和办税人员的询问笔录。
④其他与证明纳税人、扣缴义务人编造虚假计税依据事实相关的证据。

（4）认定纳税人、扣缴义务人逃避、拒绝、阻挠税务机关检查的，可以采集下列证据：

①税务检查通知书，询问通知书，调取账簿资料通知书、税务事项通知书等税务文书及送达回证等证据。

②当事人提供的虚假材料。

③当事人拒绝提供资料或者拒绝、阻止税务机关记录、录音、录像、照相、复制有关情况和材料，或者转移、隐匿、销毁有关资料的询问笔录、影像资料或者证人证言、询问笔录等证据。

④其他与证明纳税人、扣缴义务人逃避、拒绝、阻挠税务机关检查事实相关的证据。

（5）认定当事人抗税的，可以采集下列证据：

①证明纳税人不缴纳税款的证据，如税务处理决定书、税务事项通知书及送达回证等。

②当事人实施暴力、威胁行为音像资料，询问笔录，证人证言等。

③公安机关的调查报告或事实认定材料。

④被实施暴力、威胁的税务执法人员的陈述。

⑤税务执法人员人身受伤害或财产、物品受损坏的鉴定结论。

⑥其他与证明抗税事实相关的证据。

（6）认定被查对象虚开发票的，取证要求详见本书第七章。

（7）认定被查对象骗取出口退税的，取证要求详见本书第七章。

（8）认定纳税人骗取留抵退税，可以采集下列证据：

①实物库存盘点与账面库存记录不一致的证据；

②虚增增值税进项税额的相关证据，如取得虚开的增值税专用发票等；

③不计少计增值税销项税额的相关证据，如账簿资料，出入库情况、资金情况、适用税率错误、适用税收优惠错误等证据；

④其他与证明骗取留抵退税事实相关的证据。

3. 税务稽查案件拟作出行政处罚的证据，包括但不限于：

①涉税违法情节轻重的证据；

②当事人配合程度的证据；

③涉税违法行为的发生时间的证据；

④涉税违法行为追溯力的证据；

⑤涉税违法行为发生时可以适用的行政处罚自由裁量依据的证据；

⑥行政处罚过程中的告知、听证、听取陈述申辩等证据;

⑦其他证明行政处罚合法性、合理性的证据。

4. 税务稽查案件拟作出查补税款所依据的事实的证据,包括但不限于:

①纳税义务发生的证据;

②纳税义务计税依据的证据;

③纳税义务适用税目、税率的证据;

④纳税义务发生时间的证据;

⑤纳税义务发生地点的证据。

二 税务稽查取证

【知识点1】 税务稽查取证原则

1. 检查应当依照法定权限和程序收集证据材料。收集的证据必须经查证属实,并与证明事项相关联。

不得以下列方式收集、获取证据材料:

(1) 严重违反法定程序收集;

(2) 以违反法律强制性规定的手段获取且侵害他人合法权益;

(3) 以利诱、欺诈、胁迫、暴力等手段获取。

2. 税务稽查证据应当具备合法性、真实性、关联性。

(1) 合法性,是指证据的收集、调查必须符合法律规定的程序,取得的证据必须符合法定形式。

(2) 真实性,是指证据须以客观存在的事实为依据。稽查证据必须是在作出行政行为之前形成的,客观真实地反映或者记载案件的事实。

(3) 关联性,是指证据所证明的事实必须与待证案件事实具有内在的联系,即直接或者间接地证明案件事实形成的条件、发生的原因或者案件事实导致的后果。

【知识点2】 提取证据材料

需要提取证据材料原件的,应当向当事人出具提取证据专用收据,由当事人核对后签章确认。对需要退还的证据材料原件,检查结束后应当及时退还,并履行相关签收手续。需要将已开具的纸质发票调出查验时,应当向被查验的单位或者个人开具发票换票证;需要将空白纸质发票调出查验时,应当向被查验的单位或者个人开具调验空白发票收据。经查无问题的,应当及时退还,并履行相关签收手续。

提取证据材料复制件的,应当由当事人或者原件保存单位(个人)在复制件上注明"与原件核对无误"及原件存放地点,并签章。

【知识点3】 询问笔录

询问笔录应当交被询问人核对或者向其宣读；询问笔录有修改的，应当由被询问人在改动处捺指印；核对无误后，由被询问人在尾页结束处写明"以上笔录我看过（或者向我宣读过），与我说的相符"，并逐页签章、捺指印。被询问人拒绝在询问笔录上签章、捺指印的，检查人员应当在笔录上注明。

【知识点4】 当事人陈述和证人证言

当事人、证人可以采取书面或者口头方式陈述或者提供证言。当事人、证人口头陈述或者提供证言的，检查人员应当以笔录、录音、录像等形式进行记录。笔录可以手写或者使用计算机记录并打印，由当事人或者证人逐页签章、捺指印。

当事人、证人口头提出变更陈述或者证言的，检查人员应当就变更部分重新制作笔录，注明原因，由当事人或者证人逐页签章、捺指印。当事人、证人变更书面陈述或者证言的，变更前的笔录不予退回。

【知识点5】 视听资料

制作录音、录像等视听资料的，应当注明制作方法、制作时间、制作人和证明对象等内容。

调取视听资料时，应当调取有关资料的原始载体；难以调取原始载体的，可以调取复制件，但应当说明复制方法、人员、时间和原件存放处等事项。

对声音资料，应当附有该声音内容的文字记录；对图像资料，应当附有必要的文字说明。

【知识点6】 电子数据

以电子数据的内容证明案件事实的，检查人员可以要求当事人将电子数据打印成纸质资料，在纸质资料上注明数据出处、打印场所、打印时间或者提供时间，注明"与电子数据核对无误"，并由当事人签章。

需要以有形载体形式固定电子数据的，检查人员应当与提供电子数据的个人、单位的法定代表人或者财务负责人或者经单位授权的其他人员一起将电子数据复制到存储介质上并封存，同时在封存包装物上注明制作方法、制作时间、制作人、文件格式及大小等，注明"与原始载体记载的电子数据核对无误"，并由电子数据提供人签章。

收集、提取电子数据，检查人员应当制作现场笔录，注明电子数据的来源、事由、证明目的或者对象，提取时间、地点、方法、过程，原始存储介质的存放地点以及对电子数据存储介质的签封情况等。进行数据压缩的，应当在笔录中注明压缩方法和完整性校验值。

【知识点7】 现场笔录、勘验笔录

检查人员实地调查取证时，可以制作现场笔录、勘验笔录，对实地调查取证情况予以记录。

制作现场笔录、勘验笔录，应当载明时间、地点和事件等内容，并由检查人员签名和当事人签章。

当事人经通知不到场或者拒绝在现场笔录、勘验笔录上签章的，检查人员应当在笔录上注明原因；如有其他人员在场，可以由其签章证明。

【知识点8】 行政诉讼中证据的要求

1. 证据包括书证、物证、视听资料、电子数据、证人证言、当事人的陈述、鉴定意见以及勘验笔录、现场笔录。以上证据经法庭审查属实，才能作为认定案件事实的根据。

2. 证据涉及国家秘密、商业秘密或者个人隐私的，提供人应当作出明确标注，并向法庭说明，法庭予以审查确认。

3. 下列证据材料不能作为定案依据：

（1）严重违反法定程序收集的证据材料；

（2）以偷拍、偷录、窃听等手段获取侵害他人合法权益的证据材料；

（3）以利诱、欺诈、胁迫、暴力等不正当手段获取的证据材料；

（4）当事人无正当事由超出举证期限提供的证据材料；

（5）在中华人民共和国领域以外或者在中华人民共和国香港特别行政区、澳门特别行政区和台湾地区形成的未办理法定证明手续的证据材料；

（6）当事人无正当理由拒不提供原件、原物，又无其他证据印证，且对方当事人不予认可的证据的复制件或者复制品；

（7）被当事人或者他人进行技术处理而无法辨明真伪的证据材料；

（8）不能正确表达意志的证人提供的证言；

（9）不具备合法性和真实性的其他证据材料。

4. 提供书证。

当事人向人民法院提供书证的，应当符合下列要求：

（1）提供书证的原件，原本、正本和副本均属于书证的原件。提供原件确有困难的，可以提供与原件核对无误的复印件、照片、节录本。

（2）提供由有关部门保管的书证原件的复制件、影印件或者抄录件的，应当注明出处，经该部门核对无异后加盖其印章。

（3）提供报表、图纸、会计账册、专业技术资料、科技文献等书证的，应当附有说明材料。

（4）被告提供的被诉具体行政行为所依据的询问、陈述、谈话类笔录，应当有行政执法人员、被询问人、陈述人、谈话人签名或者盖章。

法律、法规、司法解释和规章对书证的制作形式另有规定的，从其规定。

5. 提供物证。

当事人向人民法院提供物证的，应当符合下列要求：

（1）提供原物。提供原物确有困难的，可以提供与原物核对无误的复制件或者证明该物证的照片、录像等其他证据。

（2）原物为数量较多的类物的，提供其中的一部分。

6. 提供计算机数据或者录音、录像等视听资料。

当事人向人民法院提供计算机数据或者录音、录像等视听资料的，应当符合下列要求：

（1）提供有关资料的原始载体。提供原始载体确有困难的，可以提供复制件。

（2）注明制作方法、制作时间、制作人和证明对象等。

（3）声音资料应当附有该声音内容的文字记录。

7. 提供证人证言。

当事人向人民法院提供证人证言的，应当符合下列要求：

（1）写明证人的姓名、年龄、性别、职业、住址等基本情况；

（2）有证人的签名，不能签名的，应当以盖章等方式证明；

（3）注明出具日期；

（4）附有居民身份证复印件等证明证人身份的文件。

8. 提供鉴定结论。

被告向人民法院提供的在行政程序中采用的鉴定结论，应当载明委托人和委托鉴定的事项、向鉴定部门提交的相关材料、鉴定的依据和使用的科学技术手段、鉴定部门和鉴定人鉴定资格的说明，并应有鉴定人的签名和鉴定部门的盖章。通过分析获得的鉴定结论，应当说明分析过程。

9. 提供现场笔录。

被告向人民法院提供的现场笔录，应当载明时间、地点和事件等内容，并由执法人员和当事人签名。当事人拒绝签名或者不能签名的，应当注明原因。有其他人在现场的，可由其他人签名。法律、法规和规章对现场笔录的制作形式另有规定的，从其规定。

三、税收强制措施、中止检查、终结检查

【知识点1】 税务稽查案件中的税收强制措施的适用情形

情形一：税务机关有根据认为从事生产、经营的纳税人有逃避纳税义务行为，可以在规定的纳税期之前，责令限期缴纳应纳税款；在限期内发现纳税人有明显的转移、隐匿其应纳税的商品、货物以及其他财产或者应纳税收入迹象的，可以责成纳税人提供纳税担保。如果纳税人不能提供纳税担保，经县以上税务局局长批准，可以依法采取税收强制措施。

情形二：检查从事生产、经营的纳税人以前纳税期的纳税情况时，发现纳税人有逃避纳税义务行为，并有明显的转移、隐匿其应纳税的商品、货物以及其他财产或者应纳税收入迹象的，经县以上税务局局长批准，可以依法采取税收强制措施。

【知识点2】 税务稽查案件中的税收强制措施的程序

稽查局采取税收强制措施时，应当向纳税人、扣缴义务人、纳税担保人交付税收强制措施决定书，告知其采取税收强制措施的内容、理由、依据以及依法享有的权利、救济途径，并履行法律、法规规定的其他程序。

采取冻结纳税人在开户银行或者其他金融机构的存款措施时，应当向纳税人开户银行或者其他金融机构交付冻结存款通知书，冻结其相当于应纳税款的存款；并于作出冻结决定之日起3个工作日内（含本数），向纳税人交付冻结决定书。

采取查封、扣押商品、货物或者其他财产措施时，应当向纳税人、扣缴义务人、纳税担保人当场交付查封、扣押决定书，填写查封商品、货物或者其他财产清单或者出具扣押商品、货物或者其他财产专用收据，由当事人核对后签章。查封清单、扣押收据一式二份，由当事人和稽查局分别保存。

采取查封、扣押有产权证件的动产或者不动产措施时，应当依法向有关单位送达税务协助执行通知书，通知其在查封、扣押期间不再办理该动产或者不动产的过户手续。

【知识点3】 税务稽查案件中的税收强制措施的时限要求

检查从事生产、经营的纳税人以前纳税期的纳税情况时，发现纳税人有逃避纳税义务行为，并有明显的转移、隐匿其应纳税的商品、货物以及其他财产或者应纳税收入迹象的，经县以上税务局局长批准，可以依法采取税收强制措施。此处采取查封、扣押措施的，期限一般不得超过6个月；重大案件有下列情形之一，需要延长期限的，应当报国家税务总局批准：

(1) 案情复杂,在查封、扣押期限内确实难以查明案件事实的;
(2) 被查对象转移、隐匿、销毁账簿、记账凭证或者其他证据材料的;
(3) 被查对象拒不提供相关情况或者以其他方式拒绝、阻挠检查的;
(4) 解除查封、扣押措施可能使纳税人转移、隐匿、损毁或者违法处置财产,从而导致税款无法追缴的。

除上述规定情形外采取查封、扣押、冻结措施的,期限不得超过30日;情况复杂的,经县以上税务局局长批准,可以延长,但是延长期限不得超过30日。

【知识点4】 税务稽查案件中的税收强制措施的解除条件

有下列情形之一的,应当依法及时解除税收强制措施:
(1) 纳税人已按履行期限缴纳税款、扣缴义务人已按履行期限解缴税款、纳税担保人已按履行期限缴纳所担保税款的;
(2) 税收强制措施被复议机关决定撤销的;
(3) 税收强制措施被人民法院判决撤销的;
(4) 其他法定应当解除税收强制措施的。

【知识点5】 税务稽查案件中的税收强制措施的解除程序

解除税收强制措施时,应当向纳税人、扣缴义务人、纳税担保人送达解除税收强制措施决定书,告知其解除税收强制措施的时间、内容和依据,并通知其在规定时间内办理解除税收强制措施的有关事宜:
(1) 采取冻结存款措施的,应当向冻结存款的纳税人开户银行或者其他金融机构送达解除冻结存款通知书,解除冻结;
(2) 采取查封商品、货物或者其他财产措施的,应当解除查封并收回查封商品、货物或者其他财产清单;
(3) 采取扣押商品、货物或者其他财产措施的,应当予以返还并收回扣押商品、货物或者其他财产专用收据。

税收强制措施涉及协助执行单位的,应当向协助执行单位送达税务协助执行通知书,通知解除税收强制措施相关事项。

【知识点6】 中止检查

有下列情形之一,致使检查暂时无法进行的,经稽查局局长批准后,中止检查:
(1) 当事人被有关机关依法限制人身自由的;
(2) 账簿、记账凭证及有关资料被其他国家机关依法调取且尚未归还的;
(3) 与税收违法行为直接相关的事实需要人民法院或者其他国家机关确认的;

（4）法律、行政法规或者国家税务总局规定的其他可以中止检查的。

中止检查的情形消失，经稽查局局长批准后，恢复检查。

【知识点7】 终结检查

有下列情形之一，致使检查确实无法进行的，经稽查局局长批准后，终结检查：

（1）被查对象死亡或者被依法宣告死亡或者依法注销，且有证据表明无财产可抵缴税款或者无法定税收义务承担主体的；

（2）被查对象税收违法行为均已超过法定追究期限的；

（3）法律、行政法规或者国家税务总局规定的其他可以终结检查的。

>> 第三节　审　理

一　税务稽查审理一般流程和重大税收执法事项集体审议范围

【知识点1】 税务稽查审理一般流程

检查结束后，稽查局应当对案件进行审理。符合重大税务案件标准的，稽查局审理后提请税务局重大税务案件审理委员会审理。

重大税务案件审理依照国家税务总局有关规定执行。

具体审理流程包括：审理任务分配、实施审理、补正或补充调查、处罚告知、听取陈述申辩、制作决定性文书等环节。

【知识点2】 重大税务案件审理范围

重大税务案件包括：

（1）重大税务行政处罚案件，具体标准由各省、自治区、直辖市和计划单列市税务局根据本地情况自行制定，报国家税务总局备案；

（2）根据《重大税收违法案件督办管理暂行办法》督办的案件；

（3）应监察、司法机关要求出具认定意见的案件；

（4）拟移送公安机关处理的案件；

（5）重大税务案件审理委员会成员单位认为案情重大、复杂，需要审理的案件；

（6）其他需要重大税务案件审理委员会审理的案件。

【知识点3】 不属于重大税务案件审理范围

有下列情形之一的案件，不属于重大税务案件审理范围：
（1）公安机关已就税收违法行为立案的；
（2）公安机关尚未就税收违法行为立案，但被查对象为走逃（失联）企业，并且涉嫌犯罪的；
（3）国家税务总局规定的其他情形。

【知识点4】 重大税收执法决定法制审核范围

1. 凡涉及重大公共利益，可能造成重大社会影响或引发社会风险，直接关系行政相对人或第三人重大权益，经过听证程序作出税务执法决定，以及案件情况疑难复杂、涉及多个法律关系的，都要进行法制审核。国家税务总局明确重大执法决定法制审核事项基础清单。省税务机关可结合实际增加法制审核事项。省以下税务机关根据法制审核事项清单，明确本级法制审核事项的具体标准，并于制定或修改相关标准后1个月内报上一级税务机关备案。

2. 重大执法决定法制审核的范围一般可以包括：
（1）罚款数额较大或经过听证程序的税务行政处罚决定；
（2）税收保全措施；
（3）税收强制执行；
（4）税款数额较大的税务行政征收决定；
（5）对数额较大的延期缴纳税款申请的核准。

【知识点5】 重大税收执法事项集体审议的范围

重大税收执法事项集体审议的范围一般可以包括：
（1）拟建议所属主管税务机关采取收缴（停止发售）发票或者停止出口退税措施的；
（2）拟阻止出境的；
（3）拟同意被执行人暂缓或分期缴纳罚款的；
（4）其他重大、复杂、疑难税收执法事项。

二 案件审理审核的具体内容和要求

【知识点1】 案件审理审核内容

案件审理应当着重审核以下内容：

(1) 执法主体是否正确;
(2) 被查对象是否准确;
(3) 税收违法事实是否清楚,证据是否充分,数据是否准确,资料是否齐全;
(4) 适用法律、行政法规、规章及其他规范性文件是否适当,定性是否正确;
(5) 是否符合法定程序;
(6) 是否超越或者滥用职权;
(7) 税务处理、处罚建议是否适当;
(8) 其他应当审核确认的事项或者问题。

【知识点 2】 案件审理中补正或者补充调查的情形

有下列情形之一的,应当补正或者补充调查:
(1) 被查对象认定错误的;
(2) 税收违法事实不清、证据不足的;
(3) 不符合法定程序的;
(4) 税务文书不规范、不完整的;
(5) 其他需要补正或者补充调查的。

【知识点 3】 处罚告知

拟对被查对象或者其他涉税当事人作出税务行政处罚的,应当向其送达税务行政处罚事项告知书,告知其依法享有陈述、申辩及要求听证的权利。税务行政处罚事项告知书应当包括以下内容:

(1) 被查对象或者其他涉税当事人姓名或者名称、有效身份证件号码或者统一社会信用代码、地址。没有统一社会信用代码的,以税务机关赋予的纳税人识别号代替。
(2) 认定的税收违法事实和性质。
(3) 适用的法律、行政法规、规章及其他规范性文件。
(4) 拟作出的税务行政处罚。
(5) 当事人依法享有的权利。
(6) 告知书的文号、制作日期、税务机关名称及印章。
(7) 其他相关事项。

【知识点 4】 陈述申辩

被查对象或者其他涉税当事人可以书面或者口头提出陈述、申辩意见。对当事人口头提出陈述、申辩意见,应当制作陈述申辩笔录,如实记录,由陈述人、申辩人签章。

应当充分听取当事人的陈述、申辩意见；经复核，当事人提出的事实、理由或者证据成立的，应当采纳。

【知识点5】 听证

被查对象或者其他涉税当事人按照法律、法规、规章要求听证的，应当依法组织听证。

听证依照国家税务总局有关规定执行。

三 案件办理的时限要求

【知识点1】 税务稽查案件办理期限

稽查局应当自立案之日起90日内作出行政处理、处罚决定或者无税收违法行为结论。案情复杂需要延期的，经税务局局长批准，可以延长不超过90日；特殊情况或者发生不可抗力需要继续延期的，应当经上一级税务局分管副局长批准，并确定合理的延长期限。

【知识点2】 不计算在税务稽查案件办理期限内的时间

下列时间不计算在税务稽查案件办理期限内：

（1）中止检查的时间；

（2）请示上级机关或者征求有权机关意见的时间；

（3）提请重大税务案件审理的时间；

（4）因其他方式无法送达，公告送达文书的时间；

（5）组织听证的时间；

（6）纳税人、扣缴义务人超期提供资料的时间；

（7）移送司法机关后，税务机关需根据司法文书决定是否处罚的案件，从司法机关接受移送到司法文书生效的时间。

四 决定性文书制作要求

【知识点1】 决定性文书适用情形

决定性文书适用情形包括：

（1）有税收违法行为，应当作出税务处理决定的，制作税务处理决定书；

（2）有税收违法行为，应当作出税务行政处罚决定的，制作税务行政处罚决定书；

（3）税收违法行为轻微，依法可以不予税务行政处罚的，制作不予税务行政处罚决定书；

（4）没有税收违法行为的，制作税务稽查结论。

税务处理决定书、税务行政处罚决定书、不予税务行政处罚决定书、税务稽查结论引用的法律、行政法规、规章及其他规范性文件，应当注明文件全称、文号和有关条款。

【知识点2】 税务处理决定书

税务处理决定书应当包括以下主要内容：

（1）被查对象姓名或者名称、有效身份证件号码或者统一社会信用代码、地址。没有统一社会信用代码的，以税务机关赋予的纳税人识别号代替。

（2）检查范围和内容。

（3）税收违法事实及所属期间。

（4）处理决定及依据。

（5）税款金额、缴纳期限及地点。

（6）税款滞纳时间、滞纳金计算方法、缴纳期限及地点。

（7）被查对象不按期履行处理决定应当承担的责任。

（8）申请行政复议或者提起行政诉讼的途径和期限。

（9）处理决定书的文号、制作日期、税务机关名称及印章。

【知识点3】 税务行政处罚决定书

税务行政处罚决定书应当包括以下主要内容：

（1）被查对象或者其他涉税当事人姓名或者名称、有效身份证件号码或者统一社会信用代码、地址。没有统一社会信用代码的，以税务机关赋予的纳税人识别号代替。

（2）检查范围和内容。

（3）税收违法事实、证据及所属期间。

（4）行政处罚种类和依据。

（5）行政处罚履行方式、期限和地点。

（6）当事人不按期履行行政处罚决定应当承担的责任。

（7）申请行政复议或者提起行政诉讼的途径和期限。

（8）行政处罚决定书的文号、制作日期、税务机关名称及印章。

税务行政处罚决定应当依法公开。公开的行政处罚决定被依法变更、撤销、确认违法或者确认无效的，应当在3个工作日内（含本数）撤回原行政处罚决定信息并公开说明理由。

【知识点4】 不予税务行政处罚决定书

不予税务行政处罚决定书应当包括以下主要内容：

（1）被查对象或者其他涉税当事人姓名或者名称、有效身份证件号码或者统一社会信用代码、地址。没有统一社会信用代码的，以税务机关赋予的纳税人识别号代替。

（2）检查范围和内容。

（3）税收违法事实及所属期间。

（4）不予税务行政处罚的理由及依据。

（5）申请行政复议或者提起行政诉讼的途径和期限。

（6）不予行政处罚决定书的文号、制作日期、税务机关名称及印章。

【知识点5】 税务稽查结论

税务稽查结论应当包括以下主要内容：

（1）被查对象姓名或者名称、有效身份证件号码或者统一社会信用代码、地址。没有统一社会信用代码的，以税务机关赋予的纳税人识别号代替。

（2）检查范围和内容。

（3）检查时间和检查所属期间。

（4）检查结论。

（5）结论的文号、制作日期、税务机关名称及印章。

五 涉嫌犯罪案件移送的程序与移送材料的种类

【知识点1】 税务稽查案件的移送程序

税收违法行为涉嫌犯罪的，填制涉嫌犯罪案件移送书，经税务局局长批准后，依法移送公安机关。

【知识点2】 税务稽查案件移送材料的种类

税收违法行为依法移送公安机关时，应附送以下资料：

（1）涉嫌犯罪案件情况的调查报告；

（2）涉嫌犯罪的主要证据材料复制件；

（3）其他有关涉嫌犯罪的材料。

六 重大税务案件审理

【知识点1】 重大税务案件审理机构和职责

省以下各级税务局设立重大税务案件审理委员会。审理委员会由主任、副主任和成员单位组成，实行主任负责制。审理委员会主任由税务局局长担任，副主任由税务局其他领导担任。审理委员会成员单位包括政策法规、税政业务、纳税服务、征管科技、大企业税收管理、税务稽查、督察内审部门。各级税务局可以根据实际需要，增加其他与案件审理有关的部门作为成员单位。

【知识点2】 重大税务案件审理委员会的职责

重大税务案件审理委员会履行下列职责：
（1）拟定本机关审理委员会工作规程、议事规则等制度；
（2）审理重大税务案件；
（3）指导监督下级税务局重大税务案件审理工作。

【知识点3】 重大税务案件审理委员会成员单位的职责

重大税务案件审理委员会成员单位根据部门职责参加案件审理，提出审理意见。

重大税务案件审理委员会成员单位应当认真履行职责，根据规定提出审理意见，所出具的审理意见应当详细阐述理由、列明法律依据。

重大税务案件审理委员会成员单位审理案件，可以到审理委员会办公室或证据存放地查阅案卷材料，向稽查局了解案件有关情况。

【知识点4】 重大税务案件审理委员会办公室

重大税务案件审理委员会下设办公室，办公室设在政策法规部门，办公室主任由政策法规部门负责人兼任。

重大税务案件审理委员会办公室履行下列职责：
（1）组织实施重大税务案件审理工作；
（2）提出初审意见；
（3）制作审理会议纪要和审理意见书；
（4）办理重大税务案件审理工作的统计、报告、案卷归档；
（5）承担审理委员会交办的其他工作。

【知识点5】 重大税务案件审理中稽查局的职责

稽查局负责提交重大税务案件证据材料、拟作税务处理处罚意见、举行听证。

稽查局对其提交的案件材料的真实性、合法性、准确性负责。

【知识点6】 重大税务案件审理的回避

参与重大税务案件审理的人员有法律法规规定的回避情形的，应当回避。

重大税务案件审理参与人员的回避，由其所在部门的负责人决定；审理委员会成员单位负责人的回避，由审理委员会主任或其授权的副主任决定。

【知识点7】 重大税务案件审理的提请

1. 稽查局应当在内部审理程序终结后5日内，将重大税务案件提请重大税务案件审理委员会审理。

当事人按照法律、法规、规章有关规定要求听证的，由稽查局组织听证。

2. 稽查局提请重大税务案件审理委员会审理案件，应当提交以下案件材料：

（1）重大税务案件审理案卷交接单；

（2）重大税务案件审理提请书；

（3）税务稽查报告；

（4）税务稽查审理报告；

（5）听证材料；

（6）相关证据材料。

重大税务案件审理提请书应当写明拟处理意见，所认定的案件事实应当标明证据指向。

证据材料应当制作证据目录。

稽查局应当完整移交证据目录所列全部证据材料，不能当场移交的应当注明存放地点。

【知识点8】 重大税务案件审理的受理

1. 重大税务案件审理委员会办公室收到稽查局提请审理的案件材料后，应当在重大税务案件审理案卷交接单上注明接收部门和收到日期，并由接收人签名。

对于证据目录中列举的不能当场移交的证据材料，必要时，接收人在签收前可以到证据存放地点现场查验。

2. 重大税务案件审理委员会办公室收到稽查局提请审理的案件材料后，应当在5日内进行审核。

根据审核结果，重大税务案件审理委员会办公室提出处理意见，报审理委员会主任或其授权的副主任批准：

（1）提请审理的案件属于重大税务案件审理范围，提交了规定的材料的，建议受理；

（2）提请审理的案件属于重大税务案件审理范围，但未按照规定提交相关材料的，建议补正材料；

（3）提请审理的案件不属于重大税务案件审理范围的，建议不予受理。

【知识点9】 重大税务案件的审理程序

重大税务案件应当自批准受理之日起30日内作出审理决定，不能在规定期限内作出审理决定的，经重大税务案件审理委员会主任或其授权的副主任批准，可以适当延长，但延长期限最多不超过15日。

补充调查、请示上级机关或征求有权机关意见、拟处理意见报上一级税务局审理委员会备案的时间不计入审理期限。

【知识点10】 重大税务案件审理重点审查内容

重大税务案件审理委员会审理重大税务案件，应当重点审查：

（1）案件事实是否清楚；
（2）证据是否充分、确凿；
（3）执法程序是否合法；
（4）适用法律是否正确；
（5）案件定性是否准确；
（6）拟处理意见是否合法适当。

【知识点11】 重大税务案件审理方式

重大税务案件审理采取书面审理和会议审理相结合的方式。

【知识点12】 重大税务案件的书面审理

1. 重大税务案件审理委员会办公室自批准受理重大税务案件之日起5日内，将重大税务案件审理提请书及必要的案件材料分送审理委员会成员单位。

2. 重大税务案件审理委员会成员单位自收到审理委员会办公室分送的案件材料之日起10日内，提出书面审理意见送审理委员会办公室。

3. 重大税务案件审理委员会成员单位认为案件事实不清、证据不足，需要补充调查的，应当在书面审理意见中列明需要补充调查的问题并说明理由。

审理委员会办公室应当召集提请补充调查的成员单位和稽查局进行协调，确需补充调查的，由审理委员会办公室报审理委员会主任或其授权的副主任批准，将案件材料退回稽查局补充调查。

4. 稽查局补充调查不应超过 30 日，有特殊情况的，经稽查局局长批准可以适当延长，但延长期限最多不超过 30 日。

稽查局完成补充调查后，应当按照规定重新提交案件材料、办理交接手续。

稽查局不能在规定期限内完成补充调查的，或者补充调查后仍然事实不清、证据不足的，由重大税务案件审理委员会办公室报请审理委员会主任或其授权的副主任批准，终止审理。

5. 审理过程中，稽查局发现根据《重大税收违法案件督办管理暂行办法》督办的案件的，书面告知审理委员会办公室。审理委员会办公室报请审理委员会主任或其授权的副主任批准，可以终止审理。

6. 重大税务案件审理委员会成员单位认为案件事实清楚、证据确凿，但法律依据不明确或者需要处理的相关事项超出本机关权限的，按规定程序请示上级税务机关或者征求有权机关意见。

7. 重大税务案件审理委员会成员单位书面审理意见一致，或者经重大税务案件审理委员会办公室协调后达成一致意见的，由重大税务案件审理委员会办公室起草审理意见书，报重大税务案件审理委员会主任批准。

【知识点 13】 重大税务案件的会议审理

1. 重大税务案件审理委员会成员单位书面审理意见存在较大分歧，经重大税务案件审理委员会办公室协调仍不能达成一致意见的，由重大税务案件审理委员会办公室向重大税务案件审理委员会主任或其授权的副主任报告，提请重大税务案件审理委员会会议审理。

2. 重大税务案件审理委员会办公室提请会议审理的报告，应当说明成员单位意见分歧、重大税务案件审理委员会办公室协调情况和初审意见。

重大税务案件审理委员会办公室应当将会议审理时间和地点提前通知重大税务案件审理委员会主任、副主任和成员单位，并分送案件材料。

3. 成员单位应当派员参加会议，2/3 以上成员单位到会方可开会。重大税务案件审理委员会办公室以及其他与案件相关的成员单位应当出席会议。

案件调查人员、重大税务案件审理委员会办公室承办人员应当列席会议。必要时，重大税务案件审理委员会可要求调查对象所在地主管税务机关参加会议。

4. 重大税务案件审理委员会会议由重大税务案件审理委员会主任或其授权的副主任主持。首先由稽查局汇报案情及拟处理意见。重大税务案件审理委员会办公室汇报初审意见后,各成员单位发表意见并陈述理由。

重大税务案件审理委员会办公室应当做好会议记录。

5. 重大税务案件经审理委员会会议审理,根据不同情况,作出以下处理:

(1) 案件事实清楚、证据确凿、程序合法、法律依据明确的,依法确定审理意见;

(2) 案件事实不清、证据不足的,由稽查局对案件重新调查;

(3) 案件执法程序违法的,由稽查局对案件重新处理;

(4) 案件适用法律依据不明确,或者需要处理的有关事项超出本机关权限的,按规定程序请示上级机关或征求有权机关的意见。

6. 重大税务案件审理委员会办公室根据会议审理情况制作审理纪要和审理意见书。

审理纪要由重大税务案件审理委员会主任或其授权的副主任签发。会议参加人员有保留意见或者特殊声明的,应当在审理纪要中载明。

审理意见书由重大税务案件审理委员会主任签发。

【知识点 14】 重大税务案件审理的备案要求

重大税务案件经重大税务案件审理委员会审理后,应当将拟处理意见报上一级税务局审理委员会备案。备案 5 日后可以作出决定。

稽查局应当在每季度终了后 5 日内将稽查案件审理情况备案表送重大税务案件审理委员会办公室备案。

【知识点 15】 重大税务案件审理的执行

稽查局应当按照重大税务案件审理意见书制作税务处理处罚决定等相关文书,加盖稽查局印章后送达执行。文书送达后 5 日内,由稽查局送重大税务案件审理委员会办公室备案。

重大税务案件审理程序终结后,重大税务案件审理委员会办公室应当将相关证据材料退回稽查局。

【知识点 16】 重大税务案件审理的监督

各级税务局督察内审部门应当加强对重大税务案件审理工作的监督。

【知识点 17】 重大税务案件审理案卷的归档

审理委员会办公室应当加强重大税务案件审理案卷的归档管理,按照受理案件的顺序统一编号,做到一案一卷、资料齐全、卷面整洁、装订整齐。

需要归档的重大税务案件审理案卷包括税务稽查报告、税务稽查审理报告以及有关文书。

>> 第四节
执 行

一 决定性文书送达要求

【知识点1】 决定性文书的送达要求

稽查局应当依法及时送达税务处理决定书、税务行政处罚决定书、不予税务行政处罚决定书、税务稽查结论等税务文书。

行政处罚决定书应当在宣告后当场交付当事人；当事人不在场的，行政机关应当在7日内依照《民事诉讼法》的有关规定，将行政处罚决定书送达当事人。

【知识点2】 税务文书

税务文书的格式由国家税务总局制定。所称税务文书，包括：①税务事项通知书；②责令限期改正通知书；③税收保全措施决定书；④税收强制执行决定书；⑤税务检查通知书；⑥税务处理决定书；⑦税务行政处罚决定书；⑧行政复议决定书；⑨其他税务文书。

【知识点3】 税务文书送达

税务文书送达，是指税务稽查人员按照法律、法规规定的权限、程序和方式，将税务文书送达受送达人的业务处理过程。

税务文书应当按照法律、法规规定的权限、程序和方式送达受送达人，税务文书送达方式包括直接送达、留置送达、委托送达、邮寄送达和公告送达。自2020年4月1日起，部分税务文书可以采用电子送达方式。但税务稽查过程中使用的税务文书暂不适用电子送达方式。

【知识点4】 税务文书送达——直接送达

税务机关送达税务文书，应当直接送交受送达人。

受送达人是公民的，应当由本人直接签收；本人不在的，交其同住成年家属签收。

受送达人是法人或者其他组织的，应当由法人的法定代表人、其他组织的主要负责人或者该法人、组织的财务负责人、负责收件的人签收。受送达人有代理人的，可以送交其代理人签收。

直接送达税务文书的，以签收人在送达回证上的签收或者注明的收件日期为送达日期。

【知识点5】 税务文书送达——留置送达

受送达人或者其同住成年家属、代收人、代理人拒绝签收，无法直接送达税务文书的，可以采取留置送达的方式送达税务文书。

留置送达可以邀请有关基层组织人员或者其他第三方见证人到场，在送达回证上记明拒收事由和日期，由被邀请到场的见证人填写见证内容："税务机关直接送达税务文书，受送达人拒绝签收，无法直接送达"字样，由送达人、见证人签名或者盖章，将税务文书留在受送达人处，即视为送达。

邀请见证人到场见证的，应当取得见证人的有效身份证明资料。税务人员不应作为见证人。

原则上应当制作《现场笔录》或者音像记录设备记录留置送达过程。

【知识点6】 税务文书送达——委托送达

直接送达税务文书有困难的，包括受送达人不在本税务机关辖区内经营或者居住而难以直接送达的，可以委托其他有关机关或者其他单位代为送达。

采取委托送达的，应当向被委托方出具委托书，并将税务文书及送达回证交被委托方。

委托送达以受送达人在税务文书送达回证上签收的日期为送达日期。

【知识点7】 税务文书送达——邮寄送达

直接送达税务文书有困难或者受送达人提出邮寄送达要求的，可以保留相关证据，采取邮寄送达方式送达税务文书。

邮寄送达应当交由邮政企业采用挂号函件等可以证明收件的邮寄方式，并在邮寄单据或者回执上注明税务文书名称、文书号、份数，以及是否为原件。

邮寄送达以挂号函件回执上注明的收件日期为送达日期，并视为已送达。

【知识点8】 税务文书送达——公告送达

同一送达事项的受送达人众多，或者采用前述其他送达方式无法送达税务文书的，可以公告送达税务文书。

采用其他送达方式无法送达税务文书而采取公告送达的，应当留存已经采用其他送达方式的证据。

被查对象被判定为走逃（失联）企业的，检查人员公告送达各类税务文书时，应当取得以下证据，证明已经采用其他送达方式无法送达：

（1）主管税务机关核实确认并出具的企业未按规定按期办理各类纳税申报及地址变更等涉税事项的已经失联证明。

（2）实地核查企业的注册登记地址和生产经营地址，制作现场笔录，通过经营场所照片、证人证言（如物业公司、街道办事处、村委会管理人员和经营注册地址实际使用人员或者其他相关人员的书面陈述或者口述记录）、物业相关证据，证实在经营注册地址未能找到企业，或者企业经营注册地址根本不存在。

（3）通过已知的联系人及联系方式（包括从互联网渠道所查询的联系信息）联系企业相关人员的录像（视频）、电话录音、电话笔录或者第三方人员的证人证言。能够联系到企业代理记账、报税人员等的，取得相关人员的笔录或者其他证明材料。

（4）其他相关情形和判定材料。

公告送达可以在受送达人住所地、生产经营地或者注册登记地张贴公告，或者通过税务机关门户网站、当地主流新闻媒体发布公告（具体发布渠道根据实际情况选择）。采取上述方式公告送达的，可以同时在主管税务机关办税服务厅张贴公告。

张贴公告的，应当使用音像记录设备记录张贴过程。

除法律、法规另有规定外，税务文书公告期限为30日。其中，《催告书》《税收强制执行决定书》的公告期限也随着《民事诉讼法》的修正调整为30日。

发出公告日期以最后张贴或者刊登的日期为准。公告期限自公告次日起算，期限届满即视为送达。期限届满的最后一日是节假日的，以节假日后的第一日为期限届满的日期。

【知识点9】 税务文书送达——送达回证

税务机关向当事人送达税务文书时使用《税务文书送达回证》，《税务文书送达回证》依据《税收征收管理法实施细则》第一百零一条至第一百零六条设置。

（1）"送达文书名称"栏，填写送达文书名称及文号。

（2）"受送达人"栏，受送达人为单位的，填写单位名称、统一社会信用代码，没有统一社会信用代码的，以纳税人识别号代替；受送达人为个人的，填写姓名、有效身份证件号码。

（3）"送达地点"栏，填写送达税务文书的具体地点。

（4）"受送达人签名或盖章"栏，受送达人是法人或其他组织的，应当由法人的法定代表人、其他组织的主要负责人或者该法人、组织的财务负责人、负责收件的人签收；受送达人是公民的，应当由本人直接签收。

（5）"代收人代收理由及签名或盖章"栏，受送达人为个人的，本人不在由其同住成年家属在此栏签名,并注明与受送达人关系;受送达人为单位的,法定代表人不在的,由其代理人或其他负责人或负责收件的人员在此栏签字。

(6)"受送达人拒收理由"栏,受送达人或其他法定签收人拒收时,由送达人填写此栏。

(7)"见证人签名或盖章"栏,受送达人拒收时,邀请有关基层组织或其所在单位的代表作为见证人到场,由见证人在此栏签名或盖章,不应由税务人员签名或盖章。

(8)《税务文书送达回证》为 A4 竖式,随同送达的税务文书装入卷宗。

送达税务文书时,必须主动向当事人和相关人员表明身份,告知当事人执法事由、执法依据、权利义务等内容。必要时,可以通过制作《现场笔录》、音像记录等适当方式记录税务文书送达过程。

二 税收强制执行的程序和要求

【知识点1】 税务稽查案件强制执行的适用情形

具有下列情形之一的,经县以上税务局局长批准,稽查局可以依法强制执行,或者依法申请人民法院强制执行:

(1)纳税人、扣缴义务人未按照规定的期限缴纳或者解缴税款、滞纳金,责令限期缴纳逾期仍未缴纳的;

(2)经稽查局确认的纳税担保人未按照规定的期限缴纳所担保的税款、滞纳金,责令限期缴纳逾期仍未缴纳的;

(3)当事人对处罚决定逾期不申请行政复议也不向人民法院起诉、又不履行的;

(4)其他可以依法强制执行的。

【知识点2】 依法申请人民法院强制执行的要求

自 2018 年 2 月 8 日起施行的《最高人民法院关于适用〈中华人民共和国行政诉讼法〉的解释》(法释〔2018〕1 号)规定,没有强制执行权的行政机关申请人民法院强制执行其行政行为,应当自被执行人的法定起诉期限届满之日起 3 个月内提出。逾期申请的,除有正当理由外,人民法院不予受理。行政机关申请人民法院强制执行其行政行为的,由申请人所在地的基层人民法院受理;执行对象为不动产的,由不动产所在地的基层人民法院受理。基层人民法院认为执行确有困难的,可以报请上级人民法院执行;上级人民法院可以决定由其执行,也可以决定由下级人民法院执行。

【知识点3】 税务稽查案件的强制执行程序

作出强制执行决定前，应当制作并送达催告文书，催告当事人履行义务，听取当事人陈述、申辩意见。经催告，当事人逾期仍不履行行政决定，且无正当理由的，经县以上税务局局长批准，实施强制执行。实施强制执行时，应当向被执行人送达强制执行决定书，告知其实施强制执行的内容、理由及依据，并告知其享有依法申请行政复议或者提起行政诉讼的权利。催告期间，对有证据证明有转移或者隐匿财物迹象的，可以作出立即强制执行决定。

稽查局采取从被执行人开户银行或者其他金融机构的存款中扣缴税款、滞纳金、罚款措施时，应当向被执行人开户银行或者其他金融机构送达扣缴税收款项通知书，依法扣缴税款、滞纳金、罚款，并及时将有关凭证送达被执行人。

拍卖、变卖被执行人商品、货物或者其他财产，以拍卖、变卖所得抵缴税款、滞纳金、罚款的，在拍卖、变卖前应当依法进行查封、扣押。稽查局拍卖、变卖被执行人商品、货物或者其他财产前，应当制作拍卖/变卖抵税财物决定书，经县以上税务局局长批准后送达被执行人，予以拍卖或者变卖。拍卖或者变卖实现后，应当在结算并收取价款后3个工作日内，办理税款、滞纳金、罚款的入库手续，并制作拍卖/变卖结果通知书，附拍卖/变卖查封、扣押的商品、货物或者其他财产清单，经稽查局局长审核后，送达被执行人。以拍卖或者变卖所得抵缴税款、滞纳金、罚款和拍卖、变卖等费用后，尚有剩余的财产或者无法进行拍卖、变卖的财产的，应当制作返还商品、货物或者其他财产通知书，附返还商品、货物或者其他财产清单，送达被执行人，并自办理税款、滞纳金、罚款入库手续之日起3个工作日内退还被执行人。

三、中止执行、终结执行、延期分期缴纳罚款

【知识点1】 中止执行

执行过程中发现有下列情形之一的，经稽查局局长批准后，中止执行：

（1）当事人死亡或者被依法宣告死亡，尚未确定可执行财产的；

（2）当事人进入破产清算程序尚未终结的；

（3）可执行财产被司法机关或者其他国家机关依法查封、扣押、冻结，致使执行暂时无法进行的；

（4）可供执行的标的物需要人民法院或者仲裁机构确定权属的；

（5）法律、行政法规和国家税务总局规定其他可以中止执行的。

中止执行情形消失后，经稽查局局长批准，恢复执行。

【知识点 2】 终结执行

当事人确无财产可供抵缴税款、滞纳金、罚款或者依照破产清算程序确实无法清缴税款、滞纳金、罚款，或者有其他法定终结执行情形的，经税务局局长批准后，终结执行。

【知识点 3】 延期或者分期缴纳罚款

当事人确有经济困难，需要延期或者分期缴纳罚款的，可向稽查局提出申请，经税务局局长批准后，可以暂缓或者分期缴纳。

四 重新作出决定性文书

【知识点】 依法重新作出决定的情形

税务处理决定书、税务行政处罚决定书等决定性文书送达后，有下列情形之一的，稽查局可以依法重新作出：

（1）决定性文书被人民法院判决撤销的；
（2）决定性文书被行政复议机关决定撤销的；
（3）税务机关认为需要变更或者撤销原决定性文书的；
（4）其他依法需要变更或者撤销原决定性文书的。

五 税务稽查欠税处理

【知识点】 税务稽查欠税处理程序

税务稽查欠税处理程序，是指当事人未按已生效的《税务处理决定书》《税务行政处罚决定书》等决定性文书规定的期限缴清税收款项的，执行部门在采取各种执行措施追缴税收款项的同时，协助稽查局所属税务局欠税公告管理部门和收入规划核算部门对当事人欠缴税收款项进行处理；如发现欠税当事人有转移或者隐匿财产、逃避追缴欠税的迹象和行为的，收集欠税人涉嫌逃避追缴欠税的证据和相关资料移交审理部门的业务处理过程。

1. 设立税务稽查欠税台账。已送达生效的《税务处理决定书》《税务行政处罚决定书》等决定性文书规定的期限届满之后，执行部门在采取各种执行措施追缴税收款项的同时，及时对未按期入库的稽查欠税设置台账，对欠税案件实行建账管理。

2. 逃避追缴欠税处理。发现欠税当事人有转移或者隐匿财产、逃避追缴欠税的迹象和行为的，执行部门收集欠税人涉嫌逃避追缴欠税的证据和相关资料移交审理部门，按规定程序移送公安机关处理。

3. 协助实施欠税管理。执行部门逐级报稽查局局长批准后，及时与稽查局所属税务局欠税公告管理部门核实稽查欠税情况，将稽查欠税纳入欠税公告管理。

4. 按照《税收征收管理法》和其他税收法律、法规的规定，纳税人有依法缴纳税款的义务。纳税人欠缴税款的，税务机关应当依法追征，直至收缴入库，任何单位和个人不得豁免。税务机关追缴税款没有追征期的限制。

《税收征收管理法》第五十二条有关追征期限的规定，是指因税务机关或纳税人的责任造成未缴或少缴税款在一定期限内未发现的，超过此期限不再追征。纳税人已申报或税务机关已查处的欠缴税款，税务机关不受该条追征期规定的限制，应当依法无限期追缴税款。

六 其他可以采取的执行追缴措施

【知识点1】 收缴发票或者停止发售发票

《税收征收管理法》第七十二条规定，从事生产、经营的纳税人、扣缴义务人有该法规定的税收违法行为，拒不接受税务机关处理的，税务机关可以收缴其发票或者停止向其发售发票。

【知识点2】 阻止出境

1. 《税收征收管理法》第四十四条规定，欠缴税款的纳税人或者他的法定代表人需要出境的，应当在出境前向税务机关结清应纳税款、滞纳金或者提供担保。未结清税款、滞纳金，又不提供担保的，税务机关可以通知出境管理机关阻止其出境。

2. 《税收征收管理法实施细则》第七十四条规定，欠缴税款的纳税人或者其法定代表人在出境前未按照规定结清应纳税款、滞纳金或者提供纳税担保的，税务机关可以通知出入境管理机关阻止其出境。

3. 《国家税务总局 公安部关于印发〈阻止欠税人出境实施办法〉的通知》（国税发〔1996〕215号）第二条规定，《税收征收管理法实施细则》第五十二条所称欠缴税款的纳税人指欠缴税款的公民、法人和其他经济组织，统称为欠税人。

第三条规定，经税务机关调查核实，欠税人未按规定结清应纳税款又未提供纳税担保且准备出境的，税务机关可依法向欠税人申明不准出境。对已取得出境证件执意出境的，税务机关可按规定的程序函请公安机关办理边控手续，阻止其出境。

欠税人为自然人的，阻止出境的对象为当事人本人。欠税人为法人的，阻止出境对象为其法定代表人。欠税人为其他经济组织的，阻止出境对象为其负责人。上述法定代表人或负责人变更时，以变更后的法定代表人或负责人为阻止出境对象；法定代表人不在中国境内的,以其在华的主要负责人为阻止出境对象。

第六条规定,在对欠税人进行控制期间,税务机关应采取措施,尽快使欠税人完税。

【知识点3】 申请人民法院强制执行

1. 非从事生产、经营的纳税人、扣缴义务人对税务机关的处理决定逾期不申请行政复议也不向人民法院起诉,又不履行的,作出处理决定的稽查局可以自期限届满之日起3个月内,就其未缴的税款、滞纳金申请人民法院强制执行。

2. 当事人对税务机关的处罚决定逾期不申请行政复议也不向人民法院起诉,又不履行的,作出处罚决定的稽查局可以对未缴的罚款实施强制执行,或者自期限届满之日起3个月内申请人民法院强制执行。

【知识点4】 行使代位权、撤销权

欠缴税款的纳税人因怠于行使到期债权,或者放弃到期债权,或者无偿转让财产,或者以明显不合理的低价转让财产而受让人知道该情形,对国家税收造成损害的,稽查局可以依照《民法典》第五百三十五条至第五百四十二条规定行使代位权、撤销权。

稽查局依照前款规定行使代位权、撤销权的,应当以纳税人欠缴的税款金额以及纳税人对其债务人所享有的债权数额为限,同时不免除欠缴税款的纳税人尚未履行的纳税义务和应当承担的法律责任。

【知识点5】 行使税收优先权

稽查局征收税款时,税收优先于无担保债权,法律另有规定的除外;纳税人欠缴的税款发生在纳税人以其财产设定抵押、质押或者纳税人的财产被留置之前的,税收应当先于抵押权、质权、留置权执行。

纳税人欠缴税款,同时又被行政机关决定处以罚款、没收违法所得的,税收优先于罚款、没收违法所得。

【知识点6】 移送涉嫌犯罪的案件

在案件执行过程中,发现偷税(逃避缴纳税款)行为的纳税人,未按照《税务处理决定书》《税务行政处罚决定书》的要求,在规定期限内缴纳税款、滞纳金、罚款的,并达到涉嫌逃避缴纳罪移送标准的。

在案件执行过程中,发现纳税人达到涉嫌逃避追缴欠税罪移送标准的。

在案件执行过程中,发现纳税人达到涉嫌抗税罪移送标准的。

第五节 签章

一、税务稽查案件办理中签章的要求

【知识点】税务稽查案件办理中签章的要求

根据《税务稽查案件办理程序规定》第六十条明确，该规定所称签章，区分以下情况确定：

（1）属于法人或者其他组织的，由相关人员签名，加盖单位印章并注明日期；
（2）属于个人的，由个人签名并注明日期。

二、《税务稽查案件办理程序规定》中涉及签章的情形

【知识点】《税务稽查案件办理程序规定》中涉及签章的情形

（1）调取账簿、记账凭证、报表和其他有关资料时，检查人员填写调取账簿资料清单交被查对象核对后签章确认。
（2）退还账簿资料时，被查对象核对调取账簿资料清单，并签章确认。
（3）提取证据材料原件的，由当事人核对后在提取证据专用收据上签章确认。
（4）询问笔录交被询问人核对无误后，由被询问人逐页签章、捺指印。
（5）当事人、证人口头陈述或者提供证言的，检查人员以笔录形式进行记录时，由当事人或者证人在笔录上逐页签章、捺指印。
（6）当事人、证人口头提出变更陈述或者证言的，检查人员应当就变更部分重新制作笔录，注明原因，由当事人或者证人逐页签章、捺指印。
（7）以电子数据的内容证明案件事实的，当事人将电子数据打印成纸质资料，在纸质资料上由当事人签章。
（8）需要以有形载体形式固定电子数据的，电子数据复制到存储介质上并封存，在封存包装物上由电子数据提供人签章。
（9）制作现场笔录、勘验笔录，由检查人员签名和当事人签章。当事人经通知不到场或者拒绝在现场笔录、勘验笔录上签章的，检查人员应当在笔录上注明原因；如有其他人员在场，可以由其签章证明。

（10）查封商品、货物或者其他财产清单和扣押商品、货物或者其他财产专用收据，由当事人核对后签章。

（11）检查结束前，被查对象对检查人员发现的违法事实和依据有异议的，应当在限期内提供说明及证据材料。被查对象口头说明的，检查人员应当制作笔录，由当事人签章。

（12）被查对象或者其他涉税当事人可以书面或者口头提出陈述、申辩意见。对当事人口头提出陈述、申辩意见，应当制作陈述申辩笔录，如实记录，由陈述人、申辩人签章。

第四章 货物和劳务税稽查

第四章 货物和劳务税稽查

>> 知识架构

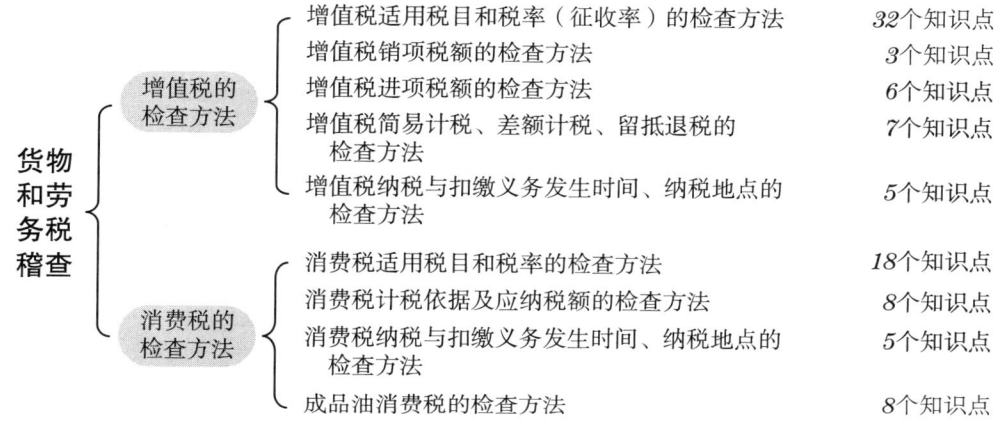

>> 第一节
增值税的检查方法

一、增值税适用税目和税率（征收率）的检查方法

【知识点1】 增值税适用税目的基本政策

在中华人民共和国境内销售货物或者加工、修理修配劳务（以下简称销售应税劳务），销售服务、无形资产、不动产（以下简称销售应税行为）以及进口货物属于增值税的征税范围，具体税目和子税目如图4-1所示。

【知识点2】 增值税适用税率的基本政策

纳税人销售货物、劳务、有形动产租赁服务或者进口货物，除另有规定外，税率为17％。自2018年5月1日起，调整为16％；自2019年4月1日起，调整为13％。

税务稽查岗位知识与技能

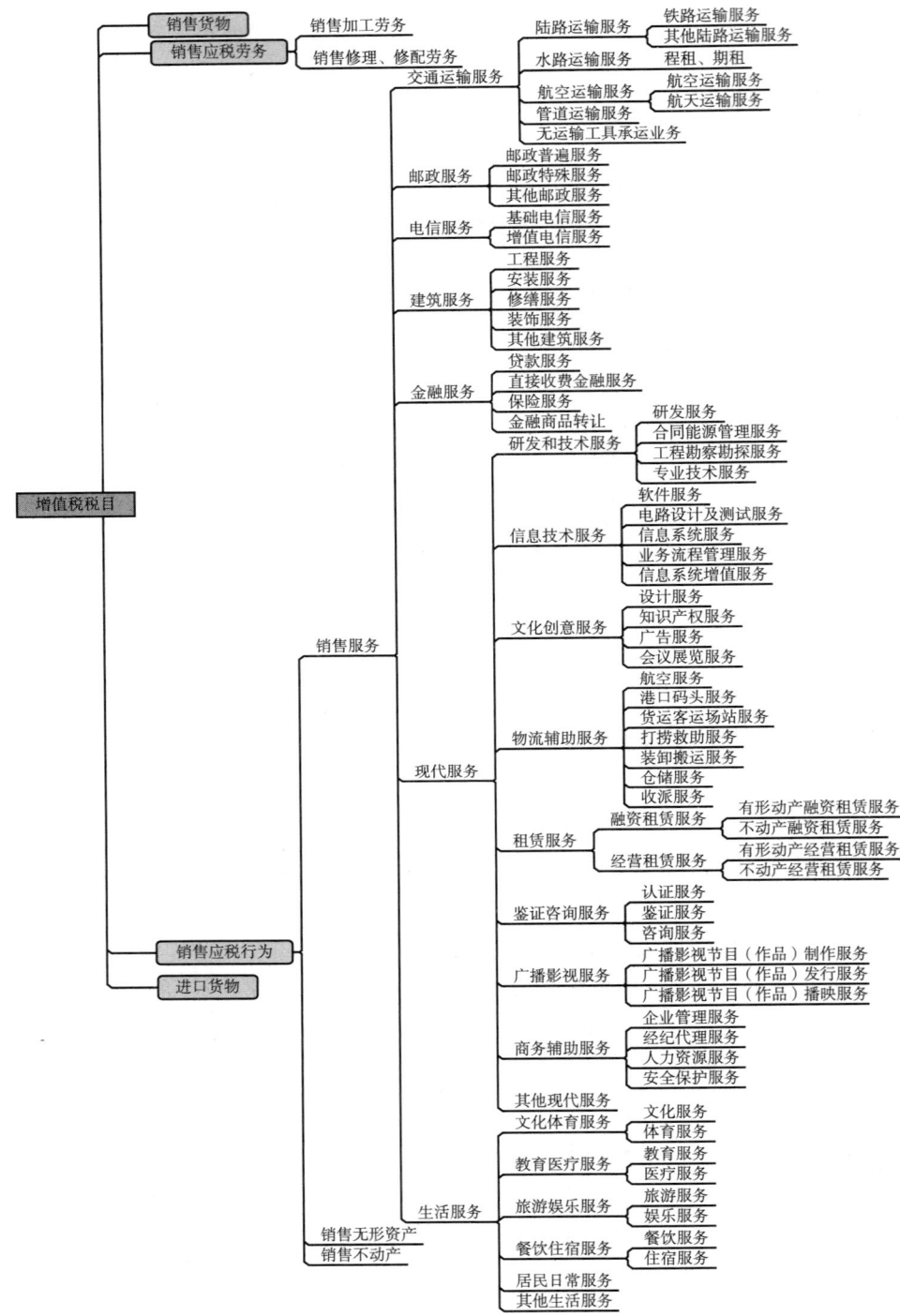

图4-1 增值税税目和子税目

纳税人销售交通运输、邮政、基础电信、建筑、不动产租赁服务，销售不动产，转让土地使用权，销售或者进口下列货物，税率为11%，自2018年5月1日起，调整为10%，自2019年4月1日起，调整为9%。

（1）粮食等农产品、食用植物油、食用盐；

（2）自来水、暖气、冷气、热水、煤气、石油液化气、天然气、二甲醚、沼气、居民用煤炭制品；

（3）图书、报纸、杂志、音像制品、电子出版物；

（4）饲料、化肥、农药、农机、农膜；

（5）国务院规定的其他货物。

纳税人销售服务、无形资产，除另有规定外，税率为6%。销售服务，是指提供交通运输服务、邮政服务、电信服务、建筑服务、金融服务、现代服务、生活服务。

纳税人出口货物，税率为零；境内单位和个人跨境销售国务院规定范围内的服务、无形资产，税率为零。国务院另有规定的除外。

纳税人兼营不同税率的项目，应当分别核算不同税率项目的销售额；未分别核算销售额的，从高适用税率。

【知识点3】 增值税征收率的基本政策

1. 征收率3%

小规模纳税人销售应税劳务或销售应税服务、无形资产；一般纳税人发生按规定适用或者可以选择适用简易计税方法计税的特定应税行为，除适用5%征收率外。

2021年4月1日至2022年3月31日，增值税小规模纳税人适用3%征收率的应税销售收入，减按1%征收率征收增值税；适用3%预征率的预缴增值税项目，减按1%预征率预缴增值税。

2022年4月1日至2022年12月31日，增值税小规模纳税人适用3%征收率的应税销售收入，免征增值税；适用3%预征率的预缴增值税项目，暂停预缴增值税。

2023年1月1日至2027年12月31日，增值税小规模纳税人适用3%征收率的应税销售收入，减按1%征收率征收增值税；适用3%预征率的预缴增值税项目，减按1%预征率预缴增值税。

2. 征收率5%

（1）销售不动产。

①一般纳税人销售其2016年4月30日前取得的不动产，可以选择适用简易计税方法，按照5%的征收率计算应纳税额。

②小规模纳税人销售其取得的不动产（不含个体工商户销售购买的住房和其他个人销售不动产），按照5%的征收率计算应纳税额。

③房地产开发企业中的一般纳税人,销售、出租自行开发的房地产老项目,可以选择适用简易计税方法的按照5%的征收率计算应纳税额。房地产开发企业中的一般纳税人购入未完工的房地产老项目继续开发后,以自己名义立项销售的不动产,属于房地产老项目,可以选择适用简易计税方法按照5%的征收率计算缴纳增值税。

④房地产开发企业中的小规模纳税人,销售自行开发的房地产项目,按照5%的征收率计算应纳税额。

⑤其他个人销售其取得(不含自建)的不动产(不含其购买的住房),按照5%的征收率计算应纳税额。

(2) 不动产经营租赁服务。

①一般纳税人出租其2016年4月30日前取得的不动产,可以选择适用简易计税方法,按照5%的征收率计算应纳税额。

②小规模纳税人出租其取得的不动产(不含个人出租住房),应按照5%的征收率计算应纳税额。

③其他个人出租其取得的不动产(不含住房),应按照5%的征收率计算应纳税额。

④个人出租住房,应按照5%的征收率减按1.5%计算应纳税额。

(3) 一般纳税人2016年4月30日前签订的不动产融资租赁合同,或以2016年4月30日前取得的不动产提供的融资租赁服务,可以选择适用简易计税方法,按照5%的征收率计算缴纳增值税。

(4) 中外合作油(气)田开采的原油、天然气。

(5) 选择差额纳税的劳务派遣、安全保护服务。

(6) 选择适用简易计税方法的一般纳税人提供人力资源外包服务。

(7) 一级二级公路、桥、闸(老项目)通行费。

3. 减按2%、1.5%、0.5%计税

(1) 个人出租住房,按照5%的征收率减按1.5%计算应纳税额。

(2) 减按2%计税。

①自2016年2月1日起,纳税人销售自己使用过的固定资产,适用简易办法依照3%征收率减按2%征收增值税政策的,可以放弃减税,按照简易办法依照3%征收率缴纳增值税,并可以开具增值税专用发票。

②小规模纳税人(除其他个人外,下同)销售自己使用过的固定资产,减按2%征收率征收增值税。

③纳税人销售旧货,按照简易办法依照3%征收率减按2%征收增值税。所称旧货,是指进入二次流通的,具有部分使用价值的货物(含旧汽车、旧摩托车和旧游艇),但不包括自己使用过的物品。应纳税额计算公式:

$$应纳税额 = 销售额 \div (1 + 3\%) \times 2\%$$

(3) 减按 0.5% 计税。

2020 年 5 月 1 日至 2027 年 12 月 31 日，从事二手车经销业务的纳税人销售其收购的二手车，按以下规定执行：

①纳税人减按 0.5% 征收率征收增值税，并按下列公式计算销售额：

$$销售额 = 含税销售额 \div (1 + 0.5\%)$$

②纳税人应当开具二手车销售统一发票。购买方索取增值税专用发票的，应当再开具征收率为 0.5% 的增值税专用发票。

【知识点 4】 销售货物、进口货物的基本政策

货物，是指有形动产，包括电力、热力和气体在内。

销售货物，是指有偿转让货物的所有权。有偿是指从购买方取得货币、货物或者其他经济利益。

销售货物、进口货物的适用税率为 17%。自 2018 年 5 月 1 日起，调整为 16%；自 2019 年 4 月 1 日起，调整为 13%。

【知识点 5】 销售加工、修理修配劳务的基本政策

加工，是指受托加工货物，即委托方提供原料及主要材料，受托方按照委托方的要求，制造货物并收取加工费的业务。委托加工业务是指由委托方提供原料及主要材料，受托方按照委托方的要求制造货物并收取加工费的业务。

修理修配，是指受托方对损伤和丧失功能的货物进行修复，使其恢复原状和功能的业务。

提供加工、修理修配劳务，是指有偿提供加工、修理修配劳务。单位或者个体工商户聘用的员工为本单位或者雇主提供加工、修理修配劳务，不属于增值税的征税范围。

加工、修理修配的对象限于"有形动产"，对建筑物、构筑物的修补、加固、养护、改善、使之恢复原来的使用价值或者延长其使用期限的工程作业，属于修缮服务，按照建筑服务——修缮服务征收增值税。

销售加工、修理修配劳务的适用税率为 17%。自 2018 年 5 月 1 日起，调整为 16%；自 2019 年 4 月 1 日起，调整为 13%。

【知识点 6】 有形动产租赁服务的基本政策

租赁服务，包括融资租赁服务和经营租赁服务。按照标的物的不同，融资租赁服务可分为有形动产融资租赁服务和不动产融资租赁服务，经营租赁服务可分为有形动

产经营租赁服务和不动产经营租赁服务。

将飞机、车辆等有形动产的广告位出租给其他单位或者个人用于发布广告，属于经营租赁，按照有形动产经营租赁服务缴纳增值税。

水路运输的光租业务、航空运输的干租业务，属于经营租赁，按照有形动产经营租赁服务缴纳增值税。

有形动产租赁的适用税率为17%。自2018年5月1日起，调整为16%；自2019年4月1日起，调整为13%。

【知识点7】 不动产租赁服务的基本政策

将建筑物、构筑物等不动产的广告位出租给其他单位或者个人用于发布广告，按照不动产经营租赁服务缴纳增值税。

车辆停放服务、道路通行服务（包括过路费、过桥费、过闸费等）等按照不动产经营租赁服务缴纳增值税。

不动产租赁的适用税率为11%。自2018年5月1日起，调整为10%；自2019年4月1日起，调整为9%。

【知识点8】 销售服务——交通运输服务的基本政策

1. 交通运输服务

交通运输服务，是指利用运输工具将货物或者旅客送达目的地，使其空间位置得到转移的业务活动。包括陆路运输服务、水路运输服务、航空运输服务和管道运输服务。

出租车公司向使用本公司自有出租车的出租车司机收取的管理费用，按照陆路运输服务缴纳增值税。

水路运输的程租、期租业务，属于水路运输服务。

航空运输的湿租业务，属于航空运输服务。

管道运输服务，是指通过管道设施输送气体、液体、固体物质的运输业务活动。

2. 应按交通运输服务征税的特殊情形

自2018年1月1日起，纳税人已售票但客户逾期未消费取得的运输逾期票证收入，按照交通运输服务缴纳增值税。

无运输工具承运业务，按照交通运输服务缴纳增值税。

3. 不应按交通运输服务征税的特殊情形

纳税人在游览场所经营索道、摆渡车、电瓶车、游船等取得的收入，按照文化体育服务缴纳增值税。

4. 交通运输服务适用税率

交通运输服务的适用税率为11%。自2018年5月1日起，调整为10%；自2019年4月1日起，调整为9%。

【知识点9】 销售服务——邮政服务的基本政策

邮政服务，是指中国邮政集团公司及其所属邮政企业提供邮件寄递、邮政汇兑和机要通信等邮政基本服务的业务活动。包括邮政普遍服务、邮政特殊服务和其他邮政服务。

邮政服务的适用税率为11%。自2018年5月1日起，调整为10%；自2019年4月1日起，调整为9%。

【知识点10】 销售服务——电信服务的基本政策

电信服务，是指利用有线、无线的电磁系统或者光电系统等各种通信网络资源，提供语音通话服务，传送、发射、接收或者应用图像、短信等电子数据和信息的业务活动。包括基础电信服务和增值电信服务。

卫星电视信号落地转接服务，按照增值电信服务缴纳增值税。

纳税人通过楼宇、隧道等室内通信分布系统，为电信企业提供的语音通话和移动互联网等无线信号室分系统传输服务，分别按照基础电信服务和增值电信服务缴纳增值税。

基础电信服务的适用税率为11%。自2018年5月1日起，调整为10%；自2019年4月1日起，调整为9%。

增值电信服务的适用税率为6%。

【知识点11】 销售服务——建筑服务的基本政策

建筑服务，是指各类建筑物、构筑物及其附属设施的建造、修缮、装饰，线路、管道、设备、设施等的安装以及其他工程作业的业务活动。包括工程服务、安装服务、修缮服务、装饰服务和其他建筑服务。

固定电话、有线电视、宽带、水、电、燃气、暖气等经营者向用户收取的安装费、初装费、开户费、扩容费以及类似收费，按照安装服务缴纳增值税。

物业服务企业为业主提供的装修服务，按照建筑服务缴纳增值税。

纳税人将建筑施工设备出租给他人使用并配备操作人员的，按照建筑服务缴纳增值税。

建筑服务的适用税率为11%。自2018年5月1日起，调整为10%；自2019年4月1日起，调整为9%。

【知识点12】 销售不动产的基本政策

销售不动产,是指转让不动产所有权的业务活动。不动产,是指不能移动或者移动后会引起性质、形状改变的财产,包括建筑物、构筑物等。

转让建筑物有限产权或者永久使用权的,转让在建的建筑物或者构筑物所有权的,以及在转让建筑物或者构筑物时一并转让其所占土地的使用权的,按照销售不动产缴纳增值税。

销售不动产的适用税率为11%。自2018年5月1日起,调整为10%;自2019年4月1日起,调整为9%。

【知识点13】 销售无形资产的基本政策

销售无形资产,是指转让无形资产所有权或者使用权的业务活动。无形资产,是指不具实物形态,但能带来经济利益的资产,包括技术、商标、著作权、商誉、自然资源使用权和其他权益性无形资产。

转让土地使用权的适用税率为11%。自2018年5月1日起,调整为10%;自2019年4月1日起,调整为9%。

销售除转让土地使用权以外的其他无形资产的适用税率为6%。

【知识点14】 销售服务——金融服务的基本政策

金融服务,是指经营金融保险的业务活动。包括贷款服务、直接收费金融服务、保险服务和金融商品转让。

融资性售后回租,按照贷款服务缴纳增值税。

以货币资金投资收取的固定利润或者保底利润,按照贷款服务缴纳增值税。

2023年8月1日至2027年12月31日,对金融机构向小型企业、微型企业和个体工商户发放小额贷款取得的利息收入,免征增值税。金融机构可以选择以下两种方法之一适用免税:①对金融机构向小型企业、微型企业和个体工商户发放的,利率水平不高于全国银行间同业拆借中心公布的贷款市场报价利率(LPR)150%(含本数)的单笔小额贷款取得的利息收入,免征增值税;高于全国银行间同业拆借中心公布的贷款市场报价利率(LPR)150%的单笔小额贷款取得的利息收入,按照现行政策规定缴纳增值税。②对金融机构向小型企业、微型企业和个体工商户发放单笔小额贷款取得的利息收入中,不高于该笔贷款按照全国银行间同业拆借中心公布的贷款市场报价利率(LPR)150%(含本数)计算的利息收入部分,免征增值税;超过部分按照现行政策规定缴纳增值税。

金融机构向小型企业、微型企业及个体工商户发放单户授信小于100万元(含本数），或者没有授信额度，单户贷款合同金额且贷款余额在 100 万元（含本数）以下的贷款取得的利息收入，可按照前述规定免征增值税。2027 年 12 月 31 日前，纳税人为农户、小型企业、微型企业及个体工商户借款、发行债券提供融资担保取得的担保费收入，以及为上述融资担保（以下称原担保）提供再担保取得的再担保费收入，免征增值税。再担保合同对应多个原担保合同的，原担保合同应全部适用免征增值税政策。否则，再担保合同应按规定缴纳增值税。

《财政部 税务总局关于支持货物期货市场对外开放有关增值税政策的公告》（财政部 税务总局公告 2023 年第 21 号）规定，对经国务院批准对外开放的货物期货品种保税交割业务，暂免征收增值税。上述期货交易中实际交割的货物，如果发生进口或者出口的，统一按照现行货物进出口税收政策执行。非保税货物发生的期货实物交割仍按《国家税务总局关于下发〈货物期货征收增值税具体办法〉的通知》（国税发〔1994〕244 号）的规定执行。

《财政部 税务总局 中国证监会关于继续实施创新企业境内发行存托凭证试点阶段有关税收政策的公告》（财政部 税务总局 中国证监会公告 2023 年第 22 号）规定，对个人投资者转让创新企业 CDR 取得的差价收入，暂免征收增值税；对单位投资者转让创新企业 CDR 取得的差价收入，按金融商品转让政策规定征免增值税；自 2023 年 9 月 21 日至 2025 年 12 月 31 日，对公募证券投资基金（封闭式证券投资基金、开放式证券投资基金）管理人运营基金过程中转让创新企业 CDR 取得的差价收入，暂免征收增值税；对合格境外机构投资者（QFII）、人民币合格境外机构投资者（RQFII）委托境内公司转让创新企业 CDR 取得的差价收入，暂免征收增值税。

金融服务的适用税率为 6%。

【知识点 15】 销售服务——现代服务的基本政策

现代服务，是指围绕制造业、文化产业、现代物流产业等提供技术性、知识性服务的业务活动。包括研发和技术服务、信息技术服务、文化创意服务、物流辅助服务、租赁服务、鉴证咨询服务、广播影视服务、商务辅助服务和其他现代服务。

现代服务的子税目中除租赁服务外其他子税目适用税率均为 6%。

【知识点 16】 销售服务——现代服务——研发和技术服务的基本政策

研发和技术服务，包括研发服务、合同能源管理服务、工程勘察勘探服务、专业技术服务。

研发和技术服务的适用税率为 6%。

【知识点 17】 销售服务——现代服务——信息技术服务的基本政策

信息技术服务，是指利用计算机、通信网络等技术对信息进行生产、收集、处理、加工、存储、运输、检索和利用，并提供信息服务的业务活动。包括软件服务、电路设计及测试服务、信息系统服务、业务流程管理服务和信息系统增值服务。

信息技术服务的适用税率为6%。

【知识点 18】 销售服务——现代服务——文化创意服务的基本政策

文化创意服务，包括设计服务、知识产权服务、广告服务和会议展览服务。

宾馆、旅馆、旅社、度假村和其他经营性住宿场所提供会议场地及配套服务的活动，按照会议展览服务缴纳增值税。

文化创意服务的适用税率为6%。

【知识点 19】 销售服务——现代服务——物流辅助服务的基本政策

物流辅助服务，包括航空服务、港口码头服务、货运客运场站服务、打捞救助服务、装卸搬运服务、仓储服务和收派服务。

港口设施经营人收取的港口设施保安费按照港口码头服务缴纳增值税。

物流辅助服务的适用税率为6%。

【知识点 20】 销售服务——现代服务——鉴证咨询服务的基本政策

鉴证咨询服务，包括认证服务、鉴证服务和咨询服务。

翻译服务和市场调查服务按照咨询服务缴纳增值税。

鉴证咨询服务的适用税率为6%。

【知识点 21】 销售服务——现代服务——广播影视服务的基本政策

广播影视服务，包括广播影视节目（作品）的制作服务、发行服务和播映服务。

广播影视服务的适用税率为6%。

【知识点 22】 销售服务——现代服务——商务辅助服务的基本政策

商务辅助服务，包括企业管理服务、经纪代理服务、人力资源服务、安全保护服务。

纳税人提供武装守护押运服务，按照安全保护服务缴纳增值税。

商务辅助服务的适用税率为6%。

【知识点23】 销售服务——现代服务——其他现代服务的基本政策

其他现代服务,是指除研发和技术服务、信息技术服务、文化创意服务、物流辅助服务、租赁服务、鉴证咨询服务、广播影视服务和商务辅助服务以外的现代服务。

自2018年1月1日起,纳税人为客户办理退票而向客户收取的退票费、手续费等收入,按照其他现代服务缴纳增值税。

其他现代服务的适用税率为6%。

【知识点24】 销售服务——生活服务的基本政策

生活服务,是指为满足城乡居民日常生活需求提供的各类服务活动。包括文化体育服务、教育医疗服务、旅游娱乐服务、餐饮住宿服务、居民日常服务和其他生活服务。

生活服务的适用税率为6%。

【知识点25】 销售服务——生活服务——文化体育服务的基本政策

文化体育服务,包括文化服务和体育服务。

纳税人在游览场所经营索道、摆渡车、电瓶车、游船等取得的收入,按照文化体育服务缴纳增值税。

文化体育服务的适用税率为6%。

【知识点26】 销售服务——生活服务——教育医疗服务的基本政策

教育医疗服务,包括教育服务和医疗服务。

教育医疗服务的适用税率为6%。一般纳税人提供教育辅助服务,可以选择简易计税方法按照3%征收率计算缴纳增值税。

【知识点27】 销售服务——生活服务——旅游娱乐服务的基本政策

旅游娱乐服务,包括旅游服务和娱乐服务。

旅游娱乐服务的适用税率为6%。

【知识点28】 销售服务——生活服务——餐饮住宿服务的基本政策

餐饮住宿服务,包括餐饮服务和住宿服务。

餐饮住宿服务的适用税率为6%。

【知识点29】 销售服务——生活服务——居民日常服务的基本政策

居民日常服务，是指主要为满足居民个人及其家庭日常生活需求提供的服务，包括市容市政管理、家政、婚庆、养老、殡葬、照料和护理、救助救济、美容美发、按摩、桑拿、氧吧、足疗、沐浴、洗染、摄影扩印等服务。

居民日常服务的适用税率为6%。

【知识点30】 销售服务——生活服务——其他生活服务的基本政策

其他生活服务，是指除文化体育服务、教育医疗服务、旅游娱乐服务、餐饮住宿服务和居民日常服务之外的生活服务。

其他生活服务的适用税率为6%。

【知识点31】 关于增值税适用税目和税率的常见违法行为

关于增值税适用税目和税率的常见违法行为有：高税率应税项目按低税率应税项目或免税项目申报，少申报增值税销项税额。例如，业务外包业务，即将业务中的一些非核心工作切分出来，以合同的形式外包给其他服务商，利用外部专业服务商的资源和劳动力来完成部分应由企业内部完成的工作。业务外包业务不能简单用一个统一税目税率确定，而需要根据不同的业务性质确定适用的增值税税目和税率。如生产外包业务，通常属于增值税中的"加工、修理修配劳务"税目，应适用增值税税率13%。如建筑分包业务，通常属于增值税中的"建筑服务"税目，应适用增值税税率9%。如其他服务外包，有的可能属于"现代服务"税目，有的可能属于"生活服务"税目，属于"现代服务"税目的情形还要根据具体业务内容区分具体的子目，可能适用9%或6%的税率；属于"生活服务"税目，应适用增值税税率6%。检查时需要具体查看业务合同，界定业务实质。

【知识点32】 增值税适用税目和税率（征收率）的检查方法

增值税适用税目和税率的检查方法如下：

（1）掌握增值税适用税目和税率的基本政策。

（2）熟悉被查行业增值税适用税目和税率的基本特点。

（3）了解被查对象的经营范围和经营内容，掌握其适用的基本税目和基本税率。

（4）观察被查对象的经营过程，检查被查对象的经营合同内容，判断其适用的税目和税率是否正确。

（5）对被查对象难以判断属性和用途的货物，应查阅有关书籍、咨询权威机构，必要时可以请有关部门进行技术鉴定，或到上下游企业进行调查。

（6）对被查对象混淆的应税行为，应仔细研究被查对象的经营常规，通过经营全链条和内部核算规则，分析其适用税目和税率的正确性。

（7）检查被查对象是否有因为不了解政策，而少缴或多缴增值税的情况。例如，某企业2022年5月银行凭证载收到代扣代缴个人所得税手续费10万元，未按规定按经纪代理服务缴纳增值税。2022年9月银行凭证载收到理财赎回收入中利息及利息性质的收入10万元，按政策保本金融商品持有到期需按贷款服务缴纳增值税，企业未按规定按贷款服务缴纳增值税。

（8）检查被查对象是否将高税率的税目适用低税率税目计算销项税额。如销售货物的价外收费，应按货物的税率申报缴纳增值税，却错误地适用了现代服务业适用的较低税率申报缴纳增值税；又如，建筑服务外包业务应按"建筑服务"适用9%税率缴纳增值税，却错误地按"劳务派遣"或"现代服务"适用6%的税率。

（9）检查被查对象是否将不能够开具增值税专用发票的税目适用能够开具增值税专用发票的税目计算销项税额。例如，酒店企业将不可开具增值税专用发票的餐饮服务内容按住宿服务或会议展览服务申报开具增值税专用发票。

（10）检查被查对象兼营不同税目、不同税率的应税项目，是否未分别核算不同应税项目的销售额。

（11）检查被查对象涉及的主要会计科目，包括"原材料""生产成本""主营业务收入""其他业务收入""营业外收入""投资收益""资本公积""应交税费——应交增值税"等明细账及有关凭证、合同。

二、增值税销项税额的检查方法

【知识点1】 增值税销项税额的基本政策

除小规模纳税人发生应税销售行为，实行按照销售额和征收率计算应纳税额的简易办法外，纳税人销售货物、劳务、服务、无形资产、不动产（以下统称应税销售行为），应纳税额为当期销项税额抵扣当期进项税额后的余额。应纳税额计算公式：

$$应纳税额 = 当期销项税额 - 当期进项税额$$

当期销项税额小于当期进项税额不足抵扣时，其不足部分可以结转下期继续抵扣。

1. 销项税额的计算

纳税人发生应税销售行为，按照销售额和税法规定的税率计算并向购买方收取的增值税额，为销项税额。销项税额计算公式：

$$销项税额 = 销售额 \times 税率$$

或：
$$销项税额 = 组成计税价格 \times 税率$$

2. 销售额

销售额为纳税人发生应税销售行为向购买方收取的全部价款和价外费用，但是不包括收取的销项税额。具体地说，应税销售额包括以下内容：

（1）发生应税销售行为取自于购买方的全部价款。

（2）向购买方收取的各种价外费用。具体包括：价外向购买方收取的手续费、补贴、基金、集资费、返还利润、奖励费、违约金、滞纳金、延期付款利息、赔偿金、代收款项、代垫款项、包装费、包装物租金、储备费、优质费、运输装卸费以及其他各种性质的价外费用。但下列项目不包括在内：

①受托加工应征消费税的消费品所代收代缴的消费税。

②同时符合以下条件的代垫运输费用：承运部门的运输费用发票开具给购买方的；纳税人将该项发票转交给购买方的。

③同时符合下列条件代为收取的政府性基金或者行政事业性收费：由国务院或者财政部批准设立的政府性基金，由国务院或者省级人民政府及其财政、价格主管部门批准设立的行政事业性收费；收取时开具省级以上财政部门印制的财政票据；所收款项全额上交财政。

④销售货物的同时代办保险等而向购买方收取的保险费，以及向购买方收取的代购买方缴纳的车辆购置税、车辆牌照费。

⑤各燃油电厂从政府财政专户取得的发电补贴不属于规定的价外费用，不计入应税销售额，不征收增值税。

（3）直销企业增值税销售额按以下规定确定：

①直销企业先将货物销售给直销员，直销员再将货物销售给消费者的，直销企业的销售额为其向直销员收取的全部价款和价外费用。直销员将货物销售给消费者时，应按照现行规定缴纳增值税。

②直销企业通过直销员向消费者销售货物，直接向消费者收取货款，直销企业的销售额为其向消费者收取的全部价款和价外费用。

（4）消费税税金。由于消费税属于价内税，因此，凡征收消费税的货物在计征增值税税额时，其应税销售额应包括消费税税金。

（5）当价款和税款合并收取时，须将含税销售额换算成不含税销售额，作为增值税的销售额。其换算公式为：

$$销售额 = 含税销售额 \div (1 + 税率)$$

【知识点2】 特殊销售方式的销项税额的基本政策

1. 以折扣方式销售货物

折扣销售，是指销售方发生应税销售行为时，因购买方需求量大等原因，而给予的价格方面的优惠。纳税人采取折扣方式销售货物，如果销售额和折扣额在同一张发票上分别注明，可以按折扣后的销售额征收增值税。销售额和折扣额在同一张发票上分别注明是指销售额和折扣额在同一张发票上"金额"栏分别注明，未在同一张发票"金额"栏注明折扣额，而仅在发票的"备注"栏分别注明，折扣额不得从销售额中减除。如果将折扣额另开发票，不论其在财务上如何处理，均不得从销售额中减除折扣额。

纳税人销售货物并向购买方开具增值税专用发票后，由于购货方在一定时期内累计购买货物达到一定数量，或者由于市场价格下降等原因，销货方给予购货方相应的价格优惠或补偿等折扣、折让行为，销货方可按现行《增值税专用发票使用规定》的有关规定开具红字增值税专用发票。

2. 以旧换新方式销售货物

以旧换新销售，是纳税人在销售过程中，折价收回同类旧货物，并以折价款部分冲减货物价款的一种销售方式。税法规定：纳税人采取以旧换新方式销售货物的（金银首饰除外），应按新货物的同期销售价格确定销售额。

3. 还本销售方式销售货物

还本销售，指销货方将货物出售之后，按约定的时间，一次或分次将购货款部分或全部退还给购货方，退还的货款即为还本支出。纳税人采取还本销售货物的，不得从销售额中减除还本支出。

4. 采取以物易物方式销售

以物易物是一种较为特殊的购销活动，是指购销双方不是以货币结算，而是以同等价款的货物相互结算，实现货物购销的一种方式。以物易物双方都应作购销处理，以各自发出的货物核算销售额并计算销项税额，以各自收到的货物核算购货额及进项税额。

5. 包装物押金计税问题

纳税人为销售货物而出租出借包装物收取的押金，单独记账的，时间在1年内又未过期的，不并入销售额征税；但对逾期未收回不再退还的包装物押金，应按所包装货物的适用税率计算纳税。"逾期"的界定，是以1年（12个月）为期限；押金属于含税收入，应先将其换算为不含税销售额再并入销售额征税。

包装物押金与包装物租金不能混淆，包装物租金属于价外费用，在收取时便并入销售额征税。

对销售除啤酒、黄酒以外的其他酒类产品收取的包装物押金，无论是否返还以及会计上如何核算，均应并入销售额征税。

6. 提供银行卡跨机构资金清算服务

发卡机构、清算机构和收单机构提供银行卡跨机构资金清算服务，按照以下规定执行：

（1）发卡机构以其向收单机构收取的发卡行服务费为销售额，并按照此销售额向清算机构开具增值税发票。

（2）清算机构以其向发卡机构、收单机构收取的网络服务费为销售额，并按照发卡机构支付的网络服务费向发卡机构开具增值税发票，按照收单机构支付的网络服务费向收单机构开具增值税发票。

清算机构从发卡机构取得的增值税发票上记载的发卡行服务费，一并计入清算机构的销售额，并由清算机构按照此销售额向收单机构开具增值税发票。

（3）收单机构以其向商户收取的收单服务费为销售额，并按照此销售额向商户开具增值税发票。

7. 贷款服务

贷款服务，以提供贷款服务取得的全部利息及利息性质的收入为销售额。

8. 直接收费金融服务

直接收费金融服务，以提供直接收费金融服务收取的手续费、佣金、酬金、管理费、服务费、经手费、开户费、过户费、结算费、转托管费等各类费用为销售额。

9. 贴现、转贴现业务

自2018年1月1日起，金融机构开展贴现、转贴现业务，以其实际持有票据期间取得的利息收入作为贷款服务销售额计算缴纳增值税。

10. 贷款服务、金融商品转让业务

自2018年1月1日起，资管产品管理人运营资管产品提供的贷款服务、发生的部分金融商品转让业务，以2018年1月1日起产生的利息及利息性质的收入为销售额。

【知识点3】 增值税销项税额的检查方法

企业适用的税率是相对固定的，只要税率选择正确，影响销项税额的主要因素则是销售额，所以对销项税额的稽查应更多侧重于掌握对销售额的稽查方法。

（1）掌握增值税销项税额的基本政策。

（2）熟悉被查行业增值税销售额和销项税额的基本特点。

（3）了解被查对象的经营范围和经营内容，掌握其增值税销售额和销项税额的基本特点。

（4）检查被查对象销售收入是否及时准确入账：是否存在以货易货、以货抵债收入未记收入的情况；是否存在销售产品不开发票，取得的收入不按规定入账的情况；是否存在销售收入长期挂账不转收入的情况；是否存在收取外单位或个人水、电、气等费用，不计、少计收入或冲减费用的情况；是否将应收取的销售款项，先支付费用（如购货方的回扣、推销奖、营业费用、委托代销商品的手续费等），再将余款入账作收入的情况。

（5）检查被查对象是否存在视同销售行为、未按规定计提销项税额的情况：将自产或委托加工的货物用于非增值税应税项目、集体福利或个人消费，例如用于内设的食堂、宾馆、医院、托儿所、学校、俱乐部、家属社区等部门，不计或少计应税收入；将自产、委托加工或购买的货物用于投资、分配、无偿捐助、赠送及将外购的材料改变用途对外销售等，不计或少计应税收入。

（6）检查被查对象是否存在开具不符合规定的红字发票冲减应税收入的情况：发生销货退回、销售折让，开具的红字发票和账务处理是否符合税法规定。

（7）检查被查对象向买方收取的各种价外费用（如手续费、补贴、集资费、返还利润、奖励费、违约金、运输装卸费等）是否按规定纳税。

（8）检查被查对象设有两个以上的机构并实行统一核算，将货物从一个机构移送到其他机构（不在同一县市）用于销售，是否做销售处理。

（9）检查被查对象对逾期未收回的包装物押金是否按规定计提销项税额。

（10）检查被查对象应征收增值税的代购货物、代理进口货物的行为，是否缴纳了增值税。

（11）检查被查对象免税项目是否依法核算：增值税纳税人免征增值税的项目，是否符合税法的有关规定；有无擅自扩大免税范围的问题；兼营免税项目的增值税一般纳税人，其免税额、不予抵扣的进项税额计算是否准确。

（12）检查被查对象取得的中央财政补贴，是否按照《国家税务总局关于取消增值税扣税凭证认证确认期限等增值税征管问题的公告》（国家税务总局公告2019年第45号）的规定：纳税人取得的财政补贴收入，与其销售货物、劳务、服务、无形资产、不动产的收入或者数量直接挂钩的，应按规定计算缴纳增值税。纳税人取得的其他情形的财政补贴收入，不属于增值税应税收入，不征收增值税。

（13）检查被查对象账上记载的销售额与增值税销售额申报是否相符。

（14）检查汇总申报缴纳增值税的企业，其各成员单位的增值税明细账汇总数据，是否与账上汇总销售额、汇总应交增值税账户金额相符。

（15）检查被查对象资产减少的对方会计科目异常的情况，是否有销售货物直接冲减"生产成本"或"库存商品"；提供应税服务直接冲减费用类科目；以物易物不按规定确认收入，不计提销项税额；用货物或提供应税服务抵偿债务，不按规定计提销项税额等。

（16）检查被查对象退货或服务中止的真实性，是否有虚构退货或服务中止行为，冲减销售收入，以达到少缴税款的目的。

（17）检查被查对象是否有应视同销售的行为未按规定计提销项税额，销项税额的计提是否正确。

（18）检查被查对象涉及的主要会计科目，包括"原材料""生产成本""主营业务收入""其他业务收入""营业外收入""投资收益""资本公积""应交税费——应交增值税"等明细账及有关凭证、合同。

三 增值税进项税额的检查方法

【知识点1】 增值税进项税额的基本政策

进项税额,是指纳税人购进货物、加工和修理修配劳务、服务、无形资产或者不动产,支付或者负担的增值税额。下列进项税额准予从销项税额中抵扣:

(1) 从销售方取得的增值税专用发票(含税控机动车销售统一发票,下同)上注明的增值税额。

(2) 从海关取得的海关进口增值税专用缴款书上注明的增值税额。

增值税一般纳税人进口货物时应准确填报企业名称,确保海关缴款书上的企业名称与税务登记的企业名称一致。税务机关将进口货物取得的属于增值税抵扣范围的海关缴款书信息与海关采集的缴款信息进行稽核比对。经稽核比对相符后,海关缴款书上注明的增值税额可作为进项税额在销项税额中抵扣。稽核比对不相符,所列税额暂不得抵扣,待核查确认海关缴款书票面信息与纳税人实际进口业务一致后,海关缴款书上注明的增值税额可作为进项税额在销项税额中抵扣。

(3) 购进农产品,除取得增值税专用发票或者海关进口增值税专用缴款书外,按照农产品收购发票或者销售发票上注明的农产品买价和9%的扣除率计算进项税额。计算公式为:

$$进项税额 = 买价 \times 扣除率$$

买价,是指纳税人购进农产品在农产品收购发票或者销售发票上注明的价款和按照规定缴纳的烟叶税。

购进农产品,按照《农产品增值税进项税额核定扣除试点实施办法》(财税〔2012〕38号)抵扣进项税额的除外。

纳税人购进用于生产或者委托加工13%税率货物的农产品,按照10%的扣除率计算进项税额。

(4) 纳税人购进国内旅客运输服务,其进项税额允许从销项税额中抵扣。国内旅客运输服务,限于与本单位签订了劳动合同的员工,以及本单位作为用工单位接受的劳务派遣员工发生的国内旅客运输服务。纳税人允许抵扣的国内旅客运输服务进项税额,是指纳税人2019年4月1日及以后实际发生,并取得合法有效增值税扣税凭证注明的或依据其计算的增值税税额。以增值税专用发票或增值税电子普通发票为增值税扣税凭证的,为2019年4月1日及以后开具的增值税专用发票或增值税电子普通发票。

纳税人未取得增值税专用发票的,暂按照以下规定确定进项税额:

①取得增值税电子普通发票的,以取得的增值税电子普通发票上注明的税额为进项税额,增值税电子普通发票上注明的购买方"名称""纳税人识别号"等信息,应当与实际抵扣税款的纳税人一致,否则不予抵扣。

②取得注明旅客身份信息的航空运输电子客票行程单的,按照下列公式计算进项税额:

航空旅客运输进项税额=(票价+燃油附加费)÷(1+9%)×9%

③取得注明旅客身份信息的铁路车票的,按照下列公式计算进项税额:

铁路旅客运输进项税额=票面金额÷(1+9%)×9%

④取得注明旅客身份信息的公路、水路等其他客票的,按照下列公式计算进项税额:

公路、水路等其他旅客运输进项税额=票面金额÷(1+3%)×3%

(5)自2019年4月1日起,纳税人取得不动产或者不动产在建工程的进项税额不再分2年抵扣。此前按照上述规定尚未抵扣完毕的待抵扣进项税额,可自2019年4月税款所属期起从销项税额中抵扣。

(6)从境外单位或者个人购进服务、无形资产或者不动产,自税务机关或者扣缴义务人取得的解缴税款的完税凭证上注明的增值税额。

(7)自2018年1月1日起,纳税人支付的道路、桥、闸通行费,按照以下规定抵扣进项税额:

①纳税人支付的道路通行费,按照收费公路通行费增值税电子普通发票上注明的增值税额抵扣进项税额。

2018年1月1日至6月30日,纳税人支付的高速公路通行费,如暂未能取得收费公路通行费增值税电子普通发票,可凭取得的通行费发票上注明的收费金额按照下列公式计算可抵扣的进项税额:

高速公路通行费可抵扣进项税额=高速公路通行费发票上注明的金额÷(1+3%)×3%

2018年1月1日至12月31日,纳税人支付的一级、二级公路通行费,如暂未能取得收费公路通行费增值税电子普通发票,可凭取得的通行费发票上注明的收费金额按照下列公式计算可抵扣进项税额:

一级、二级公路通行费可抵扣进项税额=一级、二级公路通行费发票上注明的金额÷(1+5%)×5%

②纳税人支付的桥、闸通行费,暂凭取得的通行费发票上注明的收费金额按照下列公式计算可抵扣的进项税额:

桥、闸通行费可抵扣进项税额=桥、闸通行费发票上注明的金额÷(1+5%)×5%

③通行费，是指有关单位依法或者依规设立并收取的过路、过桥和过闸费用。

(8) 原增值税一般纳税人自用的应征消费税的摩托车、汽车、游艇，其进项税额准予从销项税额中抵扣。

(9) 自2018年1月1日起，纳税人租入固定资产、不动产，既用于一般计税方法计税项目，又用于简易计税方法计税项目、免征增值税项目、集体福利或者个人消费的，其进项税额准予从销项税额中全额抵扣。

【知识点2】 增值税进项税额抵扣凭证的基本政策

纳税人取得的增值税扣税凭证不符合法律、行政法规或者国家税务总局有关规定的，其进项税额不得从销项税额中抵扣。

纳税人凭完税凭证抵扣进项税额的，应当具备书面合同、付款证明和境外单位的对账单或者发票。资料不全的，其进项税额不得从销项税额中抵扣。

现行增值税进项税额抵扣凭证见表4-1：

表4-1　　　　　　　　　　现行增值税进项税额抵扣凭证

扣税凭证	适用情形
增值税专用发票	境内采购货物和接受应税劳务、服务，购买无形资产、不动产
机动车销售统一发票	购买机动车
农产品收购发票	收购免税农产品
农产品销售发票	
海关进口增值税缴款书	进口货物
完税凭证	从境外单位或者个人购进服务、无形资产或者不动产
通行费增值税电子普通发票	纳税人支付的收费公路通行费
桥、闸通行费	纳税人支付的通行费
增值税电子普通发票	旅客运输服务
航空运输电子客票行程单、铁路车票、公路、水路客票	旅客运输服务

【知识点3】 不得抵扣进项税额的基本政策

(1) 下列项目的进项税额不得从销项税额中抵扣：

①用于简易计税方法计税项目、免征增值税项目、集体福利或者个人消费的购进货物、加工修理修配劳务、服务、无形资产和不动产。其中涉及的固定资产、无形资产、不动产，仅指专用于上述项目的固定资产、无形资产（不包括其他权益性无形资

产）、不动产。

纳税人的交际应酬消费属于个人消费。

②非正常损失的购进货物，以及相关的加工修理修配劳务和交通运输服务。

③非正常损失的在产品、产成品所耗用的购进货物（不包括固定资产）、加工修理修配劳务和交通运输服务。

④非正常损失的不动产，以及该不动产所耗用的购进货物、设计服务和建筑服务。

⑤非正常损失的不动产在建工程所耗用的购进货物、设计服务和建筑服务。

纳税人新建、改建、扩建、修缮、装饰不动产，均属于不动产在建工程。

⑥购进的贷款服务、餐饮服务、居民日常服务和娱乐服务。

⑦财政部和国家税务总局规定的其他情形。

上述第④项、第⑤项所称货物，是指构成不动产实体的材料和设备，包括建筑装饰材料和给排水、采暖、卫生、通风、照明、通讯、煤气、消防、中央空调、电梯、电气、智能化楼宇设备及配套设施。

不动产、无形资产的具体范围，按照《销售服务、无形资产、不动产注释》（财税〔2016〕36号）执行。

固定资产，是指使用期限超过12个月的机器、机械、运输工具以及其他与生产经营有关的设备、工具、器具等有形动产。

非正常损失，是指因管理不善造成货物被盗、丢失、霉烂变质，以及因违反法律法规造成货物或者不动产被依法没收、销毁、拆除的情形。

（2）适用一般计税方法的纳税人，兼营简易计税方法计税项目、免征增值税项目而无法划分不得抵扣的进项税额，按照下列公式计算不得抵扣的进项税额：

不得抵扣的进项税额＝当期无法划分的全部进项税额×（当期简易计税方法计税项目销售额＋免征增值税项目销售额）÷当期全部销售额

主管税务机关可以按照上述公式依据年度数据对不得抵扣的进项税额进行清算。

（3）已抵扣进项税额的购进货物（不含固定资产）、劳务、服务，发生进项税额不得从销项税额中抵扣的情形（简易计税方法计税项目、免征增值税项目除外）的，应当将该进项税额从当期进项税额中扣减；无法确定该进项税额的，按照当期实际成本计算应扣减的进项税额。

（4）已抵扣进项税额的固定资产、无形资产或者不动产，发生进项税额不得从销项税额中抵扣的情形的，按照下列公式计算不得抵扣的进项税额：

不得抵扣的进项税额＝固定资产、无形资产或者不动产净值×适用税率

固定资产、无形资产或者不动产净值，是指纳税人根据财务会计制度计提折旧或摊销后的余额。

（5）进项税额，应当从当期的销项税额中扣减；因销售折让、中止或者退回而收回的增值税额,应当从当期的进项税额中扣减。

(6) 有下列情形之一者,应当按照销售额和增值税税率计算应纳税额,不得抵扣进项税额,也不得使用增值税专用发票:

①一般纳税人会计核算不健全,或者不能够提供准确税务资料的。

②应当办理一般纳税人资格登记而未办理的。

【知识点4】 加计抵减的基本政策

1. 先进制造业企业加计抵减政策

2023年1月1日至2027年12月31日,允许先进制造业企业按照当期可抵扣进项税额加计5%抵减应纳增值税税额。先进制造业企业同时符合多项增值税加计抵减政策的,可以择优选择适用,但在同一期间不得叠加适用。

先进制造业企业,是指高新技术企业(含所属的非法人分支机构)中的制造业一般纳税人。高新技术企业,是指按照《科技部 财政部 国家税务总局关于修订印发〈高新技术企业认定管理办法〉的通知》(国科发火〔2016〕32号)规定认定的高新技术企业。先进制造业企业具体名单,由各省、自治区、直辖市、计划单列市工业和信息化部门会同同级科技、财政、税务部门确定。

2. 生产性服务业加计抵减政策

2019年4月1日至2022年12月31日,允许生产性服务业纳税人按照当期可抵扣进项税额加计10%,抵减应纳税额。

2023年1月1日至2023年12月31日,允许生产性服务业纳税人按照当期可抵扣进项税额加计5%,抵减应纳税额。

(1) 生产性服务业纳税人,是指提供邮政服务、电信服务、现代服务、生活服务取得的销售额占全部销售额的比重超过50%的纳税人。四项服务的具体范围按照《销售服务、无形资产、不动产注释》(财税〔2016〕36号)执行。

销售额,包括纳税申报销售额、稽查查补销售额、纳税评估调整销售额。其中,纳税申报销售额包括一般计税方法销售额,简易计税方法销售额,免税销售额,税务机关代开发票销售额,免、抵、退办法出口销售额,即征即退项目销售额。稽查查补销售额和纳税评估调整销售额,计入查补或评估调整当期销售额确定适用加计抵减政策;适用增值税差额征收政策的,以差额后的销售额确定适用加计抵减政策。经财政部和国家税务总局或者其授权的财政和税务机关批准,实行汇总缴纳增值税的总机构及其分支机构,以总机构本级及其分支机构的合计销售额,确定总机构及其分支机构适用加计抵减政策。

(2) 2019年3月31日前设立的纳税人,自2018年4月至2019年3月期间的销售额(经营期不满12个月的,按照实际经营期的销售额)符合上述规定条件的,自2019

年4月1日起适用加计抵减政策。2019年4月1日后设立的纳税人，自设立之日起3个月的销售额符合上述规定条件的，自登记为一般纳税人之日起适用加计抵减政策。

（3）生产性服务业纳税人，应在年度首次确认适用5%加计抵减政策时，通过电子税务局或办税服务厅提交《适用5%加计抵减政策的声明》。纳税人确定适用加计抵减政策后，当年内不再调整，以后年度是否适用，根据上年度销售额计算确定。

2013年12月31日后，生产、生活性服务业加计抵减政策执行到期，相关行业纳税人不能再享受增值税加计抵减政策，不再计提加计抵减额，结余的加计抵减额停止抵减。

3. 生活性服务业加计抵减政策

2019年4月1日至2019年9月30日，允许生活性服务业纳税人按照当期可抵扣进项税额加计10%，抵减应纳税额。

2019年10月1日至2022年12月31日，允许生活性服务业纳税人按照当期可抵扣进项税额加计15%，抵减应纳税额。

2023年1月1日至2023年12月31日，允许生活性服务业纳税人按照当期可抵扣进项税额加计10%，抵减应纳税额。

（1）生活性服务业纳税人，是指提供生活服务取得的销售额占全部销售额的比重超过50%的纳税人。生活服务的具体范围按照《销售服务、无形资产、不动产注释》（财税〔2016〕36号印发）执行。

销售额，包括纳税申报销售额、稽查查补销售额、纳税评估调整销售额。其中，纳税申报销售额包括一般计税方法销售额，简易计税方法销售额，免税销售额，税务机关代开发票销售额，免、抵、退办法出口销售额，即征即退项目销售额。稽查查补销售额和纳税评估调整销售额，计入查补或评估调整当期销售额确定适用加计抵减政策；适用增值税差额征收政策的，以差额后的销售额确定适用加计抵减政策。经财政部和国家税务总局或者其授权的财政和税务机关批准，实行汇总缴纳增值税的总机构及其分支机构，以总机构本级及其分支机构的合计销售额，确定总机构及其分支机构适用加计抵减政策。

（2）2019年9月30日前设立的纳税人，自2018年10月至2019年9月期间的销售额（经营期不满12个月的，按照实际经营期的销售额）符合上述规定条件的，自2019年10月1日起适用加计抵减政策。2019年10月1日后设立的纳税人，自设立之日起3个月的销售额符合上述规定条件的，自登记为一般纳税人之日起适用加计抵减政策。

（3）生活性服务业纳税人，应在年度首次确认适用10%加计抵减政策时，通过电子税务局或办税服务厅提交《适用10%加计抵减政策的声明》；纳税人确定适用加计抵减政策后，当年内不再调整，以后年度是否适用，根据上年度销售额计算确定。

4. 加计抵减政策具体计算和管理

（1）纳税人按照当期可抵扣进项税额的加计抵减比例计提当期加计抵减额。计算公式为：

$$当期计提加计抵减额 = 当期可抵扣进项税额 \times 加计抵减比例$$

（2）按照现行规定不得从销项税额中抵扣的进项税额，不得计提加计抵减额；已计提加计抵减额的进项税额，按规定作进项税额转出的，应在进项税额转出当期，相应调减加计抵减额。计算公式为：

$$当期可抵减加计抵减额 = 上期末加计抵减额余额 + 当期计提加计抵减额 - 当期调减加计抵减额$$

（3）纳税人按照现行规定计算一般计税方法下的应纳税额（以下称抵减前的应纳税额）后，区分以下情形加计抵减：

①抵减前的应纳税额等于零的，当期可抵减加计抵减额全部结转下期抵减；

②抵减前的应纳税额大于零，且大于当期可抵减加计抵减额的，当期可抵减加计抵减额全额从抵减前的应纳税额中抵减；

③抵减前的应纳税额大于零，且小于或等于当期可抵减加计抵减额的，以当期可抵减加计抵减额抵减应纳税额至零；未抵减完的当期可抵减加计抵减额，结转下期继续抵减。

（4）纳税人可计提但未计提的加计抵减额，可在确定适用加计抵减政策当期一并计提。

（5）纳税人出口货物劳务、发生跨境应税行为不适用加计抵减政策，其对应的进项税额不得计提加计抵减额。

（6）纳税人兼营出口货物劳务、发生跨境应税行为且无法划分不得计提加计抵减额的进项税额，按照以下公式计算：

$$不得计提加计抵减额的进项税额 = 当期无法划分的全部进项税额 \times 当期出口货物劳务和发生跨境应税行为的销售额 \div 当期全部销售额$$

（7）纳税人应单独核算加计抵减额的计提、抵减、调减、结余等变动情况。

（8）骗取适用加计抵减政策或虚增加计抵减额的，按照《税收征收管理法》等有关规定处理。

（9）纳税人在适用加计抵减政策时未及时足额计提加计抵减额的，可以在加计抵减政策执行期限内补充计提加计抵减额，并按规定抵减应纳税额。

5. 加计抵减额的会计核算

在计算确认加计抵减额时，无需作账务处理，在实际抵减时才进行账务处理，记入"其他收益"。会计处理为：实际缴纳增值税时，按应纳税额借记"应交税费——未交增值税"等科目，按实际纳税金额贷记"银行存款"科目，按加计抵减的金额贷记

"其他收益"科目。

【知识点5】 纳税人既欠缴增值税，又有增值税留抵税额问题的税务处理

纳税人因销项税额小于进项税额而产生期末留抵税额的，应以期末留抵税额抵减增值税欠税。抵减欠缴税款时，应按欠税发生时间逐笔抵扣，先发生的先抵。

抵缴的欠税包含呆账税金及欠税滞纳金。若欠缴总额大于期末留抵税额，实际抵减金额应等于期末留抵税额，并按配比方法计算抵减的欠税和滞纳金；若欠缴总额小于期末留抵税额，实际抵减金额应等于欠缴总额。

增值税一般纳税人拖欠纳税检查应补缴的增值税税款，如果有进项留抵税额，可按照《国家税务总局关于增值税一般纳税人用进项留抵税额抵减增值税欠税问题的通知》（国税发〔2004〕112号）的规定，用增值税留抵税额抵减查补税款欠税。

【知识点6】 增值税进项税额的检查方法

增值税进项税额的检查方法如下：

（1）掌握增值税进项税额的基本政策。

（2）熟悉被查行业增值税进项税额的基本特点。

（3）检查被查对象的经营范围和经营内容，掌握其增值税进项税额的基本特点。

（4）检查被查对象用于抵扣进项税额的增值税专用发票是否真实合法：是否有开票单位与收款单位不一致或票面所记载货物与实际入库货物不一致的发票用于抵扣。

（5）检查被查对象用于进项税额抵扣的运输发票是否真实合法：是否有用于简易计税方法计税、免征增值税项目、集体福利和个人消费、非正常损失的货物（劳务）、非正常损失的在产品、产成品所耗用的购进货物（劳务）所发生的运费计提进项税额，是否有与购进和销售货物无关的运费计提进项税额，是否有以国际货物运输代理业发票和国际货物运输发票计提进项税额，是否存在以开票方与承运方不一致的运输发票计提进项税额，是否存在以项目填写不齐全的运输发票计提进项税额等情况。

（6）检查被查对象是否存在未按规定开具农产品收购发票申报进项税额抵扣的情况。具体包括：扩大农产品范围，把非免税农产品（如方木、枕木、道木、锯材等）开具成免税农产品（如原木）；虚开农产品收购发票（虚开数量、单价，抵扣税款）。

（7）检查被查对象用于进项税额抵扣的海关进口增值税专用缴款书是否真实合法，进口货物品种、数量等与实际生产是否相匹配。

（8）检查被查对象发生退货或取得销售折让是否按规定作进项税额转出。

（9）检查被查对象用于简易计税方法计税项目、非增值税应税项目、免征增值税项目、集体福利和个人消费、非正常损失的货物（劳务）、非正常损失的在产品、产成品所耗用的购进货物（劳务）是否按规定作进项税额转出。

（10）检查被查对象从供货方取得的与商品销售量、销售额挂钩的各种返还收入，是否冲减当期的进项税额。是否存在将返利挂入其他应付款、其他应收款等往来账或冲减营业费用，而不作进项税额转出的情况。

（11）检查被查对象的进项税额是否有真实交易往来，是否为正常的生产经营需要，是否为虚开，这部分的检查与虚开的检查方法相同，主要包括：一是发票流检查方法，二是资金流检查方法，三是货物流检查方法，四是生产经营现场检查方法。

（12）检查被查对象的进项税额不得从销项税额中抵扣的情形：

①用于简易计税方法计税项目的检查。

对于一般纳税人的被查对象申报有简易计税方法计税项目的，应重点检查其是否按规定将简易计税项目涉及的进项税额进行转出。

②免征增值税项目。

对于一般纳税人的被查对象申报有免征增值税项目的，应重点检查是否按规定将免征增值税项目涉及的进项税额进行转出。

③集体福利或者个人消费项目。

检查被查对象取得的进项税额发票的品名是否有用于集体福利、个人消费或交际应酬的项目，如"红酒""床上用品""礼品""洗涤用品"等。

检查被查对象购进的是贷款服务、餐饮服务、居民日常服务和娱乐服务等不得用于进项税额抵扣的项目，却改变品名，取得了增值税专用发票的情形。

检查被查对象福利部门，如食堂、托儿所、自设的招待所领用物料和物耗的情况，是否有购进的原材料或库存商品用于集体福利、个人消费或交际应酬，未进行进项税额转出。例如，某企业办公大楼上层有部分房间用于员工的宿舍与餐厅，宿舍与餐厅使用的水、电费对应进项税额，未按规定作进项税额转出。

④非正常损失的项目。

检查被查对象非正常损失的购进货物进行进项税额转出时，是否将相关的加工修理修配劳务和交通运输服务也一并作出进项税额转出。

检查被查对象非正常损失的在产品、产成品所耗用的购进货物（不包括固定资产），是否将相关的加工修理修配劳务和交通运输服务也一并作出进项税额转出。

检查被查对象非正常损失的不动产，是否将该不动产所耗用的购进货物、设计服务和建筑服务一并作出进项税额转出。

检查被查对象非正常损失的不动产在建工程，是否将该在建工程所耗用的购进货物、设计服务和建筑服务一并作出进项税额转出。

⑤分期抵扣进项税额项目的检查。

检查被查对象 2016 年 5 月 1 日至 2019 年 3 月 31 日期间，不动产进项税额是否按规定执行分期抵扣政策。

四 增值税简易计税、差额计税、留抵退税的检查方法

【知识点1】 增值税小规模纳税人简易计税的基本政策

小规模纳税人发生应税销售行为适用简易计税方法计税。简易计税方法的公式是：

$$当期应纳增值税 = 当期销售额（不含增值税）\times 征收率$$

小规模纳税人增值税征收率为3%，国务院另有规定的除外。

【知识点2】 增值税一般纳税人简易计税的基本政策

一般纳税人发生下列应税行为可以选择适用简易计税方法计税，一经选择适用简易计税方法计税，36个月内不得变更，征收率有3%和5%两种。

（1）县级以下小型水力发电单位生产销售的电力。小型水力发电单位，是指各类投资主体建设的装机容量为5万千瓦以下（含5万千瓦）的小型水力发电单位。

（2）销售建筑用和生产建筑材料所用的砂、土、石料。

（3）销售以自己采掘的砂、土、石料或其他矿物连续生产的砖、瓦、石灰（不含粘土实心砖、瓦）。

（4）销售用微生物、微生物代谢产物、动物毒素、人或动物的血液或组织制成的生物制品。

（5）销售自来水。

对属于一般纳税人的自来水公司销售自来水按简易办法征收增值税，不得抵扣其购进自来水取得增值税扣税凭证上注明的增值税税款。

提供物业管理服务的纳税人，向服务接受方收取的自来水水费，以扣除其对外支付的自来水水费后的余额为销售额，按照简易计税方法征税。

（6）销售商品混凝土（仅限于以水泥为原料生产的水泥混凝土）。

（7）单采血浆站销售非临床用人体血液。

（8）药品经营企业销售生物制品。

（9）商店代销寄售物品（包括居民个人寄售的物品在内）。

（10）典当业销售死当物品。

（11）公共交通运输服务。

公共交通运输服务，包括轮客渡、公交客运、地铁、城市轻轨、出租车、长途客运、班车。

班车，是指按固定路线、固定时间运营并在固定站点停靠的运送旅客的陆路运输服务。

（12）经认定的动漫企业为开发动漫产品提供的动漫脚本编撰、形象设计、背景设

计、动画设计、分镜、动画制作、摄制、描线、上色、画面合成、配音、配乐、音效合成、剪辑、字幕制作、压缩转码（面向网络动漫、手机动漫格式适配）服务，以及在境内转让动漫版权（包括动漫品牌、形象或者内容的授权及再授权）。

动漫企业和自主开发、生产动漫产品的认定标准和认定程序，按照《文化部 财政部 国家税务总局关于印发〈动漫企业认定管理办法（试行）〉的通知》（文市发〔2008〕51号）的规定执行。

（13）电影放映服务、仓储服务、装卸搬运服务、收派服务和文化体育服务。

（14）以纳入营改增试点之日前取得的有形动产为标的物提供的经营租赁服务。

（15）在纳入营改增试点之日前签订的尚未执行完毕的有形动产租赁合同。

（16）以清包工方式提供的建筑服务。

以清包工方式提供建筑服务，是指施工方不采购建筑工程所需的材料或只采购辅助材料，并收取人工费、管理费或者其他费用的建筑服务。

（17）为甲供工程提供的建筑服务。

甲供工程，是指全部或部分设备、材料、动力由工程发包方自行采购的建筑工程。

（18）为建筑工程老项目提供的建筑服务。

建筑工程老项目，是指：

①《建筑工程施工许可证》注明的合同开工日期在2016年4月30日前的建筑工程项目；

②未取得《建筑工程施工许可证》的，建筑工程承包合同注明的开工日期在2016年4月30日前的建筑工程项目。

（19）销售2016年4月30日前取得（不含自建）的不动产。

（20）销售自行开发的房地产老项目。

（21）出租2016年4月30日前取得的不动产。

（22）提供劳务派遣服务选择差额纳税的。

（23）2016年4月30日前签订的不动产融资租赁合同，或以2016年4月30日前取得的不动产提供的融资租赁服务。

（24）收取试点前开工的一级公路、二级公路、桥、闸通行费。

（25）提供人力资源外包服务。

（26）转让2016年4月30日前取得的土地使用权。

（27）提供非学历教育。

（28）自2018年5月1日起，生产销售和批发、零售抗癌药品。

（29）自2019年3月1日起，生产销售和批发、零售罕见病药品。

（30）2027年12月31日前，中国邮政储蓄银行纳入"三农金融事业部"改革的各省、自治区、直辖市、计划单列市分行下辖的县域支行，提供农户贷款、农村企业和农村各类组织贷款取得的利息收入,可以选择适用简易计税方法按照3%的征收率计算缴纳增值税。

【知识点3】 增值税差额计税的基本政策

下列情形按差额确定增值税销售额计算缴纳增值税:

(1) 金融商品转让,按照卖出价扣除买入价后的余额为销售额。

转让金融商品出现的正负差,按盈亏相抵后的余额为销售额。若相抵后出现负差,可结转下一纳税期与下期转让金融商品销售额相抵,但年末时仍出现负差的,不得转入下一个会计年度。

金融商品的买入价,可以选择按照加权平均法或者移动加权平均法进行核算,选择后36个月内不得变更。

纳税人无偿转让股票时,转出方以该股票的买入价为卖出价,按照"金融商品转让"计算缴纳增值税;在转入方将上述股票再转让时,以原转出方的卖出价为买入价,按照"金融商品转让"计算缴纳增值税。

金融商品转让,不得开具增值税专用发票。

(2) 经纪代理服务,以取得的全部价款和价外费用,扣除向委托方收取并代为支付的政府性基金或者行政事业性收费后的余额为销售额。向委托方收取的政府性基金或者行政事业性收费,不得开具增值税专用发票。

(3) 融资租赁和融资性售后回租业务。

①经人民银行、银监会或者商务部批准从事融资租赁业务的纳税人,提供融资租赁服务,以取得的全部价款和价外费用,扣除支付的借款利息(包括外汇借款和人民币借款利息)、发行债券利息和车辆购置税后的余额为销售额。

②经人民银行、银监会或者商务部批准从事融资租赁业务的纳税人,提供融资性售后回租服务,以取得的全部价款和价外费用(不含本金),扣除对外支付的借款利息(包括外汇借款和人民币借款利息)、发行债券利息后的余额作为销售额。

③纳税人根据2016年4月30日前签订的有形动产融资性售后回租合同,在合同到期前提供的有形动产融资性售后回租服务,可继续按照有形动产融资租赁服务缴纳增值税。

继续按照有形动产融资租赁服务缴纳增值税的纳税人,经人民银行、银监会或者商务部批准从事融资租赁业务的,根据2016年4月30日前签订的有形动产融资性售后回租合同,在合同到期前提供的有形动产融资性售后回租服务,可以选择以下方法之一计算销售额:

A. 以向承租方收取的全部价款和价外费用,扣除向承租方收取的价款本金,以及对外支付的借款利息(包括外汇借款和人民币借款利息)、发行债券利息后的余额为销售额。

纳税人提供有形动产融资性售后回租服务，计算当期销售额时可以扣除的价款本金，为书面合同约定的当期应当收取的本金。无书面合同或者书面合同没有约定的，为当期实际收取的本金。

纳税人提供有形动产融资性售后回租服务，向承租方收取的有形动产价款本金，不得开具增值税专用发票，可以开具普通发票。

B. 以向承租方收取的全部价款和价外费用，扣除支付的借款利息（包括外汇借款和人民币借款利息）、发行债券利息后的余额为销售额。

④经商务部授权的省级商务主管部门和国家经济技术开发区批准的从事融资租赁业务的纳税人，2016年5月1日后实收资本达到1.7亿元的，从达到标准的当月起按照上述第①、②、③点规定执行；2016年5月1日后实收资本未达到1.7亿元但注册资本达到1.7亿元的，在2016年7月31日前仍可按照上述第①、②、③点规定执行，2016年8月1日后开展的融资租赁业务和融资性售后回租业务不得按照上述第①、②、③点规定执行。

（4）航空运输企业的销售额，不包括代收的机场建设费和代售其他航空运输企业客票而代收转付的价款。

（5）一般纳税人提供客运场站服务，以其取得的全部价款和价外费用，扣除支付给承运方运费后的余额为销售额。

（6）纳税人提供旅游服务，可以选择以取得的全部价款和价外费用，扣除向旅游服务购买方收取并支付给其他单位或者个人的住宿费、餐饮费、交通费、签证费、门票费和支付给其他接团旅游企业的旅游费用后的余额为销售额。

选择上述办法计算销售额的纳税人，向旅游服务购买方收取并支付的上述费用，不得开具增值税专用发票，可以开具普通发票。

（7）纳税人提供建筑服务适用简易计税方法的，以取得的全部价款和价外费用扣除支付的分包款后的余额为销售额。

（8）房地产开发企业中的一般纳税人销售其开发的房地产项目（选择简易计税方法的房地产老项目除外），以取得的全部价款和价外费用，扣除受让土地时向政府部门支付的土地价款后的余额为销售额。

房地产老项目，是指《建筑工程施工许可证》注明的合同开工日期在2016年4月30日前的房地产项目。房地产开发企业中的一般纳税人以围填海方式取得土地并开发的房地产项目，围填海工程《建筑工程施工许可证》或建筑工程承包合同注明的围填海开工日期在2016年4月30日前的，属于房地产老项目，可以选择适用简易计税方法按照5%的征收率计算缴纳增值税。

（9）纳税人转让不动产，按照有关规定差额缴纳增值税的，如因丢失等原因无法提供取得不动产时的发票，可向税务机关提供其他能证明契税计税金额的完税凭证等资料，进行差额扣除。

纳税人以契税计税金额进行差额扣除的，按照下列公式计算增值税应纳税额：

①2016年4月30日及以前缴纳契税的：

增值税应纳税额＝[全部交易价格（含增值税）－契税计税金额（含营业税）]÷（1＋5%）×5%

②2016年5月1日及以后缴纳契税的：

增值税应纳税额＝[全部交易价格（含增值税）÷（1＋5%）－契税计税金额（不含增值税）]×5%

③纳税人同时保留取得不动产时的发票和其他能证明契税计税金额的完税凭证等资料的，应当凭发票进行差额扣除。

（10）劳务派遣。

一般纳税人提供劳务派遣服务，可以按照《财政部 国家税务总局关于全面推开营业税改征增值税试点的通知》（财税〔2016〕36号）的有关规定，以取得的全部价款和价外费用为销售额，按照一般计税方法计算缴纳增值税；也可以选择差额纳税，以取得的全部价款和价外费用，扣除代用工单位支付给劳务派遣员工的工资、福利和为其办理社会保险及住房公积金后的余额为销售额，按照简易计税方法依5%的征收率计算缴纳增值税。

小规模纳税人提供劳务派遣服务，可以按照《财政部 国家税务总局关于全面推开营业税改征增值税试点的通知》（财税〔2016〕36号）的有关规定，以取得的全部价款和价外费用为销售额，按照简易计税方法依3%的征收率计算缴纳增值税；也可以选择差额纳税，以取得的全部价款和价外费用，扣除代用工单位支付给劳务派遣员工的工资、福利和为其办理社会保险及住房公积金后的余额为销售额，按照简易计税方法依5%的征收率计算缴纳增值税。

劳务派遣服务，是指劳务派遣公司为了满足用工单位对于各类灵活用工的需求，将员工派遣至用工单位，接受用工单位管理并为其工作的服务。根据《中华人民共和国劳动合同法》第五十七条的规定，经营劳务派遣业务应当具备下列条件：①注册资本不得少于人民币二百万元；②有与开展业务相适应的固定的经营场所和设施；③有符合法律、行政法规规定的劳务派遣管理制度；④法律、行政法规规定的其他条件。经营劳务派遣业务，应当向劳动行政部门依法申请行政许可；经许可的，依法办理相应的公司登记。未经许可，任何单位和个人不得经营劳务派遣业务。

（11）人力资源外包。

一般纳税人提供人力资源外包服务，可以选择适用简易计税方法，按照5%的征收率计算缴纳增值税。

（12）安全保护。

纳税人提供安全保护服务，比照劳务派遣服务政策执行。

（13）用于简易计税方法计税项目、免征增值税项目、集体福利或者个人消费的购进货物、加工修理修配劳务、服务、无形资产和不动产进项税额不得从销项税额中抵扣。其中，涉及的固定资产、无形资产、不动产，仅指专用于上述项目的固定资产、无形资产（不包括其他权益性无形资产）、不动产。

（14）适用一般计税方法的纳税人，兼营简易计税方法计税项目、免征增值税项目而无法划分不得抵扣的进项税额，按照下列公式计算：

不得抵扣的进项税额 = 当期无法划分的全部进项税额 ×

（当期简易计税方法计税项目销售额 +

免征增值税项目销售额）÷ 当期全部销售额

（15）2022年8月1日至2027年12月31日，银行业金融机构、金融资产管理公司中的增值税一般纳税人处置抵债不动产，可选择以取得的全部价款和价外费用扣除取得该抵债不动产时的作价为销售额，适用9%税率计算缴纳增值税。

从全部价款和价外费用中扣除抵债不动产的作价，应当取得人民法院、仲裁机构生效的法律文书。

选择上述办法计算销售额的银行业金融机构、金融资产管理公司，接收抵债不动产取得增值税专用发票的，其进项税额不得从销项税额中抵扣；处置抵债不动产时，抵债不动产作价的部分不得向购买方开具增值税专用发票。

抵债不动产、抵债资产，是指经人民法院判决裁定或仲裁机构仲裁的抵债不动产、抵债资产。其中，金融资产管理公司的抵债不动产、抵债资产，限于其承接银行业金融机构不良债权涉及的抵债不动产、抵债资产。

银行业金融机构，是指在中华人民共和国境内设立的商业银行、农村合作银行、农村信用社、村镇银行、农村资金互助社以及政策性银行；金融资产管理公司，是指持有国务院银行业监督管理机构及其派出机构颁发的《金融许可证》的资产管理公司。

【知识点4】 增值税差额计税扣除凭证的基本政策

纳税人按照规定从全部价款和价外费用中扣除的价款，应当取得符合法律、行政法规和国家税务总局规定的有效凭证。否则，不得扣除。

上述凭证是指：

（1）支付给境内单位或者个人的款项，以发票为合法有效凭证。

（2）支付给境外单位或者个人的款项，以该单位或者个人的签收单据为合法有效凭证，税务机关对签收单据有疑议的，可以要求其提供境外公证机构的确认证明。

（3）缴纳的税款，以完税凭证为合法有效凭证。

（4）扣除的政府性基金、行政事业性收费或者向政府支付的土地价款，以省级以上（含省级）财政部门监（印）制的财政票据为合法有效凭证。

（5）国家税务总局规定的其他凭证。

纳税人取得的上述凭证属于增值税扣税凭证的，其进项税额不得从销项税额中抵扣。

【知识点5】 增值税简易计税、差额计税的检查方法

对简易计税和差额计税的稽查实际上是对销售额和可差额扣除项目的稽查，因为企业适用的征收率和税率是固定的，只要征收率和税率选择正确，影响税额的主要因素则是销售额和可差额扣除的项目，所以应更多侧重于对销售额的稽查方法和可扣除项目准确性的稽查方法。

（1）掌握增值税简易计税、差额计税的基本政策。

（2）熟悉被查行业增值税简易计税、差额计税的基本特点。

（3）检查被查对象的经营范围和经营内容，掌握其增值税简易计税、差额计税的基本特点。

（4）检查被查对象是否符合适用简易计税、差额计税的条件，如符合条件是否正确适用了简易计税和差额计税的方法。

（5）检查被查对象账上记载销售额与增值税销售额申报是否相符。

（6）检查被查对象资产减少的对方会计科目异常的情况，是否有销售货物直接冲减"生产成本"或"库存商品"；提供应税服务直接冲减费用类科目；以物易物不按规定确认销售额；用货物或提供应税服务抵偿债务，不按规定确认销售收入；等等。

（7）检查被查对象退货或服务中止的真实性，是否有虚构退货或服务中止，冲减销售收入，以达到少缴税款的目的。

（8）检查被查对象扣除项目取得的凭证是否符合规定，是否人为扩大了扣除项目的范围，将不应该扣除的项目进行了扣除。

（9）检查用于简易计税方法计税项目、免征增值税项目、集体福利或者个人消费的购进货物、加工修理修配劳务、服务、无形资产和不动产进项税额是否从销项税额中进行了抵扣。

（10）检查用一般计税方法的纳税人，兼营简易计税方法计税项目、免征增值税项目而无法划分不得抵扣的进项税额，是否按规定计算不得抵扣的进项税额，并作了进项转出。

（11）检查差额计税或简易计税的项目发票开具是否正确。如提供劳务派遣服务选择差额纳税的纳税人，向用工单位收取用于支付给劳务派遣员工工资、福利和为其办理社会保险及住房公积金的费用，不得开具增值税专用发票，可以开具普通发票。如

纳税人提供人力资源外包服务，向委托方收取并代为发放的工资和代理缴纳的社会保险、住房公积金，不得开具增值税专用发票，可以开具普通发票。

【知识点6】 增值税期末留抵退税政策

（1）符合条件的小微企业，可以自2022年4月纳税申报期起向主管税务机关申请退还增量留抵税额。其中：符合条件的微型企业，可以自2022年4月纳税申报期起向主管税务机关申请一次性退还存量留抵税额；符合条件的小型企业，可以自2022年5月纳税申报期起向主管税务机关申请一次性退还存量留抵税额。

（2）符合条件的制造业等行业企业，可以自2022年4月纳税申报期起向主管税务机关申请退还增量留抵税额。其中：符合条件的制造业等行业中型企业，可以自2022年5月纳税申报期起向主管税务机关申请一次性退还存量留抵税额；符合条件的制造业等行业大型企业，可以自2022年6月纳税申报期起向主管税务机关申请一次性退还存量留抵税额。

符合条件的制造业等行业企业包括"制造业""科学研究和技术服务业""电力、热力、燃气及水生产和供应业""软件和信息技术服务业""生态保护和环境治理业"和"交通运输、仓储和邮政业"企业（含个体工商户）。

《财政部 税务总局关于民用航空发动机和民用飞机税收政策的公告》（财政部 税务总局公告2023年第27号）规定，2027年12月31日前，对纳税人从事大型民用客机发动机、中大功率民用涡轴涡桨发动机研制项目而形成的增值税期末留抵税额予以退还；对纳税人生产销售新支线飞机和空载重量大于25吨的民用喷气式飞机暂减按5%征收增值税，并对其因生产销售新支线飞机和空载重量大于25吨的民用喷气式飞机而形成的增值税期末留抵税额予以退还；对纳税人从事空载重量大于45吨的民用客机研制项目而形成的增值税期末留抵税额予以退还。

纳税人符合上述规定的增值税期末留抵税额，可在初次申请退税时予以一次性退还。纳税人收到退税款项的当月，应将退税额从增值税进项税额中转出。未按规定转出的，按《税收征收管理法》有关规定承担相应法律责任。

（3）符合条件的批发零售业等行业企业，可以自2022年7月纳税申报期起向主管税务机关申请退还增量留抵税额。其中符合条件的批发零售业等行业企业，可以自2022年7月纳税申报期起向主管税务机关申请一次性退还存量留抵税额。

符合条件批发零售业等行业企业包括"批发和零售业""农、林、牧、渔业""住宿和餐饮业""居民服务、修理和其他服务业""教育""卫生和社会工作"和"文化、体育和娱乐业"企业（含个体工商户）。

（4）在2022年12月31日前，纳税人享受退税需同时符合以下条件：

①纳税信用等级为A级或者B级；

②申请退税前36个月未发生骗取留抵退税、骗取出口退税或虚开增值税专用发票情形；

③申请退税前36个月未因偷税被税务机关处罚两次及以上；

④2019年4月1日起未享受即征即退、先征后返（退）政策。

（5）增量留抵税额和存量留抵税额的确定。

增量留抵税额，区分以下情形确定：纳税人获得一次性存量留抵退税前，增量留抵税额为当期期末留抵税额与2019年3月31日相比新增加的留抵税额。纳税人获得一次性存量留抵退税后，增量留抵税额为当期期末留抵税额。

存量留抵税额，区分以下情形确定：纳税人获得一次性存量留抵退税前，当期期末留抵税额大于或等于2019年3月31日期末留抵税额的，存量留抵税额为2019年3月31日期末留抵税额；当期期末留抵税额小于2019年3月31日期末留抵税额的，存量留抵税额为当期期末留抵税额。纳税人获得一次性存量留抵退税后，存量留抵税额为零。

（6）纳税人出口货物劳务、发生跨境应税行为，适用免抵退税办法的，应先办理免抵退税。免抵退税办理完毕后，仍符合规定条件的，可以申请退还留抵税额；适用免退税办法的，相关进项税额不得用于退还留抵税额。

纳税人自2019年4月1日起已取得留抵退税款的，不得再申请享受增值税即征即退、先征后返（退）政策。纳税人可以在2022年10月31日前一次性将已取得的留抵退税款全部缴回后，按规定申请享受增值税即征即退、先征后返（退）政策。

纳税人自2019年4月1日起已享受增值税即征即退、先征后返（退）政策的，可以在2022年10月31日前一次性将已退还的增值税即征即退、先征后返（退）税款全部缴回后，按规定申请退还留抵税额。

纳税人可以选择向主管税务机关申请留抵退税，也可以选择结转下期继续抵扣。纳税人应在纳税申报期内，完成当期增值税纳税申报后申请留抵退税。2022年4月至7月的留抵退税申请时间，延长至每月最后一个工作日。

（7）对购买使用进口煤炭的燃煤发电企业，符合《财政部 税务总局关于进一步加大增值税期末留抵退税政策实施力度的公告》（财政部 税务总局公告2022年第14号）规定的，在纳税人自愿申请的基础上，进一步加快留抵退税办理进度，规范高效便捷为其办理留抵退税。各地财政和税务部门要高度重视燃煤发电企业留抵退税工作，密切部门间协作，加强政策宣传辅导，及时掌握企业经营和税收情况，重点做好购买使用进口煤炭的燃煤发电企业留抵退税落实工作。

（8）划型标准。

中型企业、小型企业和微型企业，按照《中小企业划型标准规定》（工信部联企业〔2011〕300号）和《金融业企业划型标准规定》（银发〔2015〕309号）中的营业收入指标、资产总额指标确定。除上述中型企业、小型企业和微型企业外，其他企业，属于大型企业。

资产总额指标按照纳税人上一会计年度年末值确定。营业收入指标按照纳税人上一会计年度增值税销售额确定；不满一个会计年度的，按照以下公式计算：

$$增值税销售额（年）=上一会计年度企业实际存续期间$$
$$增值税销售额÷企业实际存续月数×12$$

增值税销售额，包括纳税申报销售额、稽查查补销售额、纳税评估调整销售额。适用增值税差额征税政策的，以差额后的销售额确定。

对于工信部联企业〔2011〕300号和银发〔2015〕309号文件所列行业以外的纳税人，以及工信部联企业〔2011〕300号文件所列行业但未采用营业收入指标或资产总额指标划型确定的纳税人，微型企业标准为增值税销售额（年）100万元以下（不含100万元），小型企业标准为增值税销售额（年）2000万元以下（不含2000万元），中型企业标准为增值税销售额（年）1亿元以下（不含1亿元）。

（9）行业标准。

"制造业等行业"，是指从事《国民经济行业分类》中"制造业""科学研究和技术服务业""电力、热力、燃气及水生产和供应业""软件和信息技术服务业""生态保护和环境治理业"和"交通运输、仓储和邮政业"业务相应发生的增值税销售额占全部增值税销售额的比重超过50%的纳税人。

上述销售额比重根据纳税人申请退税前连续12个月的销售额计算确定；申请退税前经营期不满12个月但满3个月的，按照实际经营期的销售额计算确定。

（10）允许退还的留抵税额。

允许退还的留抵税额按照以下公式计算确定：

$$允许退还的增量留抵税额=增量留抵税额×进项构成比例×100\%$$
$$允许退还的存量留抵税额=存量留抵税额×进项构成比例×100\%$$

进项构成比例，为2019年4月至申请退税前一税款所属期已抵扣的增值税专用发票（含带有"增值税专用发票"字样数电票、税控机动车销售统一发票）、收费公路通行费增值税电子普通发票、海关进口增值税专用缴款书、解缴税款完税凭证注明的增值税额占同期全部已抵扣进项税额的比重。

在计算允许退还的留抵税额的进项构成比例时，纳税人在2019年4月至申请退税前一税款所属期内按规定转出的进项税额，无须从已抵扣的增值税专用发票（含带有"增值税专用发票"字样数电票、税控机动车销售统一发票）、收费公路通行费增值税电子普通发票、海关进口增值税专用缴款书、解缴税款完税凭证注明的增值税额中扣减。

（11）出口退税与留抵退税的衔接。

纳税人出口货物劳务、发生跨境应税行为，适用免抵退税办法的，应先办理免抵退税。免抵退税办理完毕后，仍符合规定条件的，可以申请退还留抵税额；适用免退税办法的，相关进项税额不得用于退还留抵税额。

（12）增值税即征即退、先征后返（退）与留抵退税的衔接。

纳税人自2019年4月1日起已取得留抵退税款的，不得再申请享受增值税即征即退、先征后返（退）政策。纳税人可以在2022年10月31日前一次性将已取得的留抵退税款全部缴回后，按规定申请享受增值税即征即退、先征后返（退）政策。

纳税人自2019年4月1日起已享受增值税即征即退、先征后返（退）政策的，可以在2022年10月31日前一次性将已退还的增值税即征即退、先征后返（退）税款全部缴回后，按规定申请退还留抵税额。

（13）纳税信用评价。

适用增值税一般计税方法的个体工商户，可自《国家税务总局关于进一步加大增值税期末留抵退税政策实施力度有关征管事项的公告》（国家税务总局公告2022年第4号）发布之日起，自愿向主管税务机关申请参照企业纳税信用评价指标和评价方式参加评价，并在以后的存续期内适用国家税务总局纳税信用管理相关规定。对于已按照省税务机关公布的纳税信用管理办法参加纳税信用评价的，也可选择沿用原纳税信用级别，符合条件的可申请办理留抵退税。

（14）其他规定。

纳税人可以选择向主管税务机关申请留抵退税，也可以选择结转下期继续抵扣。

纳税人可以在规定期限内同时申请增量留抵退税和存量留抵退税。

同时符合小微企业和制造业等行业相关留抵退税政策的纳税人，可任意选择申请适用其中一项留抵退税政策。

（15）税务机关在办理留抵退税期间，发现符合留抵退税条件的纳税人存在以下情形，暂停为其办理留抵退税：

①存在增值税涉税风险疑点的；
②被税务稽查立案且未结案的；
③增值税申报比对异常未处理的；
④取得增值税异常扣税凭证未处理的；
⑤国家税务总局规定的其他情形。

前述列举的增值税涉税风险疑点等情形已排除，且相关事项处理完毕后，按以下规定办理：

①纳税人仍符合留抵退税条件的，税务机关继续为其办理留抵退税，并自增值税涉税风险疑点等情形排除且相关事项处理完毕之日起5个工作日内完成审核，向纳税人出具准予留抵退税的《税务事项通知书》。

②纳税人不再符合留抵退税条件的，不予留抵退税。税务机关应自增值税涉税风

险疑点等情形排除且相关事项处理完毕之日起 5 个工作日内完成审核，向纳税人出具不予留抵退税的《税务事项通知书》。税务机关对发现的增值税涉税风险疑点进行排查的具体处理时间，由各省（自治区、直辖市和计划单列市）税务局确定。

享受增值税期末留抵退税政策的企业，其退还的增值税期末留抵税额，应在城市维护建设税、教育费附加和地方教育附加的计税（征）依据中予以扣除。

【知识点7】 骗取留抵退税和违规取得留抵退税行为的检查

对增值税留抵退税的检查主要包括以下方面：

（1）检查被查对象是否存在通过取得虚开的增值税专用发票虚增进项税额、进行虚假申报等手段，骗取增值税留抵退税的行为。

（2）检查被查对象是否存在通过隐匿销售收入、减少销项税额、进行虚假申报等手段，骗取增值税留抵退税的行为。

（3）检查被查对象是否存在通过未按规定转出进项税额、进行虚假申报等手段，骗取增值税留抵退税的行为。

（4）检查被查对象是否存在虚构条件和资质，骗取增值税留抵退税的行为。

（5）检查被查对象是否存在留抵退税政策适用有误，违规取得增值税留抵退税的行为。

如果发现纳税人存在留抵退税政策适用有误的情形，纳税人应在下个纳税申报期结束前缴回相关留抵退税款。

以虚增进项、虚假申报或其他欺骗手段，骗取留抵退税款的，由税务机关追缴其骗取的退税款，并按照《税收征收管理法》等有关规定处理。

五、增值税纳税与扣缴义务发生时间、纳税地点的检查方法

【知识点1】 增值税纳税义务发生时间基本政策

（1）纳税人发生应税行为，为收讫销售款项或者取得索取销售款项凭据的当天；先开具发票的，为开具发票的当天。

收讫销售款项，是指纳税人销售服务、无形资产、不动产过程中或者完成后收到款项。

取得索取销售款项凭据的当天，是指书面合同确定的付款日期；未签订书面合同或者书面合同未确定付款日期的，为服务、无形资产转让完成的当天或者不动产权属变更的当天。

（2）进口货物，为报关进口的当天。

（3）纳税人提供租赁服务采取预收款方式的，其纳税义务发生时间为收到预收款

的当天。

(4) 纳税人从事金融商品转让的,为金融商品所有权转移的当天。

(5) 纳税人发生视同销售情形的,其纳税义务发生时间为服务、无形资产转让完成的当天或者不动产权属变更的当天。

【知识点2】 增值税扣缴义务发生时间基本政策

增值税扣缴义务发生时间为纳税人增值税纳税义务发生的当天。

【知识点3】 增值税纳税地点基本政策

(1) 固定业户应当向其机构所在地的主管税务机关申报纳税。总机构和分支机构不在同一县(市)的,应当分别向各自所在地的主管税务机关申报纳税;经国务院财政、税务主管部门或者其授权的财政、税务机关批准,可以由总机构汇总向总机构所在地的主管税务机关申报纳税。

(2) 固定业户到外县(市)销售货物或者劳务,应当向其机构所在地的主管税务机关报告外出经营事项,并向其机构所在地的主管税务机关申报纳税;未报告的,应当向销售地或者劳务发生地的主管税务机关申报纳税;未向销售地或者劳务发生地的主管税务机关申报纳税的,由其机构所在地的主管税务机关补征税款。

(3) 非固定业户销售货物、劳务或应税行为的,应当向销售地、劳务发生地或应税行为发生地主管税务机关申报纳税;未向销售地、劳务发生地或应税行为发生地的主管税务机关申报纳税的,由其机构所在地或者居住地的主管税务机关补征税款。

(4) 其他个人提供建筑服务,销售或者租赁不动产,转让自然资源使用权,应向建筑服务发生地、不动产所在地、自然资源所在地主管税务机关申报纳税。

(5) 进口货物,应当向报关地海关申报纳税。

【知识点4】 增值税扣缴地点基本政策

扣缴义务人应当向其机构所在地或者居住地主管税务机关申报缴纳扣缴的税款。

【知识点5】 增值税纳税与扣缴义务发生时间、纳税地点的检查方法

增值税纳税与扣缴义务发生时间、纳税地点检查方法如下:

(1) 掌握增值税纳税与扣缴义务发生时间、纳税地点的基本政策。

(2) 熟悉被查行业增值税纳税与扣缴义务发生时间、纳税地点的基本特点。

(3) 了解被查对象的经营范围和经营内容,掌握其增值税纳税与扣缴义务时间、地点的基本特点。

(4) 检查被查对象应税行为的纳税义务发生时间和扣缴义务发生时间是确定适用

税率、是否可以享受税收优惠的重要因素。应重点检查被查对象是否未按规定期限申报纳税，迟申报纳税，不申报纳税，或者错误享受了不该享受的税收优惠政策，或者错误地缴纳了不该缴纳的税款。

（5）检查被查对象作为增值税扣缴义务人是否正确履行了增值税扣缴义务，纳税义务人是否正确履行了纳税义务。有无纳税人未按规定申报纳税，扣缴义务人未按规定扣缴税款的情形。

（6）检查被查对象的经营合同，特别是在减税降费政策时点前后的合同，是否有未按规定的纳税义务发生时间申报缴纳增值税，拖延到减税降费政策实施后再申报缴纳增值税的行为。

（7）检查被查对象的经营合同，根据合同条款约定和企业的收款方式确定企业的纳税义务发生时间，是否有未按规定的纳税义务发生时间申报缴纳增值税，拖延收到款项后再申报缴纳增值税的行为。

（8）根据企业查补的税款的性质、来源，检查被查对象纳税义务发生地是否正确。

（9）检查被查对象与境外企业或个人签订的合同、向境外支付的款项，是否按规定履行了代扣代缴税款的义务。

>> 第二节
消费税的检查方法

一 消费税适用税目和税率的检查方法

【知识点1】 消费税征税范围的基本政策

在中华人民共和国境内生产、委托加工和进口《中华人民共和国消费税暂行条例》（以下简称《消费税暂行条例》）规定的消费品的单位和个人，以及国务院确定的销售《消费税暂行条例》规定的消费品的其他单位和个人，为消费税的纳税义务人，均应按《消费税暂行条例》和《财政部 国家税务总局关于调整和完善消费税政策的通知》（财税〔2006〕33号）等相关规定申报缴纳消费税。

纳税人在生产、批发或者零售环节销售应税消费品，应当依照规定缴纳消费税。纳税人自用未对外销售应税消费品，应当依照规定缴纳消费税。

根据《国家税务总局关于消费税有关政策问题的公告》（国家税务总局公告2012年第47号）规定，工业企业以外的单位和个人的下列行为视为应税消费品的生产行为，按规定征收消费税：

①将外购的消费税非应税产品以消费税应税产品对外销售的；

②将外购的消费税低税率应税产品以高税率应税产品对外销售的。

【知识点2】 烟消费税税目和税率的基本政策

烟消费税分为四个子税目：卷烟、雪茄烟、烟丝和电子烟。征税环节既包括生产（进口）环节，也包括批发环节。

根据《财政部 国家税务总局关于调整卷烟消费税的通知》（财税〔2015〕60号）的规定，自2015年5月10日起，将卷烟批发环节从价税率由5%提高至11%，并按0.005元/支加征从量税。纳税人兼营卷烟批发和零售业务的，应当分别核算批发和零售环节的销售额、销售数量；未分别核算批发和零售环节销售额、销售数量的，按照全部销售额、销售数量计征批发环节消费税。

根据《财政部 海关总署 税务总局关于对电子烟征收消费税的公告》（财政部 海关总署 税务总局公告2022年第33号）的规定，将电子烟纳入消费税征收范围，在烟税目下增设电子烟子目。电子烟实行从价定率的办法计算纳税，生产（进口）环节的税率为36%，批发环节的税率为11%。

现行烟消费税税目、税率和征税环节见表4-2。

划分甲类卷烟和乙类卷烟的标准是卷烟调拨价格，即指卷烟生产企业向商业企业销售卷烟的价格，不含增值税。每标准条（200支）调拨价格70元/条以上（含）的为甲类卷烟，每标准条（200支）调拨价格70元/条以下的为乙类卷烟。

表4-2 现行烟消费税税目、税率和征税环节

税目	税率		
	生产（进口）环节	批发环节	零售环节
1. 卷烟			
（1）甲类卷烟	56%加0.003元/支	11%加0.005元/支	
（2）乙类卷烟	36%加0.003元/支	11%加0.005元/支	
2. 雪茄烟	36%		
3. 烟丝	30%		
4. 电子烟	36%	11%	

纳税人应税消费品的计税价格明显偏低并无正当理由的，由主管税务机关核定其计税价格。卷烟的计税价格由国家税务总局核定，送财政部备案。根据《卷烟消费税

计税价格信息采集和核定管理办法》(国家税务总局令第 26 号) 规定,卷烟消费税最低计税价格(以下简称计税价格)核定范围为卷烟生产企业在生产环节销售的所有牌号、规格的卷烟。计税价格由国家税务总局按照卷烟批发环节销售价格扣除卷烟批发环节批发毛利核定并发布。计税价格的核定公式为:

某牌号、规格卷烟计税价格 = 批发环节销售价格 × (1 - 适用批发毛利率)

【知识点 3】 酒消费税税目和税率的基本政策

酒消费税分为四个子税目:白酒、黄酒、啤酒、其他酒。自 2014 年 12 月 1 日起,取消酒精消费税,因此现行酒消费税的子税目不含酒精。

现行酒消费税税目、税率和征税环节见表 4 - 3。

表 4 - 3　　　　　　现行酒消费税税目、税率和征税环节

税目	税率		
	生产(进口)环节	批发环节	零售环节
1. 白酒	20% 加 0.5 元/500 克(或者 500 毫升)		
2. 黄酒	240 元/吨		
3. 啤酒			
(1) 甲类啤酒	250 元/吨		
(2) 乙类啤酒	220 元/吨		
4. 其他酒	10%		

1. 白酒

白酒消费税实行从量定额和从价定率相结合计算应纳税额的复合计税办法。应纳税额计算公式:

应纳税额 = 销售数量 × 定额税率 + 销售额 × 比例税率

自 2015 年 6 月 1 日起,纳税人将委托加工收回的白酒销售给销售单位,消费税计税价格低于销售单位对外销售价格(不含增值税)70% 以下,属于计税价格明显偏低并无正当理由的情形,应该按照规定的核价办法,核定消费税最低计税价格。此处的销售单位是指销售公司、购销公司以及委托境内其他单位或个人包销本企业生产白酒的商业机构。

2. 黄酒

黄酒消费税实行从量定额办法计算应纳税额,计量单位的换算标准为:黄酒

1 吨 = 962 升。

3. 啤酒

啤酒消费税实行从量定额办法计算应纳税额，计量单位的换算标准为：啤酒 1 吨 = 988 升。

按照出厂价格划分啤酒档次，每吨啤酒出厂价格≥3000元的，为甲类啤酒；每吨啤酒出厂价格＜3000元的，为乙类啤酒。每吨啤酒出厂价格含包装物及包装物押金，不含增值税。上述包装物押金不包括供重复使用的塑料周转箱押金，但包括啤酒瓶押金。

娱乐业、饮食业自制啤酒应当征收消费税，按甲类啤酒确定单位税额。在零售环节销售瓶装、听装啤酒不征收消费税。

生产销售无醇啤酒比照啤酒征税。生产销售果啤属于啤酒，应征收消费税。

4. 其他酒

葡萄酒消费税适用"酒"税目下设的"其他酒"子目。葡萄酒是指以葡萄为原料，经破碎（压榨）、发酵而成的酒精度在 1 度（含）以上的葡萄原酒和成品酒（不含以葡萄为原料的蒸馏酒）。

5. 配制酒

配制酒不是单独的子税目，配制酒（露酒）是指以发酵酒、蒸馏酒或食用酒精为酒基，加入可食用或药食两用的辅料或食品添加剂，进行调配、混合或再加工制成的、并改变了其原酒基风格的饮料酒。

以蒸馏酒或食用酒精为酒基，同时符合以下条件的配制酒，按消费税税目税率表"其他酒" 10% 适用税率征收消费税：

①具有国家相关部门批准的国食健字或卫食健字文号；

②酒精度低于 38 度（含）。

以发酵酒为酒基，酒精度低于 20 度（含）的配制酒，按消费税税目税率表"其他酒" 10% 适用税率征收消费税。

其他配制酒，按消费税税目税率表"白酒"适用税率征收消费税。

上述蒸馏酒或食用酒精为酒基是指酒基中蒸馏酒或食用酒精的比重超过 80%（含），发酵酒为酒基是指酒基中发酵酒的比重超过 80%（含）。

【知识点4】 高档化妆品消费税税目和税率的基本政策

高档化妆品消费税仅在生产（进口）环节从价定率征税。

自 2016 年 10 月 1 日起，取消对普通美容、修饰类化妆品征收消费税，将"化妆品"税目已改为"高档化妆品"。征收范围包括高档美容、修饰类化妆品、高档护肤类化妆品和成套化妆品。税率调整为 15%。

高档美容、修饰类化妆品和高档护肤类化妆品是指生产（进口）环节销售（完税)价格(不含增值税)在 10 元/毫升(克)或 15 元/片(张)及以上的美容、修饰类化妆品和护肤类化妆品。

现行高档化妆品消费税税目、税率和征收环节见表 4-4。

表 4-4　　　　　　现行高档化妆品消费税税目、税率和征收环节

税目	税率		
	生产(进口)环节	批发环节	零售环节
高档化妆品	15%		

【知识点 5】　贵重首饰及珠宝玉石消费税税目和税率的基本政策

贵重首饰及珠宝玉石消费税包括两个子税目：金银首饰、铂金首饰和钻石及钻石饰品和其他贵重首饰和珠宝玉石。征税环节既包括生产(进口)环节，也包括零售环节。

1995 年 1 月 1 日起，金银首饰消费税改为零售环节征收；自 2002 年 1 月 1 日起，对钻石及钻石饰品消费税改为零售环节征收；自 2003 年 5 月 1 日起，铂金首饰消费税改为零售环节征收；消费税税率调整为 5%。

现行贵重首饰及珠宝玉石消费税税目、税率和征收环节见表 4-5。

表 4-5　　　　　现行贵重首饰及珠宝玉石消费税税目、税率和征收环节

税目	税率		
	生产(进口)环节	批发环节	零售环节
1. 金银首饰、铂金首饰和钻石及钻石饰品			5%
2. 其他贵重首饰和珠宝玉石	10%		

1. 改为零售环节征收消费税的金银首饰范围

范围包括：

(1) 金、银和金基、银基合金首饰；

(2) 金、银和金基、银基合金的镶嵌首饰。

范围不包括：

(1) 镀金(银)、包金(银)首饰；

(2) 镀金(银)、包金(银)的镶嵌首饰。

不属于上述范围的应征消费税的首饰(非金银首饰)，仍在生产销售环节征收消费税。

2. 应税与非应税的划分

经营单位兼营生产、加工、批发、零售金银首饰业务的,应分别核算销售额,未分别核算销售额或者划分不清的,一律视同零售征收消费税。

3. 纳税地点

固定业户到外县(市)临时销售金银首饰,应当向其机构所在地主管税务机关申请开具外出经营活动税收管理证明,回其机构所在地向主管税务机关申报纳税。未持有其机构所在地主管税务机关核发的外出经营活动税收管理证明的,销售地主管税务机关一律按规定征收消费税。其在销售地发生的销售额,回机构所在地后仍应按规定申报纳税,在销售地缴纳的消费税款不得从应纳税额中扣减。

4. 纳税环节

纳税人销售(指零售)的金银首饰(含以旧换新),于销售时纳税;用于馈赠、赞助、集资、广告、样品、职工福利、奖励等方面的金银首饰,于移送时纳税;带料加工、翻新改制的金银首饰,于受托方交货时纳税。

5. 纳税义务人

(1) 零售者:在中华人民共和国境内从事金银首饰零售业务的单位和个人,为金银首饰消费税的纳税义务人。

(2) 受托者:委托加工(另有规定者除外)的受托方和委托代销金银首饰的受托方也是纳税人。

6. 纳税义务发生时间

纳税人销售金银首饰,其纳税义务发生时间为收讫销货款或取得索取销货凭据的当天;用于馈赠、赞助、集资、广告、样品、职工福利、奖励等方面的金银首饰,其纳税义务发生时间为移送的当天;带料加工、翻新改制的金银首饰,其纳税义务发生时间为受托方交货的当天。

7. 进口不征、出口不退

金银首饰消费税改变征税环节后,经营单位进口金银首饰的消费税,由进口环节征收改为在零售环节征收;出口金银首饰由出口退税改为出口不退消费税。个人携带、邮寄金银首饰进境,仍按海关现行规定征税。

8. 计税依据

(1) 纳税人销售金银首饰,其计税依据为不含增值税的销售额。

如果纳税人销售金银首饰的销售额中未扣除增值税税款,在计算消费税时,应按以下公式换算为不含增值税税款的销售额。

金银首饰的销售额 = 含增值税的销售额 ÷ (1 + 增值税税率或征收率)

(2) 金银首饰连同包装物销售的,无论包装是否单独计价,也无论会计上如何核算,均应并入金银首饰的销售额,计征消费税。

(3) 带料加工的金银首饰,应按受托方销售同类金银首饰的销售价格确定计税依据征收消费税。没有同类金银首饰销售价格的,按照组成计税价格计算纳税。组成计税价格的计算公式为:

$$组成计税价格 = (材料成本 + 加工费) \div (1 - 金银首饰消费税税率)$$

(4) 纳税人采用以旧换新(含翻新改制)方式销售的金银首饰,应按实际收取的不含增值税的全部价款确定计税依据征收消费税。

【知识点6】 鞭炮、焰火消费税税目和税率的基本政策

鞭炮、焰火消费税仅在生产(进口)环节,从价定率征税,税率为15%。

本税目征收范围包括各种鞭炮、焰火。通常分为13类,即喷花类、旋转类、旋转升空类、火箭类、吐珠类、线香类、小礼花类、烟雾类、造型玩具类、炮竹类、摩擦炮类、组合烟花类、礼花弹类。体育上用的发令纸,鞭炮药引线,不按本税目征收。

现行鞭炮、焰火消费税税目、税率和征收环节见表4-6。

表4-6　　　　　现行鞭炮、焰火消费税税目、税率和征收环节

税目	税率		
	生产(进口)环节	批发环节	零售环节
鞭炮、焰火	15%		

【知识点7】 成品油消费税税目和税率的基本政策

成品油消费税税目和税率的基本政策见本节"四、成品油消费税的检查方法"【知识点1】。

【知识点8】 摩托车消费税税目和税率的基本政策

摩托车消费税根据气缸容量(排气量)大小分为两个子税目,仅在生产(进口)环节从价定率征税。

现行摩托车消费税的税目、税率和征收环节见表4-7。

表4-7　　　　　现行摩托车消费税税目、税率和征收环节

税目	税率		
	生产(进口)环节	批发环节	零售环节
1. 气缸容量(排气量)在250毫升以下的	3%		
2. 气缸容量(排气量)(不含)在250毫升以上的	10%		

【知识点9】 小汽车消费税税目和税率的基本政策

小汽车消费税分为乘用车、中轻型商用客车、超豪华小汽车三个子税目，在生产环节和零售环节征收。

自2016年12月1日起，对超豪华小汽车加征消费税，征收范围为每辆零售价格130万元（不含增值税）及以上的乘用车和中轻型商用客车，即乘用车和中轻型商用客车子税目中的超豪华小汽车。

对超豪华小汽车，在生产（进口）环节按现行税率征收消费税基础上，在零售环节加征消费税，税率为10%。将超豪华小汽车销售给消费者的单位和个人为超豪华小汽车零售环节纳税人。

超豪华小汽车零售环节消费税应纳税额计算公式：

$$应纳税额 = 零售环节销售额（不含增值税）\times 零售环节税率$$

国内汽车生产企业直接销售给消费者的超豪华小汽车，消费税税率按照生产环节税率和零售环节税率加总计算。消费税应纳税额计算公式：

$$应纳税额 = 销售额 \times (生产环节税率 + 零售环节税率)$$

对我国驻外使领馆工作人员、外国驻华机构及人员、非居民常住人员、政府间协议规定等应税（消费税）进口自用，且完税价格130万元及以上的超豪华小汽车消费税，按照生产（进口）环节税率和零售环节税率（10%）加总计算，由海关代征。

现行小汽车消费税税目、税率和征收环节见表4-8。

表4-8　　　　　　　现行小汽车消费税税目、税率和征收环节

税目	税率		
	生产（进口）环节	批发环节	零售环节
1. 乘用车			
（1）气缸容量（排气量，下同）在1.0升（含1.0升）以下的	1%		
（2）气缸容量在1.0升以上至1.5升（含1.5升）的	3%		
（3）气缸容量在1.5升以上至2.0升（含2.0升）的	5%		
（4）气缸容量在2.0升以上至2.5升（含2.5升）的	9%		
（5）气缸容量在2.5升以上至3.0升（含3.0升）的	12%		
（6）气缸容量在3.0升以上至4.0升（含4.0升）的	25%		
（7）气缸容量在4.0升以上的	40%		

续表

税目	税率		
	生产（进口）环节	批发环节	零售环节
2. 中轻型商用客车	5%		
3. 超豪华小汽车	按子税目1和子税目2的规定征收		10%

【知识点10】 高尔夫球及球具消费税税目和税率的基本政策

高尔夫球及球具消费税仅在生产（进口）环节从价定率征税，税率为10%。

高尔夫球及球具是指从事高尔夫球运动所需的各种专用装备，包括高尔夫球、高尔夫球杆及高尔夫球包（袋）等。高尔夫球杆的杆头、杆身和握把属于本税目的征收范围。

高尔夫球是指重量不超过45.93克、直径不超过42.67毫米的高尔夫球运动比赛、练习用球；高尔夫球杆是指被设计用来打高尔夫球的工具，由杆头、杆身和握把三部分组成；高尔夫球包（袋）是指专用于盛装高尔夫球及球杆的包（袋）。

现行高尔夫球及球具消费税税目、税率和征收环节见表4-9。

表4-9　　　　　现行高尔夫球及球具消费税税目、税率和征收环节

税目	税率		
	生产（进口）环节	批发环节	零售环节
高尔夫球及球具	10%		

【知识点11】 高档手表消费税税目和税率的基本政策

高档手表消费税仅在生产（进口）环节从价定率征税，税率为20%。

高档手表是指销售价格（不含增值税）每只在10000元（含）以上的各类手表。本税目征收范围包括符合前述标准的各类手表。

现行高档手表消费税税目、税率和征收环节见表4-10。

表4-10　　　　　现行高档手表消费税税目、税率和征收环节

税目	税率		
	生产（进口）环节	批发环节	零售环节
高档手表	20%		

【知识点 12】 游艇消费税税目和税率的基本政策

游艇消费税仅在生产（进口）环节从价定率征税，税率为 10%。

游艇是指长度大于 8 米小于 90 米，船体由玻璃钢、钢、铝合金、塑料等多种材料制作，可以在水上移动的水上浮载体。按照动力划分，游艇分为无动力艇、帆艇和机动艇。

本税目征收范围包括艇身长度大于 8 米（含）小于 90 米（含），内置发动机，可以在水上移动，一般为私人或团体购置，主要用于水上运动和休闲娱乐等非营利活动的各类机动艇。

现行游艇消费税税目、税率和征收环节见表 4-11。

表 4-11　　　　　　　　现行游艇消费税税目、税率和征收环节

税目	税率		
	生产（进口）环节	批发环节	零售环节
游艇	10%		

【知识点 13】 木制一次性筷子消费税税目和税率的基本政策

木制一次性筷子消费税仅在生产（进口）环节从价定率征税，税率为 5%。

木制一次性筷子，又称卫生筷子，是指以木材为原料经过锯段、浸泡、旋切、刨切、烘干、筛选、打磨、倒角、包装等环节加工而成的各类一次性使用的筷子。

本税目征收范围包括各种规格的木制一次性筷子。未经打磨、倒角的木制一次性筷子属于本税目征税范围。

现行木制一次性筷子消费税税目、税率和征收环节见表 4-12。

表 4-12　　　　　　　　现行木制一次性筷子消费税税目、税率和征收环节

税目	税率		
	生产（进口）环节	批发环节	零售环节
木制一次性	5%		

【知识点 14】 实木地板消费税税目和税率的基本政策

实木地板消费税仅在生产（进口）环节从价定率征税，税率为 5%。

实木地板是指以木材为原料，经锯割、干燥、刨光、截断、开榫、涂漆等工序加工而成的块状或条状的地面装饰材料。实木地板按生产工艺不同，可分为独板（块）

实木地板、实木指接地板、实木复合地板三类;按表面处理状态不同,可分为未涂饰地板(白坯板、素板)和漆饰地板两类。

本税目征收范围包括各类规格的实木地板、实木指接地板、实木复合地板及用于装饰墙壁、天棚的侧端面为榫、槽的实木装饰板。未经涂饰的素板属于本税目征税范围。

现行实木地板消费税税目、税率和征收环节见表4-13。

表4-13　　　　　　　　现行实木地板消费税税目、税率和征收环节

税目	税率		
	生产(进口)环节	批发环节	零售环节
实木地板	5%		

【知识点15】 电池消费税税目和税率的基本政策

自2015年2月1日起对电池、涂料征收消费税:将电池、涂料列入消费税征收范围,在生产、委托加工和进口环节征收,适用税率均为4%。2015年12月31日前对铅蓄电池缓征消费税;自2016年1月1日起,对铅蓄电池按4%税率征收消费税。

电池消费税仅在生产(进口)环节从价定率征税,税率为4%。

电池,是一种将化学能、光能等直接转换为电能的装置,一般由电极、电解质、容器、极端,通常还有隔离层组成的基本功能单元,以及用一个或多个基本功能单元装配成的电池组。范围包括:原电池、蓄电池、燃料电池、太阳能电池和其他电池。

现行电池消费税税目、税率和征收环节见表4-14。

表4-14　　　　　　　　现行电池消费税税目、税率和征收环节

税目	税率		
	生产(进口)环节	批发环节	零售环节
电池	4%		

【知识点16】 涂料消费税税目和税率的基本政策

涂料消费税仅在生产(进口)环节从价定率征税,税率为4%。

涂料是指涂于物体表面能形成具有保护、装饰或特殊性能的固态涂膜的一类液体或固体材料之总称。

涂料由主要成膜物质、次要成膜物质等构成。按主要成膜物质涂料可分为油脂类、天然树脂类、酚醛树脂类、沥青类、醇酸树脂类、氨基树脂类、硝基类、过滤乙烯树

脂类、烯类树脂类、丙烯酸酯类树脂类、聚酯树脂类、环氧树脂类、聚氨酯树脂类、元素有机类、橡胶类、纤维素类、其他成膜物类等。

现行涂料消费税税目、税率和征收环节见表 4 – 15。

表 4 – 15　　　　　　　　现行涂料消费税税目、税率和征收环节

税目	税率		
	生产（进口）环节	批发环节	零售环节
涂料	4%		

【知识点 17】 兼营和成套消费品的税率适用

纳税人兼营不同税率的应税消费品，应当分别核算不同税率应税消费品的销售额、销售数量；未分别核算销售额、销售数量，或者将不同税率的应税消费品组成成套消费品销售的，从高适用税率。

【知识点 18】 消费税适用税目和税率的检查方法

消费税适用税目与税率的检查方法如下：

（1）掌握消费税适用税目与税率的基本政策。

（2）熟悉被查行业消费税适用税目和税率的基本特点。

（3）了解被查对象的经营范围和经营内容，掌握其常用消费税适用税目和税率的基本特点。

（4）检查被查对象是否使用了正确的消费税税目和税率，有没有混淆税目和税率，从而少缴或多缴消费税。

（5）检查被查对象兼营非应税消费品时，应税与非应税消费品的划分及适用税率是否正确，是否有采取混淆产品性能、类别、名称，隐瞒、虚报销售价格等手段，故意混淆应税与非应税的界限，适用税率不正确的情况。例如，混淆高档手表和普通手表、混淆卷烟的品种、牌号和价格，从低适用税率等。

（6）检查被查对象不同税率应税消费品或者应税消费品与非应税消费品组成成套应税消费品对外销售的，是否按规定正确适用税率。

（7）检查被查对象不同税率的应税消费品的适用税目是否正确划分，不同税率的应税消费品是否分别核算，未分别核算的是否从高适用税率，不同税率应税消费品的销售额、销售数量、是否正确计算应纳税额。

（8）检查被查对象税目和税率发生过变动的应税消费品，是否在政策变动的时间临界点前后调整了核算对象或核算办法，人为调节降低消费税税率的适用。

二 消费税计税依据及应纳税额的检查方法

【知识点1】 消费税计税依据及应纳税额的基本政策

消费税实行从价计税、从量计税，或者从价和从量复合计税（以下简称复合计税）的办法计算应纳税额。应纳税额计算公式：

$$实行从价计税办法计算的应纳税额 = 销售额 \times 比例税率$$

$$实行从量计税办法计算的应纳税额 = 销售数量 \times 定额税率$$

实行复合计税办法计算的应纳税额 = 销售额 × 比例税率 + 销售数量 × 定额税率

销售数量是指应税消费品的数量，具体为：

（1）销售应税消费品的，为应税消费品的销售数量；

（2）自产自用应税消费品的，为应税消费品的移送使用数量；

（3）委托加工应税消费品的，为纳税人收回的应税消费品数量；

（4）进口应税消费品的，为海关核定的应税消费品进口征税数量。

销售额为纳税人销售应税消费品取得的与之相关的对价，包括全部货币或者非货币形式的经济利益。纳税人销售的应税消费品，以人民币计算销售额。纳税人以人民币以外的货币结算销售额的，应当折合成人民币计算。

纳税人通过自设非独立核算门市部销售的自产应税消费品，应当按照门市部对外销售额或者销售数量征收消费税。

【知识点2】 自产自用应税消费品消费税的基本政策

纳税人自产自用的应税消费品，按照纳税人生产的同类消费品的销售价格计算纳税；没有同类消费品销售价格的，按照组成计税价格计算纳税。

实行从价计税办法计算纳税的组成计税价格计算公式：

$$组成计税价格 = (成本 + 利润) \div (1 - 比例税率)$$

实行复合计税办法计算纳税的组成计税价格计算公式：

$$组成计税价格 = (成本 + 利润 + 自用数量 \times 定额税率) \div (1 - 比例税率)$$

【知识点3】 委托加工应税消费品消费税的基本政策

委托加工的应税消费品，按照受托方的同类消费品的销售价格计算纳税；没有同类消费品销售价格的，按照组成计税价格计算纳税。

实行从价计税办法计算纳税的组成计税价格计算公式：

$$组成计税价格 = (材料成本 + 加工费) \div (1 - 比例税率)$$

实行复合计税办法计算纳税的组成计税价格计算公式：

组成计税价格 =（材料成本 + 加工费 + 委托加工数量 × 定额税率）÷
（1 - 比例税率）

【知识点4】 进口应税消费品消费税的基本政策

进口的应税消费品，按照组成计税价格计算纳税。

实行从价计税办法计算纳税的组成计税价格计算公式：

组成计税价格 =（关税完税价格 + 关税）÷（1 - 消费税比例税率）

实行复合计税办法计算纳税的组成计税价格计算公式：

组成计税价格 =（关税完税价格 + 关税 + 进口数量 × 消费税定额税率）÷
（1 - 消费税比例税率）

【知识点5】 出口消费税的基本政策

对纳税人出口应税消费品，免征消费税。

【知识点6】 视同销售消费税的基本政策

1. 关于自产自用的应税消税品

纳税人自产自用的应税消费品，用于连续生产应税消费品的，不纳税；用于其他方面的，于移送使用时纳税。

用于连续生产应税消费品，是指纳税人将自产自用的应税消费品作为直接材料生产最终应税消费品，自产自用应税消费品构成最终应税消费品的实体。

用于其他方面，是指纳税人将自产自用应税消费品用于生产非应税消费品、在建工程、管理部门、非生产机构、提供劳务、馈赠、赞助、集资、广告、样品、职工福利、奖励等方面。

2. 视同销售的计税依据

（1）纳税人用于换取生产资料和消费资料，投资入股和抵偿债务等方面的应税消费品，应当以纳税人同类应税消费品的最高销售价格作为计税依据计算消费税。

（2）其他视同销售的情形按照纳税人生产的同类消费品的销售价格计算纳税；没有同类消费品销售价格的，按照组成计税价格计算纳税。

实行从价计税办法计算纳税的组成计税价格计算公式：

组成计税价格 =（成本 + 利润）÷（1 - 比例税率）

实行复合计税办法计算纳税的组成计税价格计算公式：

组成计税价格 =（成本 + 利润 + 自用数量 × 定额税率）÷（1 - 比例税率）

（3）同类消费品的销售价格，是指纳税人或者代收代缴义务人当月销售的同类消费品的销售价格，如果当月同类消费品各期销售价格高低不同，应按销售数量加权平均计算。但销售的应税消费品有下列情况之一的，不得列入加权平均计算：

①销售价格明显偏低并无正当理由的；

②无销售价格的。

如果当月无销售或者当月未完结，应按照同类消费品上月或者最近月份的销售价格计算纳税。

【知识点7】 消费品计税依据抵扣的基本政策

1. 外购（进口）、委托加工收回已税消费品计税依据抵扣的基本政策

下列应税消费品可以销售额扣除外购已税消费品买价后的余额作为计税价格计征消费税：

（1）外购（进口）、委托加工收回已税烟丝生产的卷烟；

（2）外购（进口）、委托加工收回已税高档化妆品生产的高档化妆品；

（3）外购（进口）、委托加工收回已税珠宝玉石生产的贵重首饰及珠宝玉石；

（4）外购（进口）、委托加工收回已税鞭炮、焰火生产的鞭炮、焰火；

（5）外购（进口）、委托加工收回已税杆头、杆身和握把为原料生产的高尔夫球杆；

（6）外购（进口）、委托加工收回已税木制一次性筷子为原料生产的木制一次性筷子；

（7）外购（进口）、委托加工收回已税实木地板为原料生产的实木地板；

（8）外购（进口）、委托加工收回已税摩托车连续生产应税摩托车。

（9）成品油消费税计税依据抵扣的规定见本节"四、成品油消费税的检查方法"【知识点4】。

从商业企业购进应税消费品连续生产应税消费品，符合抵扣条件的，准予扣除外购应税消费品已纳消费税税款。

纳税人以外购、进口、委托加工收回的应税消费品（以下简称外购应税消费品）为原料连续生产应税消费品，准予按现行政策规定抵扣外购应税消费品已纳消费税税款。经主管税务机关核实上述外购应税消费品未缴纳消费税的，纳税人应将已抵扣的消费税税款，从核实当月允许抵扣的消费税中冲减。

2. 葡萄酒抵扣消费税的规定

纳税人从葡萄酒生产企业外购（进口）葡萄酒连续生产应税葡萄酒的，准予从葡萄酒消费税应纳税额中扣除所耗用应税葡萄酒已纳消费税税款。如本期消费税应纳税额不足抵扣的，余额留待下期抵扣。

葡萄酒生产企业之间销售葡萄酒，开具增值税专用发票时，须将应税葡萄酒销售行为单独开具增值税专用发票。纳税人以进口、外购葡萄酒连续生产应税葡萄酒，分

别依据海关进口消费税专用缴款书、增值税专用发票，按照现行政策规定计算扣除应税葡萄酒已纳消费税税款。

3. 金银首饰、铂金首饰和钻石及钻石饰品消费税政策

金银首饰、铂金首饰和钻石及钻石饰品消费税改在零售环节征税以后，用已税金银首饰、铂金首饰和钻石及钻石饰品生产的应在生产（进口）环节缴纳消费税的其他贵重首饰和珠宝玉石，在计税时一律不得扣除买价或已纳的消费税税款。

4. 扣税计算

按当期生产领用数量扣除其已纳消费税。非正常损失的消费品，应从中减除。

（1）从价计税：

准予扣除已纳税款 = 当期准予扣除的外购应税消费品买价 × 适用税率

当期准予扣除的外购应税消费品买价或数量 = 期初库存 + 当期购进 − 期末库存

外购（进口）、委托加工收回已税消费品的买价是指发票上注明的销售额（不包括增值税）。

（2）从量计税：

准予扣除已纳税款 = 当期准予扣除的外购应税消费品数量 × 适用税额

举例一：进口高档香水精消费税 200 万元，90% 用于连续生产高档香水。

可以抵扣消费税 = 200 × 90% = 180（万元）

举例二：外购烟丝期初库存 20 万元，本期购进 30 万元，期末库存 10 万元，本期非正常损失的外购烟丝成本 5 万元，消费税税率为 30%。

可以抵扣消费税 = (20 + 30 − 10 − 5) × 30% = 10.5（万元）

举例三："委托加工货物"科目本期发出材料成本 80 万元，支付加工费不含税 20 万元，委托加工一批高档化妆品，收回后 80% 用于连续生产新的高档化妆品。

可以抵扣消费税 = (80 + 20) ÷ (1 − 15%) × 15% × 80% = 14.12（万元）

【知识点 8】 消费税计税依据及应纳税额的检查方法

消费税计税依据及应纳税额的检查方法如下：

（1）了解被查对象的经营范围和经营内容，掌握其常用消费税税目计税依据及应纳税额的基本特点。

（2）检查被查对象是否正确计算消费税，是否有未按规定申报缴纳消费税的情况。

（3）对被查对象从价计征消费税的情况，可检查其计税依据是否计算正确，是否有隐匿收入、未按规定计入包装物、未正确核算关联交易等问题。

（4）检查被查对象生产工艺和账面，是否有将其自产应税消费品用于连续生产应税消费品以外用途的情形，如有则应进一步检查其是否生产同类应税消费品，有无确认销售额、是否足额申报纳税。对有同类应税消费品销售价格的，是否按其当月同类

消费品的销售价格或当月加权平均销售价格,计算自产自用应税消费品的计税价格。加权平均价格的计算是否正确。对无同类应税消费品销售价格的是否按组成计税价格计算其自产自用应税消费品的组成计税价格,检查应税消费品的成本、全国平均成本利润率的引用是否正确。

(5) 检查被查对象是否存在隐匿收入的行为。可以运用比较分析法进行分析,测算消费税税负,与同行业税负对比,本期税负与基期税负对比是否异常。将本期销售收入与其上年同期销售收入进行比较,分析销售结构和价格变动是否异常;比较被查对象与同行业其他企业的销售收入变动情况,分析是否符合行业发展趋势;比较本期的存货减少额与销售成本之间的比例关系,检查是否存在销售收入小于或等于存货减少数的异常情况。可以核实账外疑点:对资金流、物流、发票流进行检查,寻找账外收入的疑点。

(6) 对被查对象应税消费品的贷方流向进行检查,检查企业是否有发出应税消费品未按规定计销售收入,而是挂往来账户,或者自用消费品未按规定视同销售,或者未按规定将价外费用并入计税依据计征消费税。

(7) 检查被查对象包装物是否存在涉税问题,可以结合企业生产特点,实地察看其所产应税消费品是否需要包装物。也可以检查购进包装物的财务核算情况,审查在购进时有无不通过包装物账户而通过往来账户核算;随货销售后不记收入的情形,重点检查随同应税消费品出售单独计价的包装物的销售额是否一并申报缴纳消费税。

(8) 检查被查对象的往来款项的明细账和借方流向,检查有无异常的对应关系,如发现有与应付职工薪酬、盈余公积等账户对应的,一般就是存在将应收的包装物押金,如销售啤酒、黄酒、成品油收取的包装物押金挪作他用的问题。

(9) 检查被查对象销售收入等科目的红字流向,进一步核实其有无将支付给购货方的回扣、推销奖、委托代销商品的代购代销手续费用等直接冲销销售收入。

(10) 检查被查对象的委托加工应税消费品,核实委托加工合同和委托加工物资等账户,鉴别委托加工业务定性的准确性,对于由受托方提供原材料生产的应税消费品或者受托方先将原材料卖给委托方,然后再接受加工的应税消费品,以及由受托方以委托方名义购进原材料生产的应税消费品,不论受托方在财务上是否作销售处理,都不得作为委托加工应税消费品,而应当按照销售自制应税消费品缴纳消费税。检查被查对象的委托加工应税消费品业务有无按规定被代扣代缴消费税,是否按受托方同类应税消费品的销售价格或组成计税价格申报缴纳了委托加工环节的消费税,是否存在仅仅按成本价申报纳税或扣缴税款,从而少缴消费税的行为。

(11) 检查被查对象的成套应税消费品。通过询问和实地检查成品仓库。检查被查对象是否生产销售成套应税消费品,检查包括包装物在内的成套应税消费品的组成项目及其各自适用税目和税率。对由应税消费品和非应税消费品组成的成套应税消费品,应重点审查其是否按照应税消费品适用税率计算纳税。对于由不同税率的应税消费品组成的成套应税消费品，应重点审查其是否按规定从高适用税率计算纳税。

（12）检查被查对象对从量定额征收的消费税，可检查其计税依据是否计算正确，是否有隐匿销售数量、自用移送数量等问题。

①对于生产销售的应税消费品，查阅其生产台账、库存台账、销售台账等核实其应税消费品的生产、销售、库存数量与其申报销售数量核对，看有无异常情况。

②审核石脑油中间产品移送使用台账：首先检查用于连续生产非应税消费品或其他方面是否记录了石脑油的移送使用数量，是否按规定缴纳了消费税；其次对于委托加工应税消费品，核实委托加工合同和"委托加工物资"账户，检查其委托加工的收回数量、销售数量。

③对于进口的应税消费品、应核实其报关进口数量；对于从量定额进行过调整的税目，是否及时调整了适用税额。

（13）检查被查对象复合计税缴纳的消费税。消费税实行复合计税的目前主要有卷烟和白酒两类应税消费品，其计税依据常见涉税问题和检查应当结合从量定额计税依据的检查和从价定率计税依据的检查同步进行。

（14）检查被查对象是否存在购进超豪华小汽车后，通过低价开具机动车销售统一发票等手段，少缴超豪华小汽车零售环节消费税、增值税。

三 消费税纳税与扣缴义务发生时间、纳税地点的检查方法

【知识点1】 消费税纳税义务发生时间的基本政策

纳税人生产的应税消费品，于纳税人销售时纳税。纳税人自产自用的应税消费品，用于连续生产应税消费品的，不纳税；用于其他方面的，于移送使用时纳税。进口的应税消费品，于报关进口时纳税。具体规定如下：

（1）纳税人销售应税消费品的，按不同的销售结算方式分别为：

①采取赊销和分期收款结算方式的，为书面合同约定的收款日期的当天，书面合同没有约定收款日期或者无书面合同的，为发出应税消费品的当天；

②采取预收货款结算方式的，为发出应税消费品的当天；

③采取托收承付和委托银行收款方式的，为发出应税消费品并办妥托收手续的当天；

④采取其他结算方式的，为收讫销售款或者取得索取销售款凭据的当天。

（2）纳税人自产自用应税消费品的，为移送使用的当天。

（3）纳税人委托加工应税消费品的，为纳税人提货的当天。

（4）纳税人进口应税消费品的，为报关进口的当天。

【知识点2】 消费税扣缴义务发生时间的基本政策

委托加工的应税消费品，除受托方为个人外，由受托方在向委托方交货时代收代缴税款。委托加工的应税消费品，委托方用于连续生产应税消费品的，所纳税款准予按规定抵扣。

委托加工的应税消费品，是指由委托方提供原料和主要材料，受托方只收取加工费和代垫部分辅助材料加工的应税消费品。对于由受托方提供原材料生产的应税消费品，或者受托方先将原材料卖给委托方，然后再接受加工的应税消费品，以及由受托方以委托方名义购进原材料生产的应税消费品，不论在财务上是否作销售处理，都不得作为委托加工应税消费品，而应当按照销售自制应税消费品缴纳消费税。

委托加工的应税消费品直接出售的，不再缴纳消费税。

委托个人加工的应税消费品，由委托方收回后缴纳消费税。

【知识点3】 消费税纳税地点的基本政策

纳税人销售的应税消费品，以及自产自用的应税消费品，除国务院财政、税务主管部门另有规定外，应当向纳税人机构所在地或者居住地的主管税务机关申报纳税。

进口的应税消费品，应当向报关地海关申报纳税。

纳税人到外县（市）销售或者委托外县（市）代销自产应税消费品的，于应税消费品销售后，向机构所在地或者居住地主管税务机关申报纳税。

纳税人的总机构与分支机构不在同一县（市）的，应当分别向各自机构所在地的主管税务机关申报纳税；经财政部、国家税务总局或者其授权的财政、税务机关批准，可以由总机构汇总向总机构所在地的主管税务机关申报纳税。

委托加工的应税消费品，除受托方为个人外，由受托方向机构所在地或者居住地的主管税务机关解缴消费税税款。委托个人加工的应税消费品，由委托方向其机构所在地或者居住地主管税务机关申报纳税。

进口的应税消费品，由进口人或者其代理人向报关地海关申报纳税。

出口的应税消费品办理退税后，发生退关，或者国外退货进口时予以免税的，报关出口者必须及时向其机构所在地或者居住地主管税务机关申报补缴已退的消费税税款。

【知识点4】 消费税扣缴地点的基本政策

委托加工的应税消费品，除受托方为个人外，由受托方向机构所在地或者居住地的主管税务机关解缴消费税税款。

【知识点 5】 消费税纳税与扣缴义务发生时间、纳税地点的检查方法

消费税纳税与扣缴义务发生时间、纳税地点的检查方法如下：

（1）检查被查对象是否有未按规定的纳税义务发生时间计算申报消费税，未在机构所在地或者居住地的主管税务机关申报缴纳消费税的情形。

（2）检查被查对象受托加工应税消费品，受托方企业是否按规定的扣缴义务时间扣缴税款，向受托方机构所在地或者居住地的主管税务机关申报缴纳消费税。

（3）检查被查对象是否有迟申报纳税，不申报纳税行为，或者错误享受了不该享受的税收优惠政策，或者错误地缴纳了不该缴纳的税收的行为。

（4）检查被查对象委托个人加工的应税消费品，委托方是否按规定的纳税义务发生时间计算申报消费税，是否按规定向其机构所在地或者居住地主管税务机关申报缴纳消费税。

（5）被查对象采用直接收款结算方式的，可检查其订货合同，如合同注明直接收款方式，将收入科目与货物出库单进行核对，查明当月出库应实现的收入是否全部入账，有无不开票、不记收入现象。通过对往来款项等有关明细账进行清理时，查看有无虚列户名的无主账户或转账异常的情况，凡核算内容不符合规定的、发生额挂账时间较长的，存在隐匿收入的可能。

（6）被查对象采取赊销和分期收款结算方式的，应根据赊销双方赊销合同的约定，确认其赊销行为是否成立，检查其是否将不属于分期收款方式销售的商品划为赊销处理，滞后实现销售收入。对照赊销合同，检查被查对象是否按照约定的金额和时间实现销售收入，通过审核合同约定的收款时间与相关收入、往来账户进行比对，核实到期应转而未转的应税销售额，确认是否存在滞后收入或不计收入的情况。

（7）被查对象采取预收货款结算方式，可检查库存商品的流向科目，检查其是否在发出应税消费品时确认销售额。检查存货明细账、仓库实物账、发货（出门）凭据、运输单据等，检查是否有未及时入账，未及时申报缴纳消费税的情形。

（8）被查对象采取托收承付和委托银行收款方式销售应税消费品，可检查购销合同了解收款期限和相关约定，与相关科目的明细账进行核对，检查其是否存在不及时结转销售收入的问题。可将收入账户和资金账户进行比对，检查其是否在发出应税消费品并办妥托收手续的当天确认销售额。

（9）被查对象采取其他结算方式的，可检查现金、银行存款、其他货币资金、应收应付账款、其他应收应付账款账户，检查其是否在收讫销售款或者取得索取销售款的凭据的当天确认销售额。可以存货类账户为中心，结合提货单、出库单、发票及记账凭证，检查存货类账户的贷方流向，看有无产品、商品已发出，劳务已提供而未记收入的情况。

（10）检查被查对象自产自用应税消费品是否按规定纳税。检查存货类账户的贷方流向，如果涉及有自产自用的科目，如固定资产、在建工程、管理费用、营业费用、应付职工薪酬等账户，看其是否在移送使用的当天确认销售额。

（11）检查被查对象进口的应税消费品是否按规定纳税。检查企业存货类账户、报关资料及相关账户，检查其是否将进口的应税消费品在报关进口的当天申报消费税。

四 成品油消费税的检查方法

【知识点1】 成品油消费税税目和税率的基本政策

成品油消费税包括七个子税目：汽油、柴油、石脑油、溶剂油、航空煤油、润滑油、燃料油。成品油在生产（进口）环节征收，实行从量定额办法计算应纳税额，计量单位的换算标准为：

①汽油 1 吨 = 1388 升

②柴油 1 吨 = 1176 升

③航空煤油 1 吨 = 1246 升

④石脑油 1 吨 = 1385 升

⑤溶剂油 1 吨 = 1282 升

⑥润滑油 1 吨 = 1126 升

⑦燃料油 1 吨 = 1015 升

现行成品油消费税税目、税率和征收环节见表 4 – 16。

表 4 – 16　　　　　　现行成品油消费税税目、税率和征收环节

税目	税率		
	生产（进口）环节	批发环节	零售环节
1. 汽油	1.52 元/升		
2. 石脑油	1.52 元/升		
3. 溶剂油	1.52 元/升		
4. 润滑油	1.52 元/升		
5. 柴油	1.20 元/升		
6. 燃料油	1.20 元/升		
7. 航空煤油（暂缓征收）	1.20 元/升		

经过换算，每吨汽油的税额最高，每吨燃料油的税额最低，每吨燃料油的税额比汽油的税额低 73%，每吨成品油税额计算见表 4 – 17。

表 4-17　　　　　　　　　　　　每吨成品油税额计算

	每升税额/元	每吨折合升数/升	每吨税额/元	每吨税额排名
1. 汽油	1.52	1388	2109.76	1
2. 石油脑	1.52	1385	2105.2	2
3. 溶剂油	1.52	1282	1948.64	3
4. 润滑油	1.52	1126	1711.52	4
5. 航空煤油	1.20	1246	1495.2	5
6. 柴油	1.20	1176	1411.2	6
7. 燃料油	1.20	1015	1218	7

现行成品油进口环节消费税税率见表 4-18。

表 4-18　　　　　　　　　现行成品油进口环节消费税税率

税则号列	商品名称（简称）	税率
27101210	车用汽油及航空汽油	1.52 元/升
27101220	石脑油	1.52 元/升
27101230	橡胶溶剂油、油漆溶剂油、抽提溶剂油	1.52 元/升
27101911	航空煤油	1.20 元/升
27101912	灯用煤油	1.20 元/升
27101919	其他煤油馏分产品	1.20 元/升
27101922	5-7 号燃料油	1.20 元/升
27101923	柴油	1.20 元/升
27101929	其他燃料油	1.20 元/升
27101991	润滑油	1.52 元/升
27101992	润滑脂	1.52 元/升
27101993	润滑油基础油	1.52 元/升
27101999	其他重油及重油制品	1.20 元/升
27102000	石油及从沥青矿物提取的油类以及以上述油为基本成分（按重量计不低于 70%）的其他税目未列明制品，含有生物柴油，但废油除外	1.20 元/升
ex38260000	不符合国家《柴油机燃料调合用生物柴油（BD100）》标准的生物柴油及其混合物	1.20 元/升

【知识点2】 成品油消费税子税目的基本政策

1. 汽油。汽油是指用原油或其他原料加工生产的辛烷值不小于66的可用作汽油发动机燃料的各种轻质油。含铅汽油是指铅含量每升超过0.013克的汽油。汽油分为车用汽油和航空汽油。以汽油、汽油组分调和生产的甲醇汽油、乙醇汽油也属于本税目征收范围。对烷基化油（异辛烷）按照汽油征收消费税。

2. 柴油。柴油是指用原油或其他原料加工生产的倾点或凝点在-50至30的可用作柴油发动机燃料的各种轻质油和以柴油组分为主、经调和精制可用作柴油发动机燃料的非标油。以柴油、柴油组分调和生产的生物柴油也属于本税目征收范围。

3. 石脑油。石脑油又叫化工轻油，是以原油或其他原料加工生产的用于化工原料的轻质油。石脑油的征收范围包括除汽油、柴油、航空煤油、溶剂油以外的各种轻质油。非标汽油、重整生成油、拔头油、戊烷原料油、轻裂解料（减压柴油VGO和常压柴油AGO）、重裂解料、加氢裂化尾油、芳烃抽余油均属轻质油，属于石脑油征收范围。对混合芳烃、重芳烃、混合碳八、稳定轻烃、轻油、轻质煤焦油按照石脑油征收消费税。

4. 溶剂油。溶剂油是用原油或其他原料加工生产的用于涂料、油漆、食用油、印刷油墨、皮革、农药、橡胶、化妆品生产和机械清洗、胶粘行业的轻质油。橡胶填充油、溶剂油原料，属于溶剂油征收范围。对石油醚、粗白油、轻质白油、部分工业白油（5号、7号、10号、15号、22号、32号、46号）按照溶剂油征收消费税。

5. 航空煤油。航空煤油也叫喷气燃料，是用原油或其他原料加工生产的用作喷气发动机和喷气推进系统燃料的各种轻质油。航空煤油的消费税暂缓征收。对航天煤油参照航空煤油暂缓征收消费税。

6. 润滑油。润滑油是用原油或其他原料加工生产的用于内燃机、机械加工过程的润滑产品。润滑油分为矿物性润滑油、植物性润滑油、动物性润滑油和化工原料合成润滑油。

润滑油的征收范围包括矿物性润滑油、矿物性润滑油基础油、植物性润滑油、动物性润滑油和化工原料合成润滑油。以植物性、动物性和矿物性基础油（或矿物性润滑油）混合掺配而成的"混合性"润滑油，不论矿物性基础油（或矿物性润滑油）所占比例高低，均属润滑油的征收范围。

根据润滑油消费税征收范围注释，用原油或其他原料加工生产的用于内燃机、机械加工过程的润滑产品均属于润滑油征税范围。润滑脂是润滑产品，属润滑油消费税征收范围，生产、加工润滑脂应当征收消费税。

7. 燃料油。燃料油也称重油、渣油，是用原油或其他原料加工生产，主要用作电厂发电、锅炉用燃料、加热炉燃料、冶金和其他工业炉燃料。腊油、船用重油、常压重油、减压重油、180CTS 燃料油、7 号燃料油、糠醛油、工业燃料、4—6 号燃料油等油品的主要用途是作为燃料燃烧，属于燃料油征收范围。自 2012 年 11 月 1 日起，催化料、焦化料属于燃料油的征收范围，应当征收消费税。

【知识点3】 成品油消费税征税范围的特殊规定

1. 不属于消费税征税范围的政策

（1）根据《国家税务总局关于稳定轻烃产品征收消费税问题的批复》（国税函〔2010〕205 号）规定，油气田企业在生产石油、天然气过程中，通过加热、增压、冷却、制冷等方法回收、以戊烷和以上重烃组分组成的稳定轻烃属于原油范畴，不属于成品油消费税征税范围。

（2）根据《国家税务总局关于绝缘油类产品不征收消费税问题的公告》（国家税务总局公告 2010 年第 12 号）规定，自 2010 年 10 月 1 日起，变压器油、导热类油等绝缘油类产品不属于应征消费税的"润滑油"，不征收消费税。

2. 视同生产应税消费品征收消费税的政策

根据《财政部 国家税务总局关于消费税若干具体政策的通知》（财税〔2006〕125 号）规定，单位和个人外购润滑油大包装经简单加工改成小包装或者外购润滑油不经加工只贴商标的行为，视同应税消费品的生产行为。单位和个人发生的以上行为应当申报缴纳消费税。准予扣除外购润滑油已纳的消费税税款。

3. 应当划分是否征收消费税的政策

根据《国家税务总局关于消费税有关政策问题的公告》（国家税务总局公告 2012 年第 47 号）和《国家税务总局关于消费税有关政策问题补充规定的公告》（国家税务总局公告 2013 年第 50 号）规定，自 2013 年 1 月 1 日起，实施以下政策：

（1）纳税人以原油或其他原料（除原油以外可用于生产加工成品油的各种原料）生产加工的在常温常压条件下（25℃／一个标准大气压）呈液态状（沥青除外）的产品，按以下原则划分是否征收消费税：

①产品符合汽油、柴油、石脑油、溶剂油、航空煤油、润滑油和燃料油征收规定的，按相应的汽油、柴油、石脑油、溶剂油、航空煤油、润滑油和燃料油的规定征收消费税；纳税人生产加工前述产品，无论以何种名称对外销售或用于非连续生产应征消费税产品，均应按规定缴纳消费税。

②除第①项以外的产品，符合该产品的国家标准或石油化工行业标准的相应规定（包括产品的名称、质量标准与相应的标准一致）的，在取得省级以上（含）质量技术监督部门出具的相关产品质量检验证明的当月起，不征收消费税；否则，视同石脑油征收消费税。经主管税务机关核实纳税人在取得产品质量检验证明之前未申报缴纳消费税的，应按规定补缴消费税。但该产品如根据国家标准、行业标准或其他方法可

以确认属于应征消费税的产品，无论以何种名称对外销售或用于非连续生产应征消费税产品，均应按规定缴纳消费税。

"除第①项以外的产品"是指产品名称虽不属于成品油消费税税目列举的范围，但外观形态与应税成品油相同或相近，且主要原料可用于生产加工应税成品油的产品。但不包括以下两种情况：一是环境保护部发布《中国现有化学物质名录》中列明分子式的产品和纳税人取得环境保护部（现为生态环境部，下同）颁发的《新化学物质环境管理登记证》中列名的产品；二是纳税人取得省级（含）以上质量技术监督部门颁发的《全国工业产品生产许可证》中除产品名称注明为"石油产品"外的各明细产品。

（2）纳税人以原油或其他原料（除原油以外可用于生产加工成品油的各种原料）生产加工的产品如以沥青产品对外销售时，该产品符合沥青产品的国家标准或石油化工行业标准的相应规定（包括名称、型号和质量标准等与相应标准一致）的，在取得省级以上（含）质量技术监督部门出具的相关产品质量检验证明的当月起，不征收消费税；否则，视同燃料油征收消费税。经主管税务机关核实纳税人在取得产品质量检验证明之前未申报缴纳消费税的，应按规定补缴消费税。

"纳税人以原油或其他原料生产加工的产品"是指常温常压状态下呈暗褐色或黑色的液态或半固态产品。

（3）纳税人以原油或其他原料（除原油以外可用于生产加工成品油的各种原料）生产加工的其他呈液态状产品以沥青名称对外销售或用于非连续生产应征消费税产品，适用第（1）条规定。

沥青产品的行业标准，包括石油化工以及交通、建筑、电力等行业适用的行业性标准。

（4）"相关产品质量检验证明"是指经国家认证认可监督管理委员会或省级质量技术监督部门依法授予实验室资质认定的检测机构出具的相关产品达到国家或行业标准的检验证明，且该检测机构对相关产品的检测能力在其资质认定证书附表规定的范围之内。

纳税人委托检测机构对相关产品进行检验的项目应为该产品国家或行业标准中列明的全部项目。在向主管税务机关提交检验证明备案时，应一并提供受检产品的国家或行业标准以及检测机构具备检测资质和该产品检测能力的证明材料，包括资质认定证书及检测能力附表复印件等。

本省范围内的检测机构对相关产品不能检验的，纳税人可委托其他省（自治区、直辖市、计划单列市）符合条件的检测机构对产品进行检验，并按上述规定提供产品检验证明和检测机构资质能力证明等材料。

（5）对规定可不提供检验证明或已提供检验证明而不缴纳消费税的产品，税务机关可根据需要组织进行抽检，核实纳税人实际生产加工的产品是否符合不征收消费税的规定。

纳税人发生下列情形之一且未缴纳消费税的，主管税务机关应依法补征税款并予以相应处理：一是应提供而未提供检验证明；二是虽提供检验证明，但实际生产加工的产品不符合检验证明所依据的国家或行业标准。

4. 用于生产乙烯、芳烃类化工产品的石脑油、燃料油消费税政策

根据《财政部 中国人民银行 国家税务总局关于延续执行部分石脑油燃料油消费税政策的通知》（财税〔2011〕87号）规定，自2011年10月1日起，实施以下政策：

对生产石脑油、燃料油的企业（以下简称生产企业）对外销售的用于生产乙烯、芳烃类化工产品的石脑油、燃料油，恢复征收消费税。

生产企业自产石脑油、燃料油用于生产乙烯、芳烃类化工产品的，按实际耗用数量暂免征消费税。

对使用石脑油、燃料油生产乙烯、芳烃的企业（以下简称使用企业）购进并用于生产乙烯、芳烃类化工产品的石脑油、燃料油，按实际耗用数量暂退还所含消费税。

退还石脑油、燃料油所含消费税计算公式为：

$$应退还消费税税额 = 石脑油、燃料油实际耗用数量 \times 石脑油、燃料油消费税单位税额$$

用石脑油、燃料油生产乙烯、芳烃类化工产品的产量占本企业用石脑油、燃料油生产产品总量的50%以上（含50%）的企业，享受上述退（免）消费税政策。

乙烯类化工产品是指乙烯、丙烯、丁二烯及衍生品，芳烃类化工产品是指苯、甲苯、二甲苯、重芳烃、混合芳烃及衍生品。

使用企业生产乙烯、芳烃类化工产品过程中所生产的消费税应税产品，照章缴纳消费税。

乙烯类化工产品是指乙烯、丙烯、丁二烯及衍生品；芳烃类化工产品是指苯、甲苯、二甲苯、重芳烃、混合芳烃及衍生品。

根据《国家税务总局关于成品油消费税征收管理有关问题的公告》（国家税务总局公告2018年第1号）规定，外购石脑油、燃料油用于生产乙烯、芳烃类化工产品的，应凭取得的成品油专用发票所载明的石脑油、燃料油的数量，按规定计算退还消费税，其他发票或凭证不得作为计算退还消费税的凭证。

根据《财政部 税务总局关于部分成品油消费税政策执行口径的公告》（财政部 税务总局公告2023年第11号）规定，自2023年6月30日起：①对烷基化油（异辛烷）按照汽油征收消费税；②对石油醚、粗白油、轻质白油、部分工业白油（5号、7号、10号、15号、22号、32号、46号）按照溶剂油征收消费税；③对混合芳烃、重芳烃、混合碳八、稳定轻烃、轻油、轻质煤焦油按照石脑油征收消费税；④对航天煤油参照航空煤油暂缓征收消费税；⑤上述油品，在2023年6月30日前已经发生的事项，不再

进行税收调整。

5. 对部分成品油征收进口环节消费税政策

混合芳烃、轻循环油和稀释沥青通常含有较多芳烃或沥青成分，一般不用作燃油，因此上述油品在过去并不作为应纳消费税的成品油。但近年来，少数企业大量进口这些油品，将其加工生产为不符合国家标准的燃油，流向非法经营渠道，危害成品油市场公平，存在较大社会安全隐患，也造成环境污染。为解决上述问题、规范市场秩序、促进公平竞争，自2021年6月12日起，对部分成品油征收进口环节消费税：

对归入税则号列27075000，且200摄氏度以下时蒸馏出的芳烃以体积计小于95%的进口产品，视同石脑油按1.52元/升的单位税额征收进口环节消费税。

对归入税则号列27079990、27101299的进口产品，视同石脑油按1.52元/升的单位税额征收进口环节消费税。

对归入税则号列27150000，且440摄氏度以下时蒸馏出的矿物油以体积计大于5%的进口产品，视同燃料油按1.2元/升的单位税额征收进口环节消费税。

上述"视同"仅涉及消费税的征、退（免）税政策。

【知识点4】外购（进口）、委托加工收回已税成品油消费税计税依据抵扣的特殊规定

1. 根据《财政部 国家税务总局关于调整部分成品油消费税政策的通知》（财税〔2008〕19号）规定，以外购或委托加工收回的已税石脑油、润滑油、燃料油为原料生产的应税消费品，准予从消费税应纳税额中扣除原料已纳的消费税税款。

2. 根据《财政部 国家税务总局关于以外购或委托加工汽、柴油连续生产汽、柴油允许抵扣消费税政策问题的通知》（财税〔2014〕15号）规定，自2014年1月1日起，以外购或委托加工收回的已税汽油、柴油为原料连续生产汽油、柴油，准予从汽、柴油消费税应纳税额中扣除原料已纳的消费税税款。

3. 根据《国家税务总局关于消费税有关政策问题补充规定的公告》（国家税务总局公告2013年第50号）规定，下列产品准予按规定从消费税应纳税额中扣除其原料已纳的消费税税款，但可享受原料所含消费税退税政策的产品除外：①按国家税务总局公告2012年第47号和国家税务总局公告2013年第50号规定视同石脑油、燃料油缴纳消费税的产品；②以外购或委托加工收回第①项规定的产品为原料生产的应税消费品；③按国家税务总局公告2012年第47号第三条第（二）项规定缴纳消费税的产品。

4. 根据《财政部 国家税务总局关于消费税若干具体政策的通知》（财税〔2006〕125号）规定，单位和个人外购润滑油大包装经简单加工改成小包装或者外购润滑油不经加工只贴标的行为，视同应税消费品的生产行为，在申报缴纳消费税时，准予扣除外购润滑油已纳的消费税税款。

5. 根据《国家税务总局关于成品油消费税征收管理有关问题的公告》（国家税务总局公告 2018 年第 1 号）规定，外购、进口和委托加工收回的汽油、柴油、石脑油、燃料油、润滑油用于连续生产应税成品油的，应凭通过增值税发票综合服务平台确认的成品油专用发票、海关进口消费税专用缴款书，以及税收缴款书（代扣代收专用），按规定计算扣除已纳消费税税款，其他凭证不得作为消费税扣除凭证。

【知识点 5】 成品油消费税征收环节的归纳

成品油消费税征收环节如图 4－2 所示。

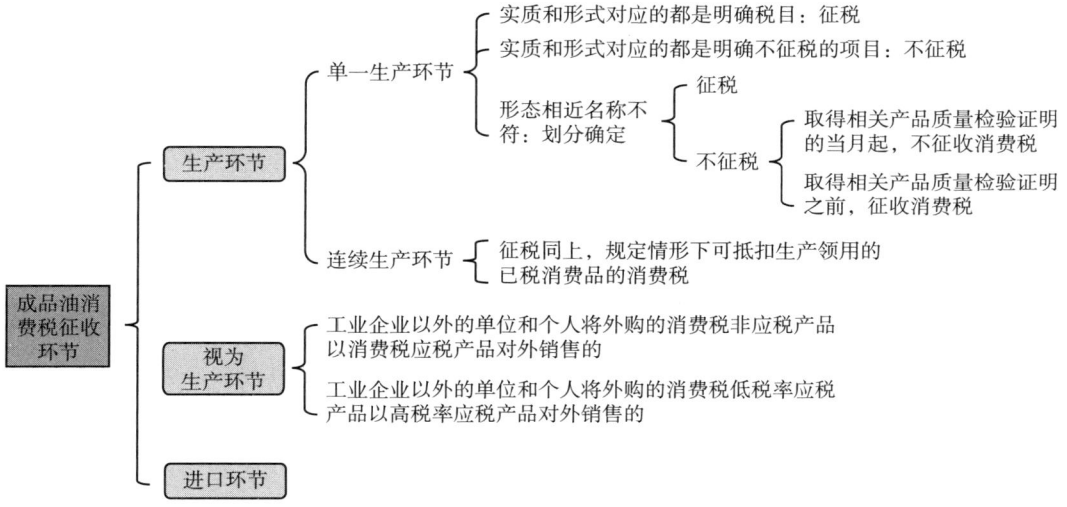

图 4－2 成品油消费税征收环节

【知识点 6】 成品油消费税征收管理特殊规定

纳税人申报的某一类成品油销售数量，应大于或等于开具的该同一类成品油发票所载明的数量；申报扣除的成品油数量，应小于或等于取得的扣除凭证载明数量。申报比对相符后，主管税务机关对纳税人的税控设备进行解锁；比对不相符的，待解除异常后，方可解锁。

【知识点 7】 成品油消费税优惠政策

1. 以废矿物油为原料生产的工业油料免征消费税

根据《财政部 国家税务总局关于对废矿物油再生油品免征消费税的通知》（财税〔2013〕105 号）、《财政部 国家税务总局关于延长对废矿物油再生油品免征消费税政策实施期限的通知》（财税〔2018〕144 号）和《财政部 税务总局关于继续对废矿物油再生油品免征消费税的公告》（财政部 税务总局公告 2023 年第 69 号）规定，2013 年 11 月 1 日至 2027 年 12 月 31 日，对以回收的废矿物油为原料生产的润滑油基础油、汽油、柴油等工业油料免征消费税。

废矿物油，是指工业生产领域机械设备及汽车、船舶等交通运输设备使用后失去或降低功效更换下来的废润滑油。

纳税人利用废矿物油生产的润滑油基础油、汽油、柴油等工业油料免征消费税，应同时符合以下三项条件：

（1）纳税人必须取得省级以上（含省级）环境保护部门颁发的《危险废物（综合）经营许可证》，且该证件上核准生产经营范围应包括"利用"或"综合经营"字样。生产经营范围为"综合经营"的纳税人，还应同时提供颁发《危险废物（综合）经营许可证》的环境保护部门出具的能证明其生产经营范围包括"利用"的材料。

纳税人在申请办理免征消费税备案时，应同时提交污染物排放地环境保护部门确定的该纳税人应予执行的污染物排放标准，以及污染物排放地环境保护部门在此前 6 个月以内出具的该纳税人的污染物排放符合上述标准的证明材料。

纳税人回收的废矿物油应具备能显示其名称、特性、数量、接受日期等项目的《危险废物转移联单》。

（2）生产原料中废矿物油重量必须占到 90% 以上。产成品中必须包括润滑油基础油，且每吨废矿物油生产的润滑油基础油应不少于 0.65 吨。

（3）利用废矿物油生产的产品与利用其他原料生产的产品应分别核算。

符合规定的纳税人销售上述免税油品时，应在增值税专用发票上注明产品名称，并在产品名称后加注"（废矿物油）"。

符合规定的纳税人利用废矿物油生产的润滑油基础油连续加工生产润滑油，或纳税人外购利用废矿物油生产的润滑油基础油加工生产润滑油，在申报润滑油消费税额时按当期销售的润滑油数量扣减其耗用的符合规定的润滑油基础油数量的余额计算缴纳消费税。

对未达到相应的污染物排放标准或被取消《危险废物（综合）经营许可证》的纳税人，自发生违规排放行为之日或《危险废物（综合）经营许可证》被取消之日起，取消其享受规定的免征消费税政策的资格，且 3 年内不得再次申请。纳税人自发生违规排放行为之日起已申请并办理免税的，应予追缴。

2. 对利用废弃的动物油和植物油为原料生产的纯生物柴油免征消费税

根据《财政部 国家税务总局关于对利用废弃的动植物油生产纯生物柴油免征消费税的通知》（财税〔2010〕118 号）规定，自 2009 年 1 月 1 日起，对利用废弃的动物油和植物油为原料生产的纯生物柴油免征消费税，但需要同时符合下列条件：

（1）生产原料中废弃的动物油和植物油用量所占比重不低于 70%。

（2）生产的纯生物柴油符合国家《柴油机燃料调合生物柴油（BD100）》标准。

对不符合规定的生物柴油，或者以柴油、柴油组分调合生产的生物柴油照章征收消费税。

根据《财政部 国家税务总局关于明确废弃动植物油生产纯生物柴油免征消费税适用范围的通知》（财税〔2011〕46号）规定，财税〔2010〕118号文件所称"废弃的动物油和植物油"的范围明确如下：

（1）餐饮、食品加工单位及家庭产生的不允许食用的动植物油脂。主要包括泔水油、煎炸废弃油、地沟油和抽油烟机凝析油等。

（2）利用动物屠宰分割和皮革加工修削的废弃物处理提炼的油脂，以及肉类加工过程中产生的非食用油脂。

（3）食用油脂精炼加工过程中产生的脂肪酸、甘油脂及含少量杂质的混合物。主要包括酸化油、脂肪酸、棕榈酸化油、棕榈油脂肪酸、白土油及脱臭馏出物等。

（4）油料加工或油脂储存过程中产生的不符合食用标准的油脂。

3. 已税汽油生产的乙醇汽油免税

根据《财政部 国家税务总局关于提高成品油消费税税率后相关成品油消费税政策的通知》（财税〔2008〕168号）规定，自2009年1月1日起，对用外购或委托加工收回的已税汽油生产的乙醇汽油免税。用自产汽油生产的乙醇汽油，按照生产乙醇汽油所耗用的汽油数量申报纳税。

4. 成品油生产企业生产自用油免征消费税

根据《财政部 国家税务总局关于对成品油生产企业生产自用油免征消费税的通知》（财税〔2010〕98号）规定，自2009年1月1日起，对成品油生产企业在生产成品油过程中，作为燃料、动力及原料消耗掉的自产成品油，免征消费税。对用于其他用途或直接对外销售的成品油照章征收消费税。

【知识点8】成品油消费税的检查方法

成品油消费税的检查方法如下：

（1）检查被查对象是否存在以篡改生产设备名称等方式为掩护，虚开增值税专用发票，将应税成品油变名为非应税化工品销售等，从而偷逃成品油消费税的情形。

（2）检查被查对象是否存在采购原油或其他原料（除原油以外可用于生产加工成品油的各种原料）用于炼化应税成品油并销售，但却从其他企业取得应税成品油发票，将直接生产加工应税成品油的行为伪造成连续生产应税成品油的行为，从而虚假抵扣消费税的情形。

（3）检查被查对象是否存在采购原油或其他原料（除原油以外可用于生产加工成品油的各种原料）用于炼化应税成品油并销售，但却从其他企业取得应税成品油发票并直接对外销售,将直接生产加工应税成品油的行为伪造成商品批发零售行为,掩盖应税成品油消费税的生产加工环节,从而偷逃消费税的情形。

(4)检查被查对象是否存在采购原油或其他原料(除原油以外可用于生产加工成品油的各种原料)用于炼化应税成品油并销售,但却直接对外销售原油或其他原料(除原油以外可用于生产加工成品油的各种原料),将直接生产加工应税成品油的行为伪造成商品批发零售行为,掩盖应税成品油消费税的生产加工环节,从而偷逃消费税的情形。

(5)检查被查对象是否存在采购化工原料生产加工应税成品油,销售时对外开具化工原料发票给过票企业和变票企业,品名变更为应税成品油后再开具给自己控制的关联公司,配上应税成品油货物再对外开票销售。即是否存在用采购化工原料、销售化工原料的购销行为掩盖采购化工原料并生产销售应税成品油的生产行为,从而偷逃消费税的情形。

(6)检查被查对象是否存在将高税率的应税成品油混作低税率的应税成品油申报纳税的情形。

(7)检查被查对象是否存在将应税成品油混作免税成品油的情形。

(8)检查被查对象是否存在隐瞒收入,不计少计收入,从而偷逃成品油消费税的情形。

(9)检查被查对象是否存在其他偷逃成品油消费税的情形。

第五章
所得税稽查

>> 知识架构

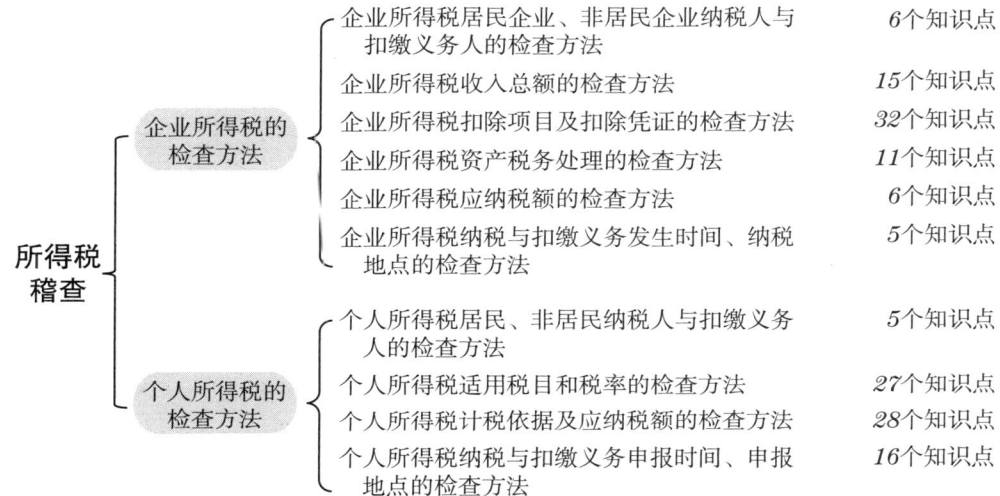

>> 第一节
企业所得税的检查方法

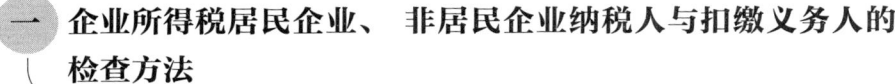

【知识点1】 居民企业、 非居民企业纳税人的基本政策

在境内，企业和其他取得收入的组织（以下统称企业）为企业所得税的纳税人，依照规定缴纳企业所得税。

企业分为居民企业和非居民企业。

1. 居民企业

居民企业，是指依法在中国境内成立，或者依照外国（地区）法律成立但实际管理机构在中国境内的企业。

依法在中国境内成立的企业，包括依照中国法律、行政法规在中国境内成立的企业、事业单位、社会团体以及其他取得收入的组织。

依照外国（地区）法律成立的企业，包括依照外国（地区）法律成立的企业和其他取得收入的组织。

实际管理机构，是指对企业的生产经营、人员、账务、财产等实施实质性全面管理和控制的机构。对于实际管理机构的判断，应当遵循实质重于形式的原则。

2. 非居民企业

非居民企业，是指依照外国（地区）法律成立且实际管理机构不在中国境内，但在中国境内设立机构、场所的，或者在中国境内未设立机构、场所，但有来源于中国境内所得的企业。

机构、场所，是指在中国境内从事生产经营活动的机构、场所，包括：

（1）管理机构、营业机构、办事机构；

（2）工厂、农场、开采自然资源的场所；

（3）提供劳务的场所；

（4）从事建筑、安装、装配、修理、勘探等工程作业的场所；

（5）其他从事生产经营活动的机构、场所。

非居民企业委托营业代理人在中国境内从事生产经营活动的，包括委托单位或者个人经常代其签订合同，或者储存、交付货物等，该营业代理人视为非居民企业在中国境内设立的机构、场所。

【知识点2】 扣缴义务人的基本政策

1. 法定扣缴的情形

对非居民企业在中国境内未设立机构、场所的，或者虽设立机构、场所但取得的所得与其所设机构、场所没有实际联系的，实行源泉扣缴，以支付人为扣缴义务人。税款由扣缴义务人在每次支付或者到期应支付时，从支付或者到期应支付的款项中扣缴。

2. 可以指定扣缴的情形

对非居民企业在中国境内取得工程作业和劳务所得应缴纳的所得税，税务机关可以指定工程价款或者劳务费的支付人为扣缴义务人。

可以指定扣缴义务人的情形包括：

（1）预计工程作业或者提供劳务期限不足一个纳税年度，且有证据表明不履行纳税义务的；

（2）没有办理税务登记或者临时税务登记，且未委托中国境内的代理人履行纳税义务的；

（3）未按照规定期限办理企业所得税纳税申报或者预缴申报的。

上述规定的扣缴义务人，由县级以上税务机关指定，并同时告知扣缴义务人所扣税款的计算依据、计算方法、扣缴期限和扣缴方式。

3. 支付人、支付的概念

支付人，是指依照有关法律规定或者合同约定对非居民企业直接负有支付相关款项义务的单位或者个人。

支付，包括现金支付、汇拨支付、转账支付和权益兑价支付等货币支付和非货币支付。

到期应支付的款项，是指支付人按照权责发生制原则应当计入相关成本、费用的应付款项。

【知识点3】 境外注册中资控股居民企业的基本政策

境外注册中资控股企业（以下简称境外中资企业）是指由中国内地企业或者企业集团作为主要控股投资者，在中国内地以外国家或地区（含香港、澳门、台湾）注册成立的企业。

境外注册中资控股居民企业（以下简称非境内注册居民企业）是指因实际管理机构在中国境内而被认定为中国居民企业的境外注册中资控股企业。

非境内注册居民企业应当按照《中华人民共和国企业所得税法》（以下简称《企业所得税法》）及《中华人民共和国企业所得税法实施条例》（以下简称《企业所得税法实施条例》）和相关管理规定的要求，履行居民企业所得税纳税义务，并在向非居民企业支付《企业所得税法》第三条第三款规定的款项时，依法代扣代缴企业所得税。

境外中资企业同时符合以下条件的，根据《企业所得税法》第二条第二款和《企业所得税法实施条例》第四条的规定，应判定其为实际管理机构在非境内注册居民企业，并实施相应的税收管理，就其来源于中国境内、境外的所得征收企业所得税。

（1）企业负责实施日常生产经营管理运作的高层管理人员及其高层管理部门履行职责的场所主要位于中国境内；

（2）企业的财务决策（如借款、放款、融资、财务风险管理等）和人事决策（如任命、解聘和薪酬等）由位于中国境内的机构或人员决定，或需要得到位于中国境内的机构或人员批准；

（3）企业的主要财产、会计账簿、公司印章、董事会和股东会议纪要档案等位于或存放于中国境内；

（4）企业1/2（含1/2）以上有投票权的董事或高层管理人员经常居住于中国境内。

非境内注册居民企业在中国境内投资设立的企业，其外商投资企业的税收法律地位不变。境外中资企业被判定为非境内注册居民企业的，按照《企业所得税法》第四十五条以及受控外国企业管理的有关规定，不视为受控外国企业，但其所控制的其他受控外国企业仍应按照有关规定进行税务处理。

境外中资企业被认定为中国居民企业后成为双重居民身份的，按照中国与相关国家（或地区）签署的税收协定（或安排）的规定执行。

境外中资企业居民身份的认定，采用企业自行判定提请税务机关认定和税务机关调查发现予以认定两种形式。

境外中资企业应当根据生产经营和管理的实际情况，自行判定实际管理机构是否设立在中国境内。如其判定符合《国家税务总局关于境外注册中资控股企业依据实际管理机构标准认定为居民企业有关问题的通知》（国税发〔2009〕82号）第二条规定的居民企业条件，应当向其主管税务机关书面提出居民身份认定申请，同时提供以下资料：

（1）企业法律身份证明文件；
（2）企业集团组织结构说明及生产经营概况；
（3）企业上一个纳税年度的公证会计师审计报告；
（4）负责企业生产经营等事项的高层管理机构履行职责场所的地址证明；
（5）企业上一年度及当年度董事及高层管理人员在中国境内居住的记录；
（6）企业上一年度及当年度重大事项的董事会决议及会议记录；
（7）主管税务机关要求提供的其他资料。

非境内注册居民企业发生下列重大变化情形之一的，应当自变化之日起15日内报告主管税务机关，主管税务机关应当按照《境外注册中资控股居民企业所得税管理办法（试行）》（国家税务总局公告2011年第45号）的规定层报国家税务总局确定是否取消其居民身份。

（1）企业实际管理机构所在地变更为中国境外的；
（2）中方控股投资者转让企业股权，导致中资控股地位发生变化的。

非境内注册居民企业从中国境内其他居民企业取得的股息、红利等权益性投资收益，按照规定作为其免税收入。非境内注册居民企业的投资者从该居民企业分得的股息红利等权益性投资收益，根据规定属于来源于中国境内的所得，应当征收企业所得税；该权益性投资收益中符合规定条件的，可作为收益人的免税收入。

【知识点4】 转让限售股的纳税义务人的基本政策

转让限售股取得收入的企业（包括事业单位、社会团体、民办非企业单位等），为企业所得税的纳税义务人。

【知识点5】 纳税义务的基本政策

居民企业应当就其来源于中国境内、境外的所得缴纳企业所得税。

非居民企业在中国境内设立机构、场所的，应当就其所设机构、场所取得的来源于中国境内的所得，以及发生在中国境外但与其所设机构、场所有实际联系的所得，缴纳企业所得税。

非居民企业在中国境内未设立机构、场所的，或者虽设立机构、场所但取得的所得与其所设机构、场所没有实际联系的，应当就其来源于中国境内的所得缴纳企业所得税。

【知识点6】 居民企业、非居民企业纳税人与扣缴义务人的检查方法

居民企业、非居民企业纳税人与扣缴义务人的检查方法如下：

（1）熟悉被查对象的经营范围和经营内容，核实并确认其纳税人身份的准确性。

（2）对于未在境内申报企业所得税的单位、个人，通过检查其涉税合同，并通过注册地、实际管理机构所在地的分析，判定其是否具备居民企业的身份。

（3）对于正常申报的企业所得税纳税人，通过检查其涉外的支出、项目、工程，判断其是否同时兼具扣缴义务人的纳税身份；检查被查对象向境外投资股东分配股利是否按规定代扣代缴预提所得税。

（4）检查被查对象如果被认定为境外注册中资控股居民企业，可检查其检查所属期内认定条件是否发生变化，是否已经不符合境外注册中资控股居民企业的条件。

二 企业所得税收入总额的检查方法

【知识点1】 企业所得税收入总额的基本政策

企业以货币形式和非货币形式从各种来源取得的收入，为收入总额，包括：

（1）销售货物收入；

（2）提供劳务收入；

（3）转让财产收入；

（4）股息、红利等权益性投资收益；

（5）利息收入；

（6）租金收入；

（7）特许权使用费收入；

（8）接受捐赠收入；

（9）其他收入。

企业取得收入的形式包括货币形式和非货币形式。收入的货币形式，包括现金、存款、应收账款、应收票据、准备持有至到期的债券投资以及债务豁免等。收入的非货币形式，包括固定资产、生物资产、无形资产、股权投资、存货、不准备持有至到期的债券投资、劳务以及有关权益等。以非货币形式取得的收入，应当按照公允价值确定收入额。公允价值，是指按照市场价格确定的价值。

企业取得财产（包括各类资产、股权、债权等）转让收入、债务重组收入、接受捐赠收入、无法偿付的应付款收入等，不论是以货币形式还是非货币形式体现，除另有规定外，均应一次性计入确认收入的年度计算缴纳企业所得税。

【知识点2】 销售货物收入的基本政策

销售货物收入，是指企业销售商品、产品、原材料、包装物、低值易耗品以及其他存货取得的收入。

1. 一般销售收入的确认

除另有规定外，企业销售收入的确认，必须遵循权责发生制原则和实质重于形式原则。

企业销售商品同时满足下列条件的，应确认收入的实现：

（1）商品销售合同已经签订，企业已将商品所有权相关的主要风险和报酬转移给购货方；

（2）企业对已售出的商品既没有保留通常与所有权相联系的继续管理权，也没有实施有效控制；

（3）收入的金额能够可靠地计量；

（4）已发生或将发生的销售方的成本能够可靠地核算。

2. 特殊销售方式收入的确认

（1）销售商品采用托收承付方式的，在办妥托收手续时确认收入。

（2）销售商品采取预收款方式的，在发出商品时确认收入。

（3）销售商品需要安装和检验的，在购买方接受商品以及安装和检验完毕时确认收入。如果安装程序比较简单，可在发出商品时确认收入。

（4）销售商品采用的支付手续费方式委托代销，在收到代销清单时确认收入。

（5）采用售后回购方式销售商品的，销售的商品按售价确认收入，回购的商品作为购进商品处理。有证据表明不符合销售收入确认条件的，如以销售商品方式进行融资，收到的款项应确认为负债，回购价格大于原售价的，差额应在回购期间确认为利息费用。

（6）销售商品以旧换新的，销售商品应当按照销售商品收入确认条件确认收入，回收的商品作为购进商品处理。

（7）以分期收款方式销售货物的，按照合同约定的收款日期确认收入的实现。

3. 折扣的处理

折扣分为商业折扣和现金折扣。

（1）商业折扣。

企业为促进商品销售而在商品价格上给予的价格扣除属于商业折扣，商品销售涉及商业折扣的，应当按照扣除商业折扣后的金额确定销售商品收入金额。

（2）现金折扣。

债权人为鼓励债务人在规定的期限内付款而向债务人提供的债务扣除属于现金折扣，销售商品涉及现金折扣的，应当按扣除现金折扣前的金额确定销售商品收入金额，现金折扣在实际发生时作为财务费用扣除。

4. 销售折让和退回的处理

企业因售出商品的质量不合格等原因而在售价上给的减让属于销售折让；企业因售出商品质量、品种不符合要求等原因而发生的退货属于销售退回。企业已经确认销售收入的售出商品发生销售折让和销售退回，应当在发生当期冲减当期销售商品收入。

5. 买一赠一的处理

企业以买一赠一等方式组合销售本企业商品的，不属于捐赠，应将总的销售金额按各项商品的公允价值的比例来分摊确认各项的销售收入。

【知识点3】 提供劳务收入的基本政策

提供劳务收入，是指企业从事建筑安装、修理修配、交通运输、仓储租赁、金融保险、邮电通信、咨询经纪、文化体育、科学研究、技术服务、教育培训、餐饮住宿、中介代理、卫生保健、社区服务、旅游、娱乐、加工以及其他劳务服务活动取得的收入。

1. 一般提供劳务收入的确认

企业在各个纳税期末，提供劳务交易的结果能够可靠估计的，应采用完工进度（完工百分比）法确认提供劳务收入。

（1）提供劳务交易的结果能够可靠估计，是指同时满足下列条件：

①收入的金额能够可靠地计量；

②交易的完工进度能够可靠地确定；

③交易中已发生和将发生的成本能够可靠地核算。

（2）企业提供劳务完工进度的确定，可选用下列方法：

①已完工作的测量；

②已提供劳务占劳务总量的比例；

③发生成本占总成本的比例。

（3）企业应按照从接受劳务方已收或应收的合同或协议价款确定劳务收入总额，根据纳税期末提供劳务收入总额乘以完工进度扣除以前纳税年度累计已确认提供劳务收入后的金额,确认为当期劳务收入;同时,按照提供劳务估计总成本乘以完工进度扣除以前纳税期间累计已确认劳务成本后的金额,结转为当期劳务成本。

2. 不同劳务方式收入的确认

(1) 安装费。应根据安装完工进度确认收入。安装工作是商品销售附带条件的,安装费在确认商品销售实现时确认收入。

(2) 宣传媒介的收费。应在相关的广告或商业行为出现于公众面前时确认收入。广告的制作费,应根据制作广告的完工进度确认收入。

(3) 软件费。为特定客户开发软件的收费,应根据开发的完工进度确认收入。

(4) 服务费。包含在商品售价内可区分的服务费,在提供服务的期间分期确认收入。

(5) 艺术表演、招待宴会和其他特殊活动的收费。在相关活动发生时确认收入。收费涉及几项活动的,预收的款项应合理分配给每项活动,分别确认收入。

(6) 会员费。申请入会或加入会员,只允许取得会籍,所有其他服务或商品都要另行收费的,在取得该会员费时确认收入。申请入会或加入会员后,会员在会员期内不再付费就可得到各种服务或商品,或者以低于非会员的价格销售商品或提供服务的,该会员费应在整个受益期内分期确认收入。

(7) 特许权费。属于提供设备和其他有形资产的特许权费,在交付资产或转移资产所有权时确认收入;属于提供初始及后续服务的特许权费,在提供服务时确认收入。

(8) 劳务费。长期为客户提供重复的劳务收取的劳务费,在相关劳务活动发生时确认收入。

(9) 持续时间超过12个月的加工制造或劳务。企业受托加工制造大型机械设备、船舶、飞机,以及从事建筑、安装、装配工程业务或者提供其他劳务等,持续时间超过12个月的,按照纳税年度内完工进度或者完成的工作量确认收入的实现。

【知识点4】 转让财产收入的基本政策

转让财产收入,是指企业转让固定资产、生物资产、无形资产、股权、债权等财产取得的收入。

1. 股权转让所得收入

(1) 企业转让股权收入,应于转让协议生效、且完成股权变更手续时,确认收入的实现。转让股权收入扣除为取得该股权所发生的成本后,为股权转让所得。企业在计算股权转让所得时,不得扣除被投资企业未分配利润等股东留存收益中按该项股权所可能分配的金额。

(2) 沪港、深港股票市场交易收入。

对内地企业投资者通过沪港通投资香港联交所上市股票取得的转让差价所得,计入其收入总额，依法征收企业所得税。

对内地企业投资者通过深港通投资香港联交所上市股票取得的转让差价所得，计入其收入总额，依法征收企业所得税。

（3）企业转让上市公司限售股。

转让限售股取得收入的企业（包括事业单位、社会团体、民办非企业单位等），为企业所得税的纳税义务人。

因股权分置改革造成原由个人出资而由企业代持有的限售股，企业在转让时按以下规定处理：

①企业转让上述限售股取得的收入，应作为企业应税收入计算纳税。限售股转让收入扣除限售股原值和合理税费后的余额为该限售股转让所得。企业未能提供完整、真实的限售股原值凭证，不能准确计算该限售股原值的，主管税务机关一律按该限售股转让收入的15%，核定为该限售股原值和合理税费。依照规定完成纳税义务后的限售股转让收入余额转付给实际所有人时不再纳税。

②依法院判决、裁定等原因，通过证券登记结算公司，企业将其代持的个人限售股直接变更到实际所有人名下的，不视同转让限售股。

企业在限售股解禁前将其持有的限售股转让给其他企业或个人（以下简称受让方），其企业所得税问题按以下规定处理：

①企业应按减持在证券登记结算机构登记的限售股取得的全部收入，计入企业当年度应税收入计算纳税。

②企业持有的限售股在解禁前已签订协议转让给受让方，但未变更股权登记、仍由企业持有的，企业实际减持该限售股取得的收入，依照第①项规定纳税后，其余额转付给受让方的，受让方不再纳税。

2. 国债转让收入

（1）国债转让收入时间确认。企业转让国债应在转让国债合同、协议生效的日期，或者国债移交时确认转让收入的实现。企业投资购买国债，到期兑付的，应在国债发行时约定的应付利息的日期，确认国债转让收入的实现。

（2）国债转让收益（损失）计算。企业转让或到期兑付国债取得的价款，减除其购买国债成本，并扣除其持有期间按照《国家税务总局关于企业国债投资业务企业所得税处理问题的公告》（国家税务总局公告2011年第36号）第一条计算的国债利息收入，以及交易过程中相关税费后的余额，为企业转让国债收益（损失）。

（3）企业转让国债，应作为转让财产，其取得的收益（损失）应作为企业应纳税所得额计算纳税。

（4）国债成本。通过支付现金方式取得的国债，以买入价和支付的相关税费为成本；通过支付现金以外的方式取得的国债，以该资产的公允价值和支付的相关税费为成本；企业在不同时间购买同一品种国债的，其转让时的成本计算方法，可在先进先出法、加权平均法、个别计价法中选用一种。计价方法一经选用，不得随意改变。

【知识点5】 股息、红利等权益性投资收益的基本政策

1. 股息、红利等权益性投资收益确认的一般性规定

股息、红利等权益性投资收益，是指企业因权益性投资从被投资方取得的收入。

股息、红利等权益性投资收益，除国务院财政、税务主管部门另有规定外，按照被投资方作出利润分配决定的日期确认收入的实现。

企业权益性投资取得股息、红利等收入，应以被投资企业股东会或股东大会作出利润分配或转股决定的日期，确定收入的实现。

被投资企业将股权（票）溢价所形成的资本公积转为股本的，不作为投资方企业的股息、红利收入，投资方企业也不得增加该项长期投资的计税基础。

2. 沪港通股息、红利所得

对内地企业投资者通过沪港通投资香港联交所上市股票取得的股息、红利所得，计入其收入总额，依法计征企业所得税。其中，内地居民企业连续持有H股满12个月取得的股息、红利所得，依法免征企业所得税。

香港联交所上市H股公司应向中国结算提出申请，由中国结算向H股公司提供内地企业投资者名册，H股公司对内地企业投资者不代扣股息、红利所得税款，应纳税款由企业自行申报缴纳。

内地企业投资者自行申报缴纳企业所得税时，对香港联交所非H股上市公司已代扣代缴的股息、红利所得税，可依法申请税收抵免。

3. 深港通股息红利所得

对内地企业投资者通过深港通投资香港联交所上市股票取得的股息、红利所得，计入其收入总额，依法计征企业所得税。其中，内地居民企业连续持有H股满12个月取得的股息、红利所得，依法免征企业所得税。

香港联交所上市H股公司应向中国结算提出申请，由中国结算向H股公司提供内地企业投资者名册，H股公司对内地企业投资者不代扣股息、红利所得税款，应纳税款由企业自行申报缴纳。

内地企业投资者自行申报缴纳企业所得税时，对香港联交所非H股上市公司已代扣代缴的股息、红利所得税，可依法申请税收抵免。

4. 持有创企业CDR取得的股息红利所得

对企业投资者转让创新企业CDR取得的差价所得和持有创新企业CDR取得的股息红利所得，按转让股票差价所得和持有股票的股息红利所得政策规定征免企业所得税。

对公募证券投资基金（封闭式证券投资基金、开放式证券投资基金）转让创新企

业 CDR 取得的差价所得和持有创新企业 CDR 取得的股息红利所得，按公募证券投资基金税收政策规定暂不征收企业所得税。

对合格境外机构投资者（QFII）、人民币合格境外机构投资者（RQFII）转让创新企业 CDR 取得的差价所得和持有创新企业 CDR 取得的股息红利所得，视同转让或持有据以发行创新企业 CDR 的基础股票取得的权益性资产转让所得和股息红利所得征免企业所得税。

5. 永续债属于股息、红利情形

自 2019 年 1 月 1 日起，企业发行的永续债，可以适用股息、红利企业所得税政策，即：投资方取得的永续债利息收入属于股息、红利性质，按照现行企业所得税政策相关规定进行处理，其中，发行方和投资方均为居民企业的，永续债利息收入可以适用《企业所得税法》规定的居民企业之间的股息、红利等权益性投资收益免征企业所得税规定；同时发行方支付的永续债利息支出不得在企业所得税税前扣除。

企业发行永续债，应当将其适用的税收处理方法在证券交易所、银行间债券市场等发行市场的发行文件中向投资方予以披露。

发行永续债的企业对每一永续债产品的税收处理方法一经确定，不得变更。企业对永续债采取的税收处理办法与会计核算方式不一致的，发行方、投资方在进行税收处理时须作出相应纳税调整。

【知识点6】 利息收入的基本政策

1. 利息收入确认的一般性规定

利息收入，是指企业将资金提供他人使用但不构成权益性投资，或者因他人占用本企业资金取得的收入，包括存款利息、贷款利息、债券利息、欠款利息等收入。企业自关联方取得的不符合规定的利息收入应按照有关规定缴纳企业所得税。

利息收入，按照合同约定的债务人应付利息的日期确认收入的实现。

2. 金融企业贷款利息收入

金融企业按规定发放的贷款，属于未逾期贷款（含展期，下同），应根据先收利息后收本金的原则，按贷款合同确认的利率和结算利息的期限计算利息，并于债务人应付利息的日期确认收入的实现；属于逾期贷款，其逾期后发生的应收利息，应于实际收到的日期，或者虽未实际收到，但会计上确认为利息收入的日期，确认收入的实现。

金融企业已确认为利息收入的应收利息，逾期 90 天仍未收回，且会计上已冲减了当期利息收入的，准予抵扣当期应纳税所得额。

金融企业已冲减了利息收入的应收未收利息，以后年度收回时，应计入当期应纳税所得额计算纳税。

3. 国债利息收入

（1）国债利息收入时间确认。企业投资国债从国务院财政部门（以下简称发行者）取得的国债利息收入，应以国债发行时约定应付利息的日期，确认利息收入的实现。企业转让国债，应在国债转让收入确认时确认利息收入的实现。

（2）国债利息收入计算。企业到期前转让国债、或者从非发行者投资购买的国债，其持有期间尚未兑付的国债利息收入，按以下公式计算确定：

$$国债利息收入 = 国债金额 \times (适用年利率 \div 365) \times 持有天数$$

上述公式中的"国债金额"，按国债发行面值或发行价格确定；"适用年利率"按国债票面年利率或折合年收益率确定；如企业不同时间多次购买同一品种国债的，"持有天数"可按平均持有天数计算确定。

4. 永续债利息收入

企业发行符合规定条件的永续债，也可以按照债券利息适用企业所得税政策，即：发行方支付的永续债利息支出准予在其企业所得税税前扣除；投资方取得的永续债利息收入应当依法纳税。

所称符合规定条件的永续债，是指符合下列条件中 5 条（含）以上的永续债：

（1）被投资企业对该项投资具有还本义务；

（2）有明确约定的利率和付息频率；

（3）有一定的投资期限；

（4）投资方对被投资企业净资产不拥有所有权；

（5）投资方不参与被投资企业日常生产经营活动；

（6）被投资企业可以赎回，或满足特定条件后可以赎回；

（7）被投资企业将该项投资计入负债；

（8）该项投资不承担被投资企业股东同等的经营风险；

（9）该项投资的清偿顺序位于被投资企业股东持有的股份之前。

【知识点 7】 租金收入的基本政策

1. 租金收入确认的一般性规定

租金收入，是指企业提供固定资产、包装物或者其他有形资产的使用权取得的收入。

租金收入，按照合同约定的承租人应付租金的日期确认收入的实现。

2. 租金提前一次性支付的收入确认

企业提供固定资产、包装物或者其他有形资产的使用权取得的租金收入，应按交易合同或协议规定的承租人应付租金的日期确认收入的实现。其中，如果交易合同或协议中规定租赁期限跨年度，且租金提前一次性支付的，根据《企业所得税法实施条例》第九条规定的收入与费用配比原则,出租人可对上述已确认的收入,在租赁期内,分期均匀计入相关纳税年度。出租方如为在我国境内设有机构场所、且采取据实申报缴纳企业所得税的非居民企业,也按本规定执行。

3. 预租租金的收入确认

企业新建的开发产品在尚未完工或办理房地产初始登记、取得产权证前,与承租人签订租赁预约协议的,自开发产品交付承租人使用之日起,出租方取得的预租价款按租金确认收入的实现。

【知识点8】 特许权使用费收入的基本政策

特许权使用费收入,是指企业提供专利权、非专利技术、商标权、著作权以及其他特许权的使用权取得的收入。

特许权使用费收入,按照合同约定的特许权使用人应付特许权使用费的日期确认收入的实现。

【知识点9】 接受捐赠收入的基本政策

接受捐赠收入,是指企业接受的来自其他企业、组织或者个人无偿给予的货币性资产、非货币性资产。

接受捐赠收入,按照实际收到捐赠资产的日期确认收入的实现。

【知识点10】 产品分成收入的基本政策

采取产品分成方式取得收入的,按照企业分得产品的日期确认收入的实现,其收入额按照产品的公允价值确定。

【知识点11】 视同销售收入的基本政策

企业发生非货币性资产交换,以及将货物、财产、劳务用于捐赠、偿债、赞助、集资、广告、样品、职工福利或者利润分配等用途的,应当视同销售货物、转让财产或者提供劳务,但国务院财政、税务主管部门另有规定的除外。

1. 内部处置资产不视同销售

企业发生下列情形的处置资产,除将资产转移至境外以外,由于资产所有权属在形式和实质上均不发生改变,可作为内部处置资产,不视同销售确认收入,相关资产的计税基础延续计算。

(1) 将资产用于生产、制造、加工另一产品;

(2) 改变资产形状、结构或性能;

(3) 改变资产用途(如自建商品房转为自用或经营);

(4) 将资产在总机构及其分支机构之间转移；

(5) 上述两种或两种以上情形的混合；

(6) 其他不改变资产所有权属的用途。

2. 资产权属改变应视同销售

企业将资产移送他人的下列情形，因资产所有权属已发生改变而不属于内部处置资产，应按规定视同销售确定收入。

(1) 用于市场推广或销售；

(2) 用于交际应酬；

(3) 用于职工奖励或福利；

(4) 用于股息分配；

(5) 其他改变资产所有权属的用途。

3. 视同销售价格

企业发生视同销售情形的，除另有规定外，应按照被移送资产的公允价值确定销售收入。

【知识点12】 政策性搬迁收入的基本政策

1. 企业政策性搬迁的概念

企业政策性搬迁，是指由于社会公共利益的需要，在政府主导下企业进行整体搬迁或部分搬迁。企业由于下列需要之一，提供相关文件证明资料的，属于政策性搬迁：

(1) 国防和外交的需要；

(2) 由政府组织实施的能源、交通、水利等基础设施的需要；

(3) 由政府组织实施的科技、教育、文化、卫生、体育、环境和资源保护、防灾减灾、文物保护、社会福利、市政公用等公共事业的需要；

(4) 由政府组织实施的保障性安居工程建设的需要；

(5) 由政府依照《中华人民共和国城乡规划法》有关规定组织实施的对危房集中、基础设施落后等地段进行旧城区改建的需要；

(6) 法律、行政法规规定的其他公共利益的需要。

政策性搬迁过程中涉及的搬迁收入、搬迁支出、搬迁资产税务处理、搬迁所得等所得税征收管理事项，单独进行税务管理和核算。不能单独进行税务管理和核算的，应视为企业自行搬迁或商业性搬迁等非政策性搬迁进行所得税处理，不得执行政策性搬迁税收规定。

2. 搬迁收入

企业的搬迁收入，包括搬迁过程中从本企业以外（包括政府或其他单位）取得的搬迁补偿收入，以及本企业搬迁资产处置收入等。

企业取得的搬迁补偿收入，是指企业由于搬迁取得的货币性和非货币性补偿收入。具体包括：

（1）对被征用资产价值的补偿；

（2）因搬迁、安置而给予的补偿；

（3）对停产停业形成的损失而给予的补偿；

（4）资产搬迁过程中遭到毁损而取得的保险赔款；

（5）其他补偿收入。

企业搬迁资产处置收入，是指企业由于搬迁而处置企业各类资产所取得的收入。

企业由于搬迁处置存货而取得的收入，应按正常经营活动取得的收入进行所得税处理，不作为企业搬迁收入。

3. 搬迁支出

企业的搬迁支出，包括搬迁费用支出以及由于搬迁所发生的企业资产处置支出。

搬迁费用支出，是指企业搬迁期间所发生的各项费用，包括安置职工实际发生的费用、停工期间支付给职工的工资及福利费、临时存放搬迁资产而发生的费用、各类资产搬迁安装费用以及其他与搬迁相关的费用。

资产处置支出，是指企业由于搬迁而处置各类资产所发生的支出，包括变卖及处置各类资产的净值、处置过程中所发生的税费等支出。

企业由于搬迁而报废的资产，如无转让价值，其净值作为企业的资产处置支出。

4. 搬迁资产的税务处理

企业搬迁的资产，简单安装或不需要安装即可继续使用的，在该项资产重新投入使用后，就其净值按规定的该资产尚未折旧或摊销的年限，继续计提折旧或摊销。

企业搬迁的资产，需要进行大修理后才能重新使用的，应就该资产的净值，加上大修理过程所发生的支出，为该资产的计税成本。在该项资产重新投入使用后，按该资产尚可使用的年限，计提折旧或摊销。

企业搬迁中被征用的土地，采取土地置换的，换入土地的计税成本按被征用土地的净值，以及该换入土地投入使用前所发生的各项费用支出，为该换入土地的计税成本，在该换入土地投入使用后，按《企业所得税法》及其实施条例规定年限摊销。

企业搬迁期间新购置的各类资产，应按有关规定，计算确定资产的计税成本及折旧或摊销年限。

企业发生的购置资产支出，不得从搬迁收入中扣除。

5. 政策性搬迁的应税所得

企业在搬迁期间发生的搬迁收入和搬迁支出，可以暂不计入当期应纳税所得额，而在完成搬迁的年度，对搬迁收入和支出进行汇总清算。

企业的搬迁收入，扣除搬迁支出后的余额，为企业的搬迁所得。

企业应在搬迁完成年度,将搬迁所得计入当年度企业应纳税所得额计算纳税。

下列情形之一的,为搬迁完成年度,企业应进行搬迁清算,计算搬迁所得:

(1) 从搬迁开始,5年内(包括搬迁当年度)任何一年完成搬迁的。

(2) 从搬迁开始,搬迁时间满5年(包括搬迁当年度)的年度。

企业搬迁收入扣除搬迁支出后为负数的,应为搬迁损失。搬迁损失可在下列方法中选择其一进行税务处理:

(1) 在搬迁完成年度,一次性作为损失进行扣除。

(2) 自搬迁完成年度起分3个年度,均匀在税前扣除。

上述方法由企业自行选择,但一经选定,不得改变。

企业同时符合下列条件的,视为已经完成搬迁:

(1) 搬迁规划已基本完成。

(2) 当年生产经营收入占规划搬迁前年度生产经营收入50%以上。

企业边搬迁、边生产的,搬迁年度应从实际开始搬迁的年度计算。

企业以前年度发生尚未弥补的亏损的,凡企业由于搬迁停止生产经营无所得的,从搬迁年度次年起,至搬迁完成年度前一年度止,可作为停止生产经营活动年度,从法定亏损结转弥补年限中减除;企业边搬迁、边生产的,其亏损结转年度应连续计算。

【知识点13】 其他收入的基本政策

其他收入,是指企业取得的除《企业所得税法》第六条第(一)项至第(八)项规定的收入外的其他收入,包括企业资产溢余收入、逾期未退包装物押金收入、确实无法偿付的应付款项、已作坏账损失处理后又收回的应收款项、债务重组收入、补贴收入、违约金收入、汇兑收益等。

1. 已作损失处理后又收回的资产

企业在计算应纳税所得额时已经扣除的资产损失,在以后纳税年度全部或者部分收回时,其收回部分应当作为收入计入收回当期的应纳税所得额。

2. 补贴收入

企业取得的各类财政性资金,除属于国家投资和资金使用后要求归还本金的以外,均应计入企业当年收入总额。

所称财政性资金,是指企业取得的来源于政府及其有关部门的财政补助、补贴、贷款贴息,以及其他各类财政专项资金,包括直接减免的增值税和即征即退、先征后退、先征后返的各种税收,但不包括企业按规定取得的出口退税款。所称国家投资,是指国家以投资者身份投入企业、并按有关规定相应增加企业实收资本(股本)的直接投资。

企业从县级以上各级人民政府财政部门及其他部门取得的应计入收入总额的财政

性资金，凡同时符合规定条件的，可以作为不征税收入，在计算应纳税所得额时从收入总额中减除。

3. 债务重组收入

企业发生债务重组，应在债务重组合同或协议生效时确认收入的实现。

4. 融资性售后回租业务中承租方出售资产

根据现行《企业所得税法》及有关收入确定规定，融资性售后回租业务中，承租人出售资产的行为，不确认为销售收入，对融资性租赁的资产，仍按承租人出售前原账面价值作为计税基础计提折旧。租赁期间，承租人支付的属于融资利息的部分，作为企业财务费用在税前扣除。

【知识点14】 不征税收入的基本政策

1. 不征税收入

收入总额中的下列收入为不征税收入：

（1）财政拨款；

（2）依法收取并纳入财政管理的行政事业性收费、政府性基金；

（3）国务院规定的其他不征税收入。

2. 财政拨款

财政拨款，是指各级人民政府对纳入预算管理的事业单位、社会团体等组织拨付的财政资金，但国务院和国务院财政、税务主管部门另有规定的除外。

纳入预算管理的事业单位、社会团体等组织按照核定的预算和经费报领关系收到的由财政部门或上级单位拨入的财政补助收入，准予作为不征税收入，在计算应纳税所得额时从收入总额中减除，但国务院和国务院财政、税务主管部门另有规定的除外。

3. 行政事业性收费

行政事业性收费，是指依照法律法规等有关规定，按照国务院规定程序批准，在实施社会公共管理，以及在向公民、法人或者其他组织提供特定公共服务过程中，向特定对象收取并纳入财政管理的费用。

4. 政府性基金

政府性基金，是指企业依照法律、行政法规等有关规定，代政府收取的具有专项用途的财政资金。

5. 其他不征税收入

其他不征税收入，是指企业取得的，由国务院财政、税务主管部门规定专项用途并经国务院批准的财政性资金。

6. 县级以上各级人民政府财政部门及其他部门财政拨款

企业从县级以上各级人民政府财政部门及其他部门取得的应计入收入总额的财政

性资金，凡同时符合以下条件的，可以作为不征税收入，在计算应纳税所得额时从收入总额中减除：

（1）企业能够提供规定资金专项用途的资金拨付文件；

（2）财政部门或其他拨付资金的政府部门对该资金有专门的资金管理办法或具体管理要求；

（3）企业对该资金以及以该资金发生的支出单独进行核算。

7. 企业取得的不征税收入的处理

（1）企业按照规定缴纳的、由国务院或财政部批准设立的政府性基金以及由国务院和省、自治区、直辖市人民政府及其财政、价格主管部门批准设立的行政事业性收费，准予在计算应纳税所得额时扣除。

企业缴纳的不符合上述审批管理权限设立的基金、收费，不得在计算应纳税所得额时扣除。

（2）企业收取的各种基金、收费，应计入企业当年收入总额。

（3）对企业依照法律、法规及国务院有关规定收取并上缴财政的政府性基金和行政事业性收费，准予作为不征税收入，于上缴财政的当年在计算应纳税所得额时从收入总额中减除；未上缴财政的部分，不得从收入总额中减除。

（4）不征税收入用于支出所形成的费用，不得在计算应纳税所得额时扣除；用于支出所形成的资产，其计算的折旧、摊销不得在计算应纳税所得额时扣除。

（5）企业将符合规定条件的财政性资金作不征税收入处理后，在5年（60个月）内未发生支出且未缴回财政部门或其他拨付资金的政府部门的部分，应计入取得该资金第六年的应税收入总额；计入应税收入总额的财政性资金发生的支出，允许在计算应纳税所得额时扣除。

8. 关于企业取得政府财政资金的收入时间确认问题

2021年及以后年度汇算清缴时，企业按照市场价格销售货物、提供劳务服务等，凡由政府财政部门根据企业销售货物、提供劳务服务的数量、金额的一定比例给予全部或部分资金支付的，应当按照权责发生制原则确认收入。

除上述情形外，企业取得的各种政府财政支付，如财政补贴、补助、补偿、退税等，应当按照实际取得收入的时间确认收入。

9. 核发电企业取得的增值税退税款

核力发电企业取得的增值税退税款，专项用于还本付息，不征收企业所得税。

10. 符合条件的软件企业

符合条件的软件企业按照规定取得的即征即退增值税款，由企业专项用于软件产品研发和扩大再生产并单独进行核算，可以作为不征税收入，在计算应纳税所得额时从收入总额中减除。

11. 经认定的动漫企业

经认定的动漫企业自主开发、生产动漫产品，可申请享受国家现行鼓励软件产业发展的所得税优惠政策。

12. 社会保障基金投资收入

（1）对社保基金理事会、社保基金投资管理人管理的社保基金银行存款利息收入，社保基金从证券市场中取得的收入，包括买卖证券投资基金、股票、债券的差价收入，证券投资基金红利收入，股票的股息、红利收入，债券的利息收入及产业投资基金收益、信托投资收益等其他投资收入，作为企业所得税不征税收入。

（2）对社保基金投资管理人、社保基金托管人从事社保基金管理活动取得的收入，依照税法的规定征收企业所得税。

（3）对社保基金取得的直接股权投资收益、股权投资基金收益，作为企业所得税不征税收入。

（4）对社保基金会及养老基金投资管理机构在国务院批准的投资范围内，运用养老基金投资取得的归属于养老基金的投资收入，作为企业所得税不征税收入；对养老基金投资管理机构、养老基金托管机构从事养老基金管理活动取得的收入，依照税法规定征收企业所得税。

【知识点15】 企业所得税收入总额的检查方法

企业所得税收入总额的检查方法如下：

（1）了解被查对象的经营范围和经营内容，掌握其企业所得税收入的基本特点。

（2）检查被查对象资产评估增值是否并入应纳税所得额。

（3）检查被查对象从境外被投资企业取得的所得是否并入当期应纳税所得税计税。

（4）检查被查对象持有上市公司的非流通股份（限售股），在解禁之后出售股份取得的收入是否计入应纳税所得额。

（5）检查被查对象取得的各种收入是否存在未按规定的时间确认收入的问题。

（6）检查被查对象是否存在利用往来账户、中间会计科目如"其他应付款""递延收入""预提费用"等延迟实现应税收入或调整企业利润。

（7）检查集团总部收取集团内企业的授权生产、商标权使用费等收入是否合理。

（8）检查被查对象取得非货币性资产收益是否计入应纳税所得额。

（9）检查被查对象是否存在视同销售行为未作纳税调整。

（10）检查被查对象是否存在各种减免流转税及各项补贴、收到政府奖励，未按规定计入应纳税所得额。

（11）检查被查对象是否存在接受捐赠的货币及非货币资产，未计入应纳税所得额。

（12）检查被查对象是否存在隐匿账外收入的行为。

（13）检查被查对象是否存在其他税会差异，会计上未计入收入，而企业所得税上应计入收入，企业未进行纳税调整。

三 企业所得税扣除项目及扣除凭证的检查方法

【知识点1】 企业所得税扣除项目及扣除凭证的基本政策

1. 基本规定

企业实际发生的与取得收入有关的、合理的支出，包括成本、费用、税金、损失和其他支出，准予在计算应纳税所得额时扣除。

有关的支出，是指与取得收入直接相关的支出。

合理的支出，是指符合生产经营活动常规，应当计入当期损益或者有关资产成本的必要和正常的支出。

2. 成本

成本，是指企业在生产经营活动中发生的销售成本、销货成本、业务支出以及其他耗费。

3. 费用

费用，是指企业在生产经营活动中发生的销售费用、管理费用和财务费用，已经计入成本的有关费用除外。

4. 税金

税金，是指企业发生的除企业所得税和允许抵扣的增值税以外的各项税金及其附加。

5. 损失

损失，是指企业在生产经营活动中发生的固定资产和存货的盘亏、毁损、报废损失，转让财产损失，呆账损失，坏账损失，自然灾害等不可抗力因素造成的损失以及其他损失。

企业发生的损失，减除责任人赔偿和保险赔款后的余额，依照国务院财政、税务主管部门的规定扣除。

企业已经作为损失处理的资产，在以后纳税年度又全部收回或者部分收回时，应当计入当期收入。

6. 其他支出

其他支出，是指除成本、费用、税金、损失外，企业在生产经营活动中发生的与生产经营活动有关的、合理的支出。

企业发生的支出应当区分收益性支出和资本性支出。收益性支出在发生当期直接扣除；资本性支出应当分期扣除或者计入有关资产成本，不得在发生当期直接扣除。

企业的不征税收入用于支出所形成的费用或者财产，不得扣除或者计算对应的折旧、摊销扣除。

除《企业所得税法》及其实施条例另有规定外，企业实际发生的成本、费用、税金、损失和其他支出，不得重复扣除。

【知识点2】 以前年度发生应扣未扣支出的税务处理的基本政策

对企业发现以前年度实际发生的、按照税收规定应在企业所得税税前扣除而未扣除或者少扣除的支出，企业做出专项申报及说明后，准予追补至该项目发生年度计算扣除，但追补确认期限不得超过5年。

企业由于上述原因多缴的企业所得税税款，可以在追补确认年度企业所得税应纳税款中抵扣，不足抵扣的，可以向以后年度递延抵扣或申请退税。

亏损企业追补确认以前年度未在企业所得税税前扣除的支出，或盈利企业经过追补确认后出现亏损的，应首先调整该项支出所属年度的亏损额，然后再按照弥补亏损的原则计算以后年度多缴的企业所得税款，并按上述规定处理。

【知识点3】 税前扣除规定与企业实际会计处理之间的协调的基本政策

对企业依据财务会计制度规定，并实际在财务会计处理上已确认的支出，凡没有超过《企业所得税法》和有关税收法规规定的税前扣除范围和标准的，可按企业实际会计处理确认的支出，在企业所得税税前扣除，计算其应纳税所得额。

【知识点4】 不得税前扣除的基本政策

在计算应纳税所得额时，下列支出不得扣除：

（1）向投资者支付的股息、红利等权益性投资收益款项；

（2）企业所得税税款；

（3）税收滞纳金；

（4）罚金、罚款和被没收财物的损失；

（5）《企业所得税法》第九条规定以外的捐赠支出；

（6）赞助支出（企业发生的与生产经营活动无关的各种非广告性质支出）；

（7）未经核定的准备金支出（不符合国务院财政、税务主管部门规定的各项资产减值准备、风险准备等准备金支出）；

（8）与取得收入无关的其他支出。

企业之间支付的管理费、企业内营业机构之间支付的租金和特许权使用费，以及非银行企业内营业机构之间支付的利息，不得扣除。

【知识点5】 企业所得税税前扣除凭证的基本政策

税前扣除凭证按照来源分为内部凭证和外部凭证。

内部凭证是指企业自制用于成本、费用、损失和其他支出核算的会计原始凭证。内部凭证的填制和使用应当符合国家会计法律、法规等相关规定。

外部凭证是指企业发生经营活动和其他事项时，从其他单位、个人取得的用于证明其支出发生的凭证，包括但不限于发票（包括纸质发票和电子发票）、财政票据、完税凭证、收款凭证、分割单等。

企业应在当年度《企业所得税法》规定的汇算清缴期结束前取得税前扣除凭证。企业当年度实际发生的相关成本、费用，由于各种原因未能及时取得该成本、费用的有效凭证，企业在预缴季度所得税时，可暂按账面发生金额进行核算；但在汇算清缴时，应补充提供该成本、费用的有效凭证。

税前扣除凭证在管理中遵循真实性、合法性、关联性原则。

企业发生支出，应取得税前扣除凭证，作为计算企业所得税应纳税所得额时扣除相关支出的依据。企业取得私自印制、伪造、变造、作废、开票方非法取得、虚开、填写不规范等不符合规定的发票，以及取得不符合国家法律、法规等相关规定的其他外部凭证，不得作为税前扣除凭证。

企业应将与税前扣除凭证相关的资料，包括合同协议、支出依据、付款凭证等留存备查，以证实税前扣除凭证的真实性。

企业在境内发生的支出项目属于增值税应税项目（以下简称应税项目）的，对方为已办理税务登记的增值税纳税人，其支出以发票（包括按照规定由税务机关代开的发票）作为税前扣除凭证；对方为依法无须办理税务登记的单位或者从事小额零星经营业务的个人，其支出以税务机关代开的发票或者收款凭证及内部凭证作为税前扣除凭证，收款凭证应载明收款单位名称、个人姓名及身份证号、支出项目、收款金额等相关信息。

小额零星经营业务的判断标准是个人从事应税项目经营业务的销售额不超过增值税相关政策规定的起征点。

国家税务总局对应税项目开具发票另有规定的，以规定的发票或者票据作为税前扣除凭证。

企业在境内发生的支出项目不属于应税项目的，对方为单位的，以对方开具的发票以外的其他外部凭证作为税前扣除凭证；对方为个人的，以内部凭证作为税前扣除凭证。

企业在境内发生的支出项目虽不属于应税项目，但按国家税务总局规定可以开具发票的，可以发票作为税前扣除凭证。

企业从境外购进货物或者劳务发生的支出，以对方开具的发票或者具有发票性质的收款凭证、相关税费缴纳凭证作为税前扣除凭证。

企业与其他企业（包括关联企业）、个人在境内共同接受应纳增值税劳务（以下简称应税劳务）发生的支出，采取分摊方式的，应当按照独立交易原则进行分摊，企业以发票和分割单作为税前扣除凭证，共同接受应税劳务的其他企业以企业开具的分割单作为税前扣除凭证。

企业与其他企业、个人在境内共同接受非应税劳务发生的支出，采取分摊方式的，企业以发票外的其他外部凭证和分割单作为税前扣除凭证，共同接受非应税劳务的其他企业以企业开具的分割单作为税前扣除凭证。

企业租用（包括企业作为单一承租方租用）办公、生产用房等资产发生的水、电、燃气、冷气、暖气、通讯线路、有线电视、网络等费用，出租方作为应税项目开具发票的，企业以发票作为税前扣除凭证；出租方采取分摊方式的，企业以出租方开具的其他外部凭证作为税前扣除凭证。

企业应当取得而未取得发票、其他外部凭证或者取得不合规发票、不合规其他外部凭证的，若支出真实且已实际发生，应当在当年度汇算清缴期结束前，要求对方补开、换开发票、其他外部凭证。补开、换开后的发票、其他外部凭证符合规定的，可以作为税前扣除凭证。

企业在补开、换开发票、其他外部凭证过程中，因对方注销、撤销、依法被吊销营业执照、被税务机关认定为非正常户等特殊原因无法补开、换开发票、其他外部凭证的，可凭以下资料证实支出真实性后，其支出允许税前扣除：

（1）无法补开、换开发票、其他外部凭证原因的证明资料（包括市场主体注销、机构撤销、列入非正常经营户、破产公告等证明资料）；

（2）相关业务活动的合同或者协议；

（3）采用非现金方式支付的付款凭证；

（4）货物运输的证明资料；

（5）货物入库、出库内部凭证；

（6）企业会计核算记录以及其他资料。

上述第（1）项至第（3）项为必备资料。

汇算清缴期结束后，税务机关发现企业应当取得而未取得发票、其他外部凭证或者取得不合规发票、不合规其他外部凭证并且告知企业的，企业应当自被告知之日起60日内补开、换开符合规定的发票、其他外部凭证。其中，因对方特殊原因无法补开、换开发票、其他外部凭证的，企业应当按照《企业所得税税前扣除凭证管理办法》（国家税务总局公告2018年第28号，以下简称《办法》）第十四条的规定，自被告知之日起60日内提供可以证实其支出真实性的相关资料。

企业在规定的期限未能补开、换开符合规定的发票、其他外部凭证,并且未能按照《办法》第十四条的规定提供相关资料证实其支出真实性的,相应支出不得在发生年度税前扣除。

除发生《办法》第十五条规定的情形外,企业以前年度应当取得而未取得发票、其他外部凭证,且相应支出在该年度没有税前扣除的,在以后年度取得符合规定的发票、其他外部凭证或者按照《办法》第十四条的规定提供可以证实其支出真实性的相关资料,相应支出可以追补至该支出发生年度税前扣除,但追补年限不得超过5年。

【知识点6】 工资、薪金支出税前扣除的基本政策

1. 税前扣除的基本规定

企业发生的合理的工资、薪金支出,准予扣除。

工资、薪金,是指企业每一纳税年度支付给在本企业任职或者受雇的员工的所有现金形式或者非现金形式的劳动报酬,包括基本工资、奖金、津贴、补贴、年终加薪、加班工资,以及与员工任职或者受雇有关的其他支出。

企业在年度汇算清缴结束前向员工实际支付的已预提汇缴年度工资、薪金,准予在汇缴年度按规定扣除。

2. 合理工资、薪金

合理工资、薪金是指企业按照股东大会、董事会、薪酬委员会或相关管理机构制订的工资、薪金制度规定实际发放给员工的工资、薪金。税务机关在对工资、薪金进行合理性确认时,可按以下原则掌握:

(1) 企业制订了较为规范的员工工资、薪金制度;

(2) 企业所制订的工资、薪金制度符合行业及地区水平;

(3) 企业在一定时期所发放的工资、薪金是相对固定的,工资、薪金的调整是有序进行的;

(4) 企业对实际发放的工资、薪金,已依法履行了代扣代缴个人所得税义务;

(5) 有关工资、薪金的安排,不以减少或逃避税款为目的。

3. 工资、薪金总额

工资、薪金总额是指企业按照上述第2项规定实际发放的工资、薪金总和,不包括企业的职工福利费、职工教育经费、工会经费以及养老保险费、医疗保险费、失业保险费、工伤保险费、生育保险费等社会保险费和住房公积金。属于国有性质的企业,其工资、薪金,不得超过政府有关部门给予的限定数额;超过部分,不得计入企业工资、薪金总额,也不得在计算企业应纳税所得额时扣除。

4. 企业接受外部劳务派遣用工支出

企业接受外部劳务派遣用工所实际发生的费用,应分两种情况按规定在税前扣除:

按照协议（合同）约定直接支付给劳务派遣公司的费用，应作为劳务费支出；直接支付给员工个人的费用，应作为工资、薪金支出和职工福利费支出。其中属于工资、薪金支出的费用，准予计入企业工资、薪金总额的基数，作为计算其他各项相关费用扣除的依据。

5. 上市公司实施股权激励计划

股权激励，是指上市公司以本公司股票为标的，对其董事、监事、高级管理人员及其他员工（以下简称激励对象）进行的长期性激励。股权激励实行方式包括授予限制性股票、股票期权以及其他法律法规规定的方式。

（1）上市公司依照要求建立的职工股权激励计划，其企业所得税的处理，按以下规定执行：

①对股权激励计划实行后立即可以行权的，上市公司可以根据实际行权时该股票的公允价格与激励对象实际行权支付价格的差额和数量，计算确定作为当年上市公司工资、薪金支出，依照税法规定进行税前扣除。

②对股权激励计划实行后，需待一定服务年限或者达到规定业绩条件（以下简称等待期）方可行权的。上市公司等待期内会计上计算确认的相关成本费用，不得在对应年度计算缴纳企业所得税时扣除。在股权激励计划可行权后，上市公司方可根据该股票实际行权时的公允价格与当年激励对象实际行权支付价格的差额及数量，计算确定作为当年上市公司工资、薪金支出，依照税法规定进行税前扣除。

③股票实际行权时的公允价格，以实际行权日该股票的收盘价格确定。

在我国境外上市的居民企业和非上市公司，凡比照前述规定建立职工股权激励计划，且在企业会计处理上，也按我国会计准则的有关规定处理的，其股权激励计划有关企业所得税处理问题，可以按照前述规定执行。

（2）上市公司股权激励的激励对象，其个人所得税的处理，按以下规定执行：

①境内上市公司（股票在上海证券交易所、深圳证券交易所、北京证券交易所上市交易的股份有限公司）授予个人的股票期权、限制性股票和股权奖励，经向主管税务机关备案，个人可自股票期权行权、限制性股票解禁或取得股权奖励（以下简称行权）之日起，在不超过36个月的期限内缴纳个人所得税。纳税人在此期间内离职的，应在离职前缴清全部税款。

②该规定自2024年1月1日起执行至2027年12月31日，纳税人在此期间行权的，可按上述规定执行。纳税人在2023年1月1日后行权且尚未缴纳全部税款的，可按上述规定执行，分期缴纳税款的期限自行权日起计算。

6. 离职补偿费

企业根据公司财务制度为职工提取离职补偿费，在进行年度企业所得税汇算清缴时，对当年度"预提费用"科目发生额进行纳税调整，待职工从企业离职并实际领取离职补偿费后，企业可按规定进行税前扣除。

【知识点7】 职工福利费税前扣除的基本政策

企业发生的职工福利费支出，不超过工资、薪金总额14%的部分，准予扣除。

企业职工福利费，包括以下内容：

（1）尚未实行分离办社会职能的企业，其内设福利部门所发生的设备、设施和人员费用，包括职工食堂、职工浴室、理发室、医务所、托儿所、疗养院等集体福利部门的设备、设施及维修保养费用和福利部门工作人员的工资、薪金、社会保险费、住房公积金、劳务费等。

（2）为职工卫生保健、生活、住房、交通等所发放的各项补贴和非货币性福利，包括企业向职工发放的因公外地就医费用、未实行医疗统筹企业职工医疗费用、职工供养直系亲属医疗补贴、供暖费补贴、职工防暑降温费、职工困难补贴、救济费、职工食堂经费补贴、职工交通补贴等。

（3）按照其他规定发生的其他职工福利费，包括丧葬补助费、抚恤费、安家费、探亲假路费等。

列入企业员工工资、薪金制度、固定与工资、薪金一起发放的福利性补贴，符合《国家税务总局关于企业工资、薪金及职工福利费扣除问题的通知》（国税函〔2009〕3号）第一条规定的，可作为企业发生的工资、薪金支出，按规定在税前扣除。

不能同时符合上述条件的福利性补贴，应作为上述规定的职工福利费，按规定计算限额税前扣除。

企业发生的职工福利费，应该单独设置账册，进行准确核算。没有单独设置账册准确核算的，税务机关应责令企业在规定的期限内进行改正。逾期仍未改正的，税务机关可对企业发生的职工福利费进行合理的核定。

【知识点8】 职工教育经费税前扣除的基本政策

1. 税前扣除基本规定

企业发生的职工教育经费支出，不超过工资、薪金总额8%的部分，准予在计算企业所得税应纳税所得额时扣除；超过部分，准予在以后纳税年度结转扣除。

企业职工教育培训经费列支范围包括：

（1）上岗和转岗培训；

（2）各类岗位适应性培训；

（3）岗位培训、职业技术等级培训、高技能人才培训；

（4）专业技术人员继续教育；

（5）特种作业人员培训；

（6）企业组织的职工外送培训的经费支出；
（7）职工参加的职业技能鉴定、职业资格认证等经费支出；
（8）购置教学设备与设施；
（9）职工岗位自学成才奖励费用；
（10）职工教育培训管理费用；
（11）有关职工教育的其他开支。

经单位批准或按国家和省、市规定必须到本单位之外接受培训的职工，与培训有关的费用由职工所在单位按规定承担。

经单位批准参加继续教育以及政府有关部门集中举办的专业技术、岗位培训、职业技术等级培训、高技能人才培训所需经费，可从职工所在企业职工教育培训经费中列支。

为保障企业职工的学习权利和提高他们的基本技能，职工教育培训经费的60%以上应用于企业一线职工的教育和培训。当前和今后一个时期，要将职工教育培训经费的重点投向技能型人才特别是高技能人才的培养以及在岗人员的技术培训和继续学习。

矿山和建筑企业等聘用外来农民工较多的企业，以及在城市化进程中接受农村转移劳动力较多的企业，对农民工和农村转移劳动力培训所需的费用，可从职工教育培训经费中支出。

2. 税前扣除的特殊规定

（1）集成电路设计企业和符合条件软件企业的职工培训费用，应单独进行核算并按实际发生额在计算应纳税所得额时扣除。

（2）经认定的动漫企业自主开发、生产动漫产品，可申请享受国家现行鼓励软件产业发展的所得税优惠政策。

（3）核力发电企业为培养核电厂操纵员发生的培养费用，可作为企业的发电成本在税前扣除。企业应将核电厂操纵员培养费与员工的职工教育经费严格区分，单独核算，员工实际发生的职工教育经费支出不得计入核电厂操纵员培养费直接扣除。

3. 不得计入职工教育培训经费的项目

（1）企业职工参加社会上的学历教育以及个人为取得学位而参加的在职教育，所需费用应由个人承担，不能挤占企业的职工教育培训经费。

（2）对于企业高层管理人员的境外培训和考察，其一次性单项支出较高的费用应从其他管理费用中支出，避免挤占日常的职工教育培训经费开支。

【知识点9】 工会经费税前扣除的基本政策

企业拨缴的工会经费，不超过工资、薪金总额2%的部分，凭合法、有效的工会经费凭据，依法在税前扣除。

【知识点10】 非公有制企业党组织工作经费的基本政策

非公有制企业党组织工作经费纳入企业管理费列支，不超过职工年度工资、薪金总额1%的部分，可以据实在企业所得税税前扣除。

党组织工作经费必须用于党的活动，使用范围包括：召开党内会议，开展党内宣传教育活动和组织活动；组织党员和入党积极分子教育培训；表彰先进基层党组织、优秀共产党员和优秀党务工作者；走访、慰问和补助生活困难党员；订阅或购买用于开展党员教育的报刊、资料和设备；维护党组织活动场所及设施等。

【知识点11】 保险费、住房公积金税前扣除的基本政策

企业依照国务院有关主管部门或者省级人民政府规定的范围和标准为职工缴纳的基本养老保险费、基本医疗保险费、失业保险费、工伤保险费、生育保险费等基本社会保险费和住房公积金，准予扣除。

企业根据国家有关政策规定，为在本企业任职或者受雇的全体员工支付的补充养老保险费、补充医疗保险费，分别在不超过职工工资总额5%标准内的部分，在计算应纳税所得额时准予扣除；超过的部分，不予扣除。

除企业依照国家有关规定为特殊工种职工支付的人身安全保险费和国务院财政、税务主管部门规定可以扣除的其他商业保险费外，企业为投资者或者职工支付的商业保险费，不得扣除。

企业参加财产保险，按照规定缴纳的保险费，准予扣除。

企业职工因公出差乘坐交通工具发生的人身意外保险费支出，准予企业在计算应纳税所得额时扣除。

企业参加雇主责任险、公众责任险等责任保险，按照规定缴纳的保险费，准予在企业所得税税前扣除。

【知识点12】 借款费用税前扣除的基本政策

1. 不需要资本化的借款支出

企业在生产经营活动中发生的合理的不需要资本化的借款费用，准予扣除。企业为购置、建造固定资产、无形资产和经过12个月以上的建造才能达到预定可销售状态的存货发生借款的，在有关资产购置、建造期间发生的合理的借款费用，应当作为资本性支出计入有关资产的成本，并依照规定扣除。

2. 不超过金融企业同期同类贷款利率的利息支出

企业在生产经营活动中发生的下列利息支出，准予扣除：

（1）非金融企业向金融企业借款的利息支出、金融企业的各项存款利息支出和同

业拆借利息支出、企业经批准发行债券的利息支出；

（2）非金融企业向非金融企业借款的利息支出，不超过按照金融企业同期同类贷款利率计算的数额的部分。

3. 关联方利息支出税前扣除标准

（1）在计算应纳税所得额时，企业实际支付给关联方的利息支出，其接受关联方债权性投资与其权益性投资比例不超过以下规定比例和《企业所得税法》及其实施条例有关规定计算的部分，准予扣除，超过的部分不得在发生当期和以后年度扣除。

①金融企业，为 5∶1；

②其他企业，为 2∶1。

$$\text{不得扣除利息支出} = \frac{\text{年度实际支付的}}{\text{全部关联方利息}} \times (1 - \text{标准比例}/\text{关联债资比例})$$

（2）企业如果能够按照《企业所得税法》及其实施条例的有关规定提供相关资料，并证明相关交易活动符合独立交易原则的；或者该企业的实际税负不高于境内关联方的，其实际支付给境内关联方的利息支出，在计算应纳税所得额时准予扣除。

（3）企业同时从事金融业务和非金融业务，其实际支付给关联方的利息支出，应按照合理方法分开计算；没有按照合理方法分开计算的，一律按上述第（2）项其他企业的比例计算准予税前扣除的利息支出。

（4）企业自关联方取得的不符合规定的利息收入应按照有关规定缴纳企业所得税。

4. 企业向个人借款的利息支出

企业向除关联个人以外的内部职工或其他人员借款的利息支出，其借款情况同时符合以下条件的，其利息支出在不超过按照金融企业同期同类贷款利率计算的数额的部分，准予扣除。

（1）企业与个人之间的借贷是真实、合法、有效的，并且不具有非法集资目的或其他违反法律、法规的行为；

（2）企业与个人之间签订了借款合同。

5. 投资者投资未到位而发生的利息支出

凡企业投资者在规定期限内未缴足其应缴资本额的，该企业对外借款所发生的利息，相当于投资者实缴资本额与在规定期限内应缴资本额的差额应计付的利息，其不属于企业合理的支出，应由企业投资者负担，不得在计算企业应纳税所得额时扣除。

具体计算不得扣除的利息，应以企业一个年度内每一账面实收资本与借款余额保持不变的期间作为一个计算期，每一计算期内不得扣除的借款利息按该期间借款利息发生额乘以该期间企业未缴足的注册资本占借款总额的比例计算，公式为：

$$\text{企业每一计算期不得扣除的借款利息} = \text{该期间借款利息额} \times \text{该期间未缴足注册资本额} \div \text{该期间借款额}$$

企业一个年度内不得扣除的借款利息总额为该年度内每一计算期不得扣除的借款利息额之和。

6. 关于金融企业同期同类贷款利率确定问题

非金融企业向非金融企业借款的利息支出，不超过按照金融企业同期同类贷款利率计算的数额的部分，准予税前扣除。鉴于目前我国对金融企业利率要求的具体情况，企业在按照合同要求首次支付利息并进行税前扣除时，应提供"金融企业的同期同类贷款利率情况说明"，以证明其利息支出的合理性。

"金融企业的同期同类贷款利率情况说明"中，应包括在签订该借款合同当时，本省任何一家金融企业提供同期同类贷款利率情况。该金融企业应为经政府有关部门批准成立的可以从事贷款业务的企业，包括银行、财务公司、信托公司等金融机构。"同期同类贷款利率"是指在贷款期限、贷款金额、贷款担保以及企业信誉等条件基本相同下，金融企业提供贷款的利率。既可以是金融企业公布的同期同类平均利率，也可以是金融企业对某些企业提供的实际贷款利率。

【知识点13】 关于企业融资费用支出税前扣除的基本政策

企业通过发行债券、取得贷款、吸收保户储金等方式融资而发生的合理的费用支出，符合资本化条件的，应计入相关资产成本；不符合资本化条件的，应作为财务费用，准予在企业所得税税前据实扣除。

【知识点14】 汇兑损失税前扣除的基本政策

企业在货币交易中，以及纳税年度终了时将人民币以外的货币性资产、负债按照期末即期人民币汇率中间价折算为人民币时产生的汇兑损失，除已经计入有关资产成本以及与向所有者进行利润分配相关的部分外，准予扣除。

【知识点15】 业务招待费税前扣除的基本政策

企业发生的与生产经营活动有关的业务招待费支出，按照发生额的60%扣除，但最高不得超过当年销售（营业）收入的5‰。

企业在计算业务招待费、广告费和业务宣传费等费用扣除限额时，其销售（营业）收入额应包括视同销售（营业）收入额。

对从事股权投资业务的企业（包括集团公司总部、创业投资企业等），其从被投资企业所分配的股息、红利以及股权转让收入，可以按规定的比例计算业务招待费扣除限额。

【知识点 16】 广告费和业务宣传费税前扣除的基本政策

1. 税前扣除基本规定

企业发生的符合条件的广告费和业务宣传费支出，除国务院财政、税务主管部门另有规定外，不超过当年销售（营业）收入15%的部分，准予扣除；超过部分，准予在以后纳税年度结转扣除。

企业在计算业务招待费、广告费和业务宣传费等费用扣除限额时，其销售（营业）收入额应包括视同销售（营业）收入额。

2. 部分行业特殊规定

（1）对化妆品制造或销售、医药制造和饮料制造（不含酒类制造）企业发生的广告费和业务宣传费支出，不超过当年销售（营业）收入30%的部分，准予扣除；超过部分，准予在以后纳税年度结转扣除。

（2）对签订广告费和业务宣传费分摊协议（以下简称分摊协议）的关联企业，其中一方发生的不超过当年销售（营业）收入税前扣除限额比例内的广告费和业务宣传费支出可以在本企业扣除，也可以将其中的部分或全部按照分摊协议归集至另一方扣除。另一方在计算本企业广告费和业务宣传费支出企业所得税税前扣除限额时，可将按照上述办法归集至本企业的广告费和业务宣传费不计算在内。

3. 不得税前扣除的规定

烟草企业的烟草广告费和业务宣传费支出，一律不得在计算应纳税所得额时扣除。

【知识点 17】 环境保护、生态恢复专项资金税前扣除的基本政策

企业依照法律、行政法规有关规定提取的用于环境保护、生态恢复等方面的专项资金，准予扣除。上述专项资金提取后改变用途的，不得扣除。

【知识点 18】 租赁费税前扣除的基本政策

企业根据生产经营活动的需要租入固定资产支付的租赁费，按照以下方法扣除：

（1）以经营租赁方式租入固定资产发生的租赁费支出，按照租赁期限均匀扣除；

（2）以融资租赁方式租入固定资产发生的租赁费支出，按照规定构成融资租入固定资产价值的部分应当提取折旧费用，分期扣除。

【知识点 19】 劳动保护费税前扣除的基本政策

企业发生的合理的劳动保护支出，准予扣除。

【知识点 20】 公益性捐赠税前扣除的基本政策

1. 税前扣除基本规定

企业通过公益性社会组织或者县级（含县级）以上人民政府及其组成部门和直属机构，用于慈善活动、公益事业的捐赠支出，在年度利润总额12%以内的部分，准予在计算应纳税所得额时扣除；超过年度利润总额12%的部分，准予结转以后3年内在计算应纳税所得额时扣除。

公益性社会组织，应当依法取得公益性捐赠税前扣除资格。

企业发生的公益性捐赠支出未在当年税前扣除的部分，准予向以后年度结转扣除，但结转年限自捐赠发生年度的次年起计算最长不得超过3年。

企业在对公益性捐赠支出计算扣除时，应先扣除以前年度结转的捐赠支出，再扣除当年发生的捐赠支出。

2. 股权捐赠的特殊规定

（1）企业向公益性社会团体实施的股权捐赠，应按规定视同转让股权，股权转让收入额以企业所捐赠股权取得时的历史成本确定。

（2）企业实施股权捐赠后，以其股权历史成本为依据确定捐赠额，并依此按照《企业所得税法》有关规定在所得税前予以扣除。公益性社会团体接受股权捐赠后，应按照捐赠企业提供的股权历史成本开具捐赠票据。

股权捐赠行为，是指企业向中华人民共和国境内公益性社会团体实施的股权捐赠行为。企业向中华人民共和国境外的社会组织或团体实施的股权捐赠行为不适用此规定。

3. 扶贫捐赠

（1）2019年1月1日至2025年12月31日，企业通过公益性社会组织或者县级（含县级）以上人民政府及其组成部门和直属机构，用于目标脱贫地区的扶贫捐赠支出，准予在计算企业所得税应纳税所得额时据实扣除。在政策执行期限内，目标脱贫地区实现脱贫的，可继续适用上述政策。

"目标脱贫地区"包括832个国家扶贫开发工作重点县、集中连片特困地区县（新疆阿克苏地区6县1市享受片区政策）和建档立卡贫困村。

（2）企业同时发生扶贫捐赠支出和其他公益性捐赠支出，在计算公益性捐赠支出年度扣除限额时，符合上述条件的扶贫捐赠支出不计算在内。

（3）企业在2015年1月1日至2018年12月31日期间已发生的符合上述条件的扶贫捐赠支出，尚未在计算企业所得税应纳税所得额时扣除的部分，可执行上述企业所得税政策。

4. 关于公益性捐赠支出相关费用的扣除问题

2021年及以后年度汇算清缴，企业在非货币性资产捐赠过程中发生的运费、保险费、人工费用等相关支出，凡纳入国家机关、公益性社会组织开具的公益捐赠票据记载的数额中的，作为公益性捐赠支出按照规定在税前扣除；上述费用未纳入公益性捐赠票据记载的数额中的，作为企业相关费用按照规定在税前扣除。

【知识点21】 手续费及佣金税前扣除的基本政策

保险企业发生与其经营活动有关的手续费及佣金支出，不超过当年全部保费收入扣除退保金等后余额的18%（含本数）的部分，在计算应纳税所得额时准予扣除；超过部分，允许结转以后年度扣除。

非保险企业发生与生产经营有关的手续费及佣金支出，不超过按与具有合法经营资格中介服务机构或个人（不含交易双方及其雇员、代理人和代表人等）所签订服务协议或合同确认的收入金额的5%计算限额以内的部分，准予扣除；超过部分，不得扣除。

企业应与具有合法经营资格中介服务企业或个人签订代办协议或合同，并按国家有关规定支付手续费及佣金。除委托个人代理外，企业以现金等非转账方式支付的手续费及佣金不得在税前扣除。企业为发行权益性证券支付给有关证券承销机构的手续费及佣金不得在税前扣除。

企业不得将手续费及佣金支出计入回扣、业务提成、返利、进场费等费用。

企业已计入固定资产、无形资产等相关资产的手续费及佣金支出，应当通过折旧、摊销等方式分期扣除，不得在发生当期直接扣除。

企业支付的手续费及佣金不得直接冲减服务协议或合同金额，并如实入账。

从事代理服务、主营业务收入为手续费、佣金的企业（如证券、期货、保险代理等企业），其为取得该类收入而实际发生的营业成本（包括手续费及佣金支出），准予在企业所得税税前据实扣除。

电信企业在发展客户、拓展业务等过程中（如委托销售电话入网卡、电话充值卡等），需向经纪人、代办商支付手续费及佣金的，其实际发生的相关手续费及佣金支出，不超过企业当年收入总额5%的部分，准予在企业所得税税前据实扣除。

【知识点22】 准备金税前扣除的基本政策

除财政部和国家税务总局核准计提的准备金可以税前扣除外，其他行业、企业计提的各项资产减值准备、风险准备等准备金均不得税前扣除。

【知识点 23】 开（筹）办费税前扣除的基本政策

开（筹）办费未明确列作长期待摊费用，企业可以在开始经营之日的当年一次性扣除，也可以按照有关长期待摊费用的处理规定处理，但一经选定，不得改变。

自开始生产经营的年度，为开始计算企业损益的年度。企业从事生产经营之前进行筹办活动期间发生筹办费用支出，不得计算为当期的亏损，应按照《国家税务总局关于企业所得税若干税务事项衔接问题的通知》（国税函〔2009〕98号）第九条规定执行。

企业在筹建期间，发生的与筹办活动有关的业务招待费支出，可按实际发生额的60%计入企业筹办费，并按有关规定在税前扣除；发生的广告费和业务宣传费，可按实际发生额计入企业筹办费，并按有关规定在税前扣除。

【知识点 24】 政府性基金和行政事业性收费的基本政策

企业按照规定缴纳的、由国务院或财政部批准设立的政府性基金以及由国务院和省、自治区、直辖市人民政府及其财政、价格主管部门批准设立的行政事业性收费，准予在计算应纳税所得额时扣除。

【知识点 25】 油气企业费用支出的基本政策

从事开采石油、天然气（包括煤层气，下同）的矿产资源油气企业（以下简称油气企业）在开始商业性生产前发生的费用和有关固定资产的折耗、摊销、折旧方法如下：

1. 费用和有关固定资产

费用和有关固定资产，是指油气企业在开始商业性生产前取得矿区权益和勘探、开发的支出所形成的费用和固定资产。

2. 商业性生产

商业性生产，是指油（气）田（井）经过勘探、开发、稳定生产并商业销售石油、天然气的阶段。

3. 关于矿区权益支出的折耗

（1）矿区权益支出，是指油气企业为了取得在矿区内的探矿权、采矿权、土地或海域使用权等所发生的各项支出，包括有偿取得各类矿区权益的使用费、相关中介费或其他可直接归属于矿区权益的合理支出。

（2）油气企业在开始商业性生产前发生的矿区权益支出，可在发生的当期，从本企业其他油（气）田收入中扣除；或者自对应的油（气）田开始商业性生产月份的次月起，分3年按直线法计提的折耗准予扣除。

4. 关于勘探支出的摊销

（1）勘探支出，是指油气企业为了识别勘探区域或探明油气储量而进行的地质调查、地球物理勘探、钻井勘探活动以及其他相关活动所发生的各项支出。

（2）油气企业在开始商业性生产前发生的勘探支出（不包括预计可形成资产的钻井勘探支出），可在发生的当期，从本企业其他油（气）田收入中扣除；或者自对应的油（气）田开始商业性生产月份的次月起，分3年按直线法计提的摊销准予扣除。

5. 商业性生产后发生的支出

油气企业在本油（气）田进入商业性生产之后对本油（气）田新发生的矿区权益、勘探支出、开发支出，按照《财政部 国家税务总局关于开采油（气）资源企业费用和有关固定资产折耗摊销 折旧税务处理问题的通知》（财税〔2009〕49号）规定处理。

【知识点26】 员工服饰费的基本政策

企业根据其工作性质和特点，由企业统一制作并要求员工工作时统一着装所发生的工作服饰费用，可以作为企业合理的支出准予税前扣除。

【知识点27】 航空企业空勤训练费的基本政策

航空企业实际发生的飞行员养成费、飞行训练费、乘务训练费、空中保卫员训练费等空勤训练费用，可以作为航空企业运输成本在税前扣除。

【知识点28】 企业维简费和高危行业企业安全生产费用的基本政策

1. 煤矿企业

煤矿企业实际发生的维简费支出和高危行业企业实际发生的安全生产费用支出，属于收益性支出的，可直接作为当期费用在税前扣除；属于资本性支出的，应计入有关资产成本，并按《企业所得税法》规定计提折旧或摊销费用在税前扣除。企业按照有关规定预提的维简费和安全生产费用，不得在税前扣除。

2. 其他企业

其他企业实际发生的维简费支出，属于收益性支出的，可作为当期费用税前扣除；属于资本性支出的，应计入有关资产成本，并按《企业所得税法》规定计提折旧或摊销费用在税前扣除。企业按照有关规定预提的维简费，不得在当期税前扣除。

【知识点29】 棚户区改造支出的基本政策

企业参与政府统一组织的工矿（含中央下放煤矿）棚户区改造、林区棚户区改造、垦区危房改造并同时符合一定条件的棚户区改造支出，准予在企业所得税税前扣除。

同时符合一定条件的棚户区改造支出，是指同时满足以下条件的棚户区改造支出：

（1）棚户区位于远离城镇、交通不便，市政公用、教育医疗等社会公共服务缺乏城镇依托的独立矿区、林区或垦区；

（2）该独立矿区、林区或垦区不具备商业性房地产开发条件；

（3）棚户区市政排水、给水、供电、供暖、供气、垃圾处理、绿化、消防等市政服务或公共配套设施不齐全；

（4）棚户区房屋集中连片户数不低于50户，其中，实际在该棚户区居住且在本地区无其他住房的职工（含离退休职工）户数占总户数的比例不低于75%；

（5）棚户区房屋按照《房屋完损等级评定标准》和《危险房屋鉴定标准》评定属于危险房屋、严重损坏房屋的套内面积不低于该片棚户区建筑面积的25%；

（6）棚户区改造已纳入地方政府保障性安居工程建设规划和年度计划，并由地方政府牵头按照保障性住房标准组织实施；异地建设的，原棚户区土地由地方政府统一规划使用或者按规定实行土地复垦、生态恢复。

【知识点30】 母子公司费用支付的基本政策

母公司为其子公司提供各种服务而发生的费用，应按照独立企业之间公平交易原则确定服务的价格，作为企业正常的劳务费用进行税务处理。

母子公司未按照独立企业之间的业务往来收取价款的，税务机关有权予以调整。

母公司向其子公司提供各项服务，双方应签订服务合同或协议，明确规定提供服务的内容、收费标准及金额等，凡按上述合同或协议规定所发生的服务费，母公司应作为营业收入申报纳税；子公司作为成本费用在税前扣除。

母公司向其多个子公司提供同类项服务，其收取的服务费可以采取分项签订合同或协议收取；也可以采取服务分摊协议的方式，即由母公司与各子公司签订服务费用分摊合同或协议，以母公司为其子公司提供服务所发生的实际费用并附加一定比例利润作为向子公司收取的总服务费，在各服务受益子公司（包括盈利企业、亏损企业和享受减免税企业）之间按《企业所得税法》第四十一条第二款规定合理分摊。

母公司以管理费形式向子公司提取费用，子公司因此支付给母公司的管理费，不得在税前扣除。

子公司申报税前扣除向母公司支付的服务费用，应向主管税务机关提供与母公司签订的服务合同或者协议等与税前扣除该项费用相关的材料。不能提供相关材料的，支付的服务费用不得税前扣除。

【知识点 31】 关于文物、艺术品资产的基本政策依据

2021 年及以后年度汇算清缴，企业购买的文物、艺术品用于收藏、展示、保值增值的，作为投资资产进行税务处理。文物、艺术品资产在持有期间，计提的折旧、摊销费用，不得税前扣除。

【知识点 32】 企业所得税扣除项目及扣除凭证的检查方法

企业所得税扣除项目及扣除凭证的检查方法如下：

（1）了解被查对象的经营范围和经营内容，掌握其企业所得税扣除项目及扣除凭证的基本特点。

（2）检查被查对象税前扣除凭证的合法性。对于不符合规定的税前扣除凭证按规定进行处理。

（3）检查被查对象税前扣除凭证的真实性。是否存在虚开发票，列支不合法成本的问题。此处的检查与虚开发票的检查相同，应从发票流、资金流、货物流，以及合同约定、经营常规等多方面进行检查和取证。

（4）检查被查对象税前扣除项目与企业经营的关联性。对于扣除凭证虽然真实、合法，但与企业经营无关的支出予以纳税调整。

（5）检查被查对象税前扣除项目税会的差异性。对于会计上允许列支，但税法上不允许列支，或不允许当期列支，或不允许全额列支的项目；或对于会计上不允许列支，但税法上允许当期列支的项目，进行纳税调整。

（6）检查被查对象是否存在虚列人工费等虚增成本费用的行为；是否存在使用不符合税法规定的发票及凭证，列支成本费用。

（7）检查被查对象是否存在不予列支的"返利"行为，如接受本企业以外的经销单位发票报销进行货币形式的返利并在成本中列支等。

（8）检查被查对象是否存在不予列支的应由其他纳税人负担的费用。

（9）检查被查对象是否存在将资本性支出一次计入成本费用。

（10）检查被查对象是否在成本费用中一次性列支不准予一次性扣除的固定资产标准的物品未作纳税调整。

（11）检查被查对象是否存在达到无形资产标准的管理系统软件，在营业费用中一次性列支，未进行纳税调整。

（12）检查被查对象发生的工资、薪金支出是否符合税法规定的工资、薪金范围、是否符合合理性原则、是否在申报扣除年度实际发放。

（13）检查被查对象是否存在计提的职工福利费、工会经费和职工教育经费超过计税标准，未进行纳税调整。

(14) 检查被查对象是否存在超标准、超范围为职工支付社会保险费和住房公积金，未进行纳税调整。

(15) 检查被查对象是否存在应由基建工程、专项工程承担的社会保险等费用未予资本化。

(16) 检查被查对象是否存在只提不缴、多提少缴虚列成本费用等问题。

(17) 检查被查对象是否存在擅自改变成本计价方法，调节利润。

(18) 检查被查对象是否存在未按税法规定年限计提折旧；随意变更固定资产净残值和折旧年限；不按税法规定折旧方法计提折旧等问题。

(19) 检查被查对象是否存在超标准列支业务招待费、广告费和业务宣传费未进行纳税调整等问题。

(20) 检查被查对象是否存在擅自扩大研究开发费用的列支范围，违规加计扣除等问题。

(21) 检查被查对象是否存在扣除不符合国务院财政、税务部门规定的各项资产减值准备、风险准备金等支出。例如，按照《财政部 税务总局关于金融企业贷款损失准备金企业所得税税前扣除有关政策的公告》（财政部 税务总局公告 2019 年第 86 号）规定，买入返售金融资产不属于风险资产范围，不应计入风险资产减值准备基数，应调整相应的应纳税所得额。根据《财政部 税务总局关于金融企业涉农贷款和中小企业贷款损失准备金扣除有关政策的公告》（财政部 税务总局公告 2019 年第 85 号）规定，涉农和中小企业贷款中的正常类贷款和非正常类贷款不允许同时计提贷款损失准备金，正常类贷款已按 1% 计提的准备金应予调整。

(22) 检查被查对象是否存在从非金融机构借款利息支出超过按照金融机构同期同类贷款利率计算的数额，未进行纳税调整；是否存在应予资本化的利息支出；关联方利息支出是否符合规定。

(23) 检查被查对象是否存在已作损失处理的资产部分或全部收回的，未作纳税调整；是否存在自然灾害或意外事故损失有补偿的部分，未作纳税调整。

(24) 检查被查对象手续费及佣金支出扣除是否符合规定：是否将回扣、提成、返利、进场费等计入手续费及佣金支出；收取对象是否是具有合法经营资格的中介机构及个人；税前扣除比例是否超过税法规定。

(25) 检查被查对象是否存在不符合条件或超过标准的公益救济性捐赠，未进行纳税调整。

(26) 检查被查对象子公司向母公司支付的管理性的服务费是否符合规定：是否以合同（或协议）形式明确了服务内容、收费标准及金额；母公司是否提供了相应服务；子公司是否实际支付费用。

(27) 检查被查对象是否以融资租赁方式租入固定资产视同经营性租赁，多摊费用，未作纳税调整。

（28）检查被查对象是否按照国家规定提取用于环境保护、生态恢复的专项资金；专项资金改变用途后，是否进行纳税调整。

四　企业所得税资产税务处理的检查方法

【知识点1】　企业所得税资产税务处理的基本政策

1. 资产的计税基础

企业的各项资产，包括固定资产、生物资产、无形资产、长期待摊费用、投资资产、存货等，以历史成本为计税基础。历史成本，是指企业取得该项资产时实际发生的支出。

企业持有各项资产期间资产增值或者减值，除国务院财政、税务主管部门规定可以确认损益外，不得调整该资产的计税基础。

2. 转让资产的成本扣除

企业转让资产，该项资产的净值准予在计算应纳税所得额时扣除。资产的净值是指有关资产的计税基础减除已经按照规定扣除的折旧、折耗、摊销、准备金等后的余额。

除国务院财政、税务主管部门另有规定外，企业在重组过程中，应当在交易发生时确认有关资产的转让所得或者损失，相关资产应当按照交易价格重新确定计税基础。

3. 资产损失

资产损失是指企业在生产经营活动中实际发生的、与取得应税收入有关的资产损失，包括现金损失，存款损失，坏账损失，贷款损失，股权投资损失，固定资产和存货的盘亏、毁损、报废、被盗损失，自然灾害等不可抗力因素造成的损失以及其他损失。

企业在计算应纳税所得额时已经扣除的资产损失，在以后纳税年度全部或者部分收回时，其收回部分应当作为收入计入收回当期的应纳税所得额。

企业境内、境外营业机构发生的资产损失应分开核算，对境外营业机构由于发生资产损失而产生的亏损，不得在计算境内应纳税所得额时扣除。

2017年度及以后年度企业所得税汇算清缴时，企业向税务机关申报扣除资产损失，仅需填报企业所得税年度纳税申报表《资产损失税前扣除及纳税调整明细表》，不再报送资产损失相关资料，相关资料由企业留存备查。

企业应当完整保存资产损失相关资料，保证资料的真实性、合法性。

【知识点2】 固定资产税务处理的基本政策

1. 固定资产

固定资产，是指企业为生产产品、提供劳务、出租或者经营管理而持有的、使用时间超过12个月的非货币性资产，包括房屋、建筑物、机器、机械、运输工具以及其他与生产经营活动有关的设备、器具、工具等。在计算应纳税所得额时，企业按照规定计算的固定资产折旧，准予扣除。

2. 固定资产的计税基础

（1）外购的固定资产，以购买价款和支付的相关税费以及直接归属于使该资产达到预定用途发生的其他支出为计税基础；

（2）自行建造的固定资产，以竣工结算前发生的支出为计税基础；

（3）融资租入的固定资产，以租赁合同约定的付款总额和承租人在签订租赁合同过程中发生的相关费用为计税基础，租赁合同未约定付款总额的，以该资产的公允价值和承租人在签订租赁合同过程中发生的相关费用为计税基础；

（4）盘盈的固定资产，以同类固定资产的重置完全价值为计税基础；

（5）通过捐赠、投资、非货币性资产交换、债务重组等方式取得的固定资产，以该资产的公允价值和支付的相关税费为计税基础；

（6）改建的固定资产，除《企业所得税法》第十三条第（一）项和第（二）项规定的支出外，以改建过程中发生的改建支出增加计税基础。

3. 投入使用后的固定资产

企业固定资产投入使用后，由于工程款项尚未结清未取得全额发票的，可暂按合同规定的金额计入固定资产计税基础计提折旧，待发票取得后进行调整。但该项调整应在固定资产投入使用后12个月内进行。

4. 固定资产的折旧方法和残值

固定资产按照直线法计算的折旧，准予扣除。企业应当自固定资产投入使用月份的次月起计算折旧；停止使用的固定资产，应当自停止使用月份的次月起停止计算折旧。

企业应当根据固定资产的性质和使用情况，合理确定固定资产的预计净残值。固定资产的预计净残值一经确定，不得变更。

5. 固定资产的最低折旧年限

除国务院财政、税务主管部门另有规定外，固定资产计算折旧的最低年限如下：

（1）房屋、建筑物，为20年；

（2）飞机、火车、轮船、机器、机械和其他生产设备，为10年；

（3）与生产经营活动有关的器具、工具、家具等，为5年；

（4）飞机、火车、轮船以外的运输工具，为4年；

（5）电子设备，为3年。

6. 固定资产折旧年限税会差异的处理

（1）企业固定资产会计折旧年限如果短于税法规定的最低折旧年限，其按会计折旧年限计提的折旧高于按税法规定的最低折旧年限计提的折旧部分，应调增当期应纳税所得额；企业固定资产会计折旧年限已期满且会计折旧已提足，但税法规定的最低折旧年限尚未到期且税收折旧尚未足额扣除的，其未足额扣除的部分准予在剩余的税收折旧年限继续按规定扣除。

（2）企业固定资产会计折旧年限如果长于税法规定的最低折旧年限，其折旧应按会计折旧年限计算扣除，税法另有规定的除外。

（3）企业按会计规定提取的固定资产减值准备，不得税前扣除，其折旧仍按税法确定的固定资产计税基础计算扣除。

（4）企业按税法规定实行加速折旧的，其按加速折旧办法计算的折旧额可全额在税前扣除。

7. 不得计提折旧的固定资产

下列固定资产不得计算折旧扣除：

（1）房屋、建筑物以外未投入使用的固定资产；

（2）以经营租赁方式租入的固定资产；

（3）以融资租赁方式租出的固定资产；

（4）已足额提取折旧仍继续使用的固定资产；

（5）与经营活动无关的固定资产；

（6）单独估价作为固定资产入账的土地；

（7）其他不得计算折旧扣除的固定资产。

8. 房屋、建筑物固定资产改扩建

企业对房屋、建筑物固定资产在未足额提取折旧前进行改扩建的，如属于推倒重置的，该资产原值减除提取折旧后的净值，应并入重置后的固定资产计税成本，并在该固定资产投入使用后的次月起，按照税法规定的折旧年限，一并计提折旧；如属于提升功能、增加面积的，该固定资产的改扩建支出，并入该固定资产计税基础，并从改扩建完工投入使用后的次月起，重新按税法规定的该固定资产折旧年限计提折旧，如该改扩建后的固定资产尚可使用的年限低于税法规定的最低年限的，可以按尚可使用的年限计提折旧。

9. 符合条件的固定资产一次性税前扣除政策

（1）企业新购进单位价值不超过500万元的设备、器具税前一次性扣除

企业在2018年1月1日至2027年12月31日期间新购进的设备、器具，单位价值

不超过500万元的，允许一次性计入当期成本费用在计算应纳税所得额时扣除，不再分年度计算折旧。

（2）中小微企业新购进单位价值超过500万元的设备、器具税前一次性扣除

中小微企业在2022年1月1日至2022年12月31日期间新购置的设备、器具，单位价值在500万元以上的，按照单位价值的一定比例自愿选择在企业所得税税前扣除。其中，《企业所得税法实施条例》规定最低折旧年限为3年的设备器具，单位价值的100%可在当年一次性税前扣除；最低折旧年限为4年、5年、10年的，单位价值的50%可在当年一次性税前扣除，其余50%按规定在剩余年度计算折旧进行税前扣除。企业选择适用上述政策当年不足扣除形成的亏损，可在以后5个纳税年度结转弥补，享受其他延长亏损结转年限政策的企业可按现行规定执行。

中小微企业可根据自身生产经营核算需要自行选择享受上述政策，当年度未选择享受的，以后年度不得再变更享受。

（3）高新技术企业2022年第四季度新购置的设备、器具税前一次性扣除

高新技术企业在2022年10月1日至2022年12月31日期间新购置的设备、器具，允许当年一次性全额在计算应纳税所得额时扣除，并允许在税前实行100%加计扣除。凡在2022年第四季度内具有高新技术企业资格的企业，均可适用该项政策。企业选择适用该项政策当年不足扣除的，可结转以后年度按现行有关规定执行。

（4）政策执行相关口径

①上述所称设备、器具，是指除房屋、建筑物以外的固定资产（以下简称一次性税前扣除的固定资产）。

②上述所称购进，包括以货币形式购进或自行建造，其中以货币形式购进的一次性税前扣除的固定资产包括购进的使用过的一次性税前扣除的固定资产；以货币形式购进的一次性税前扣除的固定资产，以购买价款和支付的相关税费以及直接归属于使该资产达到预定用途发生的其他支出确定单位价值；自行建造的一次性税前扣除的固定资产，以竣工结算前发生的支出确定单位价值。

③固定资产购进时点按以下原则确认：以货币形式购进的一次性税前扣除的固定资产，除采取分期付款或赊销方式购进外，按发票开具时间确认；以分期付款或赊销方式购进的一次性税前扣除的固定资产，按固定资产到货时间确认；自行建造的一次性税前扣除的固定资产，按竣工结算时间确认。

④扣除时点：在固定资产投入使用月份的次月所属年度一次性税前扣除。

⑤企业选择享受一次性税前扣除政策的，其资产的税务处理可与会计处理不一致。

⑥企业根据自身生产经营核算需要，可自行选择享受一次性税前扣除政策；未选择享受一次性税前扣除政策的，以后年度不得再变更。

10. 加速折旧政策

（1）企业拥有并用于生产经营的主要或关键的固定资产，由于以下原因确需加速折旧的，可以缩短折旧年限或者采取加速折旧的方法：

①由于技术进步，产品更新换代较快的；

②常年处于强震动、高腐蚀状态的。

（2）企业拥有并使用的固定资产符合上述第（1）项规定的，可按以下情况分别处理：

①企业过去没有使用过与该项固定资产功能相同或类似的固定资产，但有充分的证据证明该固定资产的预计使用年限短于规定的计算折旧最低年限的，企业可根据该固定资产的预计使用年限和上述第（1）项的规定，对该固定资产采取缩短折旧年限或者加速折旧的方法。

②企业在原有的固定资产未达到规定的最低折旧年限前，使用功能相同或类似的新固定资产替代旧固定资产的，企业可根据旧固定资产的实际使用年限和上述第（1）项的规定，对新替代的固定资产采取缩短折旧年限或者加速折旧的方法。

（3）企业采取缩短折旧年限方法的，对其购置的新固定资产，最低折旧年限不得低于规定的最低折旧年限的60%；若为购置已使用过的固定资产，其最低折旧年限不得低于规定的最低折旧年限减去已使用年限后剩余年限的60%。最低折旧年限一经确定，一般不得变更。

（4）企业拥有并使用符合上述第（1）项规定条件的固定资产采取加速折旧方法的，可以采用双倍余额递减法或者年数总和法。加速折旧方法一经确定，一般不得变更。

①双倍余额递减法计算公式如下：

$$年折旧率 = 2 \div 预计使用寿命（年）\times 100\%$$

$$月折旧率 = 年折旧率 \div 12$$

$$月折旧额 = 月初固定资产账面净值 \times 月折旧率$$

②年数总和法计算公式如下：

$$年折旧率 = 尚可使用年限 \div 预计使用寿命的年数总和 \times 100\%$$

$$月折旧率 = 年折旧率 \div 12$$

$$月折旧额 = (固定资产原值 - 预计净残值) \times 月折旧率$$

（5）对于采取缩短折旧年限的固定资产，足额计提折旧后继续使用而未进行处置（包括报废等情形）超过12个月的，今后对其更新替代、改造改建后形成的功能相同或者类似的固定资产，不得再采取缩短折旧年限的方法。

（6）适用总、分机构汇总纳税的企业，对其所属分支机构使用的符合规定情形的固定资产采取缩短折旧年限或者采取加速折旧方法的，由其总机构向其所在地主管税务机关备案。分支机构所在地主管税务机关应负责配合总机构所在地主管税务机关实施跟踪管理。

（7）特定产品、特定企业折旧规定。企业外购的软件，凡符合固定资产或无形资产确认条件的，可以按照固定资产或无形资产进行核算，其折旧或摊销年限可以适当缩短，最短可为2年（含）。集成电路生产企业的生产设备，其折旧年限可以适当缩短，最短可为3年（含）。

（8）制造业和信息传输、软件和信息技术服务业可按规定享受固定资产加速折旧优惠政策，允许按不低于《企业所得税法》规定折旧年限的60%缩短折旧年限，或选择采取双倍余额递减法或年数总和法进行加速折旧。

【知识点3】 生产性生物资产税务处理的基本政策

生产性生物资产，是指企业为生产农产品、提供劳务或者出租等而持有的生物资产，包括经济林、薪炭林、产畜和役畜等。

1. 生产性生物资产的计税基础

（1）外购的生产性生物资产，以购买价款和支付的相关税费为计税基础；

（2）通过捐赠、投资、非货币性资产交换、债务重组等方式取得的生产性生物资产，以该资产的公允价值和支付的相关税费为计税基础。

2. 生产性生物资产的折旧方法

生产性生物资产按照直线法计算的折旧，准予扣除。

企业应当自生产性生物资产投入使用月份的次月起计算折旧；停止使用的生产性生物资产，应当自停止使用月份的次月起停止计算折旧。

企业应当根据生产性生物资产的性质和使用情况，合理确定生产性生物资产的预计净残值。生产性生物资产的预计净残值一经确定，不得变更。

3. 生产性生物资产的最低折旧年限

（1）林木类生产性生物资产，为10年；

（2）畜类生产性生物资产，为3年。

【知识点4】 无形资产税务处理的基本政策

无形资产，是指企业为生产产品、提供劳务、出租或者经营管理而持有的、没有实物形态的非货币性长期资产，包括专利权、商标权、著作权、土地使用权、非专利技术、商誉等。在计算应纳税所得额时，企业按照规定计算的无形资产摊销费用，准予扣除。

1. 无形资产的计税基础

（1）外购的无形资产，以购买价款和支付的相关税费以及直接归属于使该资产达到预定用途发生的其他支出为计税基础；

（2）自行开发的无形资产，以开发过程中该资产符合资本化条件后至达到预定用途前发生的支出为计税基础；

（3）通过捐赠、投资、非货币性资产交换、债务重组等方式取得的无形资产，以该资产的公允价值和支付的相关税费为计税基础。

2. 无形资产的摊销方法和摊销年限

无形资产按照直线法计算的摊销费用，准予扣除。

无形资产的摊销年限不得低于 10 年。

作为投资或者受让的无形资产，有关法律规定或者合同约定了使用年限的，可以按照规定或者约定的使用年限分期摊销。

外购商誉的支出，在企业整体转让或者清算时，准予扣除。

3. 不得摊销的无形资产

下列无形资产不得计算摊销费用扣除：

（1）自行开发的支出已在计算应纳税所得额时扣除的无形资产；

（2）自创商誉；

（3）与经营活动无关的无形资产；

（4）其他不得计算摊销费用扣除的无形资产。

【知识点 5】 长期待摊费用税务处理的基本政策

1. 长期待摊费用

在计算应纳税所得额时，企业发生的下列支出作为长期待摊费用，按照规定摊销的，准予扣除：

（1）已足额提取折旧的固定资产的改建支出，按照固定资产预计尚可使用年限分期摊销；

（2）租入固定资产的改建支出，按照合同约定的剩余租赁期限分期摊销；

（3）固定资产的大修理支出；

（4）其他应当作为长期待摊费用的支出。

2. 改建支出

固定资产的改建支出，是指改变房屋或者建筑物结构、延长使用年限等发生的支出。

改建的固定资产延长使用年限的，除已足额提取折旧的固定资产的改建支出和租入固定资产的改建支出外，应当适当延长折旧年限。

3. 大修理支出

固定资产的大修理支出，是指同时符合下列条件的支出：

（1）修理支出达到取得固定资产时的计税基础50%以上；

（2）修理后固定资产的使用年限延长2年以上。

固定资产的大修理支出，按照固定资产尚可使用年限分期摊销。

4. 其他长期待摊费用

其他应当作为长期待摊费用的支出，自支出发生月份的次月起，分期摊销，摊销年限不得低于3年。

5. 关于开（筹）办费的处理

开（筹）办费，企业可以在开始经营之日的当年一次性扣除，也可以按照新税法有关长期待摊费用的处理规定处理，但一经选定，不得改变。

企业自开始生产经营的年度，为开始计算企业损益的年度。企业从事生产经营之前进行筹办活动期间发生筹办费用支出，不得计算为当期的亏损，应按照规定执行。

【知识点6】 存货税务处理的基本政策

存货，是指企业持有以备出售的产品或者商品、处在生产过程中的在产品、在生产或者提供劳务过程中耗用的材料和物料等。企业使用或者销售存货，按照规定计算的存货成本，准予在计算应纳税所得额时扣除。

1. 存货的计税基础

存货按照以下方法确定成本：

（1）通过支付现金方式取得的存货，以购买价款和支付的相关税费为成本；

（2）通过支付现金以外的方式取得的存货，以该存货的公允价值和支付的相关税费为成本；

（3）生产性生物资产收获的农产品，以产出或者采收过程中发生的材料费、人工费和分摊的间接费用等必要支出为成本。

2. 存货的成本计算方法

企业使用或者销售的存货的成本计算方法，可以在先进先出法、加权平均法、个别计价法中选用一种。计价方法一经选用，不得随意变更。

【知识点7】 投资资产税务处理的基本政策

投资资产，是指企业对外进行权益性投资和债权性投资形成的资产。企业对外投资期间，投资资产的成本在计算应纳税所得额时不得扣除。企业在转让或者处置投资资产时，投资资产的成本，准予扣除。

1. 投资资产成本的扣除

投资资产按照以下方法确定成本：

（1）通过支付现金方式取得的投资资产，以购买价款为成本；

（2）通过支付现金以外的方式取得的投资资产，以该资产的公允价值和支付的相关税费为成本。

2. 关于国债成本确定问题

（1）通过支付现金方式取得的国债，以买入价和支付的相关税费为成本；

（2）通过支付现金以外的方式取得的国债，以该资产的公允价值和支付的相关税费为成本。

企业在不同时间购买同一品种国债的，其转让时的成本计算方法，可在先进先出法、加权平均法、个别计价法中选用一种。计价方法一经选用，不得随意改变。

3. 投资企业撤回或减少投资的税务处理

投资企业从被投资企业撤回或减少投资，其取得的资产中，相当于初始出资的部分，应确认为投资收回；相当于被投资企业累计未分配利润和累计盈余公积按减少实收资本比例计算的部分，应确认为股息所得；其余部分确认为投资资产转让所得。

被投资企业发生的经营亏损，由被投资企业按规定结转弥补；投资企业不得调整减低其投资成本，也不得将其确认为投资损失。

4. 企业混合性投资业务企业所得税处理

企业混合性投资业务，是指兼具权益和债权双重特性的投资业务。混合性投资业务，按下列规定进行企业所得税处理：

（1）对于被投资企业支付的利息，投资企业应于被投资企业应付利息的日期，确认收入的实现并计入当期应纳税所得额；被投资企业应于应付利息的日期，确认利息支出，并按《企业所得税法》和《国家税务总局关于企业所得税若干问题的公告》（国家税务总局公告2011年第34号）第一条的规定，进行税前扣除。

（2）对于被投资企业赎回的投资，投资双方应于赎回时将赎价与投资成本之间的差额确认为债务重组损益，分别计入当期应纳税所得额。

5. 非货币性资产对外投资

（1）实行查账征收的居民企业（以下简称企业）以非货币性资产对外投资确认的非货币性资产转让所得，可自确认非货币性资产转让收入年度起不超过连续5个纳税年度的期间内，分期均匀计入相应年度的应纳税所得额，按规定计算缴纳企业所得税。

（2）企业以非货币性资产对外投资，应对非货币性资产进行评估并按评估后的公允价值扣除计税基础后的余额，计算确认非货币性资产转让所得。

（3）企业以非货币性资产对外投资，应于投资协议生效并办理股权登记手续时，确认非货币性资产转让收入的实现。关联企业之间发生的非货币性资产投资行为，投资协议生效后 12 个月内尚未完成股权变更登记手续的，于投资协议生效时，确认非货币性资产转让收入的实现。

（4）企业以非货币性资产对外投资而取得被投资企业的股权，应以非货币性资产的原计税成本为计税基础，加上每年确认的非货币性资产转让所得，逐年进行调整。

被投资企业取得非货币性资产的计税基础，应按非货币性资产的公允价值确定。

（5）企业在对外投资 5 年内转让上述股权或投资收回的，应停止执行递延纳税政策，并就递延期内尚未确认的非货币性资产转让所得，在转让股权或投资收回当年的企业所得税年度汇算清缴时，一次性计算缴纳企业所得税；企业在计算股权转让所得时，可按上述第（4）项规定将股权的计税基础一次调整到位。

企业在对外投资 5 年内注销的，应停止执行递延纳税政策，并就递延期内尚未确认的非货币性资产转让所得，在注销当年的企业所得税年度汇算清缴时，一次性计算缴纳企业所得税。

（6）非货币性资产投资符合《财政部 国家税务总局关于企业重组业务企业所得税处理若干问题的通知》（财税〔2009〕59 号）等文件规定的特殊性税务处理条件的，也可选择按特殊性税务处理规定执行。

【知识点 8】 坏账损失税务处理的基本政策

企业除贷款类债权外的应收、预付账款符合下列条件之一的，减除可收回金额后确认的无法收回的应收、预付款项，可以作为坏账损失在计算应纳税所得额时扣除：

（1）债务人依法宣告破产、关闭、解散、被撤销，或者被依法注销、吊销营业执照，其清算财产不足清偿的；

（2）债务人死亡，或者依法被宣告失踪、死亡，其财产或者遗产不足清偿的；

（3）债务人逾期 3 年以上未清偿，且有确凿证据证明已无力清偿债务的；

（4）与债务人达成债务重组协议或法院批准破产重整计划后，无法追偿的；

（5）因自然灾害、战争等不可抗力导致无法收回的；

（6）国务院财政、税务主管部门规定的其他条件。

【知识点 9】 其他资产损失税务处理的基本政策

企业将不同类别的资产捆绑（打包），以拍卖、询价、竞争性谈判、招标等市场方式出售，其出售价格低于计税成本的差额，可以作为资产损失并准予在税前申报扣除，但应出具资产处置方案、各类资产作价依据、出售过程的情况说明、出售合同或协议、成交及入账证明、资产计税基础等确定依据。

【知识点 10】 抵押资产损失税务处理的基本政策

企业由于未能按期赎回抵押资产，使抵押资产被拍卖或变卖，其账面净值大于变卖价值的差额，可认定为资产损失。

【知识点 11】 企业所得税资产税务处理的检查方法

企业所得税资产税务处理的检查方法如下：

(1) 检查被查对象资产的计税基础是否准确。特别应关注特殊性重组处理中取得的资产和计税基础有税会差异的其他资产。应检查重组方案、重组合同和重组的计算方法，检查资产入账时的原始凭证和合同约定，特别应关注有改制情形、非货币性资产投资情形入账的资产的计税基础与入账价值的差异是否在以后年度进行了纳税调整。

(2) 检查被查对象资产处置或损失时，所得的确认是否准确。

(3) 检查被查对象是否将其实际经营使用的其他单位或个人的资产成本在本企业进行了税前扣除。

(4) 检查被查对象资产增加时是否按规定确定其历史成本，有无利用接受虚开发票等虚增资产计税基础。

(5) 检查被查对象取得资产时因税会差异导致的资产会计成本与计税基础的差异是否依法进行了纳税调整。

(6) 检查被查对象资产计提折旧、摊销的范围、年限、计算方法及分配是否准确，税会差异是否依法予以纳税调整。

(7) 检查被查对象以固定资产、无形资产等对外投资、非货币性资产交换、债务重组、赞助或捐赠等是否以资产公允价值确认收入并按规定缴纳税款。自 2014 年度开始，企业以非货币性资产对外投资业务确认的非货币性资产转让所得选择按年分期均匀纳税的，是否符合政策规定并在所得递延期间各年汇算清缴时依法履行申报义务。

(8) 检查被查对象资产处置过程取得的收入是否依法纳税，处置净损益是否并入应纳税所得额计算纳税。

(9) 检查被查对象涉及税收优惠的资产是否存在擅自扩大优惠范围、扩大加计扣除资产成本等问题。

(10) 检查被查对象以前年度稽查结论中发现的企业资产税务处理的违法问题是否继续存在。

(11) 检查被查对象企业不征税收入用于支出所形成的资产，其计算的折旧、摊销是否依法进行了纳税调整。

(12) 检查被查对象是否存在租入固定资产的后续支出未按规定期限摊销费用，未进行纳税调整,是否将以融资租赁方式租入的固定资产视同经营性租赁进行了税务处理。

(13) 检查被查对象是否虚增转让资产的计税价值,将不允许税前扣除的资产成本擅自进行了扣除。

(14) 检查被查对象属于资产计税基础组成范围的支出是否未予资本化。

(15) 检查被查对象是否人为安排资产交易、调节关联方利润和整体税负。

五、企业所得税应纳税额的检查方法

【知识点1】 企业所得税应纳税额的基本政策

1. 应纳税所得额

企业每一纳税年度的收入总额,减除不征税收入、免税收入、各项扣除以及允许弥补的以前年度亏损后的余额,为应纳税所得额。

2. 应纳税额

企业的应纳税所得额乘以适用税率,减除依照规定减免和抵免的税额后的余额,为应纳税额。计算公式为：

$$应纳税额 = 应纳税所得额 \times 适用税率 - 减免税额 - 抵免税额$$

公式中的减免税额和抵免税额,是指依照《企业所得税法》和国务院的税收优惠规定减征、免征和抵免的应纳税额。

3. 权责发生制

企业应纳税所得额的计算,以权责发生制为原则,属于当期的收入和费用,不论款项是否收付,均作为当期的收入和费用；不属于当期的收入和费用,即使款项已经在当期收付,均不作为当期的收入和费用。《企业所得税法实施条例》和国务院财政、税务主管部门另有规定的除外。

【知识点2】 弥补亏损的基本政策

1. 亏损

亏损,是指企业依照规定将每一纳税年度的收入总额减除不征税收入、免税收入和各项扣除后小于零的数额。

2. 弥补亏损的一般规定

企业纳税年度发生的亏损,准予向以后年度结转,用以后年度的所得弥补,但结转年限最长不得超过5年。

3. 高新技术企业和科技型中小企业弥补亏损的特殊规定

(1) 自2018年1月1日起,当年具备高新技术企业或科技型中小企业资格(以下统称资格）的企业，其具备资格年度之前 5 个年度发生的尚未弥补完的亏损，准予结转以后年度弥补，最长结转年限由 5 年延长至 10 年。

（2）当年具备资格的企业，其具备资格年度之前 5 个年度发生的尚未弥补完的亏损，是指当年具备资格的企业，其前 5 个年度无论是否具备资格，所发生的尚未弥补完的亏损。

2018 年具备资格的企业，无论 2013 年至 2017 年是否具备资格，其 2013 年至 2017 年发生的尚未弥补完的亏损，均准予结转以后年度弥补，最长结转年限为 10 年。2018 年以后年度具备资格的企业，依此类推，进行亏损结转弥补税务处理。

（3）高新技术企业按照其取得的高新技术企业证书注明的有效期所属年度，确定其具备资格的年度。

科技型中小企业按照其取得的科技型中小企业入库登记编号注明的年度，确定其具备资格的年度。

4. 特殊性税务处理重组事项弥补亏损的特殊规定

企业发生符合特殊性税务处理规定的合并或分立重组事项的，其尚未弥补完的亏损，按照《财政部 国家税务总局关于企业重组业务企业所得税处理若干问题的通知》（财税〔2009〕59 号）和下列规定进行税务处理：

（1）合并企业承继被合并企业尚未弥补完的亏损的结转年限，按照被合并企业的亏损结转年限确定；

（2）分立企业承继被分立企业尚未弥补完的亏损的结转年限，按照被分立企业的亏损结转年限确定；

（3）合并企业或分立企业具备高新技术企业或科技型中小企业资格的，其承继被合并企业或被分立企业尚未弥补完的亏损的结转年限，按照高新技术企业和科技型中小企业弥补亏损的特殊规定处理。

【知识点 3】境外税收抵免的基本政策

1. 直接抵免

企业取得的下列所得已在境外缴纳的所得税税额，可以从其当期应纳税额中抵免，抵免限额为该项所得依照《企业所得税法》规定计算的应纳税额；超过抵免限额的部分，可以在以后 5 个年度内，用每年度抵免限额抵免当年应抵税额后的余额进行抵补：

（1）居民企业来源于中国境外的应税所得；

（2）非居民企业在中国境内设立机构、场所，取得发生在中国境外但与该机构、场所有实际联系的应税所得。

5 个年度，是指从企业取得的来源于中国境外的所得，已经在中国境外缴纳的企业所得税性质的税额超过抵免限额的当年的次年起连续 5 个纳税年度。

已在境外缴纳的所得税税额,是指企业来源于中国境外的所得依照中国境外税收法律以及相关规定应当缴纳并已经实际缴纳的企业所得税性质的税款。

抵免限额,是指企业来源于中国境外的所得,依照《企业所得税法》及其实施条例的规定计算的应纳税额。除国务院财政、税务主管部门另有规定外,该抵免限额应当分国(地区)不分项计算,计算公式如下:

抵免限额＝中国境内、境外所得依照企业所得税法及其实施条例的规定计算的应纳税总额×来源于某国(地区)的应纳税所得额÷中国境内、境外应纳税所得总额

企业可以选择按国(地区)别分别计算[即"分国(地区)不分项"],或者不按国(地区)别汇总计算[即"不分国(地区)不分项"]其来源于境外的应纳税所得额,并按照25%税率,分别计算其可抵免境外所得税税额和抵免限额。上述方式一经选择,5年内不得改变。

2. 间接抵免

居民企业从其直接或者间接控制的外国企业分得的来源于中国境外的股息、红利等权益性投资收益,外国企业在境外实际缴纳的所得税税额中属于该项所得负担的部分,可以作为该居民企业的可抵免境外所得税税额,在规定的抵免限额内抵免。

直接控制,是指居民企业直接持有外国企业20%以上股份。

间接控制,是指居民企业以间接持股方式持有外国企业20%以上股份,具体认定办法由国务院财政、税务主管部门另行制定。

企业依照规定抵免企业所得税税额时,应当提供中国境外税务机关出具的税款所属年度的有关纳税凭证。

【知识点4】 企业所得税减免税的基本政策

1. 免税收入

(1) 国债利息收入。

(2) 符合条件的居民企业之间的股息、红利等权益性投资收益。指居民企业直接投资于其他居民企业取得的投资收益。不包括连续持有居民企业公开发行并上市流通的股票不足12个月取得的投资收益。

(3) 在中国境内设立机构、场所的非居民企业从居民企业取得与该机构、场所有实际联系的股息、红利等权益性投资收益。不包括连续持有居民企业公开发行并上市流通的股票不足12个月取得的投资收益。

(4) 符合条件的非营利组织的收入(不包括非营利组织从事营利性活动取得的收入)。

企业取得的各项免税收入所对应的各项成本费用,除另有规定外,可以在计算企业应纳税所得额时扣除。

2. 减计计入

（1）企业以《资源综合利用企业所得税优惠目录》规定的资源作为主要原材料，生产国家非限制和禁止并符合国家和行业相关标准的产品取得的收入，减按90%计入收入总额。

（2）2017年1月1日至2027年12月31日，对金融机构农户小额贷款的利息收入，在计算应纳税所得额时，按90%计入收入总额。

（3）2017年1月1日至2027年12月31日，对保险公司为种植业、养殖业提供保险业务取得的保费收入，在计算应纳税所得额时，按90%计入收入总额。

（4）2027年12月31日前，对经省级地方金融监督管理部门批准成立的小额贷款公司取得的农户小额贷款利息收入，在计算应纳税所得额时，按90%计入收入总额。

3. 农、林、牧、渔业项目所得的优惠

（1）企业从事下列项目的所得，免征企业所得税：

①蔬菜、谷物、薯类、油料、豆类、棉花、麻类、糖料、水果、坚果的种植；

②农作物新品种的选育；

③中药材的种植；

④林木的培育和种植；

⑤牲畜、家禽的饲养；

⑥林产品的采集；

⑦灌溉、农产品初加工、兽医、农技推广、农机作业和维修等农、林、牧、渔服务业项目；

⑧远洋捕捞。

（2）企业从事下列项目的所得，减半征收企业所得税：

①花卉、茶以及其他饮料作物和香料作物的种植；

②海水养殖、内陆养殖。

企业从事国家限制和禁止发展的项目，不得享受上述规定的免征和减半征收企业所得税优惠。

（3）企业采取"公司＋农户"经营模式从事牲畜、家禽的饲养，即公司与农户签订委托养殖合同，向农户提供畜禽苗、饲料、兽药及疫苗等［所有权（产权）仍属于公司］，农户将畜禽养大成为成品后交付公司回收。鉴于该模式企业直接从事畜禽的养殖，但系委托农户饲养，并承担诸如市场、管理、采购、销售等经营职责及绝大部分经营管理风险，公司和农户是劳务外包关系。对此类以"公司＋农户"经营模式从事农、林、牧、渔业项目生产的企业，可以按照上述有关规定，享受减免企业所得税优惠政策。

4. 从事国家重点扶持的公共基础设施项目投资经营的所得

（1）企业从事规定的国家重点扶持的公共基础设施项目的投资经营的所得，自项目取得第一笔生产经营收入所属纳税年度起，第1年至第3年免征企业所得税，第4年至第6年减半征收企业所得税。

国家重点扶持的公共基础设施项目，是指《公共基础设施项目企业所得税优惠目录》规定的港口码头、机场、铁路、公路、城市公共交通、电力、水利等项目。

（2）对饮水工程运营管理单位从事《公共基础设施项目企业所得税优惠目录》规定的饮水工程新建项目投资经营的所得，自项目取得第一笔生产经营收入所属纳税年度起，第1年至第3年免征企业所得税，第4年至第6年减半征收企业所得税。

企业承包经营、承包建设和内部自建自用上述项目，不得享受本项规定的企业所得税优惠。享受减免税优惠的项目，在减免税期限内转让的，受让方自受让之日起，可以在剩余期限内享受规定的减免税优惠；减免税期限届满后转让的，受让方不得就该项目重复享受减免税优惠。

5. 环境保护、节能节水项目

企业从事规定的符合条件的环境保护、节能节水项目的所得，自项目取得第一笔生产经营收入所属纳税年度起，第1年至第3年免征企业所得税，第4年至第6年减半征收企业所得税。

符合条件的环境保护、节能节水项目，包括公共污水处理、公共垃圾处理、沼气综合开发利用、节能减排技术改造、海水淡化等。

企业承包经营、承包建设和内部自建自用上述项目，不得享受本项规定的企业所得税优惠。享受减免税优惠的项目，在减免税期限内转让的，受让方自受让之日起，可以在剩余期限内享受规定的减免税优惠；减免税期限届满后转让的，受让方不得就该项目重复享受减免税优惠。

6. 合同能源管理项目

对符合条件的节能服务公司实施合同能源管理项目，符合《企业所得税法》有关规定的，自项目取得第一笔生产经营收入所属纳税年度起，第1年至第3年免征企业所得税，第4年至第6年按照25%的法定税率减半征收企业所得税。

7. 技术转让所得

一个纳税年度内，居民企业技术转让所得不超过500万元的部分，免征企业所得税；超过500万元的部分，减半征收企业所得税。

自2015年10月1日起，全国范围内的居民企业转让5年（含，下同）以上非独占许可使用权取得的技术转让所得，纳入享受企业所得税优惠的技术转让所得范围。

技术转让所得公式：

$$技术转让所得＝技术转让收入－技术转让成本－相关税费$$

技术转让收入是指当事人履行技术转让合同后获得的价款，不包括销售或转让设备、仪器、零部件、原材料等非技术性收入。不属于与技术转让项目密不可分的技术咨询、技术服务、技术培训等收入，不得计入技术转让收入。

技术转让成本是指转让的无形资产的净值，即该无形资产的计税基础减除在资产使用期间按照规定计算的摊销扣除额后的余额。

相关税费是指技术转让过程中实际发生的有关税费，包括除企业所得税和允许抵扣的增值税以外的各项税金及其附加、合同签订费用、律师费等相关费用及其他支出。

8. 非居民企业取得下列所得可以免征企业所得税

（1）外国政府向中国政府提供贷款取得的利息所得；

（2）国际金融组织向中国政府和居民企业提供优惠贷款取得的利息所得；

（3）经国务院批准的其他所得。

9. 加计扣除

（1）开发新技术、新产品、新工艺发生的研究开发费用，详见【知识点5】研发费用加计扣除的基本政策。

（2）企业安置残疾人员的，在按照支付给残疾职工工资据实扣除的基础上，按照支付给残疾职工工资的100%加计扣除。

（3）高新技术企业在2022年10月1日至2022年12月31日期间新购置的设备、器具，允许当年一次性全额在计算应纳税所得额时扣除，并允许在税前实行100%加计扣除。详见【知识点2】固定资产税务处理的基本政策。

10. 税额抵免

企业购置并实际使用《环境保护专用设备企业所得税优惠目录》《节能节水专用设备企业所得税优惠目录》和《安全生产专用设备企业所得税优惠目录》规定的环境保护、节能节水、安全生产等专用设备的，该专用设备的投资额的10%可以从企业当年的应纳税额中抵免；当年不足抵免的，可以在以后5个纳税年度结转抵免。

企业购置上述专用设备在5年内转让、出租的，应当停止享受企业所得税优惠，并补缴已经抵免的企业所得税税款。

进行税额抵免时，如增值税进项税额允许抵扣，其专用设备投资额不再包括增值税进项税额；如增值税进项税额不允许抵扣，其专用设备投资额应为增值税专用发票上注明的价税合计金额。企业购买专用设备取得普通发票的，其专用设备投资额为普通发票上注明的金额。

根据《财政部 税务总局关于节能节水 环境保护 安全生产专用设备数字化智能化改造企业所得税政策的公告》（财政部 税务总局公告2024年第9号）规定：

（1）企业在2024年1月1日至2027年12月31日期间发生的专用设备数字化、智能化改造投入，不超过该专用设备购置时原计税基础50%的部分，可按照10%比例抵免企业当年应纳税额。企业当年应纳税额不足抵免的,可以向以后年度结转,但结转年限最长不得超过 5 年。

(2) 专用设备数字化、智能化改造,是指企业利用信息技术和数字技术对专用设备进行技术改进和优化,从而提高该设备的数字化和智能化水平。具体包括以下方面:①数据采集。利用传感、自动识别、系统读取、工业控制数据解析等数据采集技术,将专用设备的性能参数、运行状态和环境状态等信息转化为数字形式,实现对专用设备信息的监测和采集。②数据传输和存储。利用网络连接、协议转换、数据存储等数据传输和管理技术,将采集的专用设备数据传输和存储,实现对专用设备采集数据的有效汇集。③数据分析。利用数据计算处理、统计分析、建模仿真等数据分析技术,对采集的专用设备信息进行深度分析,实现专用设备故障诊断、预测维护、优化运行等方面的改进。④智能控制。利用自动化技术和智能化技术,对专用设备监测告警、动态调参、反馈控制等功能进行升级,实现专用设备的智能化控制。⑤数字安全与防护。利用数据加密、漏洞扫描、权限控制、冗余备份等数据和网络安全技术,对专用设备的数据机密性和完整性进行强化,实现专用设备数据和网络安全风险防控能力的明显提升。⑥国务院财政、税务主管部门会同科技、工业和信息化部门规定的其他数字化、智能化改造情形。

(3) 享受税收优惠的改造投入,是指企业对专用设备数字化、智能化改造过程中发生的并形成该专用设备固定资产价值的支出,但不包括按有关规定退还的增值税税款以及专用设备运输、安装和调试等费用。企业利用财政拨款资金进行的专用设备数字化、智能化改造投入,不得抵免企业当年的企业所得税应纳税额。

(4) 享受税收优惠政策企业,应当自身实际使用改造后的专用设备。企业在专用设备改造完成后 5 个纳税年度内转让、出租的,应在该专用设备停止使用当月停止享受优惠,并补缴已经抵免的企业所得税税款。

(5) 企业应对专用设备数字化、智能化改造投入进行单独核算,准确、合理归集各项支出;企业在 1 个纳税年度内对多个专用设备进行数字化、智能化改造的,应按照不同的专用设备分别归集相关支出。对相关支出划分不清的,不得享受本公告规定的税收优惠政策。

(6) 企业享受税收优惠政策,应事先制定专用设备数字化、智能化改造方案,或取得经技术合同认定登记机构登记的技术开发合同或技术服务合同,相关资料留存备查。税务部门在政策执行过程中,不能准确判断是否属于专用设备数字化、智能化改造的,可提请地市级(含)以上工业和信息化部门会同科技部门等鉴定。

11. 创业投资的优惠

(1) 创业投资企业采取股权投资方式投资于未上市的中小高新技术企业满 2 年 (24 个月) 以上的,可以按照其投资额的 70% 在股权持有满 2 年 (24 个月) 的当年抵扣该创业投资企业的应纳税所得额；当年不足抵扣的，可以在以后纳税年度结转抵扣。

（2）公司制创业投资企业采取股权投资方式直接投资于种子期、初创期科技型企业满2年（24个月，下同）的，可以按照投资额的70%在股权持有满2年的当年抵扣该公司制创业投资企业的应纳税所得额；当年不足抵扣的，可以在以后纳税年度结转抵扣。

2022年1月1日至2027年12月31日，对于初创科技型企业需符合的条件，从业人数继续按不超过300人、资产总额和年销售收入按均不超过5000万元执行。

12. 生产和装配伤残人员专门用品企业的税收优惠

2021年1月1日至2027年12月31日期间，对符合下列条件的居民企业，免征企业所得税：①生产和装配伤残人员专门用品，且在民政部发布的《中国伤残人员专门用品目录》范围之内。②以销售本企业生产或者装配的伤残人员专门用品为主，其所取得的年度伤残人员专门用品销售收入（不含出口取得的收入）占企业收入总额60%以上。收入总额，是指《企业所得税法》第六条规定的收入总额。③企业账证健全，能够准确、完整地向主管税务机关提供纳税资料，且本企业生产或者装配的伤残人员专门用品所取得的收入能够单独、准确核算。④企业拥有假肢制作师、矫形器制作师资格证书的专业技术人员不得少于1人；其企业生产人员如超过20人，则其拥有假肢制作师、矫形器制作师资格证书的专业技术人员不得少于全部生产人员的1/6。⑤具有与业务相适应的测量取型、模型加工、接受腔成型、打磨、对线组装、功能训练等生产装配专用设备和工具。⑥具有独立的接待室、假肢或者矫形器（辅助器具）制作室和假肢功能训练室，使用面积不少于115平方米。

13. 集成电路设计和软件产业企业所得税优惠政策

依法成立且符合条件的集成电路设计企业和软件企业，在2018年12月31日前自获利年度起计算优惠期，第1年至第2年免征企业所得税，第3年至第5年按照25%的法定税率减半征收企业所得税，并享受至期满为止。

14. 税率优惠

（1）国家需要重点扶持的高新技术企业，减按15%的税率征收企业所得税。

（2）自2018年1月1日起，对经认定的技术先进型服务企业（服务贸易类），减按15%的税率征收企业所得税。

（3）2019年1月1日至2027年12月31日，对符合条件的从事污染防治的第三方企业（以下称第三方防治企业）减按15%的税率征收企业所得税。

第三方防治企业自行判断其是否符合条件，符合条件的可以申报享受税收优惠，相关资料留存备查。税务部门依法开展后续管理过程中，可转请生态环境部门进行核查，生态环境部门可以委托专业机构开展相关核查工作。

（4）非居民企业在中国境内未设立机构、场所的，或者虽设立机构、场所但取得的所得与其所设机构、场所没有实际联系的,来源于中国境内的所得,减按10%的税率征收企业所得税。

(5) 符合条件的小型微利企业,减按20%的税率征收企业所得税,同时还有应纳税所得额减计的优惠政策,如表5-1所示。

表5-1　　　　　　小型微利企业应纳税所得额减计优惠政策

	年应纳税所得额不超过100万元的部分	对年应纳税所得额超过100万元但不超过300万元的部分
2019年度	减按25%计入应纳税所得额	减按50%计入应纳税所得额
2020年度	减按25%计入应纳税所得额	减按50%计入应纳税所得额
2021年度	减按12.5%计入应纳税所得额	减按50%计入应纳税所得额
2022年度	减按12.5%计入应纳税所得额	减按25%计入应纳税所得额
2023—2027年度	减按25%计入应纳税所得额	减按25%计入应纳税所得额

上述小型微利企业是指从事国家非限制和禁止行业,且同时符合年度应纳税所得额不超过300万元、从业人数不超过300人、资产总额不超过5000万元等三个条件的企业。

从业人数,包括与企业建立劳动关系的职工人数和企业接受的劳务派遣用工人数。所称从业人数和资产总额指标,应按企业全年的季度平均值确定。具体计算公式如下:

$$季度平均值=(季初值+季末值)\div 2$$
$$全年季度平均值=全年各季度平均值之和\div 4$$

企业同时从事适用不同企业所得税待遇的项目的,其优惠项目应当单独计算所得,并合理分摊企业的期间费用;没有单独计算的,不得享受企业所得税优惠。减半征收企业所得税的,居民企业应就该部分所得单独核算并依照25%的法定税率减半缴纳企业所得税。

(6) 对设在西部地区的鼓励类产业企业减按15%的税率征收企业所得税。所称鼓励类产业企业是指以《西部地区鼓励类产业目录》中规定的产业项目为主营业务,且其主营业务收入占企业收入总额60%以上的企业。

【知识点5】 研发费用加计扣除的基本政策

1. 政策要点

(1) 企业开展研发活动中实际发生的研发费用,未形成无形资产计入当期损益的,在按规定据实扣除的基础上,再按照实际发生额的100%在税前加计扣除;形成无形资产的,按照无形资产成本的200%在税前摊销。无形资产摊销年限不得低于10年。作为投资或者受让的无形资产,有关法律规定或者合同约定了使用年限的,可以按照法律规定或者合同约定的使用年限分期摊销。

(2) 集成电路企业和工业母机企业开展研发活动中实际发生的研发费用,未形成无形资产计入当期损益的,在按规定据实扣除的基础上,在2023年1月1日至2027年12月31日期间,再按照实际发生额的120%在税前扣除;形成无形资产的,在上述期间按照无形资产成本的220%在税前摊销。所称集成电路企业是指国家鼓励的集成电路生产、设计、装备、材料、封装、测试企业。

(3) 委托、合作、集中研发费用的加计扣除:

①企业委托境内的外部机构或个人进行研发活动发生的费用,按照费用实际发生额的80%计入委托方研发费用并按规定计算加计扣除;委托境外(不包括境外个人)进行研发活动所发生的费用,按照费用实际发生额的80%计入委托方的委托境外研发费用。委托境外研发费用不超过境内符合条件的研发费用2/3的部分,可按规定在企业所得税税前加计扣除。

②企业共同合作开发的项目,由合作各方就自身实际承担的研发费用分别计算加计扣除。

③企业集团根据生产经营和科技开发的实际情况,对技术要求高、投资数额大,需要集中研发的项目,其实际发生的研发费用,可以按照权利和义务相一致、费用支出和收益分享相配比的原则,合理确定研发费用的分摊方法,在受益成员企业间进行分摊,由相关成员企业分别计算加计扣除。

(4) 企业为获得创新性、创意性、突破性的产品进行创意设计活动而发生的相关费用,可以按照规定进行加计扣除。

(5) 企业可在当年7月份预缴、10月份预缴以及企业所得税年度汇算清缴时申报享受研发费用加计扣除政策。

2. 研发活动界定

(1) 研发活动的概念与类型。

企业申请享受研发费用加计扣除政策,首先需要明确其研发项目是否为研发活动。根据《财政部 国家税务总局 科技部关于完善研究开发费用税前加计扣除政策的通知》(财税〔2015〕119号)的规定,研发活动是指企业为获得科学与技术新知识,创造性运用科学技术新知识,或实质性改进技术、产品(服务)、工艺而持续进行的具有明确目标的系统性活动。

该定义主要参照《弗拉斯卡蒂(Frascati)手册》《企业会计准则第6号——无形资产》《企业会计制度》对研发活动的界定。研发活动可分为基础研究、应用研究、试验发展3种类型,如表5-2所示。

表 5-2　　　　　　　　　　　　　研发活动类型及形式表

类型	研发活动		非研发活动
	主要目的	具体形式	
基础研究	基础研究不预设某一特定的应用或使用目的，主要是为获得关于现象和可观察事实的基本原理的新知识，可针对已知或具有前沿性的科学问题，或者针对人们普遍感兴趣的某些广泛领域，以未来广泛应用为目标	分为两种类型：一是自由探索性基础研究，即为了增进知识，不追求经济或社会效益，也不积极谋求将其应用于实际问题或把成果转移到负责应用的部门；二是目标导向（定向）基础研究，旨在获取某方面知识、期望为探索解决当前已知或未来可能发现的问题奠定基础	艺术或人文学方面的研究
应用研究	主要针对某一特定的实际应用目的或目标，为获取新知识或寻找已有知识的实际应用途径而开展的创造性研究	包括辨别基础研究成果的可应用性，或者研究出一套使企业能够完成预先设定的发展目标的新方案等	对某项科研成果的直接应用，对现存产品、服务、技术、材料或工艺流程进行的重复或简单改变
试验发展	主要是利用从科学研究和实际经验中获得的现有知识，为生产新材料、新产品、新设备，建立新工艺、新系统，或对已产生和已建立的上述各项进行实质性改进，而进行的开发、试制、小试、中试等试验性、系统性工作	原型样机设计、制造、测试，设计新工艺所需要的专用设备和架构，对新产品和新工艺的构思、开发和样品制造等	市场调查、质量控制、测试分析、维修维护、常规测试、为生产工艺而进行的设计、试生产等

（2）研发活动的判断要点。

根据研发活动的判断要点，可判断其项目是否为研发活动，如表 5-3 所示。

表 5-3　　　　　　　　　　　　研发活动判断要点及内涵表

要点		内涵
1	有明确创新目标	研发活动一般具有明确的创新目标，如获得新知识、新技术、新工艺、新材料、新产品、新标准等。可通过以下问题予以明确。例如，该活动是否要探索以前未发现的现象、结构或关系？是否在一定范围要突破现有的技术瓶颈？研发成果是否不可预期？如果回答为"是"，则说明该活动具有明确的创新目标
2	有系统组织形式	研发活动以项目、课题等方式组织进行，围绕具体目标，有较为确定的人、财、物等支持，经过立项、实施、结题的组织过程，因此是有边界的和可度量的
3	研发结果不确定	研发活动的结果是不能完全事先预期的，必须经过反复不断地试验、测试，具有较大的不确定性，存在失败的可能

(3) 不适用加计扣除政策的活动。

①企业产品（服务）的常规性升级；

②对某项科研成果的直接应用，如直接采用公开的新工艺、材料、装置、产品、服务或知识等；

③企业在商品化后为顾客提供的技术支持活动；

④对现存产品、服务、技术、材料或工艺流程进行的重复或简单改变；

⑤市场调查研究、效率调查或管理研究；

⑥作为工业（服务）流程环节或常规的质量控制、测试分析、维修维护；

⑦社会科学、艺术或人文学方面的研究。

其中，①至⑥类活动虽与研发活动有密切关系，但都不属于研发活动。

(4) 研发活动判断的边界与说明。

在某些情况下，研发活动与生产活动、科技活动等较难区分，有时甚至同时进行。

①研发活动与其他产业活动之间的边界说明，如表 5-4 所示。

表 5-4　　　　研发活动（R&D）与其他产业活动之间的边界说明

项目	处理方式	备注
原型	计入 R&D	原型的设计、制造和测试都属于研发活动；但为了进行批量生产而试生产的首批产品不是原型，其制造不属于研发活动
小试	计入 R&D	为了验证新产品、新工艺等能否正常运行的研发活动
中试	计入 R&D	为了验证新产品、新工艺等在大规模投产前能否正常运行的研发活动
中试工厂（中试设施）	区别对待	主要目的是研发活动，其建造与运行则属于研发活动，包括为了对假设进行评估、编写新产品方案、确定新成品规则、设计新工艺所需要的专用设备和建筑物、编制工艺操作说明书或手册等搜集数据，或者获得经验；否则，不属于研发活动
工业设计	区别对待	为研发活动开展的设计属于研发活动，如设计程序、制定技术规格、开发其他用途等；为生产进行的设计不属于研发活动
工业工程和工装准备	区别对待	"反馈"研发及与创新过程中的工装准备和工程属于研发活动；为产品流程而进行的工作不属于研发活动 （"反馈"研发是指一项新产品或者新工艺转到生产部门后，仍然存在需要解决的技术问题，其中一些可能需要进一步开展的研发活动）
软件开发	区别对待	在不以软件为最终产品的情况下，如果软件开发是研发项目整体组成的一部分，属于研发活动；否则，需要进一步判断
试生产	区别对待	为新产品、新工艺全面测试及随后进一步的设计和工程化进行的试生产属于研发活动；否则，不属于研发活动

续表

项目	处理方式	备注
售后服务和故障排除	不属于 R&D	"反馈"研发除外。("反馈"研发是指一项新产品或者新工艺转到生产部门后，仍然存在需要解决的技术问题，其中一些可能需要进一步开展的研发活动）
专利与许可证工作	不属于 R&D	与研发项目直接相关的专利工作除外
常规测试	不属于 R&D	即使由 R&D 人员进行的常规测试也不属于研发活动
数据收集	区别对待	作为研发项目必不可少组成部分的数据收集属于研发活动；否则，不属于研发活动
公共检验控制、标准与规章的执行	不属于 R&D	

②研发活动与其他科技活动之间的边界说明。

科技活动的范围更广，包括研究开发、科技服务、科技成果转化等与科学技术相关的各类活动总称。

很多科技活动单独看其本身并不是研发活动，但如果主要是为了实现研发需求，则可视为研发活动。例如，科技信息服务、通用信息收集和编制、测试与规范化、质量控制、可行性研究等；否则，不是研发活动。

以下科技服务活动不属于研发活动：

A. 以常规手段或者为生产经营目的进行一般加工、定作、修理、修缮、广告、印刷、测绘、标准化测试，建设工程的勘察、设计、安装、施工、监理等服务，但以非常规技术手段，解决复杂、特殊技术问题而提供的服务除外；

B. 描晒复印图纸、摄影摄像等服务；

C. 计量检定单位提供的强制性计量检定服务；

D. 理化测试分析单位提供的仪器设备的购售、租赁及用户服务。

③软件相关研发活动与非研发活动说明。

软件开发活动即使取得了软件著作权，也不一定是研发活动。只有当软件开发活动符合研发活动的界定时，才属于研发活动。常规性的软件相关活动，由于不涉及科学和（或）技术的进步或技术不确定性的解决，不属于研发。如表 5-5 所示。

表 5-5　　　　　　　软件相关研发活动与非研发活动典型列举

类型	典型列举
软件研发活动	①在计算机科学领域产生新的原理、语言、操作系统； ②基于独创技术，对新搜索引擎的设计和执行； ③基于系统或者网络的流程再造，试图解决硬件或者软件的冲突； ④创建新的或者更有效的算法，开发计算专业领域中的软件工具，如图像处理、地理数据显示、字符识别等； ⑤建立新的、独创的加密技术或者安全技术； ⑥在操作系统、编程语言、数据管理、通讯软件和软件开发工具层面上的信息技术开发； ⑦开源软件的开发； ⑧互联网技术的发展； ⑨软件的设计、开发、配置和维护等方面方法的研究； ⑩在捕捉、传输、存储、检索、处理或显示信息等通用方法上产生进步的软件开发； ⑪开发软件程序或系统所必需的，旨在填补技术知识空白的试验发展； ⑫对现有程序或系统的升级、扩充或改变体现了科学和（或）技术的进步，并带来了知识存量的增加，可将其归为研发活动，如软件适配不同的操作系统或硬件、产品运行性能得以显著提升； ⑬针对新应用场景的软件开发，如算法的优化迭代、产品基础架构和功能模块的重新设计等
软件相关非研发活动	①运用已知方法和现有软件工具进行商业应用软件和信息系统的开发； ②使用标准的加密方法进行安全性验证和数据完整性测试； ③使用现有工具对网页或者软件的制作； ④定制具有特殊用途的产品，在这个过程中，增加的知识对原有项目有重大改进的除外； ⑤为应用程序添加用户功能（包括基础数据输入功能）； ⑥试验发展过程结束后，对现有系统或者程序的日常调试，如功能、界面、性能等方面的简单优化； ⑦转换和（或）编泽计算机语言； ⑧用户使用说明书的编写

3. 研发费用加计扣除政策的主要内容

（1）政策适用范围。

研发费用加计扣除政策适用于会计核算健全、实行查账征收并能够准确归集研发费用的居民企业。此外，为获得创新性、创意性、突破性的产品进行创意设计活动的企业发生的相关费用，也可按照规定进行加计扣除。

①负面清单行业企业不能享受研发费用加计扣除政策。

不适用研发费用加计扣除政策的行业，包括烟草制造业、住宿和餐饮业、批发和零售业、房地产业、租赁和商务服务业、娱乐业、财政部和国家税务总局规定的其他行业。上述行业以《国民经济行业分类与代码（GB/T 4754—2011）》为准，并随之更新［目前最新版本为《国民经济行业分类与代码（GB/T 4754—2017）》］。

负面清单行业企业的判断口径具体细化为：以列举的不适用税前加计扣除政策行业为主营业务，其研发费用发生当年的主营业务收入占企业所得税法第六条规定计算的收入总额减除不征税收入和投资收益的余额50%（不含）以上的企业。从收入总额中减除的投资收益包括税法规定的股息、红利等权益性投资收益以及股权转让所得。

在计算收入总额时，应注意收入总额的完整性和准确性，税收上确认的收入总额不能简单等同于会计收入，应重点关注税会收入确认差异及调整情况。在判定主营业务时，应将企业当年取得的各项不适用加计扣除行业业务收入汇总确定。

②核定征收企业不能享受加计扣除政策。

研发费用加计扣除政策适用于会计核算健全、实行查账征收并能够准确归集研发费用的居民企业。按核定征收方式缴纳企业所得税的企业不能享受此项优惠政策。

③创意设计活动发生的相关费用可以享受加计扣除政策。

企业为获得创新性、创意性、突破性的产品进行创意设计活动而发生的相关费用，可按照规定进行加计扣除。

创意设计活动是指多媒体软件、动漫游戏软件开发，数字动漫、游戏设计制作；房屋建筑工程设计（绿色建筑评价标准为三星）、风景园林工程专项设计；工业设计、多媒体设计、动漫及衍生产品设计、模型设计等。但应注意虽允许"创意设计活动"适用加计扣除政策，但其属于一项单独的优惠政策，并不代表此类"创意设计活动"属于研发活动。

（2）研发费用加计扣除归集口径。

①人员人工费用。指直接从事研发活动人员的工资薪金、基本养老保险费、基本医疗保险费、失业保险费、工伤保险费、生育保险费和住房公积金，以及外聘研发人员的劳务费用。

直接从事研发活动人员分为研究人员、技术人员和辅助人员三类。直接从事研发活动人员既可以是本企业的员工，也可以是外聘研发人员。外聘研发人员是指与本企业或劳务派遣企业签订劳务用工协议（合同）和临时聘用的研究人员、技术人员、辅助人员。接受劳务派遣的企业按照协议（合同）约定支付给劳务派遣企业，且由劳务派遣企业实际支付给外聘研发人员的工资薪金等费用，属于外聘研发人员的劳务费用。工资薪金包括按规定可以在税前扣除的对研发人员股权激励的支出。

②直接投入费用。指研发活动直接消耗的材料、燃料和动力费用；用于中间试验和产品试制的模具、工艺装备开发及制造费，不构成固定资产的样品、样机及一般测试手段购置费，试制产品的检验费；用于研发活动的仪器、设备的运行维护、调整、检验、维修等费用，以及通过经营租赁方式租入的用于研发活动的仪器、设备租赁费。

③折旧费用。指用于研发活动的仪器、设备的折旧费。

④无形资产摊销。指用于研发活动的软件、专利权、非专利技术（包括许可证、

专有技术、设计和计算方法等)的摊销费用。

⑤新产品设计费、新工艺规程制定费、新药研制的临床试验费、勘探开发技术的现场试验费。指企业在新产品设计、新工艺规程制定、新药研制的临床试验、勘探开发技术的现场试验过程中发生的与开展该项活动有关的各类费用。

⑥其他相关费用。指与研发活动直接相关的其他费用,如技术图书资料费、资料翻译费、专家咨询费、高新科技研发保险费,研发成果的检索、分析、评议、论证、鉴定、评审、评估、验收费用,知识产权的申请费、注册费、代理费,差旅费、会议费,职工福利费、补充养老保险费、补充医疗保险费。此类费用总额不得超过可加计扣除研发费用总额的10%。

(3) 研发费用加计扣除"其他相关费用"限额计算方法。

与研发活动直接相关的其他相关费用,不得超过可加计扣除研发费用总额的10%。从2021年起,企业在一个纳税年度内同时开展多项研发活动的,由原来按照每一研发项目分别计算"其他相关费用"限额,改为统一计算全部研发项目"其他相关费用"限额。

(4) 资本化项目中"其他相关费用"处理。

按照现行政策规定对于资本化项目"其他相关费用"的处理分以下四步:第一步按当年全部费用化项目和当年已结束的资本化项目统一计算出当年全部项目"其他相关费用"限额;第二步比较"其他相关费用"限额及其实际发生数的大小,确定可以加计扣除的"其他相关费用"金额;第三步用可加计扣除的"其他相关费用"金额除以全部项目实际发生的"其他相关费用",得出可加计扣除比例;第四步用可加计扣除比例乘以每个资本化项目实际发生的"其他相关费用",得出单个资本化项目可加计扣除的"其他相关费用",与该项目其他可加计扣除的研发费用一并在以后年度摊销。

具体计算公式为:

全部研发项目的其他相关费用限额 = 全部研发项目的人员人工等五项费用之和 × 10% / (1 − 10%)

(5) 企业委托研发费用的有关规定。

企业委托境内的外部机构或个人开展研发活动发生的费用,可按规定税前扣除;加计扣除时按照研发活动发生费用的80%作为加计扣除基数。

委托个人研发的,应凭个人出具的发票等合法有效凭证在税前加计扣除(个人可通过电子税务局等渠道申请发票或到税务机关申请代开发票)。其中"研发活动发生的费用"是指委托方实际支付给受托方的费用。无论委托方是否享受研发费用税前加计扣除政策,受托方均不得加计扣除。委托外部研究开发费用实际发生额应按照独立交易原则确定。

企业委托境外进行研发活动所发生的费用,按照费用实际发生额的80%计入委托方的委托境外研发费用。委托境外研发费用不超过境内符合条件的研发费用 2/3 的部分，可以按规定在企业所得税税前加计扣除。委托境外个人进行研发活动所发生的费用不可加计扣除。

（6）企业委托关联方和非关联方管理要求的区别。

委托方委托关联方开展研发活动的，受托方需向委托方提供研发过程中实际发生的研发项目费用支出明细情况。委托方委托非关联方开展研发的，考虑到涉及商业秘密等原因，受托方无需向委托方提供研发过程中实际发生的研发项目费用支出明细情况。

（7）冲减研发费用的特殊情况。

①特殊收入应扣减可加计扣除的研发费用。

企业取得研发过程中形成的下脚料、残次品、中间试制品等特殊收入，在计算确认收入当年的加计扣除研发费用时，应从已归集研发费用中扣减该特殊收入，不足扣减的，加计扣除研发费用按零计算。

②研发活动直接形成产品或作为组成部分形成的产品对外销售的特殊处理。

企业研发活动直接形成产品或作为组成部分形成的产品对外销售的，研发费用中对应的材料费用不得加计扣除。产品销售与对应的材料费用发生在不同纳税年度且材料费用已计入研发费用的，可在销售当年以对应的材料费用发生额直接冲减当年的研发费用，不足冲减的，结转以后年度继续冲减。

③政府补助用于研发应区别处理。

企业取得的政府补助，会计处理时采用直接冲减研发费用方法且税务处理时未将其确认为应税收入的，应按冲减后的余额计算加计扣除金额。

根据《企业会计准则第 16 号——政府补助》规定，政府补助有总额法和净额法两种会计处理方法。净额法是将政府补助确认为对相关资产账面价值或者所补偿成本费用等的扣减。按照企业所得税法的规定，企业取得的政府补助应确认为收入，计入收入总额。净额法产生了税会差异。企业在税收上将政府补助确认为应税收入，同时增加研发费用，加计扣除应以税前扣除的研发费用为基数。但企业未进行相应调整的，税前扣除的研发费用与会计的扣除金额相同，应以会计上冲减后的余额计算加计扣除金额。

（8）其他事项。

①研发费用加计扣除可以与其他企业所得税优惠事项叠加享受。

《企业所得税法》及其实施条例中规定的各项税收优惠，凡企业符合规定条件的，可以同时享受。因此，企业既符合享受研发费用加计扣除政策条件，又符合享受其他优惠政策条件的，可以同时享受有关优惠政策。

②失败的研发活动所发生的研发费用也可加计扣除。

③盈利企业和亏损企业都可以享受加计扣除政策。

企业发生的研发费用，无论企业当年是盈利还是亏损，其发生符合条件的研发费用均可以加计扣除。亏损企业享受研发费用加计扣除后，将加大亏损额，在结转以后年度弥补亏损时，将减少以后年度的应纳税所得额。

【知识点6】 企业所得税应纳税额的检查方法

企业所得税应纳税额的检查方法如下：

（1）检查被查对象的弥补亏损年度申报表，检查被查对象的亏损是否真实、准确，特别是自行调减项目是否真实准确。

（2）检查被查对象弥补亏损年限是否正确，是否连续计算弥补亏损年限，有无超过规定年限或间断计算弥补亏损年限。

（3）检查被查对象的境外所得的抵免情况，检查其抵免税种的范围及抵免方法是否符合《企业所得税法》规定，对来源于实际税负明显低于我国法定税率水平国家（地区）的企业，检查其是否已依法补缴所得税。

（4）检查被查对象企业所得税申报表正表及附表、企业所得税年度鉴证报告、企业所得税专项事项鉴证报告（如加计扣除）等。

（5）检查被查对象是否正确计算应纳税额，抵免的税额计算是否正确，抵免税额时能否提供中国境外税务机关出具的税款所属年度的有关纳税凭证。

（6）检查被查对象是否自行扩大弥补亏损数额，用境内所得弥补境外营业机构的亏损，用免税项目所得弥补了以前年度亏损，企业合并、分立转入亏损未按《企业所得税法》规定弥补，或扩大合并、分立转出亏损额的行为。

（7）检查被查对象是否有未按适用税率计算申报企业所得税，减免所得税额不符合政策要求、抵免税额的范围及抵免方法不符合《企业所得税法》规定、投资收益尤其是境外投资收益未按《企业所得税法》规定进行税务处理、税额计算不准确等行为。

六、企业所得税纳税与扣缴义务发生时间、纳税地点的检查方法

【知识点1】 企业所得税纳税义务发生时间的基本政策

1. 企业所得税按纳税年度计算

纳税年度自公历1月1日起至12月31日止。

企业在一个纳税年度中间开业，或者终止经营活动，使该纳税年度的实际经营期不足12个月的，应当以其实际经营期为一个纳税年度。

企业依法清算时，应当以清算期间作为一个纳税年度。

2. 企业所得税预缴和汇算清缴

企业应当自月份或者季度终了之日起 15 日内，向税务机关报送预缴企业所得税纳税申报表，预缴税款。企业分月或者分季预缴企业所得税时，应当按照月度或者季度的实际利润额预缴；按照月度或者季度的实际利润额预缴有困难的，可以按照上一纳税年度应纳税所得额的月度或者季度平均额预缴，或者按照经税务机关认可的其他方法预缴。预缴方法一经确定，该纳税年度内不得随意变更。

企业应当自年度终了之日起 5 个月内，向税务机关报送年度企业所得税纳税申报表，并汇算清缴，结清应缴应退税款。

企业在年度中间终止经营活动的，应当自实际经营终止之日起 60 日内，向税务机关办理当期企业所得税汇算清缴。

企业在纳税年度内无论盈利或者亏损，都应当依照《企业所得税法》第五十四条规定的期限，向税务机关报送预缴企业所得税纳税申报表、年度企业所得税纳税申报表、财务会计报告和税务机关规定应当报送的其他有关资料。

3. 清算所得的申报

企业应当在办理注销登记前，就其清算所得向税务机关申报并依法缴纳企业所得税。

清算所得，是指企业的全部资产可变现价值或者交易价格减除资产净值、清算费用以及相关税费等后的余额。

投资方企业从被清算企业分得的剩余资产，其中相当于从被清算企业累计未分配利润和累计盈余公积中应当分得的部分，应当确认为股息所得；剩余资产减除上述股息所得后的余额，超过或者低于投资成本的部分，应当确认为投资资产转让所得或者损失。

【知识点 2】 企业所得税扣缴义务发生时间的基本政策

对非居民企业在中国境内未设立机构、场所的，或者虽设立机构、场所但取得的所得与其所设机构、场所没有实际联系的，扣缴义务人在每次向非居民企业支付或者到期应支付上述所得时，应从支付或者到期应支付的款项中扣缴企业所得税。非居民企业取得的所得为股息、红利等权益性投资收益的，相关扣缴义务发生之日为实际支付之日。

到期应支付的款项，是指支付人按照权责发生制原则应当计入相关成本、费用的应付款项。

扣缴义务人每次代扣代缴税款时，应当向其主管税务机关报送《中华人民共和国扣缴企业所得税报告表》及相关资料，并自代扣之日起 7 日内缴入国库。

扣缴义务人未依法扣缴或者无法履行扣缴义务的，非居民企业应于扣缴义务人支付或者到期应支付之日起 7 日内，到所得发生地主管税务机关申报缴纳企业所得税。

【知识点 3】 企业所得税纳税地点的基本政策

1. 居民企业纳税地点

除税收法律、行政法规另有规定外，居民企业以企业登记注册地为纳税地点；但登记注册地在境外的，以实际管理机构所在地为纳税地点。

居民企业在中国境内设立不具有法人资格的营业机构的，应当汇总计算并缴纳企业所得税。企业汇总计算并缴纳企业所得税时，应当统一核算应纳税所得额。跨地区（指跨省、自治区、直辖市和计划单列市）设立不具有法人资格分支机构的，总机构和具有主体生产经营职能的二级分支机构，就地分摊缴纳企业所得税，分月或分季分别向所在地主管税务机关申报预缴企业所得税。

2. 非居民企业纳税地点

非居民企业在中国境内设立机构、场所的，其所设机构、场所取得的来源于中国境内的所得，以及发生在中国境外但与其所设机构、场所有实际联系的所得，以机构、场所所在地为纳税地点。非居民企业在中国境内设立两个或者两个以上机构、场所的，符合国务院税务主管部门规定条件的，可以选择由其主要机构、场所汇总缴纳企业所得税。

【知识点 4】 企业所得税扣缴义务纳税地点的基本政策

1. 基本规定

非居民企业在中国境内未设立机构、场所的，或者虽设立机构、场所但取得的所得与其所设机构、场所没有实际联系的，其来源于中国境内的所得，以扣缴义务人所在地为纳税地点。

2. 应扣未扣

应当扣缴的企业所得税，扣缴义务人应扣未扣的，由扣缴义务人所在地主管税务机关责令扣缴义务人补扣税款，并依法追究扣缴义务人责任；需要向纳税人追缴税款的，由所得发生地主管税务机关依法执行。税务机关可以从该纳税人在中国境内其他收入项目款项中，追缴欠缴税款及应缴的滞纳金。

所得发生地，是指依照来源于中国境内、境外的所得规定的原则确定的所得发生地。在中国境内存在多处所得发生地的，由纳税人选择其中之一申报缴纳企业所得税。

3. 拒绝代扣税款

因非居民企业拒绝代扣税款的，扣缴义务人应当暂停支付相当于非居民企业应纳税款的款项，并在 1 日之内向其主管税务机关报告，并报送书面情况说明。

【知识点 5】 企业所得税纳税与扣缴义务发生时间、纳税地点的检查方法

企业所得税纳税与扣缴义务发生时间、纳税地点的检查方法如下：

（1）检查被查对象发生代扣代缴义务时，是否按规定的时间代扣代缴税款，是否向规定的扣缴义务地税务机关申报纳税。

（2）检查被查对象发生销售时，是否在规定的纳税年度确认收入和相关的成本费用支出。

（3）检查被查对象的纳税地点是否正确。特别是在外经营的企业，是否按规定在机构所在地申报缴纳企业所得税。

（4）检查被查对象是否按规定的期限预缴和汇算清缴企业所得税。

（5）检查总分支机构计算企业所得税额分配比例时是否按照规定进行计算，有无利用地区间优惠税率人为调节少交税款的情况。

>> 第二节
个人所得税的检查方法

一 个人所得税居民、非居民纳税人与扣缴义务人的检查方法

【知识点 1】 个人所得税居民纳税人的基本政策

在中国境内有住所，或者无住所而一个纳税年度内在中国境内居住累计满 183 天的个人，为居民个人。居民个人从中国境内和境外取得的所得，依照《中华人民共和国个人所得税法》（以下简称《个人所得税法》）规定缴纳个人所得税。

在中国境内有住所，是指因户籍、家庭、经济利益关系而在中国境内习惯性居住；所称从中国境内和境外取得的所得，分别是指来源于中国境内的所得和来源于中国境外的所得。

【知识点 2】 个人所得税非居民纳税人的基本政策

在中国境内无住所又不居住，或者无住所而一个纳税年度内在中国境内居住累计不满 183 天的个人，为非居民个人。非居民个人从中国境内取得的所得，依照《个人所得税法》规定缴纳个人所得税。

无住所个人一个纳税年度内在中国境内累计居住天数，按照个人在中国境内累计停留的天数计算。在中国境内停留的当天满 24 小时的，计入中国境内居住天数，在中国境内停留的当天不足 24 小时的，不计入中国境内居住天数。

【知识点 3】 个人所得税扣缴义务人的基本政策

个人所得税以所得人为纳税人，以支付所得的单位或者个人为扣缴义务人。

实行个人所得税全员全额扣缴申报的应税所得包括：①工资、薪金所得；②劳务报酬所得；③稿酬所得；④特许权使用费所得；⑤利息、股息、红利所得；⑥财产租赁所得；⑦财产转让所得；⑧偶然所得。

【知识点 4】 个人取得拍卖收入扣缴义务人的基本政策

《国家税务总局关于加强和规范个人取得拍卖收入征收个人所得税有关问题的通知》（国税发〔2007〕38 号）规定，个人财产拍卖所得应纳的个人所得税税款，由拍卖单位负责代扣代缴，并按规定向拍卖单位所在地主管税务机关办理纳税申报。拍卖单位代扣代缴个人财产拍卖所得应纳的个人所得税税款时，应给纳税人填开完税凭证，并详细标明每件拍卖品的名称、拍卖成交价格、扣缴税款额。

【知识点 5】 个人所得税居民、非居民纳税人与扣缴义务人的检查方法

个人所得税居民、非居民纳税人与扣缴义务人的检查方法如下：

（1）检查在中国境内任职外籍人员与任职单位签署的合同、薪酬发放资料、对照个人护照记录，到进出境机关核实了解进出境时间，并根据相关税收协定的规定，判断其是居民纳税人还是非居民纳税人。

（2）掌握居民纳税人在境外取得所得及纳税情况，检查个人纳税人在符合规定条件下有无自行申报，自行申报信息是否及时、完整；检查核对其境内、境外取得所得的申报资料，确定是否存在居民纳税人按非居民纳税人履行纳税义务的情况。

（3）检查扣缴单位"应付职工薪酬""应付利息""财务费用""管理费用"等会计科目，检查确认支付给个人的收入是否按规定正确计算并代扣税款，代扣的税款是否按规定期限解缴入库。

（4）检查个人纳税人在一个纳税年度取得的各项所得汇总是否达到自行申报标准，或者是否有符合自行申报的其他情形，是否按规定进行了自行申报。

（5）检查拍卖单位举行拍卖活动是否依法代扣代缴个人所得税，扣缴的个人所得税的计算是否准确，作为所得扣除项目依据的原值凭证和费用凭证是否真实合法有效。

二 个人所得税适用税目和税率的检查方法

【知识点1】 个人所得税适用税目的基本政策

下列各项个人所得，应当缴纳个人所得税：①工资、薪金所得；②劳务报酬所得；③稿酬所得；④特许权使用费所得；⑤经营所得；⑥利息、股息、红利所得；⑦财产租赁所得；⑧财产转让所得；⑨偶然所得。

【知识点2】 综合所得计税方式的基本政策

居民个人取得【知识点1】中第①项至第④项所得（以下称综合所得），按纳税年度合并计算个人所得税。

【知识点3】 分类计税方式的基本政策

非居民个人取得【知识点1】中第①项至第④项所得，按月或者按次分项计算个人所得税。

纳税人取得【知识点1】中第⑤项至第⑨项所得，分别计算个人所得税。

【知识点4】 工资、薪金所得的基本政策

工资、薪金所得，是指个人因任职或者受雇取得的工资、薪金、奖金、年终加薪、劳动分红、津贴、补贴以及与任职或者受雇有关的其他所得。

个人按照规定领取的税收递延型商业养老保险的养老金收入，其中25%部分予以免税，其余75%部分按照10%的比例税率计算缴纳个人所得税，税款计入"工资、薪金所得"项目，由保险机构代扣代缴后，在个人购买税延养老保险的机构所在地办理全员全额扣缴申报。

【知识点5】 劳务报酬所得的基本政策

劳务报酬所得，是指个人从事劳务取得的所得，包括从事设计、装潢、安装、制图、化验、测试、医疗、法律、会计、咨询、讲学、翻译、审稿、书画、雕刻、影视、录音、录像、演出、表演、广告、展览、技术服务、介绍服务、经纪服务、代办服务以及其他劳务取得的所得。

【知识点6】 稿酬所得的基本政策

稿酬所得，是指个人因其作品以图书、报刊等形式出版、发表而取得的所得。

第五章 所得税稽查

【知识点7】 特许权使用费所得的基本政策

特许权使用费所得,是指个人提供专利权、商标权、著作权、非专利技术以及其他特许权的使用权取得的所得;提供著作权的使用权取得的所得,不包括稿酬所得。

【知识点8】 经营所得的基本政策

经营所得,是指:

(1) 个体工商户从事生产、经营活动取得的所得,个人独资企业投资人、合伙企业的个人合伙人来源于境内注册的个人独资企业、合伙企业生产、经营的所得;

(2) 个人依法从事办学、医疗、咨询以及其他有偿服务活动取得的所得;

(3) 个人对企业、事业单位承包经营、承租经营以及转包、转租取得的所得;

(4) 个人从事其他生产、经营活动取得的所得。

2023年1月1日至2027年12月31日,对个体工商户年应纳税所得额不超过200万元的部分,减半征收个人所得税。个体工商户在享受现行其他个人所得税优惠政策的基础上,可叠加享受本条优惠政策。

【知识点9】 利息、股息、红利所得的基本政策

利息、股息、红利所得,是指个人拥有债权、股权等而取得的利息、股息、红利所得。

【知识点10】 财产租赁所得的基本政策

财产租赁所得,是指个人出租不动产、机器设备、车船以及其他财产取得的所得。

【知识点11】 财产转让所得的基本政策

1. 财产转让所得

财产转让所得,是指个人转让有价证券、股权、合伙企业中的财产份额、不动产、机器设备、车船以及其他财产取得的所得。

2. 递延纳税政策

对符合条件的非上市公司股票期权、股权期权、限制性股票和股权奖励实行递延纳税政策。

(1) 非上市公司授予本公司员工的股票期权、股权期权、限制性股票和股权奖励,符合规定条件的,经向主管税务机关备案,可实行递延纳税政策,即员工在取得股权激励时可暂不纳税,递延至转让该股权时纳税;股权转让时,按照股权转让收入减除股权取得成本以及合理税费后的差额,适用"财产转让所得"项目,按照20%的税率

计算缴纳个人所得税。

股权转让时，股票（权）期权取得成本按行权价确定，限制性股票取得成本按实际出资额确定，股权奖励取得成本为零。

（2）享受递延纳税政策的非上市公司股权激励（包括股票期权、股权期权、限制性股票和股权奖励）须同时满足以下条件：

①属于境内居民企业的股权激励计划。

②股权激励计划经公司董事会、股东（大）会审议通过。未设股东（大）会的国有单位，经上级主管部门审核批准。股权激励计划应列明激励目的、对象、标的、有效期、各类价格的确定方法、激励对象获取权益的条件、程序等。

③激励标的应为境内居民企业的本公司股权。股权奖励的标的可以是技术成果投资入股到其他境内居民企业所取得的股权。激励标的股票（权）包括通过增发、大股东直接让渡以及法律法规允许的其他合理方式授予激励对象的股票（权）。

④激励对象应为公司董事会或股东（大）会决定的技术骨干和高级管理人员，激励对象人数累计不得超过本公司最近6个月在职职工平均人数的30%。

⑤股票（权）期权自授予日起应持有满3年，且自行权日起持有满1年；限制性股票自授予日起应持有满3年，且解禁后持有满1年；股权奖励自获得奖励之日起应持有满3年。上述时间条件须在股权激励计划中列明。

⑥股票（权）期权自授予日至行权日的时间不得超过10年。

⑦实施股权奖励的公司及其奖励股权标的公司所属行业均不属于《股权奖励税收优惠政策限制性行业目录》范围。公司所属行业按公司上一纳税年度主营业务收入占比最高的行业确定。

（3）股权激励计划所列内容不同时满足上述第（2）项规定的全部条件，或递延纳税期间公司情况发生变化，不再符合第（2）项第④至⑥项条件的，不得享受递延纳税优惠，应按规定计算缴纳个人所得税。

【知识点12】 偶然所得的基本政策

1. 偶然所得

偶然所得，是指个人得奖、中奖、中彩以及其他偶然性质的所得。

2. 提供担保所得

个人为单位或他人提供担保获得收入，按照"偶然所得"项目计算缴纳个人所得税。

3. 受赠房屋所得

房屋产权所有人将房屋产权无偿赠与他人的，除特定情形外，受赠人因无偿受赠房屋取得的受赠收入按照"偶然所得"项目计算缴纳个人所得税。

符合以下情形的，对当事双方不征收个人所得税：

（1）房屋产权所有人将房屋产权无偿赠与配偶、父母、子女、祖父母、外祖父母、孙子女、外孙子女、兄弟姐妹；

（2）房屋产权所有人将房屋产权无偿赠与对其承担直接抚养或者赡养义务的抚养人或者赡养人；

（3）房屋产权所有人死亡，依法取得房屋产权的法定继承人、遗嘱继承人或者受遗赠人。

4. 赠送礼品

企业在业务宣传、广告等活动中，随机向本单位以外的个人赠送礼品（包括网络红包，下同），以及企业在年会、座谈会、庆典以及其他活动中向本单位以外的个人赠送礼品，个人取得的礼品收入，按照"偶然所得"项目计算缴纳个人所得税，但企业赠送的具有价格折扣或折让性质的消费券、代金券、抵用券、优惠券等礼品除外。

【知识点13】 个人取得拍卖收入适用税目的基本政策

1. 个人通过拍卖市场拍卖个人财产，对其取得所得按以下规定征税：

（1）根据《国家税务总局关于印发〈征收个人所得税若干问题的规定〉的通知》（国税发〔1994〕89号），作者将自己的文字作品手稿原件或复印件拍卖取得的所得，应按照"特许权使用费"所得项目缴纳个人所得税。

（2）个人拍卖除文字作品原稿及复印件外的其他财产，应以其转让收入额减除财产原值和合理费用后的余额为应纳税所得额，按照"财产转让所得"项目缴纳个人所得税。

2. 对个人财产拍卖所得征收个人所得税时，以该项财产最终拍卖成交价格为其转让收入额。

3. 个人财产拍卖所得适用"财产转让所得"项目计算应纳税所得额时，纳税人凭合法有效凭证（税务机关监制的正式发票、相关境外交易单据或海关报关单据、完税证明等），从其转让收入额中减除相应的财产原值、拍卖财产过程中缴纳的税金及有关合理费用。

4. 纳税人如不能提供合法、完整、准确的财产原值凭证，不能正确计算财产原值的，按转让收入额的3%征收率计算缴纳个人所得税；拍卖品为经文物部门认定是海外回流文物的，按转让收入额的2%征收率计算缴纳个人所得税。

5. 纳税人的财产原值凭证内容填写不规范，或者一份财产原值凭证包括多件拍卖品且无法确认每件拍卖品一一对应的原值的，不得将其作为扣除财产原值的计算依据，应视为不能提供合法、完整、准确的财产原值凭证，并按上述规定的征收率计算缴纳个人所得税。

6. 纳税人能够提供合法、完整、准确的财产原值凭证，但不能提供有关税费凭证的，不得按征收率计算纳税，应当就财产原值凭证上注明的金额据实扣除，并按照税法规定计算缴纳个人所得税。

【知识点 14】 个人投资者以企业资金为本人、家庭成员及其相关人员支付消费性支出适用税目的基本政策

1. 关于个人投资者以企业（包括个人独资企业、合伙企业和其他企业）资金为本人、家庭成员及其相关人员支付消费性支出及购买家庭财产的处理问题

《财政部 国家税务总局关于规范个人投资者个人所得税征收管理的通知》（财税〔2003〕158号）规定，个人独资企业、合伙企业的个人投资者以企业资金为本人、家庭成员及其相关人员支付与企业生产经营无关的消费性支出及购买汽车、住房等财产性支出，视为企业对个人投资者的利润分配，并入投资者个人的生产经营所得，依照"个体工商户的生产经营所得"项目计征个人所得税。

除个人独资企业、合伙企业以外的其他企业的个人投资者，以企业资金为本人、家庭成员及其相关人员支付与企业生产经营无关的消费性支出及购买汽车、住房等财产性支出，视为企业对个人投资者的红利分配，依照"利息、股息、红利所得"项目计征个人所得税。

企业的上述支出不允许在所得税前扣除。

2. 关于个人投资者从其投资的企业（个人独资企业、合伙企业除外）借款长期不还的处理问题

纳税年度内个人投资者从其投资的企业（个人独资企业、合伙企业除外）借款，在该纳税年度终了后既不归还，又未用于企业生产经营的，其未归还的借款可视为企业对个人投资者的红利分配，依照"利息、股息、红利所得"项目计征个人所得税。

【知识点 15】 个人所得税适用税率的基本政策

1. 居民个人综合所得个人所得税年税率表

居民个人取得综合所得，按年计算，适用3%~45%的超额累进税率，见表5-6。

表5-6　　　　　　　　综合所得个人所得税年税率表

级数	年应纳税所得额	税率（%）	速算扣除数
1	不超过36000元的	3	0
2	超过36000元至144000元的部分	10	2520
3	超过144000元至300000元的部分	20	16920

续表

级数	年应纳税所得额	税率（%）	速算扣除数
4	超过300000元至420000元的部分	25	31920
5	超过420000元至660000元的部分	30	52920
6	超过660000元至960000元的部分	35	85920
7	超过960000元的部分	45	181920

（个人所得税税率表①）

2. 非居民个人四项所得个人所得税税率表和居民个人按月换算后的综合所得税率表（见表5－7）

（1）非居民个人的工资、薪金所得，劳务报酬所得，稿酬所得，特许权使用费所得，按月（次）计算，适用3%~45%的超额累计税率。

（2）居民个人取得全年一次性奖金，符合《国家税务总局关于调整个人取得全年一次性奖金等计算征收个人所得税方法问题的通知》（国税发〔2005〕9号）规定的，在2027年12月31日前不并入当年综合所得，以全年一次性奖金收入除以12个月得到的数额，按照按月换算后的综合所得税率表，确定适用税率和速算扣除数，单独计算纳税。

表5－7　　非居民个人四项所得个人所得税月（次）税率表和居民个人
按月换算后的综合所得税率表

级数	月（次）应纳税所得额	税率（%）	速算扣除数
1	不超过3000元的	3	0
2	超过3000元至12000元的部分	10	210
3	超过12000元至25000元的部分	20	1410
4	超过25000元至35000元的部分	25	2660
5	超过35000元至55000元的部分	30	4410
6	超过55000元至80000元的部分	35	7160
7	超过80000元的部分	45	15160

（个人所得税税率表②）

3. 经营所得个人所得税年税率表

经营所得，适用5%~35%的超额累进税率，见表5－8。

表 5-8　　　　　　　　　经营所得个人所得税年税率表

级数	年应纳税所得额	税率	速算扣除数
1	不超过 30000 元的	5%	0
2	超过 30000 元至 90000 元的部分	10%	1500
3	超过 90000 元至 300000 元的部分	20%	10500
4	超过 300000 元至 500000 元的部分	30%	40500
5	超过 500000 元的部分	35%	65500

（个人所得税税率表③）

4. 其他项目所得适用税率

利息、股息、红利所得，财产租赁所得，财产转让所得和偶然所得，适用比例税率，税率为 20%。

【知识点 16】 创投企业可选择核算方式和相应个人所得税税目和税率的基本政策

1. 创投企业可选择的一般性规定

（1）2019 年 1 月 1 日至 2027 年 12 月 31 日，创投企业可以选择按单一投资基金核算或者按创投企业年度所得整体核算两种方式之一，对其个人合伙人来源于创投企业的所得计算个人所得税应纳税额。

（2）创投企业选择按单一投资基金核算的，其个人合伙人从该基金应分得的股权转让所得和股息红利所得，按照 20% 税率计算缴纳个人所得税。

（3）创投企业选择按年度所得整体核算的，其个人合伙人应从创投企业取得的所得，按照"经营所得"项目、5%~35% 的超额累进税率计算缴纳个人所得税。

（4）创投企业选择按单一投资基金核算或按创投企业年度所得整体核算后，3 年内不能变更。

（5）创投企业选择按单一投资基金核算的，应当按照规定进行核算方式备案；未按规定备案的，视同选择按创投企业年度所得整体核算。

2. 单一投资基金核算

单一投资基金核算，是指单一投资基金（包括不以基金名义设立的创投企业）在一个纳税年度内从不同创业投资项目取得的股权转让所得和股息红利所得按下述方法分别核算纳税：

（1）股权转让所得。单个投资项目的股权转让所得，按年度股权转让收入扣除对应股权原值和转让环节合理费用后的余额计算，股权原值和转让环节合理费用的确定方法，参照股权转让所得个人所得税有关政策规定执行；单一投资基金的股权转让所得，按一个纳税年度内不同投资项目的所得和损失相互抵减后的余额计算，余额大于或等于零的，即确认为该基金的年度股权转让所得；余额小于零的，该基金年度股权转让所得按零计算且不能跨年结转。

个人合伙人按照其应从基金年度股权转让所得中分得的份额计算其应纳税额，并由创投企业在次年 3 月 31 日前代扣代缴个人所得税。如符合《财政部 税务总局关于创业投资企业和天使投资个人有关税收政策的通知》（财税〔2018〕55 号）规定条件的，创投企业个人合伙人可以按照被转让项目对应投资额的 70% 抵扣其应从基金年度股权转让所得中分得的份额后再计算其应纳税额，当期不足抵扣的，不得向以后年度结转。

（2）股息、红利所得。单一投资基金的股息、红利所得，以其来源于所投资项目分配的股息、红利收入以及其他固定收益类证券等收入的全额计算。

个人合伙人按照其应从基金股息、红利所得中分得的份额计算其应纳税额，并由创投企业按次代扣代缴个人所得税。

（3）除上述可以扣除的成本、费用之外，单一投资基金发生的包括投资基金管理人的管理费和业绩报酬在内的其他支出，不得在核算时扣除。

上述规定的单一投资基金核算方法仅适用于计算创投企业个人合伙人的应纳税额。

3. 创投企业年度所得整体核算

创投企业年度所得整体核算，是指将创投企业以每一纳税年度的收入总额减除成本、费用以及损失后，计算应分配给个人合伙人的所得。如符合《财政部 税务总局关于创业投资企业和天使投资个人有关税收政策的通知》（财税〔2018〕55 号）规定条件的，创投企业个人合伙人可以按照被转让项目对应投资额的 70% 抵扣其可以从创投企业应分得的经营所得后再计算其应纳税额。年度核算亏损的，准予按有关规定向以后年度结转。

按照"经营所得"项目计税的个人合伙人，没有综合所得的，可依法减除基本减除费用、专项扣除、专项附加扣除以及国务院确定的其他扣除。从多处取得经营所得的，应汇总计算个人所得税，只减除一次上述费用和扣除。

【知识点 17】居民个人取得全年一次性奖金可选择不同计税方式和相应税率的基本政策

居民个人取得全年一次性奖金，符合《国家税务总局关于调整个人取得全年一次性奖金等计算征收个人所得税方法问题的通知》（国税发〔2005〕9 号）规定的，在 2027 年 12 月 31 日前，不并入当年综合所得，以全年一次性奖金收入除以 12 个月得到的数额，按照月度税率表，确定适用税率和速算扣除数，单独计算纳税。计算公式为：

$$应纳税额 = 全年一次性奖金收入 \times 适用税率 - 速算扣除数$$

居民个人取得全年一次性奖金，也可以选择并入当年综合所得计算纳税。

【知识点 18】 中央企业负责人取得年度绩效薪金延期兑现收入和任期奖励可选择不同计税方式和相应税率的基本政策

中央企业负责人取得年度绩效薪金延期兑现收入和任期奖励，符合《国家税务总局关于中央企业负责人年度绩效薪金延期兑现收入和任期奖励征收个人所得税问题的通知》（国税发〔2007〕118号）规定的，在2024年12月31日前，参照居民个人取得全年一次性奖金个人所得税政策执行。

【知识点 19】 居民个人取得股权激励所得个人所得税的优惠计算方式和相应税率的基本政策

居民个人取得股票期权、股票增值权、限制性股票、股权奖励等股权激励（以下简称股权激励），符合规定的相关条件的，在2027年12月31日前，不并入当年综合所得，全额单独适用综合所得税率表，计算纳税。计算公式为：

$$应纳税额 = 股权激励收入 \times 适用税率 - 速算扣除数$$

上市公司授予个人的股票期权、限制性股票和股权奖励，经向主管税务机关备案，个人可自股票期权行权、限制性股票解禁或取得股权奖励之日起，在不超过12个月的期限内缴纳个人所得税。

【知识点 20】 企业年金、职业年金个人所得税的优惠计算方式和相应税率的基本政策

个人达到国家规定的退休年龄，领取的企业年金、职业年金，符合规定的，不并入综合所得，全额单独计算应纳税款。其中按月领取的，适用月度税率表计算纳税；按季领取的，平均分摊计入各月，按每月领取额适用月度税率表计算纳税；按年领取的，适用综合所得税率表计算纳税。

个人因出境定居而一次性领取的年金个人账户资金，或个人死亡后，其指定的受益人或法定继承人一次性领取的年金个人账户余额，适用综合所得税率表计算纳税。对个人除上述特殊原因外一次性领取年金个人账户资金或余额的，适用月度税率表计算纳税。

【知识点 21】 解除劳动关系取得一次性补偿收入个人所得税的优惠计算方式和相应税率的基本政策

个人与用人单位解除劳动关系取得一次性补偿收入（包括用人单位发放的经济补偿金、生活补助费和其他补助费），在当地上年职工平均工资3倍数额以内的部分，免征个人所得税；超过 3 倍数额的部分，不并入当年综合所得，单独适用综合所得税率表，计算纳税。

【知识点 22】 提前退休取得的一次性补贴收入个人所得税的优惠计算方式和相应税率的基本政策

个人办理提前退休手续而取得的一次性补贴收入，应按照办理提前退休手续至法定离退休年龄之间实际年度数平均分摊，确定适用税率和速算扣除数，单独适用综合所得税率表，计算纳税。计算公式为：

应纳税额 ＝ ｛[（一次性补贴收入 ÷ 办理提前退休手续至法定退休年龄的实际年度数）－ 费用扣除标准] × 适用税率 － 速算扣除数｝× 办理提前退休手续至法定退休年龄的实际年度数

【知识点 23】 内部退养取得的一次性补贴收入个人所得税的优惠计算方式和相应税率的基本政策

《国家税务总局关于个人所得税有关政策问题的通知》（国税发〔1999〕58 号）规定，实行内部退养的个人在其办理内部退养手续后至法定离退休年龄之间从原任职单位取得的工资、薪金，不属于离退休工资，应按"工资、薪金所得"项目计征个人所得税。个人在办理内部退养手续后从原任职单位取得的一次性收入，应按办理内部退养手续后至法定离退休年龄之间的所属月份进行平均，并与领取当月的"工资、薪金"所得合并后减除当月费用扣除标准，以余额为基数确定适用税率，再将当月工资、薪金加上取得的一次性收入，减去费用扣除标准，按适用税率计征个人所得税。个人在办理内部退养手续后至法定离退休年龄之间重新就业取得的"工资、薪金"所得，应与其从原任职单位取得的同一月份的"工资、薪金"所得合并，依法申报缴纳个人所得税。

【知识点 24】 单位低价向职工售房个人所得税的优惠计算方式和相应税率的基本政策

单位按低于购置或建造成本价格出售住房给职工，职工因此而少支出的差价部分，符合《财政部 国家税务总局关于单位低价向职工售房有关个人所得税问题的通知》（财税〔2007〕13 号）第二条规定的，不并入当年综合所得，以差价收入除以 12 个月得到的数额，按照月度税率表确定适用税率和速算扣除数，单独计算纳税。计算公式为：

应纳税额 ＝ 职工实际支付的购房价款低于该房屋的购置或建造成本价格的差额 × 适用税率 － 速算扣除数

【知识点 25】 远洋船员个人所得税优惠的基本政策

2019 年 1 月 1 日至 2027 年 12 月 31 日，一个纳税年度内在船航行时间累计满 183 天的远洋船员，其取得的工资薪金收入减按 50% 计入应纳税所得额，依法缴纳个人所得税。远洋船员可选择在当年预扣预缴税款或者次年个人所得税汇算清缴时享受上述优惠政策。

【知识点 26】 粤港澳大湾区个人所得税优惠政策个人所得税优惠的基本政策

广东省、深圳市按内地与香港个人所得税税负差额，对在大湾区工作的境外（含港澳台）高端人才和紧缺人才给予补贴，该补贴免征个人所得税。本项政策适用范围包括广东省广州市、深圳市、珠海市、佛山市、惠州市、东莞市、中山市、江门市和肇庆市等大湾区珠三角九市。本项政策执行至 2027 年 12 月 31 日。

【知识点 27】 个人所得税适用税目与税率的检查方法

个人所得税适用税目与税率的检查方法如下：

（1）检查被查对象发放个人收入的名目和会计科目。

（2）检查被查对象往来会计科目的明细，检查是否有与个人经营往来的科目。

（3）检查被查对象是否正确适用个人所得税税目、税率。符合选择适用情形的，被查对象是否符合所选择适用情形的条件，计算是否准确。

（4）检查政策变化期间，被查对象是否正确适用了税率。

（5）检查拍卖公司对成交的拍卖行为扣缴个人所得税时是否正确适用税目税率，正确计算个人所得税应纳税所得额，相关的原值凭证和费用凭证是否真实合法有效。

三 个人所得税计税依据及应纳税额的检查方法

【知识点 1】 个人所得税所得的基本政策

个人所得的形式，包括现金、实物、有价证券和其他形式的经济利益：

（1）所得为实物的，应当按照取得的凭证上所注明的价格计算应纳税所得额，无凭证的实物或者凭证上所注明的价格明显偏低的，参照市场价格核定应纳税所得额；

（2）所得为有价证券的，根据票面价格和市场价格核定应纳税所得额；

（3）所得为其他形式的经济利益的，参照市场价格核定应纳税所得额。

两个以上的个人共同取得同一项收入的，应当对每个人取得的收入分别按照《个人所得税法》的规定计算纳税。

【知识点2】 居民个人综合所得计税依据的基本政策

1. 居民个人的综合所得

居民个人的综合所得，以每一纳税年度的收入额减除费用6万元以及专项扣除、专项附加扣除和依法确定的其他扣除后的余额，为应纳税所得额。计算公式为：

$$综合所得 = 每一纳税年度的收入额 - 费用6万元 - 专项扣除$$
$$- 专项附加扣除 - 依法确定的其他扣除$$

$$应纳税额 = 综合所得 \times 适用税率 - 速算扣除数$$

专项扣除、专项附加扣除和依法确定的其他扣除，以居民个人一个纳税年度的应纳税所得额为限额；一个纳税年度扣除不完的，不结转以后年度扣除。

2. 居民个人的综合所得中的每一纳税年度的收入额

居民个人的综合所得中的每一纳税年度的收入额包括：

（1）工资、薪金收入额；

（2）劳务报酬收入减除20%的费用后的余额，计算公式为：

$$劳务报酬收入额 = 劳务报酬收入 \times (1 - 20\%)$$

（3）特许权使用费收入减除20%的费用后的余额，计算公式为：

$$特许权使用费收入额 = 特许权使用费收入 \times (1 - 20\%)$$

（4）稿酬收入减除20%的费用后，再减按70%计算的余额，计算公式为：

$$稿酬收入额 = 稿酬收入 \times (1 - 20\%) \times 70\%$$

3. 专项扣除

专项扣除，包括居民个人按照国家规定的范围和标准缴纳的基本养老保险、基本医疗保险、失业保险等社会保险费和住房公积金等。

4. 专项附加扣除

专项附加扣除，包括3岁以下婴幼儿照护、子女教育、继续教育、大病医疗、住房贷款利息或者住房租金、赡养老人等支出。

5. 其他扣除

依法确定的其他扣除，包括个人缴付符合国家规定的企业年金、职业年金，个人购买符合国家规定的商业健康保险、税收递延型商业养老保险的支出，以及国务院规定可以扣除的其他项目。

【知识点3】 保险营销员、证券经纪人佣金收入特殊计税依据的基本政策

保险营销员、证券经纪人取得的佣金收入，属于劳务报酬所得，以不含增值税的收入减除20%的费用后的余额为收入额，收入额减去展业成本以及附加税费后，并入当年综合所得，计算缴纳个人所得税。保险营销员、证券经纪人展业成本按照收入额

的25%计算。计算公式为:

$$收入额 = 不含增值税的收入 \times (1-20\%)$$

$$展业成本 = 收入额 \times 25\%$$

$$所得额 = 不含增值税的收入 \times (1-20\%) \times (1-25\%) - 附加税费$$

$$所得额 = (含增值税的收入 - 增值税) \times (1-20\%) \times (1-25\%) - 附加税费$$

【知识点4】 非居民个人四项所得计税依据的基本政策

1. 非居民个人的工资、薪金所得

非居民个人的工资、薪金所得以每月收入额减除费用5000元后的余额为应纳税所得额,计算公式为:

$$工资、薪金所得应纳税所得额 = 每月收入额 - 5000$$

$$应纳税额 = 应纳税所得额 \times 税率 - 速算扣除数$$

2. 非居民个人劳务报酬所得

非居民个人的劳务报酬所得以每次收入额为应纳税所得额,计算公式为:

$$劳务报酬所得应纳税所得额 = 每次收入额 = 每次收入 \times (1-20\%)$$

$$应纳税额 = 应纳税所得额 \times 税率 - 速算扣除数$$

3. 非居民个人特许权使用费所得

非居民个人的特许权使用费所得以每次收入额为应纳税所得额,计算公式为:

$$特许权使用费所得应纳税所得额 = 每次收入额 = 每次收入 \times (1-20\%)$$

$$应纳税额 = 应纳税所得额 \times 税率 - 速算扣除数$$

4. 非居民个人的稿酬所得

非居民个人的稿酬所得以每次收入额为应纳税所得额,计算公式为:

$$稿酬所得应纳税所得额 = 每次收入额 = 每次收入 \times (1-20\%) \times 70\%$$

$$应纳税额 = 应纳税所得额 \times 税率 - 速算扣除数$$

劳务报酬所得、稿酬所得、特许权使用费所得,属于一次性收入的,以取得该项收入为一次;属于同一项目连续性收入的,以一个月内取得的收入为一次。

【知识点5】 经营所得计税依据的基本政策

经营所得,以每一纳税年度的收入总额减除成本、费用以及损失后的余额,为应纳税所得额。计算公式为:

$$应纳税所得额 = 每一纳税年度的收入总额 - 成本 - 费用 - 损失$$

1. 成本、费用

生产、经营活动中发生的各项直接支出和分配计入成本的间接费用以及销售费用、管理费用、财务费用。

2. 损失

生产、经营活动中发生的固定资产和存货的盘亏、毁损、报废损失，转让财产损失，坏账损失，自然灾害等不可抗力因素造成的损失以及其他损失。

取得经营所得的个人，没有综合所得的，计算其每一纳税年度的应纳税所得额时，应当减除费用6万元、专项扣除、专项附加扣除以及依法确定的其他扣除。专项附加扣除在办理汇算清缴时减除。

应纳税额计算公式为：

$$应纳税额 = 应纳税所得额 \times 税率 - 速算扣除数$$

【知识点6】 财产租赁所得计税依据的基本政策

财产租赁所得，每次收入不超过4000元的，减除费用800元；4000元以上的，减除20%的费用，其余额为应纳税所得额。财产租赁所得，以一个月内取得的收入为一次。

1. 应纳税所得额的计算

（1）每次（月）收入不足4000元的：

$$应纳税所得额 = 收入额 - 800 元$$

（2）每次（月）收入在4000元以上的：

$$应纳税所得额 = 收入额 \times (1 - 20\%)$$

2. 应纳税额的计算

$$应纳税额 = 应纳税所得额 \times 20\%$$

【知识点7】 财产转让所得计税依据的基本政策

财产转让所得，以转让财产的收入额减除财产原值和合理费用后的余额，为应纳税所得额。财产转让所得，按照一次转让财产的收入额减除财产原值和合理费用后的余额计算纳税。

1. 应纳税所得额的计算

$$应纳税所得额 = 转让收入 - 财产原值 - 合理费用$$

2. 应纳税额的计算

$$应纳税额 = 应纳税所得额 \times 20\%$$

3. 财产原值的确定

（1）有价证券，为买入价以及买入时按照规定交纳的有关费用；

（2）建筑物，为建造费或者购进价格以及其他有关费用；

（3）土地使用权，为取得土地使用权所支付的金额、开发土地的费用以及其他有关费用；

（4）机器设备、车船，为购进价格、运输费、安装费以及其他有关费用；

(5) 其他财产，参照上述方法确定财产原值。

纳税人未提供完整、准确的财产原值凭证，不能按照上述规定的方法确定财产原值的，由主管税务机关核定财产原值。

4. 合理费用

合理费用，是指卖出财产时按照规定支付的有关税费。

【知识点8】利息、股息、红利所得计税依据的基本政策

1. 利息、股息、红利所得计税依据

利息、股息、红利所得，以每次收入额为应纳税所得额。利息、股息、红利所得，以支付利息、股息、红利时取得的收入为一次。应纳税额计算公式为：

$$应纳税额 = 应纳税所得额 \times 适用税率 = 每次收入额 \times 20\%$$

对个人投资者持有 2024—2027 年发行的铁路券取得的利息收入，减按 50% 计入应纳税所得额计算征收个人所得税。

2. 上市公司股息、红利差别化个人所得税政策

个人从公开发行和转让市场取得的上市公司股票，持股期限超过 1 年的，股息、红利所得暂免征收个人所得税。

个人从公开发行和转让市场取得的上市公司股票，持股期限在 1 个月以内（含 1 个月）的，其股息、红利所得全额计入应纳税所得额；持股期限在 1 个月以上至 1 年（含 1 年）的，暂减按 50% 计入应纳税所得额；上述所得统一适用 20% 的税率计征个人所得税。

上市公司派发股息、红利时，对个人持股 1 年以内（含 1 年）的，上市公司暂不扣缴个人所得税；待个人转让股票时，证券登记结算公司根据其持股期限计算应纳税额，由证券公司等股份托管机构从个人资金账户中扣收并划付证券登记结算公司，证券登记结算公司应于次月 5 个工作日内划付上市公司，上市公司在收到税款当月的法定申报期内向主管税务机关申报缴纳。对个人持股 1 年以内（含 1 年）的股息、红利个人所得税扣缴处理见表 5-9。

表 5-9　　个人持股 1 年以内（含 1 年）的股息、红利个人所得税扣缴处理

时点	扣缴处理
上市公司派发股息、红利时	上市公司暂不扣缴个人所得税
个人转让股票时（四步走）	第一步：计税。证券登记结算公司根据其持股期限计算应纳税额。 第二步：扣收并划付。由证券公司等股份托管机构从个人资金账户中扣收并划付证券登记结算公司。 第三步：再划付。证券登记结算公司应于次月 5 个工作日内划付上市公司。 第四步：申报纳税。上市公司在收到税款当月的法定申报期内向主管税务机关申报缴纳

《财政部 税务总局关于延续实施全国中小企业股份转让系统挂牌公司股息红利差别化个人所得税政策的公告》（财政部 税务总局公告 2024 年第 8 号）规定，个人持有挂牌公司的股票，持股期限超过 1 年的，对股息红利所得暂免征收个人所得税；持股期限在 1 个月以内（含 1 个月）的，其股息红利所得全额计入应纳税所得额；持股期限在 1 个月以上至 1 年（含 1 年）的，其股息红利所得暂减按 50% 计入应纳税所得额。

挂牌公司派发股息红利时，对截至股权登记日个人持股 1 年以内（含 1 年）且尚未转让的，挂牌公司暂不扣缴个人所得税；待个人转让股票时，证券登记结算公司根据其持股期限计算应纳税额，由证券公司等股票托管机构从个人资金账户中扣收并划付证券登记结算公司，证券登记结算公司应于次月 5 个工作日内划付挂牌公司，挂牌公司在收到税款当月的法定申报期内向主管税务机关申报缴纳，并应办理全员全额扣缴申报。自 2023 年 9 月 21 日至 2025 年 12 月 31 日，对个人投资者转让创新企业 CDR 取得的差价所得，暂免征收个人所得税。

自 2023 年 9 月 21 日至 2025 年 12 月 31 日，对个人投资者持有创新企业 CDR 取得的股息红利所得，实施股息红利差别化个人所得税政策。

2027 年 12 月 31 日前，内地个人投资者通过沪港通、深港通投资香港联交所上市股票取得的转让差价所得和通过基金互认买卖香港基金份额取得的转让差价所得，继续暂免征收个人所得税。

【知识点 9】 偶然所得计税依据的基本政策

偶然所得，以每次收入额为应纳税所得额。偶然所得，以每次取得该项收入为一次。应纳税额计算公式为：

$$应纳税额 = 应纳税所得额 \times 税率 = 每次收入额 \times 20\%$$

【知识点 10】 公益捐赠扣除的基本政策

个人将其所得对教育、扶贫、济困等公益慈善事业进行捐赠，捐赠额未超过纳税人申报的应纳税所得额 30% 的部分，可以从其应纳税所得额中扣除；国务院规定对公益慈善事业捐赠实行全额税前扣除的，从其规定。

【知识点 11】 来源于境内境外所得计算的基本政策

居民个人从中国境外取得的所得，可以从其应纳税额中抵免已在境外缴纳的个人所得税税额，但抵免额不得超过该纳税人境外所得依照《个人所得税法》规定计算的应纳税额。

1. 下列所得，为来源于中国境外的所得：

（1）因任职、受雇、履约等在中国境外提供劳务取得的所得；

(2) 中国境外企业以及其他组织支付且负担的稿酬所得；

(3) 许可各种特许权在中国境外使用而取得的所得；

(4) 在中国境外从事生产、经营活动而取得的与生产、经营活动相关的所得；

(5) 从中国境外企业、其他组织以及非居民个人取得的利息、股息、红利所得；

(6) 将财产出租给承租人在中国境外使用而取得的所得；

(7) 转让中国境外的不动产、转让对中国境外企业以及其他组织投资形成的股票、股权以及其他权益性资产（以下称权益性资产）或者在中国境外转让其他财产取得的所得。但转让对中国境外企业以及其他组织投资形成的权益性资产，该权益性资产被转让前三年（连续36个公历月份）内的任一时间，被投资企业或其他组织的资产公允价值50%以上直接或间接来自位于中国境内的不动产的，取得的所得为来源于中国境内的所得；

(8) 中国境外企业、其他组织以及非居民个人支付且负担的偶然所得；

(9) 财政部、税务总局另有规定的，按照相关规定执行。

2. 居民个人应当依照《个人所得税法》及其实施条例规定，按照以下方法计算当期境内和境外所得应纳税额：

(1) 居民个人来源于中国境外的综合所得，应当与境内综合所得合并计算应纳税额；

(2) 居民个人来源于中国境外的经营所得，应当与境内经营所得合并计算应纳税额。居民个人来源于境外的经营所得，按照《个人所得税法》及其实施条例的有关规定计算的亏损，不得抵减其境内或他国（地区）的应纳税所得额，但可以用来源于同一国家（地区）以后年度的经营所得按中国税法规定弥补；

(3) 居民个人来源于中国境外的利息、股息、红利所得，财产租赁所得，财产转让所得和偶然所得（以下称其他分类所得），不与境内所得合并，应当分别单独计算应纳税额。

3. 居民个人在一个纳税年度内来源于中国境外的所得，依照所得来源国家（地区）税收法律规定在中国境外已缴纳的所得税税额允许在抵免限额内从其该纳税年度应纳税额中抵免。

居民个人来源于一国（地区）的综合所得、经营所得以及其他分类所得项目的应纳税额为其抵免限额，按照下列公式计算：

(1) 来源于一国（地区）综合所得的抵免限额＝中国境内和境外综合所得依照规定计算的综合所得应纳税额×来源于该国（地区）的综合所得收入额÷中国境内和境外综合所得收入额合计

(2) 来源于一国（地区）经营所得的抵免限额＝中国境内和境外经营所得依照规定计算的经营所得应纳税额×来源于该国（地区）的经营所得应纳税所得额÷中国境

内和境外经营所得应纳税所得额合计

（3）来源于一国（地区）其他分类所得的抵免限额＝该国（地区）的其他分类所得依照规定计算的应纳税额

（4）来源于一国（地区）所得的抵免限额＝来源于该国（地区）综合所得抵免限额＋来源于该国（地区）经营所得抵免限额＋来源于该国（地区）其他分类所得抵免限额

4. 可抵免的境外所得税税额，是指居民个人取得境外所得，依照该所得来源国（地区）税收法律应当缴纳且实际已经缴纳的所得税性质的税额。可抵免的境外所得税税额不包括以下情形：

（1）按照境外所得税法律属于错缴或错征的境外所得税税额；

（2）按照我国政府签订的避免双重征税协定以及内地与香港、澳门签订的避免双重征税安排（以下统称税收协定）规定不应征收的境外所得税税额；

（3）因少缴或迟缴境外所得税而追加的利息、滞纳金或罚款；

（4）境外所得税纳税人或者其利害关系人从境外征税主体得到实际返还或补偿的境外所得税税款；

（5）按照我国《个人所得税法》及其实施条例规定，已经免税的境外所得负担的境外所得税税款。

5. 居民个人从与我国签订税收协定的国家（地区）取得的所得，按照该国（地区）税收法律享受免税或减税待遇，且该免税或减税的数额按照税收协定饶让条款规定应视同已缴税额在中国的应纳税额中抵免的，该免税或减税数额可作为居民个人实际缴纳的境外所得税税额按规定申报税收抵免。

6. 居民个人一个纳税年度内来源于一国（地区）的所得实际已经缴纳的所得税税额，低于依照《财政部 税务总局关于境外所得有关个人所得税政策的公告》（财政部 税务总局公告2020年第3号）第三条规定计算出的来源于该国（地区）该纳税年度所得的抵免限额的，应以实际缴纳税额作为抵免额进行抵免；超过来源于该国（地区）该纳税年度所得的抵免限额的，应在限额内进行抵免，超过部分可以在以后五个纳税年度内结转抵免。

7. 居民个人从中国境外取得所得的，应当在取得所得的次年3月1日至6月30日内申报纳税。

8. 居民个人取得境外所得，应当向中国境内任职、受雇单位所在地主管税务机关办理纳税申报；在中国境内没有任职、受雇单位的，向户籍所在地或中国境内经常居住地主管税务机关办理纳税申报；户籍所在地与中国境内经常居住地不一致的，选择其中一地主管税务机关办理纳税申报；在中国境内没有户籍的，向中国境内经常居住地主管税务机关办理纳税申报。

9. 居民个人取得境外所得的境外纳税年度与公历年度不一致的，取得境外所得的境外纳税年度最后一日所在的公历年度，为境外所得对应的我国纳税年度。

10. 居民个人申报境外所得税收抵免时，除另有规定外，应当提供境外征税主体出具的税款所属年度的完税证明、税收缴款书或者纳税记录等纳税凭证，未提供符合要求的纳税凭证，不予抵免。

居民个人已申报境外所得、未进行税收抵免，在以后纳税年度取得纳税凭证并申报境外所得税收抵免的，可以追溯至该境外所得所属纳税年度进行抵免，但追溯年度不得超过5年。自取得该项境外所得的5个年度内，境外征税主体出具的税款所属纳税年度纳税凭证载明的实际缴纳税额发生变化的，按实际缴纳税额重新计算并办理补退税，不加收税收滞纳金，不退还利息。

纳税人确实无法提供纳税凭证的，可同时凭境外所得纳税申报表（或者境外征税主体确认的缴税通知书）以及对应的银行缴款凭证办理境外所得抵免事宜。

11. 居民个人被境内企业、单位、其他组织（以下称派出单位）派往境外工作，取得的工资薪金所得或者劳务报酬所得，由派出单位或者其他境内单位支付或负担的，派出单位或者其他境内单位应按照《个人所得税法》及其实施条例规定预扣预缴税款。

居民个人被派出单位派往境外工作，取得的工资薪金所得或者劳务报酬所得，由境外单位支付或负担的，如果境外单位为境外任职、受雇的中方机构（以下称中方机构）的，可以由境外任职、受雇的中方机构预扣税款，并委托派出单位向主管税务机关申报纳税。中方机构未预扣税款的或者境外单位不是中方机构的，派出单位应当于次年2月28日前向其主管税务机关报送外派人员情况，包括：外派人员的姓名、身份证件类型及身份证件号码、职务、派往国家和地区、境外工作单位名称和地址、派遣期限、境内外收入及缴税情况等。

中方机构包括中国境内企业、事业单位、其他经济组织以及国家机关所属的境外分支机构、子公司、使（领）馆、代表处等。

12. 居民个人取得来源于境外的所得或者实际已经在境外缴纳的所得税税额为人民币以外货币，应当按照《个人所得税法实施条例》第三十二条折合计算。

【知识点12】 个人所得税免税的基本政策

下列各项个人所得，免征个人所得税：

（1）省级人民政府、国务院部委和中国人民解放军军以上单位，以及外国组织、国际组织颁发的科学、教育、技术、文化、卫生、体育、环境保护等方面的奖金；

（2）国债和国家发行的金融债券利息；

（3）按照国家统一规定发给的补贴、津贴；

（4）福利费、抚恤金、救济金；

（5）保险赔款；

（6）军人的转业费、复员费、退役金；

（7）按照国家统一规定发给干部、职工的安家费、退职费、基本养老金或者退休费、离休费、离休生活补助费；

（8）依照有关法律规定应予免税的各国驻华使馆、领事馆的外交代表、领事官员和其他人员的所得；

（9）中国政府参加的国际公约、签订的协议中规定免税的所得；

（10）国务院规定的其他免税所得。

上述第（10）项免税规定，由国务院报全国人民代表大会常务委员会备案。

国债利息，是指个人持有中华人民共和国财政部发行的债券而取得的利息；所称国家发行的金融债券利息，是指个人持有经国务院批准发行的金融债券而取得的利息。

按照国家统一规定发给的补贴、津贴，是指按照国务院规定发给的政府特殊津贴、院士津贴，以及国务院规定免予缴纳个人所得税的其他补贴、津贴。

所称福利费，是指根据国家有关规定，从企业、事业单位、国家机关、社会组织提留的福利费或者工会经费中支付给个人的生活补助费；所称救济金，是指各级人民政府民政部门支付给个人的生活困难补助费。

【知识点13】 无住所个人工资、薪金所得计税依据的基本政策

无住所个人取得工资、薪金所得，按以下规定计算在境内应纳税的工资、薪金所得的收入额：

1. 无住所个人为非居民个人的情形

非居民个人取得工资、薪金所得，除本知识点第3项规定以外，当月工资、薪金收入额分别按照以下两种情形计算：

（1）非居民个人境内居住时间累计不超过90天的情形。

在一个纳税年度内，在境内累计居住不超过90天的非居民个人，仅就归属于境内工作期间并由境内雇主支付或者负担的工资、薪金所得计算缴纳个人所得税。当月工资、薪金收入额的计算公式为：

$$当月工资、薪金收入额 = 当月境内外工资、薪金总额 \times \frac{当月境内支付工资、薪金数额}{当月境内外工资、薪金总额} \times \frac{当月工资、薪金所属工作期间境内工作天数}{当月工资、薪金所属工作期间公历天数}$$

（公式①）

境内雇主包括雇佣员工的境内单位和个人以及境外单位或者个人在境内的机构、场所。

凡境内雇主采取核定征收所得税或者无营业收入未征收所得税的，无住所个人为其工作取得工资、薪金所得，不论是否在该境内雇主会计账簿中记载，均视为由该境内雇主支付或者负担。

工资、薪金所属工作期间的公历天数，是指无住所个人取得工资、薪金所属工作期间按公历计算的天数。

当月境内外工资、薪金包含归属于不同期间的多笔工资、薪金的，应当先分别按照规定计算不同归属期间工资、薪金收入额，然后再加总计算当月工资、薪金收入额。

（2）非居民个人境内居住时间累计超过90天不满183天的情形。

在一个纳税年度内，在境内累计居住超过90天但不满183天的非居民个人，取得归属于境内工作期间的工资、薪金所得，均应当计算缴纳个人所得税；其取得归属于境外工作期间的工资、薪金所得，不征收个人所得税。当月工资、薪金收入额的计算公式为：

$$当月工资、薪金收入额 = 当月境内外工资、薪金总额 \times \frac{当月工资、薪金所属工作期间境内工作天数}{当月工资、薪金所属工作期间公历天数} \quad （公式②）$$

2. 无住所个人为居民个人的情形

在一个纳税年度内，在境内累计居住满183天的无住所居民个人取得工资、薪金所得，当月工资、薪金收入额按照以下规定计算：

（1）无住所居民个人在境内居住累计满183天的年度连续不满6年的情形。

在境内居住累计满183天的年度连续不满6年的无住所居民个人，符合《个人所得税法实施条例》第四条优惠条件的，其取得的全部工资、薪金所得，除归属于境外工作期间且由境外单位或者个人支付的工资、薪金所得部分外，均应计算缴纳个人所得税。工资、薪金所得收入额的计算公式为：

$$当月工资、薪金收入额 = 当月境内外工资、薪金总额 \times \left[1 - \frac{当月境外支付工资、薪金数额}{当月境内外工资、薪金总额} \times \frac{当月工资、薪金所属工作期间境外工作天数}{当月工资、薪金所属工作期间公历天数} \right]$$

（公式③）

（2）无住所居民个人在境内居住累计满183天的年度连续满6年的情形。

在境内居住累计满183天的年度连续满6年后，不符合《个人所得税法实施条例》第四条优惠条件的无住所居民个人，其从境内、境外取得的全部工资、薪金所得均应计算缴纳个人所得税。

3. 无住所个人为高管人员的情形

高管人员为无住所居民个人的，工资、薪金收入额按照上述第2项规定计算纳税。

高管人员为非居民个人的，按照以下规定处理：

(1) 高管人员在境内居住时间累计不超过90天的情形。

在一个纳税年度内，在境内累计居住不超过90天的高管人员，其取得由境内雇主支付或者负担的工资、薪金所得应当计算缴纳个人所得税；不是由境内雇主支付或者负担的工资、薪金所得，不缴纳个人所得税。当月工资、薪金收入额为当月境内支付或者负担的工资、薪金收入额。当月工资、薪金收入额计算公式为：

当月工资、薪金收入额 = 当月境内外工资、薪金总额
×（当月境内支付工资、薪金数额 ÷
当月境内外支付工资、薪金总额）　　　（公式④）

(2) 高管人员在境内居住时间累计超过90天不满183天的情形。

在一个纳税年度内，在境内居住累计超过90天但不满183天的高管人员，其取得的工资、薪金所得，除归属于境外工作期间且不是由境内雇主支付或者负担的部分外，应当计算缴纳个人所得税。当月工资、薪金收入额个人所得税计算适用公式③。

【知识点14】 无住所居民个人综合所得税款计算的基本政策

无住所居民个人取得综合所得，年度终了后，应按年计算个人所得税；有扣缴义务人的，由扣缴义务人按月或者按次预扣预缴税款；需要办理汇算清缴的，按照规定办理汇算清缴，年度综合所得应纳税额计算公式为：

年度综合所得应纳税额 = （年度工资、薪金收入额 + 年度劳务报酬收入额 + 年度稿酬收入额 + 年度特许权使用费收入额 – 减除费用 – 专项扣除 – 专项附加扣除 – 依法确定的其他扣除）× 适用税率 – 速算扣除数

2027年12月31日前，外籍个人符合居民个人条件的，可以选择享受个人所得税专项附加扣除，也可以选择按照《财政部 国家税务总局关于个人所得税若干政策问题的通知》（财税字〔1994〕20号）、《国家税务总局关于外籍个人取得有关补贴征免个人所得税执行问题的通知》（国税发〔1997〕54号）和《财政部 国家税务总局关于外籍个人取得港澳地区住房等补贴征免个人所得税的通知》（财税〔2004〕29号）规定，享受住房补贴、语言训练费、子女教育费等津补贴免税优惠政策，但不得同时享受。外籍个人一经选择，在一个纳税年度内不得变更。

年度工资、薪金，劳务报酬，稿酬，特许权使用费收入额分别按年度内每月工资、薪金以及每次劳务报酬、稿酬、特许权使用费收入额合计数额计算。

【知识点15】 非居民个人取得数月奖金税款计算的基本政策

非居民个人一个月内取得数月奖金，单独按照规定计算当月收入额，不与当月其他工资、薪金合并，按6个月分摊计税，不减除费用，适用个人所得税税率表②计算

应纳税额,在一个公历年度内,对每一个非居民个人,该计税办法只允许适用一次。计算公式为:

$$当月数月奖金应纳税额=[(数月奖金收入额\div6)\times适用税率-速算扣除数]\times6 \quad (公式⑤)$$

【知识点16】 非居民个人取得股权激励所得税款计算的基本政策

非居民个人一个月内取得股权激励所得,单独按照规定计算当月收入额,不与当月其他工资、薪金合并,按6个月分摊计税(一个公历年度内的股权激励所得应合并计算),不减除费用,适用个人所得税税率表②计算应纳税额,计算公式为:

$$当月股权激励所得应纳税额=[(本公历年度内股权激励所得合计额\div6)\times适用税率-速算扣除数]\times6 - 本公历年度内股权激励所得已纳税额 \quad (公式⑥)$$

【知识点17】 股权转让所得计算的特殊规定

1. 股权

股权,是指自然人股东(以下简称个人)投资于在中国境内成立的企业或组织(以下统称被投资企业,不包括个人独资企业和合伙企业)的股权或股份。

2. 股权转让

股权转让,是指个人将股权转让给其他个人或法人的行为,包括以下情形:

(1)出售股权;

(2)公司回购股权;

(3)发行人首次公开发行新股时,被投资企业股东将其持有的股份以公开发行方式一并向投资者发售;

(4)股权被司法或行政机关强制过户;

(5)以股权对外投资或进行其他非货币性交易;

(6)以股权抵偿债务;

(7)其他股权转移行为。

3. 股权转让所得

个人转让股权,以股权转让收入减除股权原值和合理费用后的余额为应纳税所得额,按"财产转让所得"缴纳个人所得税。

合理费用是指股权转让时按照规定支付的有关税费。

4. 股权转让所得的纳税人和扣缴义务人

个人股权转让所得个人所得税,以股权转让方为纳税人,以受让方为扣缴义务人。

扣缴义务人应于股权转让相关协议签订后 5 个工作日内，将股权转让的有关情况报告主管税务机关。

被投资企业应当详细记录股东持有本企业股权的相关成本，如实向税务机关提供与股权转让有关的信息，协助税务机关依法执行公务。

5. 股权转让收入的确认

（1）股权转让收入是指转让方因股权转让而获得的现金、实物、有价证券和其他形式的经济利益。转让方取得与股权转让相关的各种款项，包括违约金、补偿金以及其他名目的款项、资产、权益等，均应当并入股权转让收入。纳税人按照合同约定，在满足约定条件后取得的后续收入，应当作为股权转让收入。

（2）股权转让收入应当按照公平交易原则确定。符合下列情形之一的，主管税务机关可以核定股权转让收入：

①申报的股权转让收入明显偏低且无正当理由的；

②未按照规定期限办理纳税申报，经税务机关责令限期申报，逾期仍不申报的；

③转让方无法提供或拒不提供股权转让收入的有关资料；

④其他应核定股权转让收入的情形。

（3）符合下列情形之一，视为股权转让收入明显偏低：

①申报的股权转让收入低于股权对应的净资产份额的。其中，被投资企业拥有土地使用权、房屋、房地产企业未销售房产、知识产权、探矿权、采矿权、股权等资产的，申报的股权转让收入低于股权对应的净资产公允价值份额的。

②申报的股权转让收入低于初始投资成本或低于取得该股权所支付的价款及相关税费的。

③申报的股权转让收入低于相同或类似条件下同一企业同一股东或其他股东股权转让收入的。

④申报的股权转让收入低于相同或类似条件下同类行业的企业股权转让收入的。

⑤不具备合理性的无偿让渡股权或股份。

⑥主管税务机关认定的其他情形。

（4）符合下列条件之一的股权转让收入明显偏低，视为有正当理由：

①能出具有效文件，证明被投资企业因国家政策调整，生产经营受到重大影响，导致低价转让股权；

②继承或将股权转让给其能提供具有法律效力身份关系证明的配偶、父母、子女、祖父母、外祖父母、孙子女、外孙子女、兄弟姐妹以及对转让人承担直接抚养或者赡养义务的抚养人或者赡养人；

③相关法律、政府文件或企业章程规定，并有相关资料充分证明转让价格合理且真实的本企业员工持有的不能对外转让股权的内部转让；

④股权转让双方能够提供有效证据证明其合理性的其他合理情形。

（5）主管税务机关应依次按照下列方法核定股权转让收入：

①净资产核定法。

股权转让收入按照每股净资产或股权对应的净资产份额核定。

被投资企业的土地使用权、房屋、房地产企业未销售房产、知识产权、探矿权、采矿权、股权等资产占企业总资产比例超过20%的，主管税务机关可参照纳税人提供的具有法定资质的中介机构出具的资产评估报告核定股权转让收入。

6个月内再次发生股权转让且被投资企业净资产未发生重大变化的，主管税务机关可参照上一次股权转让时被投资企业的资产评估报告核定此次股权转让收入。

②类比法。

参照相同或类似条件下同一企业同一股东或其他股东股权转让收入核定。

参照相同或类似条件下同类行业企业股权转让收入核定。

③其他合理方法。

主管税务机关采用以上方法核定股权转让收入存在困难的，可以采取其他合理方法核定。

6. 股权原值的确认

（1）个人转让股权的原值依照以下方法确认：

①以现金出资方式取得的股权，按照实际支付的价款与取得股权直接相关的合理税费之和确认股权原值；

②以非货币性资产出资方式取得的股权，按照税务机关认可或核定的投资入股时非货币性资产价格与取得股权直接相关的合理税费之和确认股权原值；

③通过无偿让渡方式取得股权，具备《股权转让所得个人所得税管理办法（试行）》（国家税务总局公告2014年第67号发布）第十三条第二项所列情形的，按取得股权发生的合理税费与原持有人的股权原值之和确认股权原值；

④被投资企业以资本公积、盈余公积、未分配利润转增股本，个人股东已依法缴纳个人所得税的，以转增额和相关税费之和确认其新转增股本的股权原值；

⑤除以上情形外，由主管税务机关按照避免重复征收个人所得税的原则合理确认股权原值。

（2）股权转让人已被主管税务机关核定股权转让收入并依法征收个人所得税的，该股权受让人的股权原值以取得股权时发生的合理税费与股权转让人被主管税务机关核定的股权转让收入之和确认。

（3）个人转让股权未提供完整、准确的股权原值凭证，不能正确计算股权原值的，由主管税务机关核定其股权原值。

（4）对个人多次取得同一被投资企业股权的，转让部分股权时，采用"加权平均法"确定其股权原值。

【知识点 18】 支持居民换购住房有关个人所得税政策

2022年10月1日至2025年12月31日，对出售自有住房并在现住房出售后1年内在市场重新购买住房的纳税人，对其出售现住房已缴纳的个人所得税予以退税优惠。其中，新购住房金额大于或等于现住房转让金额的，全部退还已缴纳的个人所得税；新购住房金额小于现住房转让金额的，按新购住房金额占现住房转让金额的比例退还出售现住房已缴纳的个人所得税。

享受该优惠政策的纳税人须同时满足以下条件：

（1）纳税人出售和重新购买的住房应在同一城市范围内。同一城市范围是指同一直辖市、副省级城市、地级市（地区、州、盟）所辖全部行政区划范围。

（2）出售自有住房的纳税人与新购住房之间须直接相关，应为新购住房产权人或产权人之一。

【知识点 19】 子女教育专项附加扣除的基本政策

1. 扣除标准

纳税人的子女接受全日制学历教育的相关支出，2019年1月1日至2022年12月31日，按照每个子女每月1000元的标准定额扣除；自2023年1月1日起，按照每个子女每月2000元的标准定额扣除。

2. 扣除条件

（1）有年满3岁至小学入学前处于学前教育阶段的子女。

（2）有受全日制学历教育的子女。学历教育包括义务教育（小学、初中教育）、高中阶段教育（普通高中、中等职业、技工教育）、高等教育（大学专科、大学本科、硕士研究生、博士研究生教育）。

3. 扣除方式

父母可以选择由其中一方按扣除标准的100%扣除，也可以选择由双方分别按扣除标准的50%扣除，具体扣除方式在一个纳税年度内不能变更。

4. 扣除时间

学前教育阶段，为子女年满3周岁当月至小学入学前一月。学历教育，为子女接受全日制学历教育入学的当月至全日制学历教育结束的当月。

5. 留存备查资料

子女在境外接受教育的，应当留存境外学校录取通知书、留学签证等境外教育佐证资料。

【知识点 20】 3 岁以下婴幼儿照护个人所得税专项附加扣除政策

自 2022 年 1 月 1 日起实施 3 岁以下婴幼儿照护个人所得税专项附加扣除政策。

1. 扣除标准

纳税人照护 3 岁以下婴幼儿子女的相关支出，2022 年 1 月 1 日至 2022 年 12 月 31 日，按照每个婴幼儿每月 1000 元的标准定额扣除；自 2023 年 1 月 1 日起，按照每个婴幼儿每月 2000 元的标准定额扣除。

2. 扣除条件

有 3 岁以下的婴幼儿子女。

3. 扣除方式

父母可以选择由其中一方按扣除标准的 100% 扣除，也可以选择由双方分别按扣除标准的 50% 扣除，具体扣除方式在一个纳税年度内不能变更。

4. 扣除时间

从婴幼儿出生的当月至年满 3 周岁的前一个月。

5. 资料准备

纳税人需要留存备查资料包括：子女的出生医学证明等资料。

【知识点 21】 继续教育专项附加扣除的基本政策

1. 扣除标准

纳税人在中国境内接受学历（学位）继续教育的支出，在学历（学位）教育期间按照每月 400 元定额扣除。

纳税人接受技能人员职业资格继续教育、专业技术人员职业资格继续教育的支出，在取得相关证书的当年，按照 3600 元定额扣除。

2. 扣除条件

（1）有在中国境内接受学历（学位）继续教育的支出。

（2）有接受技能人员职业资格继续教育、专业技术人员职业资格继续教育的支出，且取得相关证书。

3. 扣除方式

个人接受本科及以下学历（学位）继续教育，符合规定扣除条件的，可以选择由其父母扣除，也可以选择由本人扣除。

4. 扣除时间

学历（学位）继续教育，为在中国境内接受学历（学位）继续教育入学的当月至学历（学位）继续教育结束的当月，同一学历（学位）继续教育的扣除期限最长不得超过 48 个月。

技能人员职业资格继续教育、专业技术人员职业资格继续教育，为取得相关证书的当年。

5. 留存备查资料

纳税人接受技能人员职业资格继续教育、专业技术人员职业资格继续教育的，应当留存职业资格相关证书等资料。

【知识点 22】 大病医疗专项附加扣除的基本政策

1. 扣除标准

在一个纳税年度内，纳税人发生的与基本医保相关的医药费用支出，扣除医保报销后个人负担（指医保目录范围内的自付部分）累计超过 15000 元的部分，由纳税人在办理年度汇算清缴时，在 80000 元限额内据实扣除。

2. 扣除条件

（1）在一个纳税年度内，纳税人发生与基本医保相关的医药费用支出，扣除医保报销后个人负担累计超过 15000 元。

（2）在一个纳税年度内，纳税人配偶发生与基本医保相关的医药费用支出，扣除医保报销后个人负担累计超过 15000 元。

（3）在一个纳税年度内，纳税人未成年子女发生与基本医保相关的医药费用支出，扣除医保报销后个人负担累计超过 15000 元。

3. 扣除方式

纳税人发生的医药费用支出可以选择由本人或者其配偶扣除；未成年子女发生的医药费用支出可以选择由其父母一方扣除。

纳税人及其配偶、未成年子女发生的医药费用支出，按上述第 1 点规定分别计算扣除额。

4. 扣除时间

为医疗保障信息系统记录的医药费用实际支出的当年。

5. 留存备查资料

大病患者医药服务收费及医保报销相关票据原件或复印件，或者医疗保障部门出具的纳税年度医药费用清单等资料。

【知识点 23】 住房贷款利息专项附加扣除的基本政策

1. 扣除标准

纳税人本人或者配偶单独或者共同使用商业银行或者住房公积金个人住房贷款为本人或者其配偶购买中国境内住房，发生的首套住房贷款利息支出，在实际发生贷款利息的年度，按照每月 1000 元的标准定额扣除，扣除期限最长不超过 240 个月。纳税人只能享受一次首套住房贷款的利息扣除。

首套住房贷款是指购买住房享受首套住房贷款利率的住房贷款。

2. 扣除条件

（1）购房者是纳税人本人或者其配偶或者共同购买；

（2）房屋所有人是纳税人本人或者其配偶或者共同拥有；

（3）所购房屋的性质是中国境内住房；

（4）购房资金是纳税人本人或者配偶单独或者共同使用商业银行或者住房公积金个人住房贷款；

（5）有住房贷款利息支出；

（6）住房贷款的种类是享受首套住房贷款利率的住房贷款。

3. 扣除方式

经夫妻双方约定，可以选择由其中一方扣除，具体扣除方式在一个纳税年度内不能变更。

夫妻双方婚前分别购买住房发生的首套住房贷款，其贷款利息支出，婚后可以选择其中一套购买的住房，由购买方按扣除标准的100%扣除，也可以由夫妻双方对各自购买的住房分别按扣除标准的50%扣除，具体扣除方式在一个纳税年度内不能变更。

4. 扣除时间

贷款合同约定开始还款的当月至贷款全部归还或贷款合同终止的当月，扣除期限最长不得超过240个月。

5. 留存备查资料

纳税人应当留存住房贷款合同、贷款还款支出凭证备查。

【知识点24】 住房租金专项附加扣除的基本政策

1. 扣除标准

纳税人在主要工作城市没有自有住房而发生的住房租金支出，可以按照以下标准定额扣除：

（1）直辖市、省会（首府）城市、计划单列市以及国务院确定的其他城市，扣除标准为每月1500元。

（2）除上述第（1）项所列城市以外，市辖区户籍人口超过100万的城市，扣除标准为每月1100元；市辖区户籍人口不超过100万的城市，扣除标准为每月800元。

纳税人的配偶在纳税人的主要工作城市有自有住房的，视同纳税人在主要工作城市有自有住房。

市辖区户籍人口，以国家统计局公布的数据为准。

主要工作城市是指纳税人任职受雇的直辖市、计划单列市、副省级城市、地级市

（地区、州、盟）全部行政区域范围；纳税人无任职受雇单位的，为受理其综合所得汇算清缴的税务机关所在城市。

2. 扣除条件

（1）纳税人在主要工作城市没有自有住房且纳税人的配偶在纳税人的主要工作城市没有自有住房；

（2）有住房租金支出。

3. 扣除方式

夫妻双方主要工作城市相同的，只能由一方扣除住房租金支出。

住房租金支出由签订租赁住房合同的承租人扣除。

纳税人及其配偶在一个纳税年度内不能同时分别享受住房贷款利息和住房租金专项附加扣除。

4. 扣除时间

租赁合同（协议）约定的房屋租赁期开始的当月至租赁期结束的当月。提前终止合同（协议）的，以实际租赁期限为准。

5. 留存备查资料

纳税人应当留存住房租赁合同、协议等有关资料备查。

【知识点25】 赡养老人专项附加扣除的基本政策

1. 扣除标准

纳税人赡养一位及以上被赡养人的赡养支出，2019年1月1日至2022年12月31日，按照每月2000元的标准定额扣除；自2023年1月1日起，按照每月3000元的标准定额扣除。

被赡养人是指年满60岁的父母，以及子女均已去世的年满60岁的祖父母、外祖父母。

2. 扣除条件

（1）父母至少有一位年满60岁；

（2）父母均已去世的，至少有一位祖父母、外祖父母年满60岁。

3. 扣除方式

（1）纳税人为独生子女的，2019年1月1日至2022年12月31日，按照每月2000元的标准定额扣除；自2023年1月1日起，按照每月3000元的标准定额扣除。

（2）纳税人为非独生子女的，2019年1月1日至2022年12月31日，由其与兄弟姐妹分摊每月2000元的扣除额度，每人分摊的额度不能超过每月1000元；自2023年1月1日起，由其与兄弟姐妹分摊每月3000元的扣除额度，每人分摊的额度不能超过每月1500元；可以由赡养人均摊或者约定分摊，也可以由被赡养人指定分摊。约定或者指定分摊的须签订书面分摊协议,指定分摊优先于约定分摊。具体分摊方式和额度在一个纳税年度内不能变更。

4. 扣除时间

被赡养人年满60周岁的当月至赡养义务终止的年末。

5. 留存备查资料

约定或指定分摊的书面分摊协议等资料。

【知识点26】 创业投资企业和天使投资个人有关税收政策

1. 公司制创业投资企业采取股权投资方式直接投资于种子期、初创期科技型企业(以下简称初创科技型企业)满2年(24个月,下同)的,可以按照投资额的70%在股权持有满2年的当年抵扣该公司制创业投资企业的应纳税所得额;当年不足抵扣的,可以在以后纳税年度结转抵扣。

有限合伙制创业投资企业(以下简称合伙创投企业)采取股权投资方式直接投资于初创科技型企业满2年的,该合伙创投企业的合伙人分别按以下方式处理:

法人合伙人可以按照对初创科技型企业投资额的70%抵扣法人合伙人从合伙创投企业分得的所得;当年不足抵扣的,可以在以后纳税年度结转抵扣。

个人合伙人可以按照对初创科技型企业投资额的70%抵扣个人合伙人从合伙创投企业分得的经营所得;当年不足抵扣的,可以在以后纳税年度结转抵扣。

2. 天使投资个人采取股权投资方式直接投资于初创科技型企业满2年的,可以按照投资额的70%抵扣转让该初创科技型企业股权取得的应纳税所得额;当期不足抵扣的,可以在以后取得转让该初创科技型企业股权的应纳税所得额时结转抵扣。

天使投资个人投资多个初创科技型企业的,对其中办理注销清算的初创科技型企业,天使投资个人对其投资额的70%尚未抵扣完的,可自注销清算之日起36个月内抵扣天使投资个人转让其他初创科技型企业股权取得的应纳税所得额。

3. 享受本政策的投资,仅限于通过向被投资初创科技型企业直接支付现金方式取得的股权投资,不包括受让其他股东的存量股权。

4. 2019年1月1日至2027年12月31日期间已投资满2年及新发生的投资,可按《财政部 税务总局关于创业投资企业和天使投资个人有关税收政策的通知》(财税〔2018〕55号)、《财政部 税务总局关于实施小微企业普惠性税收减免政策的通知》(财税〔2019〕13号)、《财政部 税务总局关于延续执行创业投资企业和天使投资个人投资初创科技型企业有关政策条件的公告》(财政部 税务总局公告2022年第6号)以及《财政部 税务总局关于延续执行创业投资企业和天使投资个人投资初创科技型企业有关政策条件的公告》(财政部 税务总局公告2023年第17号)规定适用税收政策。

【知识点 27】 权益性投资经营所得个人所得税政策

2022 年 1 月 1 日起，持有股权、股票、合伙企业财产份额等权益性投资的个人独资企业、合伙企业（以下简称独资合伙企业），一律适用查账征收方式计征个人所得税。

独资合伙企业应自持有上述权益性投资之日起 30 日内，主动向税务机关报送持有权益性投资的情况；2022 年以前独资合伙企业已持有权益性投资的，应当在 2022 年 1 月 30 日前向税务机关报送持有权益性投资的情况。税务机关接到核定征收独资合伙企业报送持有权益性投资情况的，调整其征收方式为查账征收。独资合伙企业未如实报送持有权益性投资情况的，依据税收征收管理法相关规定处理。

【知识点 28】 个人所得税计税依据及应纳税额的检查方法

个人所得税计税依据及应纳税额的检查方法如下：

（1）检查被查对象个人所得税申报明细，通过账面检查、询问办税人员了解企业个人所得税的计算。

（2）如果被查对象是上市公司，可以通过外网公告，查询上市公司股权激励、股息、红利分配个人所得税的情况。上市公司实行员工股票期权计划的，员工在行权时获得的差价收益，是否正确计算并缴纳了个人所得税。

（3）通过搜索关键词"礼金""礼品""购物卡"，或者通过管理费用、销售费用等会计科目查找被查对象是否有对外单位人员赠送礼金礼品的情况，是否按规定代扣代缴个人所得税。

（4）通过检查增值税发票的进项品名，找出不属于企业生产经营所需的购进项目，如床上用品、红酒等，了解这些购进物品的去向。

（5）企业以各种形式向个人支付的应税收入是否依法扣缴了个人所得税；例如，为职工发放的企业年金、绩效奖金；为职工购买的各种商业保险；超标准为职工支付的养老、失业和医疗保险；超标准为职工缴存的住房公积金；以报销发票形式向职工支付的各种个人收入；车改、通信补贴；为职工个人所有的房产支付的暖气费、物业费；股票期权收入。以非货币形式发放的个人收入是否扣缴个人所得税。

（6）企业在支付应税利息、股息、红利所得或偶然所得时，是否少扣缴或未扣缴个人所得税税款；企业以留存收益转增自然人股东股本时，是否按规定代扣代缴个人所得税税款。

（7）检查综合所得个人所得税时，应重点关注个人专项附加扣除的项目和综合所得个人所得税的计算是否准确。

如某人在未购买符合扣除条件的商业健康险的情况下，在 2023 年度个人所得税综合所得汇算清缴中虚假填报了商业健康险。再如某人在仅取得单位内部培训证书、不符合职业资格继续教育专项附加扣除填报条件的情况下，错误填报了每年3600元的职业资格继续教育专项附加扣除；或是在父母健在但不满足赡养老人专项附加扣除填报条件的情况下，仍将祖父母添加为被赡养老人填报专项附加扣除。

四 个人所得税纳税与扣缴义务申报时间、申报地点的检查方法

【知识点1】 居民个人取得综合所得纳税申报时间、申报地点的基本政策

1. 居民个人取得综合所得的纳税申报

居民个人取得综合所得，按年计算个人所得税；有扣缴义务人的，由扣缴义务人按月或者按次预扣预缴税款；居民个人向扣缴义务人提供专项附加扣除信息的，扣缴义务人按月预扣预缴税款时应当按照规定予以扣除，不得拒绝。

居民个人办理年度综合所得汇算清缴时，应当依法计算劳务报酬所得、稿酬所得、特许权使用费所得的收入额，并入年度综合所得计算应纳税款，税款多退少补。

2. 取得综合所得需要办理汇算清缴的情形

取得综合所得且符合下列情形之一的纳税人，应当依法办理汇算清缴：

（1）从两处以上取得综合所得，且综合所得年收入额减除专项扣除后的余额超过6万元；

（2）取得劳务报酬所得、稿酬所得、特许权使用费所得中一项或者多项所得，且综合所得年收入额减除专项扣除的余额超过6万元；

（3）纳税年度内预缴税额低于应纳税额；

（4）纳税人申请退税。

3. 取得综合所得免于办理汇算清缴的情形

2019年1月1日至2027年12月31日居民个人取得的综合所得，年度综合所得收入不超过12万元且需要汇算清缴补税的，或者年度汇算清缴补税金额不超过400元的，居民个人可免于办理个人所得税综合所得汇算清缴。居民个人取得综合所得时存在扣缴义务人未依法预扣预缴税款的情形除外。

4. 汇算清缴的时间

需要办理汇算清缴的纳税人，应当在取得所得的次年3月1日至6月30日内，向任职、受雇单位所在地主管税务机关办理纳税申报，并报送《个人所得税年度自行纳税申报表》。纳税人有两处以上任职、受雇单位的，选择向其中一处任职、受雇单位所在地主管税务机关办理纳税申报；纳税人没有任职、受雇单位的，向户籍所在地或经常居住地主管税务机关办理纳税申报。

5. 汇算清缴的留存备查资料

纳税人办理综合所得汇算清缴，应当准备与收入、专项扣除、专项附加扣除、依法确定的其他扣除、捐赠、享受税收优惠等相关的资料，并按规定留存备查或报送。

【知识点2】 非居民个人取得四项所得纳税申报时间、申报地点的基本政策

非居民个人取得工资、薪金所得，劳务报酬所得，稿酬所得和特许权使用费所得，有扣缴义务人的，由扣缴义务人按月或者按次代扣代缴税款，不办理汇算清缴。

非居民个人在中国境内从两处以上取得工资、薪金所得的，应当在取得所得的次月15日内，向其中一处任职、受雇单位所在地主管税务机关办理纳税申报。

【知识点3】 经营所得纳税申报时间、申报地点的基本政策

纳税人取得经营所得，按年计算个人所得税，由纳税人在月度或季度终了后15日内，向经营管理所在地主管税务机关办理预缴纳税申报，在取得所得的次年3月31日前，向经营管理所在地主管税务机关办理汇算清缴；从两处以上取得经营所得的，选择向其中一处经营管理所在地主管税务机关办理年度汇总申报。

【知识点4】 利息、股息、红利所得，财产租赁所得，财产转让所得和偶然所得申报时间、申报地点的基本政策

纳税人取得利息、股息、红利所得，财产租赁所得，财产转让所得和偶然所得，按月或者按次计算个人所得税，有扣缴义务人的，由扣缴义务人按月或者按次代扣代缴税款。

【知识点5】 无扣缴义务人的纳税申报时间、申报地点的基本政策

纳税人取得应税所得没有扣缴义务人的，应当在取得所得的次月15日内向税务机关报送纳税申报表，并缴纳税款。

【知识点6】 扣缴义务人未扣缴税款的纳税申报时间、申报地点的基本政策

纳税人取得应税所得，扣缴义务人未扣缴税款的，税务机关通知限期缴纳的，纳税人应当按照期限缴纳税款；税务机关未通知限期缴纳的，应当区别以下情形办理纳税申报：

（1）居民个人取得综合所得的，按照上述【知识点1】办理。

（2）非居民个人取得工资、薪金所得，劳务报酬所得，稿酬所得，特许权使用费所得的，应当在取得所得的次年6月30日前，向扣缴义务人所在地主管税务机关办理纳税申报。有两个以上扣缴义务人均未扣缴税款的，选择向其中一处扣缴义务人所在

地主管税务机关办理纳税申报。

非居民个人在次年 6 月 30 日前离境（临时离境除外）的，应当在离境前办理纳税申报。

（3）纳税人取得利息、股息、红利所得，财产租赁所得，财产转让所得和偶然所得的，应当在取得所得的次年 6 月 30 日前，按相关规定向主管税务机关办理纳税申报。

【知识点 7】 取得境外所得的纳税申报时间、申报地点的基本政策

居民个人从中国境外取得所得的，应当在取得所得的次年 3 月 1 日至 6 月 30 日内，向中国境内任职、受雇单位所在地主管税务机关办理纳税申报；在中国境内没有任职、受雇单位的，向户籍所在地或中国境内经常居住地主管税务机关办理纳税申报；户籍所在地与中国境内经常居住地不一致的，选择其中一地主管税务机关办理纳税申报；在中国境内没有户籍的，向中国境内经常居住地主管税务机关办理纳税申报。

【知识点 8】 移居境外税款清算的基本政策

纳税人因移居境外注销中国户籍的，应当在申请注销中国户籍前，向户籍所在地主管税务机关办理纳税申报，进行税款清算。

（1）纳税人在注销户籍年度取得综合所得的，应当在注销户籍前，办理当年综合所得的汇算清缴。尚未办理上一年度综合所得汇算清缴的，应当在办理注销户籍纳税申报时一并办理。

（2）纳税人在注销户籍年度取得经营所得的，应当在注销户籍前，办理当年经营所得的汇算清缴。从两处以上取得经营所得的，还应当一并报送相应申报表。尚未办理上一年度经营所得汇算清缴的，应当在办理注销户籍纳税申报时一并办理。

（3）纳税人在注销户籍当年取得利息、股息、红利所得，财产租赁所得，财产转让所得和偶然所得的，应当在注销户籍前，申报当年上述所得的完税情况。

（4）纳税人有未缴或者少缴税款的，应当在注销户籍前，结清欠缴或未缴的税款。纳税人存在分期缴税且未缴纳完毕的，应当在注销户籍前，结清尚未缴纳的税款。

（5）纳税人办理注销户籍纳税申报时，需要办理专项附加扣除、依法确定的其他扣除的，应当向税务机关报送《个人所得税专项附加扣除信息表》《商业健康保险税前扣除情况明细表》《个人税收递延型商业养老保险税前扣除情况明细表》等。

【知识点 9】 个人所得税扣缴申报时间、申报地点的基本政策

扣缴义务人每月或者每次预扣、代扣的税款，应当在次月 15 日内缴入国库，并向税务机关报送扣缴个人所得税申报表。

扣缴义务人,是指向个人支付所得的单位或者个人。扣缴义务人应当依法办理全员全额扣缴申报。

全员全额扣缴申报,是指扣缴义务人应当在代扣税款的次月15日内,向主管税务机关报送其支付所得的所有个人的有关信息、支付所得数额、扣除事项和数额、扣缴税款的具体数额和总额以及其他相关涉税信息资料。

【知识点10】 向居民个人支付综合所得扣缴税款的基本政策

1. 累计预扣法

扣缴义务人向居民个人支付工资、薪金所得时,应当按照累计预扣法计算预扣税款,并按月办理扣缴申报。

累计预扣法,是指扣缴义务人在一个纳税年度内预扣预缴税款时,以纳税人在本单位截至当前月份工资、薪金所得累计收入减除累计免税收入、累计减除费用、累计专项扣除、累计专项附加扣除和累计依法确定的其他扣除后的余额为累计预扣预缴应纳税所得额,适用个人所得税预扣率表(同个人所得税税率表①),计算累计应预扣预缴税额,再减除累计减免税额和累计已预扣预缴税额,其余额为本期应预扣预缴税额。余额为负值时,暂不退税。纳税年度终了后余额仍为负值时,由纳税人通过办理综合所得年度汇算清缴,税款多退少补。计算公式为:

本期应预扣预缴税额=(累计预扣预缴应纳税所得额×预扣率-速算扣除数)-累计减免税额-累计已预扣预缴税额

累计预扣预缴应纳税所得额=累计收入-累计免税收入-累计减除费用-累计专项扣除-累计专项附加扣除-累计依法确定的其他扣除

其中:累计减除费用,按照5000元/月乘以纳税人当年截至本月在本单位的任职受雇月份数计算。

2. 专项附加扣除

居民个人向扣缴义务人提供有关信息并依法要求办理专项附加扣除的,扣缴义务人应当按照规定在工资、薪金所得按月预扣预缴税款时予以扣除,不得拒绝。

3. 劳务报酬所得、稿酬所得、特许权使用费所得个人所得税预扣预缴

扣缴义务人向居民个人支付劳务报酬所得、稿酬所得、特许权使用费所得时,应当按照以下方法按次或者按月预扣预缴税款:

劳务报酬所得、稿酬所得、特许权使用费所得以收入减除费用后的余额为收入额;其中,稿酬所得的收入额减按70%计算。

减除费用:预扣预缴税款时,劳务报酬所得、稿酬所得、特许权使用费所得每次收入不超过4000元的,减除费用按800元计算;每次收入4000元以上的,减除费用按收入的20%计算。

4. 应纳税所得额

劳务报酬所得、稿酬所得、特许权使用费所得,以每次收入额为预扣预缴应纳税所得额,计算应预扣预缴税额。

预扣稿酬所得、特许权使用费所得适用20%的比例预扣率。

预扣劳务报酬所得个人所得税时适用预扣税率见表5-10。

表5-10 个人所得税预扣率表

(居民个人劳务报酬所得预扣预缴适用)

级数	预扣预缴应纳税所得额	预扣率(%)	速算扣除数
1	不超过20000元的	20	0
2	超过20000元至50000元的部分	30	2000
3	超过50000元的部分	40	7000

(个人所得税税率表④)

【知识点11】向非居民个人支付四项所得扣缴税款的基本政策

扣缴义务人向非居民个人支付工资、薪金所得,劳务报酬所得,稿酬所得和特许权使用费所得时,应当按照以下方法按月或者按次代扣代缴个人所得税:

非居民个人的工资、薪金所得,以每月收入额减除费用5000元后的余额为应纳税所得额;劳务报酬所得、稿酬所得、特许权使用费所得,以每次收入额为应纳税所得额,适用个人所得税税率表②计算应纳税额。

劳务报酬所得、稿酬所得、特许权使用费所得以收入减除20%的费用后的余额为收入额;其中,稿酬所得的收入额减按70%计算。

非居民个人在一个纳税年度内税款扣缴方法保持不变,达到居民个人条件时,应当告知扣缴义务人基础信息变化情况,年度终了后按照居民个人有关规定办理汇算清缴。

【知识点12】支付利息、股息、红利所得,财产租赁所得,财产转让所得或者偶然所得扣缴税款的基本政策

扣缴义务人支付利息、股息、红利所得,财产租赁所得,财产转让所得或者偶然所得时,应当依法按次或者按月代扣代缴税款。

【知识点13】涉及税收协定待遇扣缴税款的基本政策

纳税人需要享受税收协定待遇的,应当在取得应税所得时主动向扣缴义务人提出,并提交相关信息、资料，扣缴义务人代扣代缴税款时按照享受税收协定待遇有关办法办理。

【知识点 14】 扣缴税款过程中扣缴义务人提供信息和报告义务的基本政策

支付工资、薪金所得的扣缴义务人应当于年度终了后两个月内，向纳税人提供其个人所得和已扣缴税款等信息。纳税人年度中间需要提供上述信息的，扣缴义务人应当提供。

纳税人取得除工资、薪金所得以外的其他所得，扣缴义务人应当在扣缴税款后，及时向纳税人提供其个人所得和已扣缴税款等信息。

扣缴义务人应当按照纳税人提供的信息计算税款、办理扣缴申报，不得擅自更改纳税人提供的信息。

扣缴义务人发现纳税人提供的信息与实际情况不符的，可以要求纳税人修改。纳税人拒绝修改的，扣缴义务人应当报告税务机关，税务机关应当及时处理。

【知识点 15】 扣缴税款过程中纳税人修改信息和报告权利的基本政策

纳税人发现扣缴义务人提供或者扣缴申报的个人信息、支付所得、扣缴税款等信息与实际情况不符的，有权要求扣缴义务人修改。扣缴义务人拒绝修改的，纳税人应当报告税务机关，税务机关应当及时处理。

【知识点 16】 个人所得税纳税与扣缴义务申报时间、申报地点的检查方法

个人所得税纳税与扣缴义务申报时间、申报地点的检查方法如下：

（1）检查被查对象是否按规定履行代扣代缴、预扣预缴义务和自行申报义务。是否正确计算并按规定申报应当代扣代缴、预扣预缴和自行申报的税款。

（2）被查对象为上市公司，发生股权激励行为，应检查其股权激励计划和相应的上市公告，检查纳税义务发生时间、登记日的市价、减持日的市价，检查被查对象个人所得税的计算是否正确，是否按规定时间申报纳税。

（3）检查被查对象是否存在已扣个人所得税，但未按规定申报缴纳个人所得税的行为。

（4）如果被查对象为个人，重点检查其是否符合自行申报条件，如果符合，是否按规定进行自行申报。

第六章
其他税种稽查

第六章 其他税种稽查

>> 知识架构

其他税种稽查：
- 城镇土地使用税的检查方法　　5个知识点
- 城市维护建设税及教育费附加的检查方法　　7个知识点
- 耕地占用税的检查方法　　6个知识点
- 土地增值税的检查方法　　7个知识点
- 房产税的检查方法　　7个知识点
- 印花税的检查方法　　9个知识点
- 契税的检查方法　　7个知识点
- 资源税的检查方法　　7个知识点
- 环境保护税的检查方法　　6个知识点
- 车船税的检查方法　　6个知识点
- 车辆购置税的检查方法　　6个知识点
- 烟叶税的检查方法　　5个知识点

>> 第一节 城镇土地使用税的检查方法

【知识点1】城镇土地使用税纳税义务人的基本政策

1. 纳税人

在城市、县城、建制镇、工矿区范围内使用土地的单位和个人，为城镇土地使用税的纳税人，应当依照规定缴纳城镇土地使用税。

（1）城镇土地使用税由拥有土地使用权的单位和个人缴纳。

（2）拥有土地使用权的纳税人不在土地所在地的，由代管人或实际使用人纳税。

（3）土地使用权属未确定或权属纠纷未解决的，由实际使用人缴纳。

（4）土地使用权共有的，由共有各方分别纳税。

（5）承租集体所有建设用地的，由直接从集体经济组织承租土地的单位和个人缴纳。

2. 关于对免税单位与纳税单位之间无偿使用的土地应否征税问题

对免税单位无偿使用纳税单位的土地，免征城镇土地使用税；对纳税单位无偿使用免税单位的土地，纳税单位应照章缴纳城镇土地使用税。

3. 关于对纳税单位与免税单位共同使用多层建筑用地的征税问题

纳税单位与免税单位共同使用共有使用权土地上的多层建筑，对纳税单位可按其占用的建筑面积占建筑总面积的比例计征城镇土地使用税。

【知识点2】 城镇土地使用税计税依据的基本政策

城镇土地使用税以纳税人实际占用的土地面积为计税依据，依照规定税额计算征收。

上述土地占用面积的组织测量工作，由省、自治区、直辖市人民政府根据实际情况确定。尚未核发土地使用证书的，应由纳税人据实申报土地面积，据以纳税，待核发土地证以后再作调整。

城镇土地使用税每平方米年税额如下：

（1）大城市 1.5 元至 30 元；
（2）中等城市 1.2 元至 24 元；
（3）小城市 0.9 元至 18 元；
（4）县城、建制镇、工矿区 0.6 元至 12 元。

【知识点3】 城镇土地使用税纳税义务发生时间和终止时间的基本政策

1. 发生时间

（1）新征用的土地，依照下列规定缴纳城镇土地使用税：征用的耕地，自批准征用之日起满 1 年时开始缴纳城镇土地使用税；征用的非耕地，自批准征用次月起缴纳城镇土地使用税。

（2）购置新建商品房、购置存量房、出租、出借从次月起计征。

（3）以出让或转让方式有偿取得土地使用权的，应由受让方从合同约定交付土地时间的次月起缴纳城镇土地使用税，合同未约定交付土地使用时间的，由受让方从合同签订的次月起缴纳城镇土地使用税。

2. 终止时间

纳税人因土地的实物或权利状态发生变化而依法终止城镇土地使用税纳税义务的，其应纳税款的计算应截止到土地的实物或权利状态发生变化的当月末。

【知识点 4】 城镇土地使用税税收优惠的基本政策

1. 免缴城镇土地使用税

(1) 国家机关、人民团体、军队自用的土地；

(2) 由国家财政部门拨付事业经费的单位自用的土地；

(3) 宗教寺庙、公园、名胜古迹自用的土地；

(4) 市政街道、广场、绿化地带等公共用地；

(5) 直接用于农、林、牧、渔业的生产用地；

(6) 经批准开山填海整治的土地和改造的废弃土地，从使用的月份起免缴城镇土地使用税 5 年至 10 年。

2. 关于免税单位自用房产的解释

(1) 国家机关、人民团体、军队自用的房产，是指这些单位本身的办公用房和公务用房。

(2) 事业单位自用的房产，是指这些单位本身的业务用房。

(3) 宗教寺庙自用的房产，是指举行宗教仪式等的房屋和宗教人员使用的生活用房屋。

(4) 公园、名胜古迹自用的房产，是指供公共参观游览的房屋及其管理单位的办公用房屋。

上述免税单位出租的房产以及非本身业务用的生产、营业用房产不属于免税范围，应征收房产税。

3. 其他城镇土地使用税优惠政策

(1) 2019 年 1 月 1 日至 2027 年 12 月 31 日，对城市公交站场、道路客运站场、城市轨道交通系统运营用地，免征城镇土地使用税。

(2) 2022 年 1 月 1 日至 2022 年 12 月 31 日，由省、自治区、直辖市人民政府根据本地区实际情况，以及宏观调控需要确定，对增值税小规模纳税人、小型微利企业和个体工商户可以在 50% 的税额幅度内减征资源税、城市维护建设税、房产税、城镇土地使用税、印花税（不含证券交易印花税）、耕地占用税和教育费附加、地方教育附加。

2023 年 1 月 1 日至 2027 年 12 月 31 日，对增值税小规模纳税人、小型微利企业和个体工商户减半征收资源税（不含水资源税）、城市维护建设税、房产税、城镇土地使用税、印花税（不含证券交易印花税）、耕地占用税和教育费附加、地方教育附加。已依法享受资源税、城市维护建设税、房产税、城镇土地使用税、印花税、耕地占用税、教育费附加、地方教育附加其他优惠政策的，可叠加享受本条优惠政策。

小型微利企业的判定以企业所得税年度汇算清缴结果为准。登记为增值税一般纳税人的新设立的企业，从事国家非限制和禁止行业，且同时符合申报期上月末从业人数不超过 300 人、资产总额不超过 5000 万元等两个条件的，可在首次办理汇算清缴前按照小型微利企业申报享受《财政部 税务总局关于进一步实施小微企业"六税两费"减免政策的公告》（财政部 税务总局公告 2022 年第 10 号）第一条规定的优惠政策。

（3）2019 年 6 月 1 日至 2025 年 12 月 31 日，为社区提供养老、托育、家政等服务的机构自有或其通过承租、无偿使用等方式取得并用于提供社区养老、托育、家政服务的房产、土地，免征城镇土地使用税。

（4）2019 年 1 月 1 日至 2027 年 12 月 31 日，对商品储备管理公司及其直属库自用的承担商品储备业务的房产、土地，免征房产税、城镇土地使用税。

（5）2019 年 1 月 1 日至 2025 年 12 月 31 日，对公租房建设期间用地及公租房建成后占地，免征城镇土地使用税。在其他住房项目中配套建设公租房，按公租房建筑面积占总建筑面积的比例免征建设、管理公租房涉及的城镇土地使用税。

（6）2019 年 1 月 1 日至 2027 年 12 月 31 日，对农产品批发市场、农贸市场（包括自有和承租，下同）专门用于经营农产品的房产、土地，暂免征收房产税和城镇土地使用税。对同时经营其他产品的农产品批发市场和农贸市场使用的房产、土地，按其他产品与农产品交易场地面积的比例确定征免房产税和城镇土地使用税。农产品批发市场、农贸市场的行政办公区、生活区，以及商业餐饮娱乐等非直接为农产品交易提供服务的房产、土地，不属于上述规定的优惠范围，应按规定征收房产税和城镇土地使用税。

（7）对按照去产能和调结构政策要求停产停业、关闭的企业，自停产停业次月起，免征房产税、城镇土地使用税。企业享受免税政策的期限累计不得超过 2 年。

（8）2019 年 1 月 1 日至 2027 年 12 月 31 日，对国家级、省级科技企业孵化器、大学科技园和国家备案众创空间自用以及无偿或通过出租等方式提供给在孵对象使用的房产、土地，免征房产税和城镇土地使用税。

（9）关于易地扶贫搬迁税收优惠政策：2025 年 12 月 31 日前对安置住房用地，免征城镇土地使用税；在商品住房等开发项目中配套建设安置住房的，按安置住房建筑面积占总建筑面积的比例，计算应予免征的安置住房用地相关的契税、城镇土地使用税，以及项目实施主体、项目单位相关的印花税。

（10）2019 年 1 月 1 日至 2027 年 12 月 31 日，农村饮水安全工程运营管理单位自用的生产、办公用房产，免征房产税。对于既向城镇居民供水，又向农村居民供水的农村饮水安全工程运营管理单位，依据向农村居民供水量占总供水量的比例免征房产税。

（11）2019 年 1 月 1 日至 2027 年供暖期结束，对向居民供热收取采暖费的供热企业，为居民供热所使用的厂房及土地免征城镇土地使用税；对供热企业其他厂房及土地，应当按照规定征收城镇土地使用税。

对专业供热企业，按其向居民供热取得的采暖费收入占全部采暖费收入的比例，计算免征的城镇土地使用税。

对兼营供热企业，视其供热所使用的厂房及土地与其他生产经营活动所使用的厂房及土地是否可以区分，按照不同方法计算免征的城镇土地使用税。可以区分的，对其供热所使用厂房及土地，按向居民供热取得的采暖费收入占全部采暖费收入的比例，计算免征的城镇土地使用税。难以区分的，对其全部厂房及土地，按向居民供热取得的采暖费收入占其营业收入的比例，计算免征的城镇土地使用税。

对自供热单位，按向居民供热建筑面积占总供热建筑面积的比例，计算免征供热所使用的厂房及土地的城镇土地使用税。

（12）2020年1月1日至2027年12月31日，对物流企业自有（包括自用和出租）或承租的大宗商品仓储设施用地，减按所属土地等级适用税额标准的50%计征城镇土地使用税。

所称大宗商品仓储设施，是指同一仓储设施占地面积在6000平方米及以上，且主要储存粮食、棉花、油料、糖料、蔬菜、水果、肉类、水产品、化肥、农药、种子、饲料等农产品和农业生产资料，煤炭、焦炭、矿砂、非金属矿产品、原油、成品油、化工原料、木材、橡胶、纸浆及纸制品、钢材、水泥、有色金属、建材、塑料、纺织原料等矿产品和工业原材料的仓储设施。

所称仓储设施用地，包括仓库库区内的各类仓房（含配送中心）、油罐（池）、货场、晒场（堆场）、罩棚等储存设施和铁路专用线、码头、道路、装卸搬运区域等物流作业配套设施的用地。

物流企业的办公、生活区用地及其他非直接用于大宗商品仓储的土地，不属于减税范围，应按规定征收城镇土地使用税。

纳税人享受前述规定的减税政策，应按规定进行减免税申报，并将不动产权属证明、土地用途证明、租赁协议等资料留存备查。

（13）2027年12月31日前，纳税人及其全资子公司从事大型民用客机发动机、中大功率民用涡轴涡桨发动机研制项目自用的科研、生产、办公房产及土地，免征房产税、城镇土地使用税。纳税人及其全资子公司从事空载重量大于45吨的民用客机研制项目，自用的科研、生产、办公房产及土地，免征房产税、城镇土地使用税。

【知识点5】 城镇土地使用税的检查要点

（1）检查被查对象土地的具体使用情况及用途，检查其是否是城镇土地使用税的纳税义务人；纳税单位使用免税单位的土地，是否按规定缴纳城镇土地使用税；使用集体土地是否按规定申报纳税。

（2）检查被查对象的计税依据和适用税额，检查其土地实际面积与土地使用证存有差异情况下，是否按照土地实际面积缴纳城镇土地使用税。同一企业处在不同地段适用的单位税额是否准确。土地等级调整后，纳税申报时是否作相应调整。房地产开发公司是否只对已开发的土地交税，尚未开发的不申报。是否严格划分已售房屋与未售房产所分摊的土地，是否存在人为减少未售房产所分摊的土地面积，达到少缴税款的目的。

（3）检查被查对象享受税收优惠的情况，检查其是否符合规定的优惠条件，履行了规定的程序。

（4）检查被查对象城镇土地使用税的缴纳起止时间，检查其是否混淆土地使用权取得时间，推迟纳税义务发生时间；或者土地的实物或权利状态未发生变化，提前终止纳税。

>> 第二节
城市维护建设税及教育费附加的检查方法

【知识点1】 城市维护建设税及教育费附加的纳税义务人、缴费人的基本政策

在中华人民共和国境内缴纳增值税、消费税的单位和个人，为城市维护建设税、教育费附加、地方教育附加的纳税义务人、缴费人。

【知识点2】 城市维护建设税及教育费附加的计税（征）依据的基本政策

城市维护建设税以纳税人依法实际缴纳的增值税、消费税（以下称两税）税额为计税依据。

依法实际缴纳的增值税税额，是指纳税人依照增值税相关法律法规和税收政策规定计算应当缴纳的增值税税额，加上增值税免抵税额，扣除直接减免的增值税税额和期末留抵退税退还的增值税税额（以下简称留抵退税额）后的金额。

纳税人自收到留抵退税额之日起，应当在下一个纳税申报期从城市维护建设税计税依据中扣除。留抵退税额仅允许在按照增值税一般计税方法确定的城市维护建设税计税依据中扣除。当期未扣除完的余额，在以后纳税申报期按规定继续扣除。对于增值税小规模纳税人更正、查补此前按照一般计税方法确定的城市维护建设税计税依据，允许扣除尚未扣除完的留抵退税额。

对增值税免抵税额征收的城市维护建设税，纳税人应在税务机关核准免抵税额的

下一个纳税申报期内向主管税务机关申报缴纳。

依法实际缴纳的消费税税额，是指纳税人依照消费税相关法律法规和税收政策规定计算应当缴纳的消费税税额，扣除直接减免的消费税税额后的金额。

应当缴纳的两税税额，不含因进口货物或境外单位和个人向境内销售劳务、服务、无形资产缴纳的两税税额。

直接减免的两税税额，是指依照增值税、消费税相关法律法规和税收政策规定，直接减征或免征的两税税额，不包括实行先征后返、先征后退、即征即退办法退还的两税税额。

教育费附加、地方教育附加计征依据与城市维护建设税计税依据一致。

【知识点3】 城市维护建设税及教育费附加的税率（征收率）的基本政策

城市维护建设税及教育费附加的税率（征收率）：

（1）城市维护建设税税率如下：

纳税人所在地在市区的，税率为7%；

纳税人所在地在县城、镇的，税率为5%；

纳税人所在地不在市区、县城或镇的，税率为1%。

城市维护建设税纳税人按所在地在市区、县城、镇和不在上述区域适用不同税率。市区、县城、镇按照行政区划确定。行政区划变更的，自变更完成当月起适用新行政区划对应的城市维护建设税税率，纳税人在变更完成当月的下一个纳税申报期按新税率申报缴纳。

（2）教育费附加的征收率为3%。

（3）地方教育附加的征收率为2%。

2016年5月1日起，纳税人跨地区提供建筑服务、销售和出租不动产的，应在建筑服务发生地、不动产所在地预缴增值税时，以预缴增值税税额为计税依据，并按预缴增值税所在地的城市维护建设税适用税率和教育费附加、地方教育附加征收率就地计算缴纳城市维护建设税及附加。

2016年5月1日起，预缴增值税的纳税人在其机构所在地申报缴纳增值税时，以其实际缴纳的增值税税额为计税依据，并按机构所在地的城市维护建设税适用税率和教育费附加、地方教育附加征收率就地计算缴纳城市维护建设税及附加。

【知识点4】 城市维护建设税的纳税义务发生时间

城市维护建设税的纳税义务发生时间与增值税、消费税的纳税义务发生时间一致，分别与增值税、消费税同时缴纳。

同时缴纳是指在缴纳两税时，应当在两税同一缴纳地点、同一缴纳期限内，一并缴纳对应的城市维护建设税。

采用委托代征、代扣代缴、代收代缴、预缴、补缴等方式缴纳两税的，应当同时缴纳城市维护建设税。

前文所述代扣代缴，不含因境外单位和个人向境内销售劳务、服务、无形资产代扣代缴增值税情形。

【知识点5】 城市维护建设税的退税

因纳税人多缴发生的两税退税，同时退还已缴纳的城市维护建设税。两税实行先征后返、先征后退、即征即退的，除另有规定外，不予退还随两税附征的城市维护建设税。

【知识点6】 城市维护建设税的税收优惠

1. 对黄金交易所会员单位通过黄金交易所销售且发生实物交割的标准黄金，免征城市维护建设税。具体操作按照《财政部 国家税务总局关于黄金税收政策问题的通知》（财税〔2002〕142号）有关规定执行。

2. 对上海期货交易所会员和客户通过上海期货交易所销售且发生实物交割并已出库的标准黄金，免征城市维护建设税。具体操作按照《财政部 国家税务总局关于黄金期货交易有关税收政策的通知》（财税〔2008〕5号）有关规定执行。

3. 对国家重大水利工程建设基金免征城市维护建设税。具体操作按照《财政部 国家税务总局关于免征国家重大水利工程建设基金的城市维护建设税和教育费附加的通知》（财税〔2010〕44号）有关规定执行。

4. 重点群体创业就业税收优惠。

（1）2023年1月1日至2027年12月31日，脱贫人口（含防止返贫监测对象，下同）、持《就业创业证》（注明"自主创业税收政策"或"毕业年度内自主创业税收政策"）或《就业失业登记证》（注明"自主创业税收政策"）的人员，从事个体经营的，自办理个体工商户登记当月起，在3年（36个月，下同）内按每户每年20000元为限额依次扣减其当年实际应缴纳的增值税、城市维护建设税、教育费附加、地方教育附加和个人所得税。限额标准最高可上浮20%，各省、自治区、直辖市人民政府可根据本地区实际情况在此幅度内确定具体限额标准。

纳税人年度应缴纳税款小于上述扣减限额的，减免税额以其实际缴纳的税款为限；大于上述扣减限额的，以上述扣减限额为限。

上述人员具体包括：

①纳入全国防止返贫监测和衔接推进乡村振兴信息系统的脱贫人口；

②在人力资源和社会保障部门公共就业服务机构登记失业半年以上的人员；

③零就业家庭、享受城市居民最低生活保障家庭劳动年龄内的登记失业人员；

④毕业年度内高校毕业生。高校毕业生是指实施高等学历教育的普通高等学校、成人高等学校应届毕业的学生；毕业年度是指毕业所在自然年，即 1 月 1 日至 12 月 31 日。

税费款扣减限额及顺序：

①重点群体从事个体经营的，以申报时本年度已实际经营月数换算其扣减限额。换算公式为：

$$扣减限额 = 年度限额标准 \div 12 \times 本年度已实际经营月数$$

②纳税人在扣减限额内，每月（季）依次扣减增值税、城市维护建设税、教育费附加、地方教育附加和个人所得税。城市维护建设税、教育费附加、地方教育附加的计税依据是享受本项税收优惠政策前的增值税应纳税额。纳税人本年内累计应缴纳税款小于上述扣减限额的，减免税额以其应缴纳税款为限；大于上述扣减限额的，以上述扣减限额为限。

（2）2023 年 1 月 1 日至 2027 年 12 月 31 日，企业招用脱贫人口，以及在人力资源和社会保障部门公共就业服务机构登记失业半年以上且持《就业创业证》或《就业失业登记证》（注明"企业吸纳税收政策"）的人员，与其签订 1 年以上期限劳动合同并依法缴纳社会保险费的，自签订劳动合同并缴纳社会保险当月起，在 3 年内按实际招用人数予以定额依次扣减增值税、城市维护建设税、教育费附加、地方教育附加和企业所得税优惠。

定额标准为每人每年 6000 元，最高可上浮 30%，各省、自治区、直辖市人民政府可根据本地区实际情况在此幅度内确定具体定额标准。

税费款扣减限额及顺序：

①企业应当以本年度招用重点群体人员申报时已实际工作月数换算扣减限额。实际工作月数按照纳税人本年度已为重点群体依法缴纳社会保险费的时间计算。计算公式为：

$$扣减限额 = \sum 每名重点群体本年度在本企业已实际工作月数 \div 12 \times 年度定额标准$$

②企业在扣减限额内每月（季）依次扣减增值税、城市维护建设税、教育费附加和地方教育附加。企业本年内累计应缴纳税款小于上述扣减限额的，减免税额以其应缴纳税款为限；大于上述扣减限额的，以上述扣减限额为限。城市维护建设税、教育费附加、地方教育附加的计税依据是享受本项政策前的增值税应纳税额。

③纳税年度终了，如果企业实际减免的增值税、城市维护建设税、教育费附加和地方教育附加小于年度扣减限额，企业在企业所得税汇算清缴时以差额部分扣减企业所得税。当年扣减不完的，不再结转以后年度扣减。

企业招用就业人员既可以适用本项税收优惠政策，又可以适用其他扶持就业专项税收优惠政策的，企业可以选择适用最优惠的政策，但不得重复享受。

5. 扶持自主就业退役士兵创业就业。

（1）2023年1月1日至2027年12月31日，自主就业退役士兵从事个体经营的，自办理个体工商户登记当月起，在3年（36个月，下同）内按每户每年20000元为限额依次扣减其当年实际应缴纳的增值税、城市维护建设税、教育费附加、地方教育附加和个人所得税。限额标准最高可上浮20%，各省、自治区、直辖市人民政府可根据本地区实际情况在此幅度内确定具体限额标准。

纳税人年度应缴纳税款小于上述扣减限额的，减免税额以其实际缴纳的税款为限；大于上述扣减限额的，以上述扣减限额为限。纳税人的实际经营期不足1年的，应当按月换算其减免税限额。

（2）2023年1月1日至2027年12月31日，企业招用自主就业退役士兵，与其签订1年以上期限劳动合同并依法缴纳社会保险费的，自签订劳动合同并缴纳社会保险当月起，在3年内按实际招用人数予以定额依次扣减增值税、城市维护建设税、教育费附加、地方教育附加和企业所得税优惠。

定额标准为每人每年6000元，最高可上浮50%，各省、自治区、直辖市人民政府可根据本地区实际情况在此幅度内确定具体定额标准。换算公式为：

$$减免税限额 = 年度减免税限额 \div 12 \times 实际经营月数$$

纳税人享受自主就业退役士兵创业就业政策的税款扣减额度、顺序等方面的规定比照重点群体创业就业税收优惠政策执行。企业按招用人数和签订的劳动合同时间核算企业减免税总额，在核算减免税总额内每月依次扣减增值税、城市维护建设税、教育费附加和地方教育附加。

企业实际应缴纳的增值税、城市维护建设税、教育费附加和地方教育附加小于核算减免税总额的，以实际应缴纳的增值税、城市维护建设税、教育费附加和地方教育附加为限；实际应缴纳的增值税、城市维护建设税、教育费附加和地方教育附加大于核算减免税总额的，以核算减免税总额为限。

纳税年度终了，如果企业实际减免的增值税、城市维护建设税、教育费附加和地方教育附加小于核算减免税总额，企业在企业所得税汇算清缴时以差额部分扣减企业所得税。当年扣减不完的，不再结转以后年度扣减。

自主就业退役士兵在企业工作不满1年的，应当按月换算减免税限额。计算公式为：

$$企业核算减免税总额 = \sum 每名自主就业退役士兵$$
$$本年度在本单位工作月份 \div 12 \times 具体定额标准$$

城市维护建设税、教育费附加、地方教育附加的计税根据是享受本项税收优惠政策前的增值税应纳税额。

企业招用自主就业退役士兵既可以适用本项税收优惠政策，又可以适用其他扶持就业专项税收优惠政策的，企业可以选择适用最优惠的政策，但不得重复享受。

【知识点7】 城市维护建设税及教育费附加的检查要点

（1）检查被查对象地理位置，检查其是否符合纳税人确认条件却未按规定申报纳税。

（2）检查被查对象的计税依据和适用税率，检查其城市维护建设税适用税率是否正确；查补增值税、消费税、营改增前的营业税是否按规定申报相应的城市维护建设税、教育费附加和地方教育附加；免抵的增值税是否未按规定申报缴纳城市维护建设税、教育费附加和地方教育附加。

（3）检查被查对象享受的税收优惠的情况，检查被查对象享受税收优惠是否符合规定的条件，履行了规定的程序，优惠的享受计算是否正确；是否有错用、滥用减免税等税收优惠政策的情况。

>> 第三节
耕地占用税的检查方法

【知识点1】 耕地占用税征收范围的基本政策

1. 征税范围

（1）占用耕地。

在中华人民共和国境内占用耕地建设建筑物、构筑物或者从事非农业建设的单位和个人，为耕地占用税的纳税人，应当依照规定缴纳耕地占用税。

占用耕地建设农田水利设施的，不缴纳耕地占用税。

（2）占用农用地。

占用园地、林地、草地、农田水利用地、养殖水面、渔业水域滩涂以及其他农用地建设建筑物、构筑物或者从事非农业建设的，依照规定缴纳耕地占用税。占用上述农用地建设直接为农业生产服务的生产设施的，不缴纳耕地占用税。

直接为农业生产服务的生产设施，是指直接为农业生产服务而建设的建筑物和构筑物。具体包括：储存农用机具和种子、苗木、木材等农业产品的仓储设施；培育、生产种子、种苗的设施；畜禽养殖设施；木材集材道、运材道；农业科研、试验、示范基地；野生动植物保护、护林、森林病虫害防治、森林防火、木材检疫的设施；专为农业生产服务的灌溉排水、供水、供电、供热、供气、通讯基础设施；农业生产者从事农业生产必需的食宿和管理设施；其他直接为农业生产服务的生产设施。

2. 纳税人

（1）经批准占用耕地的，纳税人为农用地转用审批文件中标明的建设用地人。

（2）农用地转用审批文件中未标明建设用地人的，纳税人为用地申请人，其中用地申请人为各级人民政府的，由同级土地储备中心、自然资源主管部门或政府委托的其他部门、单位履行耕地占用税申报纳税义务。

（3）未经批准占用耕地的，纳税人为实际用地人。

【知识点2】 耕地占用税纳税义务发生时间的基本政策

（1）耕地占用税的纳税义务发生时间为纳税人收到自然资源主管部门办理占用耕地手续的书面通知的当日。纳税人应当自纳税义务发生之日起30日内申报缴纳耕地占用税。

（2）纳税人因建设项目施工或者地质勘查临时占用耕地，应当依照《中华人民共和国耕地占用税法》（以下简称《耕地占用税法》）的规定缴纳耕地占用税。纳税人在批准临时占用耕地期满之日起一年内依法复垦，恢复种植条件的，全额退还已经缴纳的耕地占用税。

（3）未经批准占用耕地的，耕地占用税纳税义务发生时间为自然资源主管部门认定的纳税人实际占用耕地的当日。

（4）因挖损、采矿塌陷、压占、污染等损毁耕地的纳税义务发生时间为自然资源、农业农村等相关部门认定损毁耕地的当日。

因挖损、采矿塌陷、压占、污染等损毁耕地属于《耕地占用税法》所称的非农业建设，应依照规定缴纳耕地占用税；自自然资源、农业农村等相关部门认定损毁耕地之日起3年内依法复垦或修复，恢复种植条件的，全额退还已经缴纳的耕地占用税。

（5）税务机关发现纳税人的纳税申报数据资料异常或者纳税人未按照规定期限申报纳税的，可以提请相关部门进行复核，相关部门应当自收到税务机关复核申请之日起30日内向税务机关出具复核意见。

【知识点3】 耕地占用税计税依据的基本政策

耕地占用税以纳税人实际占用的耕地面积为计税依据，按照规定的适用税额一次性征收，应纳税额为纳税人实际占用的耕地面积（平方米）乘以适用税额。

实际占用的耕地面积，包括经批准占用的耕地面积和未经批准占用的耕地面积。

【知识点4】 耕地占用税税率的基本政策

耕地占用税的税额如下：

（1）人均耕地不超过1亩的地区（以县、自治县、不设区的市、市辖区为单位，下同），每平方米为 10 元至 50 元；

（2）人均耕地超过 1 亩但不超过 2 亩的地区，每平方米为 8 元至 40 元；

（3）人均耕地超过 2 亩但不超过 3 亩的地区，每平方米为 6 元至 30 元；

（4）人均耕地超过 3 亩的地区，每平方米为 5 元至 25 元。

各地区耕地占用税的适用税额，由省、自治区、直辖市人民政府根据人均耕地面积和经济发展等情况，在上述规定的税额幅度内提出，报同级人民代表大会常务委员会决定，并报全国人民代表大会常务委员会和国务院备案。各省、自治区、直辖市耕地占用税适用税额的平均水平，不得低于《耕地占用税法》所附《各省、自治区、直辖市耕地占用税平均税额表》规定的平均税额。

在人均耕地低于 0.5 亩的地区，省、自治区、直辖市可以根据当地经济发展情况，适当提高耕地占用税的适用税额，但提高的部分不得超过适用税额的 50%。

占用基本农田的，应当按照当地适用税额，加按 150% 征收。

基本农田，是指依据《中华人民共和国基本农田保护条例》划定的基本农田保护区范围内的耕地。

【知识点 5】 耕地占用税税收优惠的基本政策

军事设施、学校、幼儿园、社会福利机构、医疗机构占用耕地，免征耕地占用税。

（1）免税的军事设施，是指《中华人民共和国军事设施保护法》第二条所列建筑物、场地和设备。具体包括：指挥机关，地面和地下的指挥工程、作战工程；军用机场、港口、码头；营区、训练场、试验场；军用洞库、仓库；军用通信、侦察、导航、观测台站，测量、导航、助航标志；军用公路、铁路专用线，军用通信、输电线路，军用输油、输水管道；边防、海防管控设施；国务院和中央军事委员会规定的其他军事设施。

（2）免税的学校，具体范围包括县级以上人民政府教育行政部门批准成立的大学、中学、小学，学历性职业教育学校和特殊教育学校，以及经省级人民政府或其人力资源社会保障行政部门批准成立的技工院校。

学校内经营性场所和教职工住房占用耕地的，按照当地适用税额缴纳耕地占用税。

（3）免税的幼儿园，具体范围限于县级以上人民政府教育行政部门批准成立的幼儿园内专门用于幼儿保育、教育的场所。

（4）免税的社会福利机构，是指依法登记的养老服务机构、残疾人服务机构、儿童福利机构及救助管理机构、未成年人救助保护机构内专门为老年人、残疾人、未成年人及生活无着的流浪乞讨人员提供养护、康复、托管等服务的场所。

养老服务机构，是指为老年人提供养护、康复、托管等服务的老年人社会福利机构。具体包括老年社会福利院、养老院（或老人院）、老年公寓、护老院、护养院、敬老院、托老所、老年人服务中心等。

残疾人服务机构，是指为残疾人提供养护、康复、托管等服务的社会福利机构。具体包括为肢体、智力、视力、听力、语言、精神方面有残疾的人员提供康复和功能补偿的辅助器具，进行康复治疗、康复训练，承担教育、养护和托管服务的社会福利机构。

儿童福利机构，是指为孤、弃、残儿童提供养护、康复、医疗、教育、托管等服务的儿童社会福利服务机构。具体包括儿童福利院、社会福利院、SOS儿童村、孤儿学校、残疾儿童康复中心、社区特教班等。

社会救助机构，是指为生活无着的流浪乞讨人员提供寻亲、医疗、未成年人教育、离站等服务的救助管理机构。具体包括县级以上人民政府设立的救助管理站、未成年人救助保护中心等专门机构。

（5）免税的医疗机构，是指县级以上人民政府卫生健康行政部门批准设立的医疗机构内专门从事疾病诊断、治疗活动的场所及其配套设施。

医疗机构内职工住房占用耕地的，按照当地适用税额缴纳耕地占用税。

铁路线路、公路线路、飞机场跑道、停机坪、港口、航道、水利工程占用耕地，按每平方米2元的税额征收耕地占用税。

（1）减税的铁路线路，具体范围限于铁路路基、桥梁、涵洞、隧道及其按照规定两侧留地、防火隔离带。专用铁路和铁路专用线占用耕地的，按照当地适用税额缴纳耕地占用税。

（2）减税的公路线路，是指经批准建设的国道、省道、县道、乡道和属于农村公路的村道的主体工程以及两侧边沟或者截水沟。具体包括高速公路、一级公路、二级公路、三级公路、四级公路和等外公路的主体工程及两侧边沟或者截水沟。专用公路和城区内机动车道占用耕地的，按照当地适用税额缴纳耕地占用税。

（3）减税的飞机场跑道、停机坪，具体范围限于经批准建设的民用机场专门用于民用航空器起降、滑行、停放的场所。

（4）减税的港口，具体范围限于经批准建设的港口内供船舶进出、停靠以及旅客上下、货物装卸的场所。

（5）减税的航道，具体范围限于在江、河、湖泊、港湾等水域内供船舶安全航行的通道。

（6）减税的水利工程，具体范围限于经县级以上人民政府水行政主管部门批准建设的防洪、排涝、灌溉、引（供）水、滩涂治理、水土保持、水资源保护等各类工程及其配套和附属工程的建筑物、构筑物占压地和经批准的管理范围用地。

农村居民在规定用地标准以内占用耕地新建自用住宅，按照当地适用税额减半征收耕地占用税；其中农村居民经批准搬迁，新建自用住宅占用耕地不超过原宅基地面积的部分，免征耕地占用税。

农村烈士遗属、因公牺牲军人遗属、残疾军人以及符合农村最低生活保障条件的农村居民，在规定用地标准以内新建自用住宅，免征耕地占用税。

免征或者减征耕地占用税后，纳税人改变原占地用途，不再属于免征或减征情形的，应自改变用途之日起30日内申报补缴税款，补缴税款按改变用途的实际占用耕地面积和改变用途时当地适用税额计算。

【知识点6】 耕地占用税的检查要点

（1）检查被查对象实际占用耕地的情况，检查其是否为耕地占用税的纳税义务人。

（2）检查被查对象耕地占用税纳税的情况，检查其是否按规定缴纳了耕地占用税，是否有少缴、迟缴耕地占用税的情况。

（3）检查被查对象享受耕地占用税优惠政策的情况，检查其享受税收优惠政策是否符合规定的条件，履行了规定的程序。

耕地占用税减免优惠实行"自行判别、申报享受、有关资料留存备查"办理方式。纳税人根据政策规定自行判断是否符合优惠条件，符合条件的，纳税人申报享受税收优惠，并将有关资料留存备查。纳税人对留存材料的真实性和合法性承担法律责任。符合耕地占用税减免条件的纳税人，应留存下列材料：①军事设施占用应税土地的证明材料；②学校、幼儿园、社会福利机构、医疗机构占用应税土地的证明材料；③铁路线路、公路线路、飞机场跑道、停机坪、港口、航道、水利工程占用应税土地的证明材料；④农村居民建房占用土地及其他相关证明材料；⑤其他减免耕地占用税情形的证明材料。

>> 第四节
土地增值税的检查方法

【知识点1】 土地增值税征税范围和纳税人的基本政策

转让国有土地使用权、地上的建筑物及其附着物（以下统称转让房地产）并取得收入的单位和个人，为土地增值税的纳税义务人，应当缴纳土地增值税。

建筑物，是指建于土地上的一切建筑物，包括地上地下的各种附属设施。附着物是指附着于土地上的不能移动，一经移动即遭损坏的物品。

转让国有土地使用权、地上的建筑物及其附着物并取得收入，是指以出售或者其他方式有偿转让房地产的行为。不包括以继承、赠与方式无偿转让房地产的行为。

"赠与",是指如下情况：

(1) 房产所有人将房屋产权、土地使用权赠与直系亲属或承担直接赡养义务人的。

(2) 房产所有人、土地使用权所有人通过中国境内非营利的社会团体、国家机关将房屋产权、土地使用权赠与教育、民政和其他社会福利、公益事业的。

房地产开发企业将开发的部分房地产转为企业自用或用于出租等商业用途时，如果产权未发生转移，不征收土地增值税，在税款清算时不列收入，不扣除相应的成本和费用。

纳税人将开发产品用于职工福利、奖励、对外投资、分配给股东或投资人、抵偿债务、换取其他单位和个人的非货币性资产等，发生所有权转移时应视同销售房地产。

【知识点2】 土地增值税收入总额的基本政策

1. 转让房地产增值额

纳税人转让房地产所取得的收入减除规定扣除项目金额后的余额，为增值额。

2. 转让房地产收入

纳税人转让房地产所取得的收入，包括货币收入、实物收入和其他收入。

3. 土地增值税纳税人转让房地产取得的收入为不含增值税收入

营改增后，纳税人转让房地产的土地增值税应税收入不含增值税。适用增值税一般计税方法的纳税人，其转让房地产的土地增值税应税收入不含增值税销项税额；适用简易计税方法的纳税人，其转让房地产的土地增值税应税收入不含增值税应纳税额。

为方便纳税人，简化土地增值税预征税款计算，房地产开发企业采取预收款方式销售自行开发的房地产项目的，可按照以下方法计算土地增值税预征计征依据：

土地增值税预征的计征依据 = 预收款 - 应预缴增值税税款

4. 视同销售收入

房地产开发企业将开发产品用于职工福利、奖励、对外投资、分配给股东或投资人、抵偿债务、换取其他单位和个人的非货币性资产等，发生所有权转移时应视同销售房地产，其收入按下列方法和顺序确认：

(1) 按本企业在同一地区、同一年度销售的同类房地产的平均价格确定；

(2) 由主管税务机关参照当地当年、同类房地产的市场价格或评估价值确定。

5. 关于拆迁安置土地增值税计算问题

(1) 房地产开发企业用建造的本项目房地产安置回迁户的，安置用房视同销售处理，按上述第4条的规定确认收入，同时将此确认为房地产开发项目的拆迁补偿费。房地产开发企业支付给回迁户的补差价款，计入拆迁补偿费；回迁户支付给房地产开发企业的补差价款，应抵减本项目拆迁补偿费。

(2) 房地产开发企业采取异地安置，异地安置的房屋属于自行开发建造的，房屋价值按上述第4条的规定计算，计入本项目的拆迁补偿费；异地安置的房屋属于购入的，以实际支付的购房支出计入拆迁补偿费。

（3）货币安置拆迁的，房地产开发企业凭合法有效凭据计入拆迁补偿费。

6. 房地产开发企业在营改增后进行房地产开发项目土地增值税清算方法

（1）土地增值税应税收入＝营改增前转让房地产取得的收入＋营改增后转让房地产取得的不含增值税收入；

（2）与转让房地产有关的税金＝营改增前实际缴纳的营业税、城市维护建设税、教育费附加＋营改增后允许扣除的城市维护建设税、教育费附加。

7. 关于土地增值税清算时收入确认的问题

土地增值税清算时，已全额开具商品房销售发票的，按照发票所载金额确认收入；未开具发票或未全额开具发票的，以交易双方签订的销售合同所载的售房金额及其他收益确认收入。销售合同所载商品房面积与有关部门实际测量面积不一致，在清算前已发生补、退房款的，应在计算土地增值税时予以调整。

8. 关于纳税人转让加油站房地产有关土地增值税计税收入确认问题

《成品油市场管理办法》（商务部令2006年第23号）第三十六条规定，成品油经营批准证书不得伪造、涂改，不得买卖、出租、转借或者以任何其他形式转让；第二十九条规定，经营单位投资主体发生变化的，原经营单位应办理相应经营资格的注销手续，新经营单位应重新申办成品油经营资格。因此，对依法不得转让的成品油零售特许经营权作价或评估作价不应从转让加油站整体资产的收入金额中扣除。

9. 按照房地产评估价格计算征收的情形

（1）隐瞒、虚报房地产成交价格的；

（2）提供扣除项目金额不实的；

（3）转让房地产的成交价格低于房地产评估价格，又无正当理由的。

【知识点3】 土地增值税税率的基本政策

土地增值税实行四级超率累进税率，见表6-1。

表6-1　　　　　　　　　　土地增值税税率表

序号	增值率＝增值额/扣除项目金额	税率	速算扣除系数
1	0~50%（含）	30%	0
2	50%~100%（含）	40%	5%
3	100%~200%（含）	50%	15%
4	200%以上	60%	35%

(1) 增值额未超过扣除项目金额50%的部分,税率为30%。

(2) 增值额超过扣除项目金额50%、未超过扣除项目金额100%的部分,税率为40%。

(3) 增值额超过扣除项目金额100%、未超过扣除项目金额200%的部分,税率为50%。

(4) 增值额超过扣除项目金额200%的部分,税率为60%。

土地增值税应纳税额计算公式为:

$$应纳税额 = 增值额 \times 适用税率 - 扣除项目金额 \times 速算扣除系数$$

【知识点4】 土地增值税扣除项目的基本政策

1. 计算增值额的扣除项目

(1) 取得土地使用权所支付的金额;

(2) 开发土地的成本、费用;

(3) 新建房及配套设施的成本、费用,或者旧房及建筑物的评估价格;

(4) 与转让房地产有关的税金;

(5) 财政部规定的其他扣除项目。

2. 取得土地使用权支付的金额

取得土地使用权所支付的金额,是指纳税人为取得土地使用权所支付的地价款和按国家统一规定缴纳的有关费用。

3. 房地产开发成本

开发土地和新建房及配套设施(以下统称房地产开发)的成本,是指纳税人房地产开发项目实际发生的成本(以下统称房地产开发成本),包括土地征用及拆迁补偿费、前期工程费、建筑安装工程费、基础设施费、公共配套设施费、开发间接费用。

(1) 土地征用及拆迁补偿费,包括土地征用费、耕地占用税、劳动力安置费及有关地上、地下附着物拆迁补偿的净支出、安置动迁用房支出等。

(2) 前期工程费,包括规划、设计、项目可行性研究和水文、地质、勘察、测绘、"三通一平"等支出。

(3) 建筑安装工程费,是指以出包方式支付给承包单位的建筑安装工程费,以自营方式发生的建筑安装工程费。

(4) 基础设施费,包括开发小区内道路、供水、供电、供气、排污、排洪、通讯、照明、环卫、绿化等工程发生的支出。

(5) 公共配套设施费,包括不能有偿转让的开发小区内公共配套设施发生的支出。

(6) 开发间接费用,是指直接组织、管理开发项目发生的费用,包括工资、职工福利费、折旧费、修理费、办公费、水电费、劳动保护费、周转房摊销等。

4. 房地产开发费用

开发土地和新建房及配套设施的费用（以下简称房地产开发费用），是指与房地产开发项目有关的销售费用、管理费用、财务费用。

（1）财务费用中的利息支出，凡能够按转让房地产项目计算分摊并提供金融机构证明的，允许据实扣除，但最高不能超过按商业银行同类同期贷款利率计算的金额，其他房地产开发费用，按取得土地使用权所支付的金额、房地产开发成本计算的金额之和的5%以内计算扣除。计算公式为：

房地产开发费用 =（取得土地使用权所支付的金额 + 房地产开发成本）×5%以内 + 利息支出

（2）财务费用中的利息支出，凡不能按转让房地产项目计算分摊利息支出或不能提供金融机构证明的，房地产开发费用按取得土地使用权所支付的金额、房地产开发成本计算的金额之和的10%以内计算扣除。上述计算扣除的具体比例，由各省、自治区、直辖市人民政府规定。计算公式为：

房地产开发费用 =（取得土地使用权所支付的金额 + 房地产开发成本）×10%以内

（3）房地产开发企业既向金融机构借款，又有其他借款的，其房地产开发费用计算扣除时不能同时适用上述（1）（2）项所述两种办法。

（4）此处财务费用中的利息支出与会计上的概念不同。土地增值税清算时，已经计入房地产开发成本的利息支出，应调整至财务费用中计算扣除。

5. 旧房及建筑物的评估价格

旧房及建筑物的评估价格，是指在转让已使用的房屋及建筑物时，由房地产评估机构评定的重置成本价乘以成新度折扣率后的价格。评估价格须经当地税务机关确认。

营改增后，纳税人转让旧房及建筑物，凡不能取得评估价格，但能提供购房发票的，本知识点第1条第（1）项"取得土地使用权所支付的金额"和第（3）项"新建房及配套设施的成本、费用，或者旧房及建筑物的评估价格"的金额按照下列方法计算：

（1）提供的购房凭据为营改增前取得的营业税发票的，按照发票所载金额（不扣减营业税）并从购买年度起至转让年度止每年加计5%计算。

（2）提供的购房凭据为营改增后取得的增值税普通发票的，按照发票所载价税合计金额从购买年度起至转让年度止每年加计5%计算。

（3）提供的购房发票为营改增后取得的增值税专用发票的，按照发票所载不含增值税金额加上不允许抵扣的增值税进项税额之和，并从购买年度起至转让年度止每年加计5%计算。

6. 与转让房地产有关的税金

与转让房地产有关的税金，是指在转让房地产时缴纳的营业税、城市维护建设税、印花税。因转让房地产缴纳的教育费附加，也可视同税金予以扣除。

（1）营改增后，计算土地增值税增值额的扣除项目中"与转让房地产有关的税金"不包括增值税。

（2）营改增后，房地产开发企业实际缴纳的城市维护建设税、教育费附加，凡能够按清算项目准确计算的，允许据实扣除。凡不能按清算项目准确计算的，则按该清算项目预缴增值税时实际缴纳的城市维护建设税、教育费附加扣除。

其他转让房地产行为的城市维护建设税、教育费附加扣除比照上述规定执行。

（3）房地产开发企业在营改增后进行房地产开发项目土地增值税清算时，与转让房地产有关的税金＝营改增前实际缴纳的营业税、城市维护建设税、教育费附加＋营改增后允许扣除的城市维护建设税、教育费附加。

7. 财政部规定的其他扣除项目

对从事房地产开发的纳税人可按取得土地使用权所支付的金额、房地产开发成本规定计算的金额之和，加计20%扣除。

8. 其他规定

营改增后，土地增值税纳税人接受建筑安装服务取得的增值税发票，应按照规定，在发票的备注栏注明建筑服务发生地县（市、区）名称及项目名称，否则不得计入土地增值税扣除项目金额。

【知识点5】 土地增值税税收优惠的基本政策

纳税人建造普通标准住宅出售，增值额未超过扣除项目金额之和20%的，免征土地增值税；增值额超过扣除项目金额之和20%的，应就其全部增值额按规定计税。普通标准住宅，是指按所在地一般民用住宅标准建造的居住用住宅。高级公寓、别墅、度假村等不属于普通标准住宅。

因国家建设需要依法征收、收回的房地产，免征土地增值税。所称的因国家建设需要依法征用、收回的房地产，是指因城市实施规划、国家建设的需要而被政府批准征用的房产或收回的土地使用权。因城市实施规划、国家建设的需要而搬迁，由纳税人自行转让原房地产的，免征土地增值税。

个人销售住房暂免征收土地增值税。

2019年1月1日至2025年12月31日，对企事业单位、社会团体以及其他组织转让旧房作为公租房房源，且增值额未超过扣除项目金额20%的，免征土地增值税。

【知识点6】 土地增值税改制重组业务的基本政策

2021年1月1日至2027年12月31日按以下政策执行：

1. 企业按照《中华人民共和国公司法》有关规定整体改制，包括非公司制企业改制为有限责任公司或股份有限公司，有限责任公司变更为股份有限公司，股份有限公司变更为有限责任公司，对改制前的企业将国有土地使用权、地上的建筑物及其附着物（以下统称房地产）转移、变更到改制后的企业，暂不征土地增值税。整体改制是指不改变原企业的投资主体，并承继原企业权利、义务的行为。

2. 按照法律规定或者合同约定，两个或两个以上企业合并为一个企业，且原企业投资主体存续的，对原企业将房地产转移、变更到合并后的企业，暂不征土地增值税。

3. 按照法律规定或者合同约定，企业分设为两个或两个以上与原企业投资主体相同的企业，对原企业将房地产转移、变更到分立后的企业，暂不征土地增值税。

4. 单位、个人在改制重组时以房地产作价入股进行投资，对其将房地产转移、变更到被投资的企业，暂不征土地增值税。

5. 上述改制重组有关土地增值税政策不适用于房地产转移任意一方为房地产开发企业的情形。

6. 改制重组后再转让房地产并申报缴纳土地增值税时，对"取得土地使用权所支付的金额"，按照改制重组前取得该宗国有土地使用权所支付的地价款和按国家统一规定缴纳的有关费用确定；经批准以国有土地使用权作价出资入股的，为作价入股时县级及以上自然资源部门批准的评估价格。按购房发票确定扣除项目金额的，按照改制重组前购房发票所载金额并从购买年度起至本次转让年度止每年加计5%计算扣除项目金额，购买年度是指购房发票所载日期的当年。

7. 不改变原企业投资主体、投资主体相同，是指企业改制重组前后出资人不发生变动，出资人的出资比例可以发生变动；投资主体存续，是指原企业出资人必须存在于改制重组后的企业，出资人的出资比例可以发生变动。

【知识点7】 土地增值税的检查要点

（1）检查被查对象是否属于土地增值税的纳税人，特别是在对非房地产企业检查时，主要检查企业是否有应征土地增值税的行为，是否有转让国有土地使用权、地上建筑物及其附着物未按规定申报的行为。

（2）检查被查对象是否按规定准确核算土地增值税的应税收入，是否有少报、瞒报、不计应税收入的情形；是否有转让收入长期挂账不及时结转、延迟纳税；是否有视同销售行为未申报纳税；是否有部分房地产销售收入不入账，形成账外资金，少申报纳税的行为。

(3) 检查被查对象是否有虚列开发成本,多计扣除项目金额;旧房的重置成本确定不准确,多计扣除项目金额;自行扩大加计扣除的适用范围等行为,是否有未准确划分普通住宅和非普通住宅,导致土地增值税计算错误的行为。

(4) 检查被查对象享受税收优惠政策是否符合规定的条件,履行了规定的程序,是否有混淆土地增值税征、免税范围的行为。

(5) 如被查对象为房地产开发企业,应检查被查对象的项目是否已达到"应清算"的条件,如已达到但尚未按规定进行清算,则应按规定提请清算。

>> 第五节
房产税的检查方法

【知识点1】 房产税征税范围的基本政策

房产是以房屋形态表现的财产。房屋是指有屋面和围护结构(有墙或两边有柱),能够遮风避雨,可供人们在其中生产、工作、学习、娱乐、居住或储藏物资的场所。加油站罩棚不属于房产,不征收房产税。独立于房屋以外的建筑物,如围墙、烟囱、水塔、变电塔、油池油柜、酒窖菜窖、酒精池、糖蜜池、室外游泳池、玻璃暖房、砖瓦石灰窑以及各种油气罐等,不属于房产。

房产税在城市、县城、建制镇和工矿区征收。

【知识点2】 房产税纳税人的基本政策

房产税纳税人包括:

(1) 房产税由产权所有人缴纳。

(2) 产权属于全民所有的,由经营管理的单位缴纳。

(3) 产权出典的,由承典人缴纳。

(4) 产权所有人、承典人不在房产所在地的,或者产权未确定及租典纠纷未解决的,由房产代管人或者使用人缴纳。

(5) 对居民住宅区内业主共有的经营性房产,由实际经营(包括自营和出租)的代管人或使用人缴纳房产税。

(6) 对出租房产,租赁双方签订的租赁合同约定有免收租金期限的,免收租金期间由产权所有人按照房产原值缴纳房产税。

(7) 原"无租使用其他单位房产的应税单位和个人,依照房产余值代缴纳房产税"

的规定已被废止，对于无租使用的情形，仍应由房产的产权所有人缴纳房产税。

（8）对出租房产，租赁双方签订的租赁合同约定有免收租金期限的，免收租金期间由产权所有人按照房产原值缴纳房产税。

【知识点3】 房产税适用税率的基本政策

从价计征：依照房产余值计算缴纳，税率为1.2%。

从租计征：

（1）一般情况下，依照房产租金收入计算缴纳，税率为12%。

（2）对个人出租住房不区分用途，均按4%的税率征收房产税。

（3）对企事业单位、社会团体以及其他组织以市场价格向个人出租用于居住的住房，减按4%的税率征收房产税。

【知识点4】 房产税计税依据及应纳税额的基本政策

1. 从价计征的计税依据

（1）房产税依照房产原值一次减除10%～30%后的余值计算缴纳。具体减除幅度，由省、自治区、直辖市人民政府规定。没有房产原值作为依据的，由房产所在地税务机关参考同类房产核定。

（2）对依照房产原值计税的房产，不论是否记载在会计账簿固定资产科目中，均应按照房屋原价计算缴纳房产税。房屋原价应根据国家有关会计制度规定进行核算。对纳税人未按国家会计制度规定核算并记载的，应按规定予以调整或重新评估。

（3）应计入房产原值的借款费用。根据会计准则的规定，企业发生的借款费用，可直接归属于符合资本化条件的资产的购建或者生产的，应当予以资本化，计入相关资产成本；其他借款费用，应当在发生时根据其发生额确认为费用，计入当期损益。符合资本化条件的资产，是指需要经过相当长时间的购建或者生产活动才能达到预定可使用或者可销售状态的固定资产、投资性房地产和存货等资产。

（4）应计入房产原值的地价。对按照房产原值计税的房产，无论会计上如何核算，房产原值均应包含地价，包括为取得土地使用权支付的价款、开发土地发生的成本费用等。宗地容积率低于0.5的，按房产建筑面积的2倍计算土地面积并据此确定计入房产原值的地价。

简化处理公式为：

当宗地容积率不低于0.5时：

$$计征房产税的房产原值 = 房价 + 地价$$

当宗地容积率低于0.5时：

$$计征房产税的房产原值 = 房价 + 地价 \times 宗地容积率 \times 2$$

（5）应计入房产原值的附属设备和配套设施

房产原值应包括与房屋不可分割的各种附属设备或一般不单独计算价值的配套设施。主要有：暖气、卫生、通风、照明、煤气等设备；各种管线，如蒸气、压缩空气、石油、给水排水等管道及电力、电信、电缆导线；电梯、升降机、过道、晒台等。

属于房屋附属设备的水管、下水道、暖气管、煤气管等从最近的探视井或三通管算起。电灯网、照明线从进线盒联接管算起。

2. 从租计征的计税依据

（1）房产出租的，以房产租金收入为房产税的计税依据。

（2）承租人使用房产，以支付修理费抵交房产租金，仍应由房产的产权所有人依照规定缴纳房产税。

3. 地下建筑的特殊征税规定

凡在房产税征收范围内的具备房屋功能的地下建筑，包括与地上房屋相连的地下建筑以及完全建在地面以下的建筑、地下人防设施等，均应当依照有关规定征收房产税。上述具备房屋功能的地下建筑是指有屋面和维护结构，能够遮风避雨，可供人们在其中生产、经营、工作、学习、娱乐、居住或储藏物资的场所。自用的单独的地下建筑，按以下方式计税：

（1）工业用途房产，以房屋原价的50%~60%作为应税房产原值。

$$应纳房产税的税额 = 应税房产原值 \times [1 - (10\% \sim 30\%)] \times 1.2\%$$

（2）商业和其他用途房产，以房屋原价的70%~80%作为应税房产原值。

$$应纳房产税的税额 = 应税房产原值 \times [1 - (10\% \sim 30\%)] \times 1.2\%$$

房屋原价折算为应税房产原值的具体比例，由各省、自治区、直辖市和计划单列市财政和税务部门在上述幅度内自行确定。

对于与地上房屋相连的地下建筑，如房屋的地下室、地下停车场、商场的地下部分等，应将地下部分与地上房屋视为一个整体按照地上房屋建筑的有关规定计算征收房产税。

【知识点5】 房产税纳税时间和纳税地点的基本政策

1. 开始纳税的时间

（1）纳税人自建的房屋，自建成次月起征收房产税。

（2）纳税人委托施工企业建设的房屋，从办理验收手续之次月起征收房产税。

（3）纳税人在办理验收手续前已使用或出租、出借的新建房屋，应按规定征收房产税。

2. 终止纳税的时间

纳税人因房产、土地的实物或权利状态发生变化而依法终止房产税、城镇土地使用税纳税义务的实物状态发生变化的当月末或权利状态发生变化的当月末。

3. 纳税地点

房产税由房产所在地的税务机关征收。

纳税人总机构和分支机构不在一地，或纳税人有跨地区的房产，应按房产的坐落地点，分别向房产所在地的税务机关缴纳房产税。

对纳税人在同一市、县的房产分别坐落在几个地方的，是集中缴纳还是分散缴纳，由市、县税务机关确定。

【知识点6】房产税税收优惠的基本政策

《中华人民共和国房产税暂行条例》规定免纳房产税的情形：

（1）国家机关、人民团体、军队自用的房产；
（2）由国家财政部门拨付事业经费的单位自用的房产；
（3）宗教寺庙、公园、名胜古迹自用的房产；
（4）个人所有非营业用的房产（注：上海、重庆已试点征收个人房产税）；
（5）经财政部批准免税的其他房产。

为社区提供养老、托育、家政等服务的机构自有或其通过承租、无偿使用等方式取得并用于提供社区养老、托育、家政服务的房产、土地，免征房产税和城镇土地使用税。

2019年1月1日至2025年12月31日，对经营公租房所取得的租金收入，免征房产税。公租房经营管理单位应单独核算公租房租金收入，未单独核算的，不得享受免征房产税优惠政策。

2019年1月1日至2027年12月31日，对向居民供热收取采暖费的供热企业，为居民供热所使用的厂房及土地免征房产税；对供热企业其他厂房及土地，应当按照规定征收房产税。

2019年1月1日至2027年12月31日，对农产品批发市场、农贸市场（包括自有和承租，下同）专门用于经营农产品的房产、土地，暂免征收房产税和城镇土地使用税。

2019年1月1日至2027年12月31日，对商品储备管理公司及其直属库自用的承担商品储备业务的房产、土地，免征房产税和城镇土地使用税。

凡是在基建工地为基建工地服务的各种工棚、材料棚、休息棚和办公室、食堂、茶炉房、汽车房等临时性房屋，不论是施工企业自行建造还是由基建单位出资建造交施工企业使用的，在施工期间，一律免征房产税。但是，如果在基建工程结束以后，施工企业将这种临时性房屋交还或者估价转让给基建单位的，应当从基建单位接收的次月起，依照规定征收房产税。

2019年1月1日至2027年12月31日，对国家级、省级科技企业孵化器、大学科技园和国家备案众创空间自用以及无偿或通过出租等方式提供给在孵对象使用的房产、土地，免征房产税和城镇土地使用税。

2027年12月31日前，对高校学生公寓免征房产税。

由财政部门拨付事业经费的文化单位转制为企业，自转制注册之日起5年内对其自用房产免征房产税。

【知识点7】 房产税的检查要点

（1）检查产权所有人或者承典人不在房产所在地，或者产权未确定、租典纠纷未解决的房产，未申报纳税的行为。

（2）检查被查对象为企业，出租房屋，以个人名义开具房屋出租发票，少缴房产税的行为。

（3）检查被查对象是否存在下列涉税违法行为：

①土地价值未按规定计入房产原值缴纳房产税；

②与房屋不可分割的附属设施未按规定计入房产原值缴纳房产税；

③未竣工验收但已实际使用的房产未按规定缴纳房产税；

④无租使用房产未按规定缴纳房产税；

⑤应予资本化的利息未按规定计入房产原值缴纳房产税；

⑥房租收入不入账或者直接冲减费用，未按规定计征房产税；

⑦应从租计征的，按从价计税。

（4）检查被查对象是否混淆房产税纳税义务发生时间，推迟房产税纳税义务发生时间；或者房产的实物或权利状态未发生变化，提前终止纳税。

（5）检查被查对象享受房产税税收优惠政策是否符合规定的条件，履行了规定的程序。应税和享受税收优惠政策的房产是否分开核算，是否有人为扩大免税房产范围，减少应纳房产税税额的行为。

>> 第六节
印花税的检查方法

【知识点1】 印花税纳税人、扣缴义务人的基本政策

1. 纳税人

在中华人民共和国境内书立应税凭证、进行证券交易的单位和个人，为印花税的

纳税人，应当依法缴纳印花税。在中华人民共和国境外书立在境内使用的应税凭证的单位和个人，应当依法缴纳印花税。证券交易印花税对证券交易的出让方征收，不对受让方征收。

（1）书立应税凭证的纳税人，为对应税凭证有直接权利义务关系的单位和个人。

（2）采用委托贷款方式书立的借款合同纳税人，为受托人和借款人，不包括委托人。

（3）按买卖合同或者产权转移书据税目缴纳印花税的拍卖成交确认书纳税人，为拍卖标的的产权人和买受人，不包括拍卖人。

2. 扣缴义务人

纳税人为境外单位或者个人，在境内有代理人的，以其境内代理人为扣缴义务人；在境内没有代理人的，由纳税人自行申报缴纳印花税。证券登记结算机构为证券交易印花税的扣缴义务人，应当向其机构所在地的主管税务机关申报解缴税款以及银行结算的利息。

【知识点2】印花税征税范围的基本政策

1. 应税凭证

应税凭证，是指《印花税税目税率表》列明的合同、产权转移书据和营业账簿。

（1）在中华人民共和国境外书立在境内使用的应税凭证，应当按规定缴纳印花税。包括以下几种情形：

①应税凭证的标的为不动产的，该不动产在境内；

②应税凭证的标的为股权的，该股权为中国居民企业的股权；

③应税凭证的标的为动产或者商标专用权、著作权、专利权、专有技术使用权的，其销售方或者购买方在境内，但不包括境外单位或者个人向境内单位或者个人销售完全在境外使用的动产或者商标专用权、著作权、专利权、专有技术使用权；

④应税凭证的标的为服务的，其提供方或者接受方在境内，但不包括境外单位或者个人向境内单位或者个人提供完全在境外发生的服务。

（2）企业之间书立的确定买卖关系、明确买卖双方权利义务的订单、要货单等单据，且未另外书立买卖合同的，应当按规定缴纳印花税。

（3）发电厂与电网之间、电网与电网之间书立的购售电合同，应当按买卖合同税目缴纳印花税。

（4）下列情形的凭证，不属于印花税征收范围：

①人民法院的生效法律文书，仲裁机构的仲裁文书，监察机关的监察文书。

②县级以上人民政府及其所属部门按照行政管理权限征收、收回或者补偿安置房地产书立的合同、协议或者行政类文书。

③总公司与分公司、分公司与分公司之间书立的作为执行计划使用的凭证。

2. 证券交易

证券交易,是指转让在依法设立的证券交易所、国务院批准的其他全国性证券交易场所交易的股票和以股票为基础的存托凭证。

【知识点3】 印花税税目税率的基本政策

印花税税目分为4类:书面合同、产权转移书据、营业账簿、证券交易。税目税率见表6-2。

《民法典》第四百六十九条规定,当事人订立合同,可以采用书面形式、口头形式或者其他形式。书面形式是合同书、信件、电报、电传、传真等可以有形地表现所载内容的形式。以电子数据交换、电子邮件等方式能够有形地表现所载内容,并可以随时调取查用的数据电文,视为书面形式。

表6-2 印花税税目税率表

税 目		税 率	备 注
合同(指书面合同)	借款合同	借款金额的万分之零点五	指银行业金融机构、经国务院银行业监督管理机构批准设立的其他金融机构与借款人(不包括同业拆借)的借款合同
	融资租赁合同	租金的万分之零点五	
	买卖合同	价款的万分之三	指动产买卖合同(不包括个人书立的动产买卖合同)
	承揽合同	报酬的万分之三	
	建设工程合同	价款的万分之三	
	运输合同	运输费用的万分之三	指货运合同和多式联运合同(不包括管道运输合同)
	技术合同	价款、报酬或者使用费的万分之三	不包括专利权、专有技术使用权转让书据
	租赁合同	租金的千分之一	
	保管合同	保管费的千分之一	
	仓储合同	仓储费的千分之一	
	财产保险合同	保险费的千分之一	不包括再保险合同

续表

税　目		税　率	备　注
产权转移书据	土地使用权出让书据	价款的万分之五	转让包括买卖（出售）、继承、赠与、互换、分割
	土地使用权、房屋等建筑物和构筑物所有权转让书据（不包括土地承包经营权和土地经营权转移）	价款的万分之五	
	股权转让书据（不包括应缴纳证券交易印花税的）	价款的万分之五	
	商标专用权、著作权、专利权、专有技术使用权转让书据	价款的万分之三	
营业账簿		实收资本（股本）、资本公积合计金额的万分之二点五	
证券交易		成交金额的千分之一	自2023年8月28日起，证券交易印花税实施减半征收

【知识点4】　印花税计税依据的基本政策

1. 应税合同的计税依据，为合同所列的金额，不包括列明的增值税税款；应税产权转移书据的计税依据，为产权转移书据所列的金额，不包括列明的增值税税款；应税合同、产权转移书据未列明金额的，印花税的计税依据按照实际结算的金额确定；按前述规定仍不能确定的，按照书立合同、产权转移书据时的市场价格确定；依法应当执行政府定价或者政府指导价的，按照国家有关规定确定。

同一应税合同、应税产权转移书据中涉及两方以上纳税人，且未列明纳税人各自涉及金额的，以纳税人平均分摊的应税凭证所列金额（不包括列明的增值税税款）确定计税依据。

应税合同、应税产权转移书据所列的金额与实际结算金额不一致，不变更应税凭证所列金额的，以所列金额为计税依据；变更应税凭证所列金额的，以变更后的所列金额为计税依据。已缴纳印花税的应税凭证，变更后所列金额增加的，纳税人应当就增加部分的金额补缴印花税；变更后所列金额减少的，纳税人可以就减少部分的金额向税务机关申请退还或者抵缴印花税。

纳税人转让股权的印花税计税依据，按照产权转移书据所列的金额（不包括列明的认缴后尚未实际出资权益部分）确定。

境内的货物多式联运，采用在起运地统一结算全程运费的，以全程运费作为运输合同的计税依据，由起运地运费结算双方缴纳印花税；采用分程结算运费的，以分程的运费作为计税依据,分别由办理运费结算的各方缴纳印花税。

2. 应税营业账簿的计税依据,为账簿记载的实收资本(股本)、资本公积合计金额;

3. 证券交易的计税依据,为成交金额。证券交易无转让价格的,按照办理过户登记手续时该证券前一个交易日收盘价计算确定计税依据;无收盘价的,按照证券面值计算确定计税依据。

4. 纳税人因应税凭证列明的增值税税款计算错误导致应税凭证的计税依据减少或者增加的,纳税人应当按规定调整应税凭证列明的增值税税款,重新确定应税凭证计税依据。已缴纳印花税的应税凭证,调整后计税依据增加的,纳税人应当就增加部分的金额补缴印花税;调整后计税依据减少的,纳税人可以就减少部分的金额向税务机关申请退还或者抵缴印花税。

5. 应税凭证金额为人民币以外的货币的,应当按照凭证书立当日的人民币汇率中间价折合人民币确定计税依据。

【知识点5】 印花税应纳税额计算的基本政策

印花税的应纳税额按照计税依据乘以适用税率计算。

同一应税凭证由两方以上当事人书立的,按照各自涉及的金额分别计算应纳税额。

同一应税凭证载有两个以上税目事项并分别列明金额的,按照各自适用的税目税率分别计算应纳税额;未分别列明金额的,从高适用税率。

已缴纳印花税的营业账簿,以后年度记载的实收资本(股本)、资本公积合计金额比已缴纳印花税的实收资本(股本)、资本公积合计金额增加的,按照增加部分计算应纳税额。

【知识点6】 印花税征收管理的基本政策

1. 纳税地点

纳税人为单位的,应当向其机构所在地的主管税务机关申报缴纳印花税;纳税人为个人的,应当向应税凭证书立地或者纳税人居住地的主管税务机关申报缴纳印花税。

不动产产权发生转移的,纳税人应当向不动产所在地的主管税务机关申报缴纳印花税。

2. 纳税义务发生时间

印花税的纳税义务发生时间为纳税人书立应税凭证或者完成证券交易的当日。

证券交易印花税扣缴义务发生时间为证券交易完成的当日。

3. 纳税期限

印花税按季、按年或者按次计征。实行按季、按年计征的,纳税人应当自季度、年度终了之日起 15 日内申报缴纳税款；实行按次计征的，纳税人应当自纳税义务发生之日起 15 日内申报缴纳税款。

证券交易印花税按周解缴。证券交易印花税扣缴义务人应当自每周终了之日起 5 日内申报解缴税款以及银行结算的利息。

【知识点 7】印花税优惠政策

1. 对应税凭证适用印花税减免优惠的，书立该应税凭证的纳税人均可享受印花税减免政策，明确特定纳税人适用印花税减免优惠的除外。

2. 下列凭证免征印花税：

（1）应税凭证的副本或者抄本。

（2）依照法律规定应当予以免税的外国驻华使馆、领事馆和国际组织驻华代表机构为获得馆舍书立的应税凭证。

（3）中国人民解放军、中国人民武装警察部队书立的应税凭证。

（4）农民、家庭农场、农民专业合作社、农村集体经济组织、村民委员会购买农业生产资料或者销售农产品书立的买卖合同和农业保险合同。

享受印花税免税优惠的家庭农场，具体范围为以家庭为基本经营单元，以农场生产经营为主业，以农场经营收入为家庭主要收入来源，从事农业规模化、标准化、集约化生产经营，纳入全国家庭农场名录系统的家庭农场。

（5）无息或者贴息借款合同、国际金融组织向中国提供优惠贷款书立的借款合同。

（6）财产所有权人将财产赠与政府、学校、社会福利机构、慈善组织书立的产权转移书据。

（7）非营利性医疗卫生机构采购药品或者卫生材料书立的买卖合同。

（8）个人与电子商务经营者订立的电子订单。

享受印花税免税优惠的电子商务经营者，具体范围按《中华人民共和国电子商务法》有关规定执行。

《中华人民共和国电子商务法》第九条规定，所称电子商务经营者，是指通过互联网等信息网络从事销售商品或者提供服务的经营活动的自然人、法人和非法人组织，包括电子商务平台经营者、平台内经营者以及通过自建网站、其他网络服务销售商品或者提供服务的电子商务经营者。

3. 根据国民经济和社会发展的需要，国务院对居民住房需求保障、企业改制重组、破产、支持小型微型企业发展等情形可以规定减征或者免征印花税，报全国人民代表大会常务委员会备案。

4. 自 2023 年 8 月 28 日起，证券交易印花税实施减半征收。

5. 继续执行的印花税优惠政策。

(1) 2016年1月1日至2027年12月31日,对商品储备管理公司及其直属库资金账簿免征印花税;对其承担商品储备业务过程中书立的购销合同免征印花税,对合同其他各方当事人应缴纳的印花税照章征收。

(2) 2018年1月1日至2027年12月31日,对金融机构与小型企业、微型企业签订的借款合同免征印花税。

(3) 2025年12月31日前,对项目实施主体购买商品住房或者回购保障性住房作为安置住房房源的,免征契税、印花税。

(4) 青藏铁路公司签订的货物运输合同免征印花税,对合同其他各方当事人应缴纳的印花税照章征收。

(5) 对青藏铁路公司及其所属单位营业账簿免征印花税。

(6) 对农林作物、牧业畜类保险合同免征印花税。

(7) 国家指定的收购部门与村民委员会、农民个人书立的农副产品收购合同,免纳印花税。

(8) 对铁路、公路、航运、水陆承运快件行李、包裹开具的托运单据,暂免贴花印花。

(9) 关于财产保险合同的贴花问题。目前,保险公司的财产保险分为企业财产保险、机动车辆保险、货物运输保险、家庭财产保险和农牧业保险五大类。除对农林作物、牧业畜类保险合同暂不贴花外,对其他几类财产保险合同均应按照规定计税贴花。其中,家庭财产保险由单位集体办理的,可分别按个人投保金额计税。

(10) 各类发行单位之间,以及发行单位与订阅单位或个人之间书立的征订凭证,暂免征印花税。

(11) 军事物资运输。凡附有军事运输命令或使用专用的军事物资运费结算凭证,免纳印花税。

(12) 抢险救灾物资运输。凡附有县级以上(含县级)人民政府抢险救灾物资运输证明文件的运费结算凭证,免纳印花税。

(13) 对中国信达资产管理公司、中国华融资产管理公司、中国长城资产管理公司和中国东方资产管理公司(以下简称金融资产管理公司):对金融资产管理公司成立时设立的资金账簿免征印花税。对金融资产管理公司收购、承接和处置不良资产,免征购销合同和产权转移书据应缴纳的印花税。财政部从中国建设银行、中国工商银行、中国农业银行、中国银行(以下简称国有商业银行)无偿划转了部分资产(包括现金、投资、固定资产及随投资实体划转的贷款)给金融资产管理公司,作为其组建时的资本金。金融资产管理公司按财政部核定的资本金数额,接收国有商业银行的资产,在办理过户手续时,免征契税、印花税。国有商业银行按财政部核定的数额,划转给金融资产管理公司的资产,在办理过户手续时,免征营业税、增值税、印花税。

（14）关于全国社会保障基金理事会（以下简称社保理事会）管理的全国社会保障基金（以下简称社保基金）的有关证券（股票）交易印花税政策：对社保理事会委托社保基金投资管理人运用社保基金买卖证券应缴纳的印花税实行先征后返。社保理事会定期向财政部、上海市和深圳市财政局提出返还印花税的申请，即按照中央与地方印花税分享比例，属于中央收入部分，向财政部提出申请；属于地方收入部分，向上海市和深圳市财政局提出申请。对社保基金持有的证券，在社保基金证券账户之间的划拨过户，不属于印花税的征税范围，不征收印花税。

（15）对被撤销金融机构接收债权、清偿债务过程中签订的产权转移书据，免征印花税。

（16）实行公司制改造的企业在改制过程中成立的新企业（重新办理法人登记的），其新启用的资金账簿记载的资金或因企业建立资本纽带关系而增加的资金，凡原已贴花的部分可不再贴花，未贴花的部分和以后新增加的资金按规定贴花。公司制改造包括国有企业依《公司法》整体改造成国有独资有限责任公司；企业通过增资扩股或者转让部分产权，实现他人对企业的参股，将企业改造成有限责任公司或股份有限公司；企业以其部分财产和相应债务与他人组建新公司；企业将债务留在原企业，而以其优质财产与他人组建的新公司。

（17）以合并或分立方式成立的新企业，其新启用的资金账簿记载的资金，凡原已贴花的部分可不再贴花，未贴花的部分和以后新增加的资金按规定贴花。合并包括吸收合并和新设合并。分立包括存续分立和新设分立。

（18）企业改制前签订但尚未履行完的各类应税合同，改制后需要变更执行主体的，对仅改变执行主体、其余条款未作变动且改制前已贴花的，不再贴花。

（19）企业因改制签订的产权转移书据免予贴花。

（20）对中国东方资产管理公司在接收和处置港澳国际（集团）有限公司资产过程中签订的产权转移书据，免征东方资产管理公司应缴纳的印花税。

（21）对港澳国际（集团）内地公司在催收债权、清偿债务过程中签订的产权转移书据，免征港澳国际（集团）内地公司应缴纳的印花税。对港澳国际（集团）香港公司在中国境内催收债权、清偿债务过程中签订的产权转移书据，免征港澳国际（集团）香港公司应承担的印花税。

（22）对经国务院和省级人民政府决定或批准进行的国有（含国有控股）企业改组改制而发生的上市公司国有股权无偿转让行为，暂不征收证券（股票）交易印花税。对不属于上述情况的上市公司国有股权无偿转让行为，仍应征收证券（股票）交易印花税。

（23）股权分置改革过程中因非流通股股东向流通股股东支付对价而发生的股权转让，暂免征收印花税。

（24）银行业开展信贷资产证券化业务试点中的有关印花税优惠政策：

①发起机构、受托机构在信贷资产证券化过程中，与资金保管机构（指接受受托机构委托，负责保管信托项目财产账户资金的机构，下同）、证券登记托管机构（指中央国债登记结算有限责任公司）以及其他为证券化交易提供服务的机构签订的其他应税合同，暂免征收发起机构、受托机构应缴纳的印花税。

②受托机构发售信贷资产支持证券以及投资者买卖信贷资产支持证券暂免征收印花税。

③发起机构、受托机构因开展信贷资产证券化业务而专门设立的资金账簿暂免征收印花税。

（25）证券投资者保护基金有限责任公司（以下简称保护基金公司）及其管理的证券投资者保护基金（以下简称保护基金）的有关印花税政策：

①对保护基金公司新设立的资金账簿免征印花税。

②对保护基金公司与中国人民银行签订的再贷款合同、与证券公司行政清算机构签订的借款合同，免征印花税。

③对保护基金公司接收被处置证券公司财产签订的产权转移书据，免征印花税。

④对保护基金公司以保护基金自有财产和接收的受偿资产与保险公司签订的财产保险合同，免征印花税。

（26）对发电厂与电网之间、电网与电网之间（国家电网公司系统、南方电网公司系统内部各级电网互供电量除外）签订的购售电合同按购销合同征收印花税。电网与用户之间签订的供用电合同不属于印花税列举征税的凭证，不征收印花税。

（27）外国银行分行改制为外商独资银行（或其分行）后，其在外国银行分行已经贴花的资金账簿、应税合同，在改制后的外商独资银行（或其分行）不再重新贴花。

（28）对廉租住房、经济适用住房经营管理单位与廉租住房、经济适用住房相关的印花税以及廉租住房承租人、经济适用住房购买人涉及的印花税予以免征。开发商在经济适用住房、商品住房项目中配套建造廉租住房，在商品住房项目中配套建造经济适用住房，如能提供政府部门出具的相关材料，可按廉租住房、经济适用住房建筑面积占总建筑面积的比例免征开发商应缴纳的印花税。

（29）对个人出租、承租住房签订的租赁合同，免征印花税。对个人销售或购买住房暂免征收印花税。

（30）经国务院批准，对有关国有股东按照《境内证券市场转持部分国有股充实全国社会保障基金实施办法》（财企〔2009〕94号）向全国社会保障基金理事会转持国有股，免征证券（股票）交易印花税。

（31）中国海油集团与中国石油天然气集团、中国石油化工集团之间，中国海油集团内部各子公司之间，中国海油集团的各分公司和子公司之间互供石油和石油制品所使用的"成品油配置计划表"（或其他名称的表、证、单、书），暂不征收印花税。

（32）对改造安置住房经营管理单位、开发商与改造安置住房相关的印花税以及购买安置住房的个人涉及的印花税予以免征。

（33）在商品住房等开发项目中配套建造安置住房的，依据政府部门出具的相关材料、房屋征收（拆迁）补偿协议或棚户区改造合同（协议），按改造安置住房建筑面积占总建筑面积的比例免征城镇土地使用税、印花税。在融资性售后回租业务中，对承租人、出租人因出售租赁资产及购回租赁资产所签订的合同，不征收印花税。

（34）对因农村集体经济组织以及代行集体经济组织职能的村民委员会、村民小组进行清产核资收回集体资产而签订的产权转移书据，免征印花税。

（35）2018年1月1日至2027年12月31日，对金融机构与小型企业、微型企业签订的借款合同免征印花税。

（36）对保险保障基金公司下列应税凭证，免征印花税：

①新设立的资金账簿；

②在对保险公司进行风险处置和破产救助过程中签订的产权转移书据；

③在对保险公司进行风险处置过程中与中国人民银行签订的再贷款合同；

④以保险保障基金自有财产和接收的受偿资产与保险公司签订的财产保险合同；

对与保险保障基金公司签订上述产权转移书据或应税合同的其他当事人照章征收印花税。

（37）对社保基金会、社保基金投资管理人管理的社保基金转让非上市公司股权，免征社保基金会、社保基金投资管理人应缴纳的印花税。

（38）对社保基金会及养老基金投资管理机构运用养老基金买卖证券应缴纳的印花税实行先征后返；养老基金持有的证券，在养老基金证券账户之间的划拨过户，不属于印花税的征收范围，不征收印花税。对社保基金会及养老基金投资管理机构管理的养老基金转让非上市公司股权，免征社保基金会及养老基金投资管理机构应缴纳的印花税。

（39）关于易地扶贫搬迁安置住房税收政策：

①对易地扶贫搬迁项目实施主体（以下简称项目实施主体）取得用于建设安置住房的土地，免征契税、印花税。

②对安置住房建设和分配过程中应由项目实施主体、项目单位缴纳的印花税，予以免征。

③在商品住房等开发项目中配套建设安置住房的，按安置住房建筑面积占总建筑面积的比例，计算应予免征的安置住房用地相关的契税、城镇土地使用税，以及项目实施主体、项目单位相关的印花税。

④对项目实施主体购买商品住房或者回购保障性住房作为安置住房房源的，免征契税、印花税。

（40）2027年12月31日前，对经营性文化事业单位转制中资产评估增值、资产转让或划转涉及的企业所得税、增值税、城市维护建设税、契税、印花税等,符合现行规定的享受相应税收优惠政策。

上述所称经营性文化事业单位,是指从事新闻出版、广播影视和文化艺术的事业单位。转制包括整体转制和剥离转制。其中,整体转制包括:(图书、音像、电子)出版社、非时政类报刊出版单位、新华书店、艺术院团、电影制片厂、电影(发行放映)公司、影剧院、重点新闻网站等整体转制为企业;剥离转制包括:新闻媒体中的广告、印刷、发行、传输网络等部分,以及影视剧等节目制作与销售机构,从事业体制中剥离出来转制为企业。

(41)在国有股权划转和接收过程中,划转非上市公司股份的,对划出方与划入方签订的产权转移书据免征印花税;划转上市公司股份和全国中小企业股份转让系统挂牌公司股份的,免征证券交易印花税;对划入方因承接划转股权而增加的实收资本和资本公积,免征印花税;涉及境内上市公司、全国中小企业股份转让系统挂牌的公司和境外上市公司非境外上市股份的,免收过户费。划转双方之前已缴纳的上述税费由征收单位予以退还。

(42)2019年1月1日至2023年12月31日,对与高校学生签订的高校学生公寓租赁合同,免征印花税。

(43)2022年8月1日至2027年12月31日,对银行业金融机构、金融资产管理公司接收、处置抵债资产过程中涉及的合同、产权转移书据和营业账簿免征印花税,对合同或产权转移书据其他各方当事人应缴纳的印花税照章征收。

【知识点8】 印花税征收管理的基本政策

1. 纳税人应当根据书立印花税应税合同、产权转移书据和营业账簿情况,填写《印花税税源明细表》,进行财产行为税综合申报。

2. 应税合同、产权转移书据未列明金额,在后续实际结算时确定金额的,纳税人应当于书立应税合同、产权转移书据的首个纳税申报期申报应税合同、产权转移书据书立情况,在实际结算后下一个纳税申报期,以实际结算金额计算申报缴纳印花税。

3. 印花税按季、按年或者按次计征。应税合同、产权转移书据印花税可以按季或者按次申报缴纳,应税营业账簿印花税可以按年或者按次申报缴纳,具体纳税期限由各省、自治区、直辖市、计划单列市税务局结合征管实际确定。

境外单位或者个人的应税凭证印花税可以按季、按年或者按次申报缴纳,具体纳税期限由各省、自治区、直辖市、计划单列市税务局结合征管实际确定。

4. 纳税人为境外单位或者个人,在境内有代理人的,以其境内代理人为扣缴义务人。境外单位或者个人的境内代理人应当按规定扣缴印花税,向境内代理人机构所在地(居住地)主管税务机关申报解缴税款。

纳税人为境外单位或者个人，在境内没有代理人的，纳税人应当自行申报缴纳印花税。境外单位或者个人可以向资产交付地、境内服务提供方或者接受方所在地（居住地）、书立应税凭证境内书立人所在地（居住地）主管税务机关申报缴纳；涉及不动产产权转移的，应当向不动产所在地主管税务机关申报缴纳。

5.《印花税法》实施后，纳税人享受印花税优惠政策，继续实行"自行判别、申报享受、有关资料留存备查"的办理方式。纳税人对留存备查资料的真实性、完整性和合法性承担法律责任。

【知识点9】印花税的检查要点

（1）检查被查对象是否为应税凭证印花税的纳税义务人，是否有未按规定申报缴纳印花税，或未按规定足额贴花的行为。

（2）检查被查对象是否混淆应税凭证性质，从低适用税率或擅自减少计税依据，未按全部所载金额计税，将应税凭证划为非应税凭证，漏缴印花税；或因政策理解不准确，将非应税凭证划为应税凭证，而多缴印花税；增加实收资本和资本公积后是否补缴印花税。

（3）检查被查对象是否存在未按规定期限申报缴纳印花税的行为。

（4）检查被查对象享受税收优惠政策是否符合规定的条件，履行了规定的程序；是否有将应纳税的凭证划分免税或减税的凭证范围，从而少缴印花税的行为。

（5）检查《印花税法》实施前后，被查对象的应税凭证是否有非正常的变动迹象，是否存在未按规定界定应税凭证的纳税义务发生时间，从而错误适用税收政策少缴印花税的行为。

>> 第七节
契税的检查方法

【知识点1】契税纳税人和征收范围的基本政策依据

在中华人民共和国境内转移土地、房屋权属，承受的单位和个人为契税的纳税人，应当依照《契税法》规定缴纳契税。

《契税法》所称转移土地、房屋权属，是指下列行为：

(1) 土地使用权出让，不包括土地承包经营权和土地经营权的转移。

(2) 土地使用权转让，包括出售、赠与、互换。

(3) 房屋买卖、赠与、互换。

以作价投资（入股）、偿还债务、划转、奖励等方式转移土地、房屋权属的，应当征收契税。

单位、个人以房屋、土地以外的资产增资，相应扩大其在被投资公司的股权持有比例，无论被投资公司是否变更市场主体登记，其房屋、土地权属不发生转移，不征收契税。

对农村集体土地所有权、宅基地和集体建设用地使用权及地上房屋确权登记，不征收契税。

在股权（股份）转让中，单位、个人承受公司股权（股份），公司土地、房屋权属不发生转移，不征收契税。

【知识点2】 契税税率

契税税率为3%~5%。

契税的具体适用税率，由省、自治区、直辖市人民政府在前述规定的税率幅度内提出，报同级人民代表大会常务委员会决定，并报全国人民代表大会常务委员会和国务院备案。

省、自治区、直辖市可以依照前述规定的程序对不同主体、不同地区、不同类型的住房的权属转移确定差别税率。

【知识点3】 契税计税依据

1. 契税的计税依据。

（1）土地使用权出让、出售，房屋买卖，为土地、房屋权属转移合同确定的成交价格，包括应交付的货币以及实物、其他经济利益对应的价款；

（2）土地使用权互换、房屋互换，为所互换的土地使用权、房屋价格的差额；

（3）土地使用权赠与、房屋赠与以及其他没有价格的转移土地、房屋权属行为，为税务机关参照土地使用权出售、房屋买卖的市场价格依法核定的价格。

纳税人申报的成交价格、互换价格差额明显偏低且无正当理由的，由税务机关依照《税收征收管理法》的规定核定。

2. 关于土地、房屋权属转移。

（1）征收契税的土地、房屋权属，具体为土地使用权、房屋所有权。

（2）下列情形发生土地、房屋权属转移的，承受方应当依法缴纳契税：①因共有不动产份额变化的；②因共有人增加或者减少的；③因人民法院、仲裁委员会的生效法律文书或者监察机关出具的监察文书等因素，发生土地、房屋权属转移的。

3. 关于若干计税依据的具体情形。

（1）以划拨方式取得的土地使用权，经批准改为出让方式重新取得该土地使用权的，应由该土地使用权人以补缴的土地出让价款为计税依据缴纳契税。

（2）先以划拨方式取得土地使用权，后经批准转让房地产，划拨土地性质改为出让的，承受方应分别以补缴的土地出让价款和房地产权属转移合同确定的成交价格为计税依据缴纳契税。

（3）先以划拨方式取得土地使用权，后经批准转让房地产，划拨土地性质未发生改变的，承受方应以房地产权属转移合同确定的成交价格为计税依据缴纳契税。

（4）土地使用权及所附建筑物、构筑物等（包括在建的房屋、其他建筑物、构筑物和其他附着物）转让的，计税依据为承受方应交付的总价款。

（5）土地使用权出让的，计税依据包括土地出让金、土地补偿费、安置补助费、地上附着物和青苗补偿费、征收补偿费、城市基础设施配套费、实物配建房屋等应交付的货币以及实物、其他经济利益对应的价款。

（6）房屋附属设施（包括停车位、机动车库、非机动车库、顶层阁楼、储藏室及其他房屋附属设施）与房屋为同一不动产单元的，计税依据为承受方应交付的总价款，并适用与房屋相同的税率；房屋附属设施与房屋为不同不动产单元的，计税依据为转移合同确定的成交价格，并按当地确定的适用税率计税。

（7）承受已装修房屋的，应将包括装修费用在内的费用计入承受方应交付的总价款。

（8）土地使用权互换、房屋互换，互换价格相等的，互换双方计税依据为零；互换价格不相等的，以其差额为计税依据，由支付差额的一方缴纳契税。

（9）契税的计税依据不包括增值税。

4. 契税申报以不动产单元为基本单位。

5. 以作价投资（入股）、偿还债务等应交付经济利益的方式转移土地、房屋权属的，参照土地使用权出让、出售或房屋买卖确定契税适用税率、计税依据等。

以划转、奖励等没有价格的方式转移土地、房屋权属的，参照土地使用权或房屋赠与确定契税适用税率、计税依据等。

6. 契税计税依据不包括增值税，具体情形为：

（1）土地使用权出售、房屋买卖，承受方计征契税的成交价格不含增值税；实际取得增值税发票的，成交价格以发票上注明的不含税价格确定。

（2）土地使用权互换、房屋互换，契税计税依据为不含增值税价格的差额。

（3）税务机关核定的契税计税价格为不含增值税价格。

7. 税务机关依法核定计税价格，应参照市场价格，采用房地产价格评估等方法合理确定。

【知识点4】 契税应纳税额计算

契税的应纳税额按照计税依据乘以具体适用税率计算。

【知识点5】 契税税收优惠

1. 有下列情形之一的，免征契税：

（1）国家机关、事业单位、社会团体、军事单位承受土地、房屋权属用于办公、教学、医疗、科研、军事设施；

（2）非营利性的学校、医疗机构、社会福利机构承受土地、房屋权属用于办公、教学、医疗、科研、养老、救助；

（3）承受荒山、荒地、荒滩土地使用权用于农、林、牧、渔业生产；

（4）婚姻关系存续期间夫妻之间变更土地、房屋权属；

（5）法定继承人通过继承承受土地、房屋权属；

（6）依照法律规定应当予以免税的外国驻华使馆、领事馆和国际组织驻华代表机构承受土地、房屋权属。

根据国民经济和社会发展的需要，国务院对居民住房需求保障、企业改制重组、灾后重建等情形可以规定免征或者减征契税，报全国人民代表大会常务委员会备案。

2. 关于免税的具体情形

享受契税免税优惠的非营利性的学校、医疗机构、社会福利机构，限于上述三类单位中依法登记为事业单位、社会团体、基金会、社会服务机构等的非营利法人和非营利组织。其中：

①学校的具体范围为经县级以上人民政府或者其教育行政部门批准成立的大学、中学、小学、幼儿园，实施学历教育的职业教育学校、特殊教育学校、专门学校，以及经省级人民政府或者其人力资源社会保障行政部门批准成立的技工院校。

②医疗机构的具体范围为经县级以上人民政府卫生健康行政部门批准或者备案设立的医疗机构。

③社会福利机构的具体范围为依法登记的养老服务机构、残疾人服务机构、儿童福利机构、救助管理机构、未成年人救助保护机构。

3. 夫妻因离婚分割共同财产发生土地、房屋权属变更的，免征契税。

4. 城镇职工按规定第一次购买公有住房的，免征契税。

公有制单位为解决职工住房而采取集资建房方式建成的普通住房或由单位购买的普通商品住房，经县级以上地方人民政府房改部门批准、按照国家房改政策出售给本单位职工的，如属职工首次购买住房，比照公有住房免征契税。

已购公有住房经补缴土地出让价款成为完全产权住房的，免征契税。

5. 外国银行分行按照《中华人民共和国外资银行管理条例》等相关规定改制为外商独资银行（或其分行），改制后的外商独资银行（或其分行）承受原外国银行分行的房屋权属的，免征契税。

6. 省、自治区、直辖市可以决定对下列情形免征或者减征契税：

（1）因土地、房屋被县级以上人民政府征收、征用，重新承受土地、房屋权属；

（2）因不可抗力灭失住房，重新承受住房权属。

前述规定的免征或者减征契税的具体办法，由省、自治区、直辖市人民政府提出，报同级人民代表大会常务委员会决定，并报全国人民代表大会常务委员会和国务院备案。

7. 纳税人改变有关土地、房屋的用途，或者有其他不再属于免征、减征契税情形的，应当缴纳已经免征、减征的税款。

8. 军建离退休干部住房移交地方政府管理是军队离退休干部住房保障和管理方式的调整，是军队住房制度改革的重要措施之一。为配合国务院、中央军委决策的顺利实施，免征军建离退休干部住房及附属用房移交地方政府管理所涉及的契税。

9. 对中国信达资产管理公司、中国华融资产管理公司、中国长城资产管理公司和中国东方资产管理公司接受相关国有银行的不良债权，借款方以土地使用权、房屋所有权抵充贷款本息的，免征承受土地使用权、房屋所有权应缴纳的契税。

10. 对中国信达资产管理公司、中国华融资产管理公司、中国长城资产管理公司和中国东方资产管理公司按财政部核定的资本金数额，接收国有商业银行的资产，在办理过户手续时，免征契税。

11. 对被撤销金融机构在清算过程中催收债权时，接收债务方土地使用权、房屋所有权所发生的权属转移免征契税。

12. 对东方资产管理公司接收港澳国际（集团）有限公司的房地产以抵偿债务的，免征东方资产管理公司承受房屋所有权、土地使用权应缴纳的契税。

13. 对港澳国际（集团）内地公司在清算期间催收债权时，免征接收房屋所有权、土地使用权应缴纳的契税。

14. 对港澳国际（集团）香港公司清算期间在中国境内催收债权时，免征接收房屋所有权、土地使用权应缴纳的契税。

15. 对廉租住房经营管理单位购买住房作为廉租住房、经济适用住房经营管理单位回购经济适用住房继续作为经济适用住房房源的，免征契税。

16. 对个人购买经济适用住房，在法定税率基础上减半征收契税。

17. 对金融租赁公司开展售后回租业务，承受承租人房屋、土地权属的，照章征税。对售后回租合同期满，承租人回购原房屋、土地权属的，免征契税。

18. 个体工商户的经营者将其个人名下的房屋、土地权属转移至个体工商户名下，或个体工商户将其名下的房屋、土地权属转回原经营者个人名下，免征契税。

19. 合伙企业的合伙人将其名下的房屋、土地权属转移至合伙企业名下，或合伙企业将其名下的房屋、土地权属转回原合伙人名下，免征契税。

20. 对经营管理单位回购已分配的改造安置住房继续作为改造安置房源的，免征契税。

21. 个人首次购买90平方米以下改造安置住房，按1%的税率计征契税；购买超过90平方米，但符合普通住房标准的改造安置住房，按法定税率减半计征契税。

22. 个人因房屋被征收而取得货币补偿并用于购买改造安置住房，或因房屋被征收而进行房屋产权调换并取得改造安置住房，按有关规定减免契税。

23. 关于房地产交易环节契税优惠政策。

（1）对个人购买家庭唯一住房（家庭成员范围包括购房人、配偶以及未成年子女，下同），面积为90平方米及以下的，减按1%的税率征收契税；面积为90平方米以上的，减按1.5%的税率征收契税。

（2）对个人购买家庭第二套改善性住房，面积为90平方米及以下的，减按1%的税率征收契税；面积为90平方米以上的，减按2%的税率征收契税。

家庭第二套改善性住房是指已拥有一套住房的家庭，购买的家庭第二套住房。

（3）纳税人申请享受税收优惠的，根据纳税人的申请或授权，由购房所在地的房地产主管部门出具纳税人家庭住房情况书面查询结果，并将查询结果和相关住房信息及时传递给税务机关。暂不具备查询条件而不能提供家庭住房查询结果的，纳税人应向税务机关提交家庭住房实有套数书面诚信保证，诚信保证不实的，属于虚假纳税申报，按照《税收征收管理法》的有关规定处理，并将不诚信记录纳入个人征信系统。

按照便民、高效原则，房地产主管部门应按规定及时出具纳税人家庭住房情况书面查询结果，税务机关应对纳税人提出的税收优惠申请限时办结。

（4）北京市、上海市、广州市、深圳市暂不实施前述第（2）条优惠政策，其他地区适用全部优惠政策。

24. 关于支持农村集体产权制度改革的契税政策。

（1）对进行股份合作制改革后的农村集体经济组织承受原集体经济组织的土地、房屋权属，免征契税。

（2）对农村集体经济组织以及代行集体经济组织职能的村民委员会、村民小组进行清产核资收回集体资产而承受土地、房屋权属，免征契税。

25. 2025年12月31日前，关于易地扶贫搬迁税收优惠政策。

（1）对易地扶贫搬迁贫困人口按规定取得的安置住房，免征契税。

（2）对易地扶贫搬迁项目实施主体（以下简称项目实施主体）取得用于建设安置

住房的土地，免征契税、印花税。

（3）在商品住房等开发项目中配套建设安置住房的，按安置住房建筑面积占总建筑面积的比例，计算应予免征的安置住房用地相关的契税、城镇土地使用税，以及项目实施主体、项目单位相关的印花税。

（4）对项目实施主体购买商品住房或者回购保障性住房作为安置住房房源的，免征契税、印花税。

26. 2021年1月1日起至2027年12月31日改制重组有关契税政策。

（1）企业改制。企业按照《中华人民共和国公司法》有关规定整体改制，包括非公司制企业改制为有限责任公司或股份有限公司，有限责任公司变更为股份有限公司，股份有限公司变更为有限责任公司，原企业投资主体存续并在改制（变更）后的公司中所持股权（股份）比例超过75%，且改制（变更）后公司承继原企业权利、义务的，对改制（变更）后公司承受原企业土地、房屋权属，免征契税。

（2）事业单位。事业单位按照国家有关规定改制为企业，原投资主体存续并在改制后企业中出资（股权、股份）比例超过50%的，对改制后企业承受原事业单位土地、房屋权属，免征契税。

（3）公司合并。两个或两个以上的公司，依照法律规定、合同约定，合并为一个公司，且原投资主体存续的，对合并后公司承受原合并各方土地、房屋权属，免征契税。

（4）公司分立。公司依照法律规定、合同约定分立为两个或两个以上与原公司投资主体相同的公司，对分立后公司承受原公司土地、房屋权属，免征契税。

（5）企业破产。企业依照有关法律法规规定实施破产，债权人（包括破产企业职工）承受破产企业抵偿债务的土地、房屋权属，免征契税；对非债权人承受破产企业土地、房屋权属，凡按照《中华人民共和国劳动法》等国家有关法律法规政策妥善安置原企业全部职工规定，与原企业全部职工签订服务年限不少于三年的劳动用工合同的，对其承受所购企业土地、房屋权属，免征契税；与原企业超过30%的职工签订服务年限不少于三年的劳动用工合同的，减半征收契税。

（6）资产划转。对承受县级以上人民政府或国有资产管理部门按规定进行行政性调整、划转国有土地、房屋权属的单位，免征契税。

同一投资主体内部所属企业之间土地、房屋权属的划转，包括母公司与其全资子公司之间，同一公司所属全资子公司之间，同一自然人与其设立的个人独资企业、一人有限公司之间土地、房屋权属的划转，免征契税。

母公司以土地、房屋权属向其全资子公司增资，视同划转，免征契税。

（7）债权转股权。经国务院批准实施债权转股权的企业，对债权转股权后新设立的公司承受原企业的土地、房屋权属，免征契税。

（8）划拨用地出让或作价出资。以出让方式或国家作价出资（入股）方式承受原改制重组企业、事业单位划拨用地的，不属上述规定的免税范围，对承受方应按规定征收契税。

（9）有关用语含义。前述所称企业、公司，是指依照我国有关法律法规设立并在中国境内注册的企业、公司。

上述所称投资主体存续，是指原改制重组企业、事业单位的出资人必须存在于改制重组后的企业，出资人的出资比例可以发生变动。

上述所称投资主体相同，是指公司分立前后出资人不发生变动，出资人的出资比例可以发生变动。

27. 2022年8月1日至2027年12月31日，对银行业金融机构、金融资产管理公司接收抵债资产免征契税。

28. 自2023年10月1日起，对保障性住房经营管理单位回购保障性住房继续作为保障性住房房源的，免征契税。

对个人购买保障性住房，减按1%的税率征收契税。

【知识点6】 契税纳税义务发生时间和申报期限

1. 契税的纳税义务发生时间，为纳税人签订土地、房屋权属转移合同的当日，或者纳税人取得其他具有土地、房屋权属转移合同性质凭证的当日。

2. 关于纳税义务发生时间的具体情形：

（1）因人民法院、仲裁委员会的生效法律文书或者监察机关出具的监察文书等发生土地、房屋权属转移的，纳税义务发生时间为法律文书等生效当日。

（2）因改变土地、房屋用途等情形应当缴纳已经减征、免征契税的，纳税义务发生时间为改变有关土地、房屋用途等情形的当日。

（3）因改变土地性质、容积率等土地使用条件需补缴土地出让价款，应当缴纳契税的，纳税义务发生时间为改变土地使用条件当日。

发生上述情形，按规定不再需要办理土地、房屋权属登记的，纳税人应自纳税义务发生之日起90日内申报缴纳契税。

3. 纳税人应当在依法办理土地、房屋权属登记手续前申报缴纳契税。

【知识点7】 契税的检查要点

1. 检查被查对象是否属于契税纳税人，是否按规定申报缴纳契税。

2. 检查被查对象是否按规定的纳税义务发生时间，向规定地点的税务机关申报缴纳。

3. 检查被查对象是否存在下列违法行为：

(1) 隐匿或者压低成交价格;

(2) 房地产开发企业支付土地出让金之外的拆迁补偿等支出未计入契税计税依据;

(3) 减免土地出让金,少申报契税;

(4) 装修费未计入契税的计税依据,少申报契税的行为;

(5) 利用关联交易,以超低价向关联企业、关联个人售房,以此规避契税;

(6) 对购房成交价格中相当于拆迁补偿款的部分免征契税,成交价格超过拆迁补偿款的,对超过部分未征收契税;

(7) 利用房价过快上涨,购房人一房难求的心理,通过中介机构分解售房收入,房产公司少申报增值税、企业所得税,购房人少缴纳契税;

(8) 利用二手房交易计税价格的漏洞,少缴纳契税;

(9) 未缴增值税,或免缴增值税,却从契税计税依据中计算扣减了增值税。

4. 检查被查对象是否存在隐瞒真实信息,适用税率使用错误的情况。

5. 检查被查对象享受契税税收优惠是否符合规定的条件,履行了规定的程序。

>> 第八节
资源税的检查方法

【知识点1】 资源税纳税人和征税范围的基本政策

在中华人民共和国领域和中华人民共和国管辖的其他海域开发应税资源的单位和个人,为资源税的纳税人,应当依法缴纳资源税。纳税人开采或者生产应税产品自用的,应当依法缴纳资源税;但是,自用于连续生产应税产品的,不缴纳资源税。

【知识点2】 资源税税目与适用税率的基本政策

1. 资源税的税目

(1) 能源矿产;

(2) 金属矿产:黑色金属、有色金属;

(3) 非金属矿产:矿物类、岩石类、宝玉石类;

(4) 水气矿产:矿泉水、二氧化碳气、硫化氢气、氦气、氡气;

(5) 盐:钠盐、钾盐、镁盐、锂盐、天然卤水、海盐。

2. 资源税的税目税率

资源税的具体税目税率,见表6-3。

表 6-3 资源税税目税率表

税目			征税对象	税率
能源矿产	原油		原矿	6%
	天然气、页岩气、天然气水合物		原矿	6%
	煤		原矿或者选矿	2%～10%
	煤成（层）气		原矿	1%～2%
	铀、钍		原矿	4%
	油页岩、油砂、天然沥青、石煤		原矿或者选矿	1%～4%
	地热		原矿	1%～20%或者每立方米1～30元
金属矿产	黑色金属	铁、锰、铬、钒、钛	原矿或者选矿	1%～9%
	有色金属	铜、铅、锌、锡、镍、锑、镁、钴、铋、汞	原矿或者选矿	2%～10%
		铝土矿	原矿或者选矿	2%～9%
		钨	选矿	6.5%
		钼	选矿	8%
		金、银	原矿或者选矿	2%～6%
		铂、钯、钌、锇、铱、铑	原矿或者选矿	5%～10%
		轻稀土	选矿	7%～12%
		中重稀土	选矿	20%
		铍、锂、锆、锶、铷、铯、铌、钽、锗、镓、铟、铊、铪、铼、镉、硒、碲	原矿或者选矿	2%～10%
非金属矿产	矿物类	高岭土	原矿或者选矿	1%～6%
		石灰岩	原矿或者选矿	1%～6%或者每吨（或者每立方米）1～10元
		磷	原矿或者选矿	3%～8%
		石墨	原矿或者选矿	3%～12%
		萤石、硫铁矿、自然硫	原矿或者选矿	1%～8%
		天然石英砂、脉石英、粉石英、水晶、工业用金刚石、冰洲石、蓝晶石、硅线石（矽线石）、长石、滑石、刚玉、菱镁矿、颜料矿物、天然碱、芒硝、钠硝石、明矾石、砷、硼、碘、溴、膨润土、硅藻土、陶瓷土、耐火粘土、铁矾土、凹凸棒石粘土、海泡石粘土、伊利石粘土、累托石粘土	原矿或者选矿	1%～12%

续表

税目			征税对象	税率
非金属矿产	矿物类	叶蜡石、硅灰石、透辉石、珍珠岩、云母、沸石、重晶石、毒重石、方解石、蛭石、透闪石、工业用电气石、白垩、石棉、蓝石棉、红柱石、石榴子石、石膏	原矿或者选矿	2%~12%
		其他粘土（铸型用粘土、砖瓦用粘土、陶粒用粘土、水泥配料用粘土、水泥配料用红土、水泥配料用黄土、水泥配料用泥岩、保温材料用粘土）	原矿或者选矿	1%~5%或者每吨（或者每立方米）0.1~5元
	岩石类	大理岩、花岗岩、白云岩、石英岩、砂岩、辉绿岩、安山岩、闪长岩、板岩、玄武岩、片麻岩、角闪岩、页岩、浮石、凝灰岩、黑曜岩、霞石正长岩、蛇纹岩、麦饭石、泥灰岩、含钾岩石、含钾砂页岩、天然油岩、橄榄岩、松脂岩、粗面岩、辉长岩、辉石岩、正长岩、火山灰、火山渣、泥炭	原矿或者选矿	1%~10%
		砂石	原矿或者选矿	1%~5%或者每吨（或者每立方米）0.1~5元
	宝玉石类	宝石、玉石、宝石级金刚石、玛瑙、黄玉、碧玺	原矿或者选矿	4%~20%
水气矿产	二氧化碳气、硫化氢气、氦气、氢气		原矿	2%~5%
	矿泉水		原矿	1%~20%或者每立方米1~30元
盐	钠盐、钾盐、镁盐、锂盐		选矿	3%~15%
	天然卤水		原矿	3%~15%或者每吨（或者每立方米）1~10元
	海盐			2%~5%

《税目税率表》中规定实行幅度税率的，其具体适用税率由省、自治区、直辖市人民政府统筹考虑该应税资源的品位、开采条件以及对生态环境的影响等情况，在《税目税率表》规定的税率幅度内提出，报同级人民代表大会常务委员会决定，并报全国人民代表大会常务委员会和国务院备案。《税目税率表》中规定征税对象为原矿或者选矿的，应当分别确定具体适用税率。

纳税人开采或者生产不同税目应税产品的，应当分别核算不同税目应税产品的销售额或者销售数量；未分别核算或者不能准确提供不同税目应税产品的销售额或者销售数量的，从高适用税率。

【知识点3】 资源税计税依据及应纳税额的基本政策

1. 资源税按照《税目税率表》实行从价计征或者从量计征。《税目税率表》中规定可以选择实行从价计征或者从量计征的，具体计征方式由省、自治区、直辖市人民政府提出，报同级人民代表大会常务委员会决定，并报全国人民代表大会常务委员会和国务院备案。

实行从价计征的，应纳税额按照应税资源产品（以下简称应税产品）的销售额乘以具体适用税率计算。

实行从量计征的，应纳税额按照应税产品的销售数量乘以具体适用税率计算。

2. 应税产品为矿产品的，包括原矿和选矿产品。

3. 资源税应税产品（以下简称应税产品）的销售额，按照纳税人销售应税产品向购买方收取的全部价款确定，不包括增值税税款。计入销售额中的相关运杂费用，凡取得增值税发票或者其他合法有效凭据的，准予从销售额中扣除。相关运杂费用是指应税产品从坑口或者洗选（加工）地到车站、码头或者购买方指定地点的运输费用、建设基金以及随运销产生的装卸、仓储、港杂费用。

4. 纳税人自用应税产品应当缴纳资源税的情形，包括纳税人以应税产品用于非货币性资产交换、捐赠、偿债、赞助、集资、投资、广告、样品、职工福利、利润分配或者连续生产非应税产品等。

5. 纳税人申报的应税产品销售额明显偏低且无正当理由的，或者有自用应税产品行为而无销售额的，主管税务机关可以按下列方法和顺序确定其应税产品销售额：

（1）按纳税人最近时期同类产品的平均销售价格确定。

（2）按其他纳税人最近时期同类产品的平均销售价格确定。

（3）按后续加工非应税产品销售价格，减去后续加工环节的成本利润后确定。

（4）按应税产品组成计税价格确定。

$$组成计税价格 = 成本 \times (1 + 成本利润率) \div (1 - 资源税税率)$$

上述公式中的成本利润率由省、自治区、直辖市税务机关确定。

（5）按其他合理方法确定。

6. 应税产品的销售数量，包括纳税人开采或者生产应税产品的实际销售数量和自用于应当缴纳资源税情形的应税产品数量。

纳税人外购应税产品与自采应税产品混合销售或者混合加工为应税产品销售的，在计算应税产品销售额或者销售数量时，准予扣减外购应税产品的购进金额或者购进数量；当期不足扣减的，可结转下期扣减。纳税人应当准确核算外购应税产品的购进金额或者购进数量，未准确核算的，一并计算缴纳资源税。

纳税人核算并扣减当期外购应税产品购进金额、购进数量，应当依据外购应税产品的增值税发票、海关进口增值税专用缴款书或者其他合法有效凭据。

7. 纳税人开采或者生产同一税目下适用不同税率应税产品的，应当分别核算不同税率应税产品的销售额或者销售数量；未分别核算或者不能准确提供不同税率应税产品的销售额或者销售数量的，从高适用税率。

8. 纳税人以自采原矿（经过采矿过程采出后未进行选矿或者加工的矿石）直接销售，或者自用于应当缴纳资源税情形的，按照原矿计征资源税。

纳税人以自采原矿洗选加工为选矿产品（通过破碎、切割、洗选、筛分、磨矿、分级、提纯、脱水、干燥等过程形成的产品，包括富集的精矿和研磨成粉、粒级成型、切割成型的原矿加工品）销售，或者将选矿产品自用于应当缴纳资源税情形的，按照选矿产品计征资源税，在原矿移送环节不缴纳资源税。对于无法区分原生岩石矿种的粒级成型砂石颗粒，按照砂石税目征收资源税。

【知识点4】 扩大水资源税改革试点的基本政策

扩大水资源税改革试点实施办法适用于北京市、天津市、山西省、内蒙古自治区、河南省、山东省、四川省、陕西省、宁夏回族自治区（以下简称试点省份），具体内容包括：

（1）试点省份直接取用地表水、地下水的单位和个人，为水资源税纳税人，应当按照规定缴纳水资源税。相关纳税人应当按照《中华人民共和国水法》《取水许可和水资源费征收管理条例》等规定申领取水许可证。

（2）下列情形，不缴纳水资源税：

①农村集体经济组织及其成员从本集体经济组织的水塘、水库中取用水的；

②家庭生活和零星散养、圈养畜禽饮用等少量取用水的；

③水利工程管理单位为配置或者调度水资源取水的；

④为保障矿井等地下工程施工安全和生产安全必须进行临时应急取用（排）水的；

⑤为消除对公共安全或者公共利益的危害临时应急取水的；

⑥为农业抗旱和维护生态与环境必须临时应急取水的。

（3）水资源税的征税对象为地表水和地下水。

地表水是陆地表面上动态水和静态水的总称，包括江、河、湖泊（含水库）等水资源。

地下水是埋藏在地表以下各种形式的水资源。

（4）水资源税实行从量计征，除特殊情形外，应纳税额的计算公式为：

$$应纳税额 = 实际取用水量 \times 适用税额$$

城镇公共供水企业实际取用水量应当考虑合理损耗因素。

疏干排水的实际取用水量按照排水量确定。疏干排水是指在采矿和工程建设过程中破坏地下水层、发生地下涌水的活动。

（5）水力发电和火力发电贯流式（不含循环式）冷却取用水应纳税额的计算公式为：

$$应纳税额 = 实际发电量 \times 适用税额$$

适用税额，是指取水口所在地的适用税额。

（6）除中央直属和跨省（区、市）水力发电取用水外，由试点省份省级人民政府统筹考虑本地区水资源状况、经济社会发展水平和水资源节约保护要求，在规定的最低平均税额基础上，分类确定具体适用税额。

试点省份的中央直属和跨省（区、市）水力发电取用水税额为每千瓦时0.005元。跨省（区、市）界河水电站水力发电取用水水资源税税额，与涉及的非试点省份水资源费征收标准不一致的，按较高一方标准执行。

（7）严格控制地下水过量开采。对取用地下水从高确定税额，同一类型取用水，地下水税额要高于地表水，水资源紧缺地区地下水税额要大幅高于地表水。

超采地区的地下水税额要高于非超采地区，严重超采地区的地下水税额要大幅高于非超采地区。在超采地区和严重超采地区取用地下水的具体适用税额，由试点省份省级人民政府按照非超采地区税额的2～5倍确定。

在城镇公共供水管网覆盖地区取用地下水的，其税额要高于城镇公共供水管网未覆盖地区，原则上要高于当地同类用途的城镇公共供水价格。

除特种行业和农业生产取用水外，对其他取用地下水的纳税人，原则上应当统一税额。试点省份可根据实际情况分步实施到位。

（8）对特种行业取用水，从高确定税额。特种行业取用水，是指洗车、洗浴、高尔夫球场、滑雪场等取用水。

（9）对超计划（定额）取用水，从高确定税额。纳税人超过水行政主管部门规定的计划（定额）取用水量，在原税额基础上加征1～3倍，具体办法由试点省份省级人民政府确定。

（10）对超过规定限额的农业生产取用水，以及主要供农村人口生活用水的集中式饮水工程取用水，从低确定税额。

农业生产取用水，是指种植业、畜牧业、水产养殖业、林业等取用水。

供农村人口生活用水的集中式饮水工程，是指供水规模在1000立方米/天或者供水对象1万人以上，并由企事业单位运营的农村人口生活用水供水工程。

（11）对回收利用的疏干排水和地源热泵取用水，从低确定税额。

（12）下列情形，予以免征或者减征水资源税：

①规定限额内的农业生产取用水，免征水资源税；

②取用污水处理再生水，免征水资源税；

③除接入城镇公共供水管网以外,军队、武警部队通过其他方式取用水的,免征水资源税;

④抽水蓄能发电取用水,免征水资源税;

⑤采油排水经分离净化后在封闭管道回注的,免征水资源税;

⑥财政部、税务总局规定的其他免征或者减征水资源税情形。

(13) 水资源税的纳税义务发生时间为纳税人取用水资源的当日。

(14) 除农业生产取用水外,水资源税按季或者按月征收,由主管税务机关根据实际情况确定。对超过规定限额的农业生产取用水水资源税可按年征收。不能按固定期限计算纳税的,可以按次申报纳税。

纳税人应当自纳税期满或者纳税义务发生之日起15日内申报纳税。

(15) 除特殊情形外,纳税人应当向生产经营所在地的税务机关申报缴纳水资源税。

在试点省份内取用水,其纳税地点需要调整的,由省级财政、税务部门决定。

(17) 试点省份水资源税最低平均税额见表6-4。

表6-4　　　　　试点省份水资源税最低平均税额表　　　　　单位:元/立方米

省(区、市)	地表水最低平均税额	地下水最低平均税额
北京	1.6	4
天津	0.8	4
山西	0.5	2
内蒙古	0.5	2
山东	0.4	1.5
河南	0.4	1.5
四川	0.1	0.2
陕西	0.3	0.7
宁夏	0.3	0.7

【知识点5】 资源税税收优惠的基本政策

1. 有下列情形之一的,免征资源税:

(1) 开采原油以及在油田范围内运输原油过程中用于加热的原油、天然气;

(2) 煤炭开采企业因安全生产需要抽采的煤成(层)气。

2. 有下列情形之一的,减征资源税:

(1) 从低丰度油气田开采的原油、天然气,减征20%资源税;

(2) 高含硫天然气、三次采油和从深水油气田开采的原油、天然气,减征30%资源税；

（3）稠油、高凝油减征40%资源税；

（4）从衰竭期矿山开采的矿产品，减征30%资源税。

根据国民经济和社会发展需要，国务院对有利于促进资源节约集约利用、保护环境等情形可以规定免征或者减征资源税，报全国人民代表大会常务委员会备案。

3. 有下列情形之一的，省、自治区、直辖市可以决定免征或者减征资源税：

（1）纳税人开采或者生产应税产品过程中，因意外事故或者自然灾害等原因遭受重大损失；

（2）纳税人开采共伴生矿、低品位矿、尾矿。

上述规定的免征或者减征资源税的具体办法，由省、自治区、直辖市人民政府提出，报同级人民代表大会常务委员会决定，并报全国人民代表大会常务委员会和国务院备案。

4. 2018年4月1日至2027年12月31日，对页岩气资源税减征30%。

5. 2014年12月1日至2027年12月31日，对充填开采置换出来的煤炭，资源税减征50%。

6. 纳税人开采或者生产同一应税产品，其中既有享受减免税政策的，又有不享受减免税政策的，按照免税、减税项目的产量占比等方法分别核算确定免税、减税项目的销售额或者销售数量。

7. 纳税人开采或者生产同一应税产品同时符合两项或者两项以上减征资源税优惠政策的，除另有规定外，只能选择其中一项执行。

8. 免税、减税会计核算要求。

纳税人的免税、减税项目，应当单独核算销售额或者销售数量；未单独核算或者不能准确提供销售额或者销售数量的，不予免税或者减税。

【知识点6】 资源税纳税义务发生时间、 纳税地点的基本政策

纳税人销售应税产品，纳税义务发生时间为收讫销售款或者取得索取销售款凭据的当日；自用应税产品的，纳税义务发生时间为移送应税产品的当日。

纳税人应当在矿产品开采地或者海盐生产地缴纳资源税。

资源税按月或者按季申报缴纳；不能按固定期限计算缴纳的，可以按次申报缴纳。

纳税人按月或者按季申报缴纳的，应当自月度或者季度终了之日起15日内，向税务机关办理纳税申报并缴纳税款；按次申报缴纳的，应当自纳税义务发生之日起15日内，向税务机关办理纳税申报并缴纳税款。

【知识点7】 资源税的检查要点

（1）检查被查对象是否存在未按规定的纳税义务发生时间和规定的纳税地点纳税的行为。

（2）检查被查对象是否发生应当缴纳水资源税的行为，如果发生应税行为，是否按规定缴纳水资源税；是否错误适用了小微企业六税两费减半征税的优惠政策。

>> 第九节
环境保护税的检查方法

【知识点1】 环境保护税纳税人和征税范围的基本政策

在中华人民共和国领域和中华人民共和国管辖的其他海域，直接向环境排放应税污染物的企业事业单位和其他生产经营者为环境保护税的纳税人，应当依照《环境保护税法》规定缴纳环境保护税。

《环境保护税法》所称应税污染物，是指《环境保护税法》所附《环境保护税税目税额表》《应税污染物和当量值表》规定的大气污染物、水污染物、固体废物和噪声。

有下列情形之一的，不属于直接向环境排放污染物，不缴纳相应污染物的环境保护税：

（1）企业事业单位和其他生产经营者向依法设立的污水集中处理、生活垃圾集中处理场所排放应税污染物的；

（2）企业事业单位和其他生产经营者在符合国家和地方环境保护标准的设施、场所贮存或者处置固体废物的。

依法设立的城乡污水集中处理、生活垃圾集中处理场所超过国家和地方规定的排放标准向环境排放应税污染物的，应当缴纳环境保护税。

企业事业单位和其他生产经营者贮存或者处置固体废物不符合国家和地方环境保护标准的，应当缴纳环境保护税。

城乡污水集中处理场所，是指为社会公众提供生活污水处理服务的场所，不包括为工业园区、开发区等工业聚集区域内的企业事业单位和其他生产经营者提供污水处理服务的场所，以及企业事业单位和其他生产经营者自建自用的污水处理场所。

达到省级人民政府确定的规模标准并且有污染物排放口的畜禽养殖场，应当依法缴纳环境保护税；依法对畜禽养殖废弃物进行综合利用和无害化处理的，不属于直接向环境排放污染物，不缴纳环境保护税。

【知识点2】 环境保护税适用税目与税率的基本政策

环境保护税的税目、税额，依照《环境保护税法》所附《环境保护税税目税额表》执行。

应税大气污染物和水污染物的具体适用税额的确定和调整，由省、自治区、直辖市人民政府统筹考虑本地区环境承载能力、污染物排放现状和经济社会生态发展目标要求，在《环境保护税法》所附《环境保护税税目税额表》规定的税额幅度内提出，报同级人民代表大会常务委员会决定，并报全国人民代表大会常务委员会和国务院备案。

燃烧产生废气中的颗粒物，按照烟尘征收环境保护税。排放的扬尘、工业粉尘等颗粒物，除可以确定为烟尘、石棉尘、玻璃棉尘、炭黑尘的外，按照一般性粉尘征收环境保护税。

【知识点3】 环境保护税计税依据和应纳税额的基本政策

1. 应税污染物的计税依据，按照下列方法确定：
（1）应税大气污染物按照污染物排放量折合的污染当量数确定；
（2）应税水污染物按照污染物排放量折合的污染当量数确定；
（3）应税固体废物按照固体废物的排放量确定；
（4）应税噪声按照超过国家规定标准的分贝数确定。

2. 应税大气污染物、水污染物的污染当量数，以该污染物的排放量除以该污染物的污染当量值计算。每种应税大气污染物、水污染物的具体污染当量值，依照《环境保护税法》所附《应税污染物和当量值表》执行。

3. 每一排放口或者没有排放口的应税大气污染物，按照污染当量数从大到小排序，对前三项污染物征收环境保护税。

每一排放口的应税水污染物，按照《环境保护税法》所附《应税污染物和当量值表》，区分第一类水污染物和其他类水污染物，按照污染当量数从大到小排序，对第一类水污染物按照前五项征收环境保护税，对其他类水污染物按照前三项征收环境保护税。

省、自治区、直辖市人民政府根据本地区污染物减排的特殊需要，可以增加同一排放口征收环境保护税的应税污染物项目数，报同级人民代表大会常务委员会决定，并报全国人民代表大会常务委员会和国务院备案。

4. 应税大气污染物、水污染物、固体废物的排放量和噪声的分贝数，按照下列方法和顺序计算：

（1）纳税人安装使用符合国家规定和监测规范的污染物自动监测设备的，按照污染物自动监测数据计算；

（2）纳税人未安装使用污染物自动监测设备的，按照监测机构出具的符合国家有关规定和监测规范的监测数据计算；

（3）因排放污染物种类多等原因不具备监测条件的，按照国务院环境保护主管部门规定的排污系数、物料衡算方法计算；

（4）不能按照上述（1）至（3）项规定的方法计算的，按照省、自治区、直辖市人民政府环境保护主管部门规定的抽样测算的方法核定计算。

5. 环境保护税应纳税额按照下列方法计算：

（1）应税大气污染物的应纳税额为污染当量数乘以具体适用税额；

（2）应税水污染物的应纳税额为污染当量数乘以具体适用税额；

（3）应税固体废物的应纳税额为固体废物排放量乘以具体适用税额；

（4）应税噪声的应纳税额为超过国家规定标准的分贝数对应的具体适用税额。

6. 应税固体废物的计税依据，按照固体废物的排放量确定。固体废物的排放量为当期应税固体废物的产生量减去当期应税固体废物的贮存量、处置量、综合利用量的余额。

前述规定的固体废物的贮存量、处置量，是指在符合国家和地方环境保护标准的设施、场所贮存或者处置的固体废物数量；固体废物的综合利用量，是指按照国务院发展改革、工业和信息化主管部门关于资源综合利用要求以及国家和地方环境保护标准进行综合利用的固体废物数量。

7. 纳税人有下列情形之一的，以其当期应税固体废物的产生量作为固体废物的排放量：

（1）非法倾倒应税固体废物；

（2）进行虚假纳税申报。

8. 应税大气污染物、水污染物的计税依据，按照污染物排放量折合的污染当量数确定。

纳税人有下列情形之一的，以其当期应税大气污染物、水污染物的产生量作为污染物的排放量：

（1）未依法安装使用污染物自动监测设备或者未将污染物自动监测设备与环境保护主管部门的监控设备联网；

（2）损毁或者擅自移动、改变污染物自动监测设备；

（3）篡改、伪造污染物监测数据；

（4）通过暗管、渗井、渗坑、灌注或者稀释排放以及不正常运行防治污染设施等方式违法排放应税污染物；

(5) 进行虚假纳税申报。

9. 从两个以上排放口排放应税污染物的,对每一排放口排放的应税污染物分别计算征收环境保护税;纳税人持有排污许可证的,其污染物排放口按照排污许可证载明的污染物排放口确定。

10. 属于《环境保护税法》第十条第二项规定情形的纳税人,自行对污染物进行监测所获取的监测数据,符合国家有关规定和监测规范的,视同《环境保护税法》第十条第二项规定的监测机构出具的监测数据。

11. 关于应税大气污染物和水污染物排放量的监测计算问题。

纳税人委托监测机构对应税大气污染物和水污染物排放量进行监测时,其当月同一个排放口排放的同一种污染物有多个监测数据的,应税大气污染物按照监测数据的平均值计算应税污染物的排放量;应税水污染物按照监测数据以流量为权的加权平均值计算应税污染物的排放量。在环境保护主管部门规定的监测时限内当月无监测数据的,可以跨月沿用最近一次的监测数据计算应税污染物排放量。纳入排污许可管理行业的纳税人,其应税污染物排放量的监测计算方法按照排污许可管理要求执行。

因排放污染物种类多等原因不具备监测条件的,纳税人应当按照《关于发布计算污染物排放量的排污系数和物料衡算方法的公告》(环境保护部公告2017年第81号)的规定计算应税污染物排放量。其中,相关行业适用的排污系数方法中产排污系数为区间值的,纳税人结合实际情况确定具体适用的产排污系数值;纳入排污许可管理行业的纳税人按照排污许可证的规定确定。生态环境部尚未规定适用排污系数、物料衡算方法的,暂由纳税人参照缴纳排污费时依据的排污系数、物料衡算方法及抽样测算方法计算应税污染物的排放量。

12. 关于应税水污染物污染当量数的计算问题。

应税水污染物的污染当量数,以该污染物的排放量除以该污染物的污染当量值计算。其中,色度的污染当量数,以污水排放量乘以色度超标倍数再除以适用的污染当量值计算。畜禽养殖业水污染物的污染当量数,以该畜禽养殖场的月均存栏量除以适用的污染当量值计算。畜禽养殖场的月均存栏量按照月初存栏量和月末存栏量的平均数计算。

13. 关于应税固体废物排放量计算和纳税申报问题。

应税固体废物的排放量为当期应税固体废物的产生量减去当期应税固体废物贮存量、处置量、综合利用量的余额。纳税人应当准确计量应税固体废物的贮存量、处置量和综合利用量,未准确计量的,不得从其应税固体废物的产生量中减去。纳税人依法将应税固体废物转移至其他单位和个人进行贮存、处置或者综合利用的,固体废物的转移量相应计入其当期应税固体废物的贮存量、处置量或者综合利用量;纳税人接收的应税固体废物转移量,不计入其当期应税固体废物的产生量。纳税人对应税固体废物进行综合利用的,应当符合工业和信息化部制定的工业固体废物综合利用评价管理规范。

纳税人申报纳税时,应当向税务机关报送应税固体废物的产生量、贮存量、处置量和综合利用量,同时报送能够证明固体废物流向和数量的纳税资料,包括固体废物处置利用委托合同、受委托方资质证明、固体废物转移联单、危险废物管理台账复印件等。有关纳税资料已在环境保护税基础信息采集表中采集且未发生变化的,纳税人不再报送。纳税人应当参照危险废物台账管理要求,建立其他应税固体废物管理台账,如实记录产生固体废物的种类、数量、流向以及贮存、处置、综合利用、接收转入等信息,并将应税固体废物管理台账和相关资料留存备查。

14. 关于应税噪声应纳税额的计算问题。

应税噪声的应纳税额为超过国家规定标准分贝数对应的具体适用税额。噪声超标分贝数不是整数值的,按四舍五入取整。一个单位的同一监测点当月有多个监测数据超标的,以最高一次超标声级计算应纳税额。声源一个月内累计昼间超标不足 15 昼或者累计夜间超标不足 15 夜的,分别减半计算应纳税额。

15. 关于计算环境保护税应税污染物排放量的排污系数和物料衡算的方法。

属于排污许可管理的排污单位,适用生态环境部发布的排污许可证申请与核发技术规范中规定的排(产)污系数、物料衡算方法计算应税污染物排放量;排污许可证申请与核发技术规范未规定相关排(产)污系数的,适用生态环境部发布的排放源统计调查制度规定的排(产)污系数方法计算应税污染物排放量。

不属于排污许可管理的排污单位,适用生态环境部发布的排放源统计调查制度规定的排(产)污系数方法计算应税污染物排放量。

上述情形中仍无相关计算方法的,由各省、自治区、直辖市生态环境主管部门结合本地实际情况,科学合理制定抽样测算方法。

【知识点 4】 环境保护税税收优惠的基本政策

1. 下列情形,暂予免征环境保护税:

(1)农业生产(不包括规模化养殖)排放应税污染物的;

(2)机动车、铁路机车、非道路移动机械、船舶和航空器等流动污染源排放应税污染物的;

(3)依法设立的城乡污水集中处理、生活垃圾集中处理场所排放相应应税污染物,不超过国家和地方规定的排放标准的;

(4)纳税人综合利用的固体废物,符合国家和地方环境保护标准的;

(5)国务院批准免税的其他情形。由国务院报全国人民代表大会常务委员会备案。

2. 纳税人排放应税大气污染物或者水污染物的浓度值低于国家和地方规定的污染

物排放标准30%的，减按75%征收环境保护税。纳税人排放应税大气污染物或者水污染物的浓度值低于国家和地方规定的污染物排放标准50%的，减按50%征收环境保护税。

应税大气污染物或者水污染物的浓度值，是指纳税人安装使用的污染物自动监测设备当月自动监测的应税大气污染物浓度值的小时平均值再平均所得数值或者应税水污染物浓度值的日平均值再平均所得数值，或者监测机构当月监测的应税大气污染物、水污染物浓度值的平均值。

减征环境保护税的，前述规定的应税大气污染物浓度值的小时平均值或者应税水污染物浓度值的日平均值，以及监测机构当月每次监测的应税大气污染物、水污染物的浓度值，均不得超过国家和地方规定的污染物排放标准。

减征环境保护税的，应当对每一排放口排放的不同应税污染物分别计算。

3. 依法设立的生活垃圾焚烧发电厂、生活垃圾填埋场、生活垃圾堆肥厂，属于生活垃圾集中处理场所，其排放应税污染物不超过国家和地方规定的排放标准的，依法予以免征环境保护税。纳税人任何一个排放口排放应税大气污染物、水污染物的浓度值，以及没有排放口排放应税大气污染物的浓度值，超过国家和地方规定的污染物排放标准的，依法不予减征环境保护税。

【知识点5】 环境保护税纳税义务时间、地点的基本政策

纳税义务发生时间为纳税人排放应税污染物的当日。

纳税人应当向应税污染物排放地的税务机关申报缴纳环境保护税。

环境保护税按月计算，按季申报缴纳。不能按固定期限计算缴纳的，可以按次申报缴纳。

纳税人申报缴纳时，应当向税务机关报送所排放应税污染物的种类、数量，大气污染物、水污染物的浓度值，以及税务机关根据实际需要要求纳税人报送的其他纳税资料。

纳税人按季申报缴纳的，应当自季度终了之日起15日内，向税务机关办理纳税申报并缴纳税款。纳税人按次申报缴纳的，应当自纳税义务发生之日起15日内，向税务机关办理纳税申报并缴纳税款。

纳税人应当依法如实办理纳税申报，对申报的真实性和完整性承担责任。

【知识点6】 环境保护税的检查要点

（1）检查被查对象是否属于环境保护税的纳税义务人。

（2）检查被查对象是否正确计算并申报缴纳环境保护税。

（3）检查被查对象享受税收优惠是否符合规定的条件，履行了规定的程序。

>> 第十节
车船税的检查方法

【知识点1】 车船税纳税人和扣缴义务人的基本政策

车船的所有人或者管理人是车船税的纳税义务人。其中,所有人是指在我国境内拥有车船的单位和个人;管理人是指对车船具有管理权或者使用权,不具有所有权的单位。上述单位,包括在中国境内成立的行政机关、企业、事业单位、社会团体以及其他组织;上述个人,包括个体工商户以及其他个人。

从事机动车交通事故责任强制保险(以下简称交强险)业务的保险机构为机动车车船税的扣缴义务人,应当在收取保险费时按照规定的税目税额代收车船税,并在机动车交强险的保险单以及保费发票上注明已收税款的信息,作为代收税款凭证。

【知识点2】 车船税征税范围的基本政策

车船税的征税范围为《车船税法》所附《车船税税目税额表》所列的车辆、船舶,包括依法应当在车船登记管理部门登记的机动车辆和船舶,也包括依法不需要在车船登记管理部门登记的在单位内部场所行驶或者作业的机动车辆和船舶。

上述机动车辆包括乘用车、商用车(包括客车、货车)、挂车、专用作业车、轮式专用机械车、摩托车。拖拉机不需要缴纳车船税。

乘用车,是指在设计和技术特性上主要用于载运乘客及随身行李,核定载客人数包括驾驶员在内不超过9人的汽车。

商用车,是指除乘用车外,在设计和技术特性上用于载运乘客、货物的汽车,划分为客车和货车。

半挂牵引车,是指装备有特殊装置用于牵引半挂车的商用车。

三轮汽车,是指最高设计车速不超过每小时50公里,具有三个车轮的货车。

低速载货汽车,是指以柴油机为动力,最高设计车速不超过每小时70公里,具有四个车轮的货车。

挂车,是指就其设计和技术特性需由汽车或者拖拉机牵引,才能正常使用的一种无动力的道路车辆。

专用作业车,是指在其设计和技术特性上用于特殊工作的车辆。关于专用作业车的认定,对于在设计和技术特性上用于特殊工作,并装置有专用设备或器具的汽车,应认定为专用作业车,如汽车起重机、消防车、混凝土泵车、清障车、高空作业车、洒水车、扫路车等。以载运人员或货物为主要目的的专用汽车，如救护车，不属于专用作业车。

轮式专用机械车，是指有特殊结构和专门功能，装有橡胶车轮可以自行行驶，最高设计车速大于每小时20公里的轮式工程机械车。

摩托车，是指无论采用何种驱动方式，最高设计车速大于每小时50公里，或者使用内燃机，其排量大于50毫升的两轮或者三轮车辆。

船舶，是指各类机动、非机动船舶以及其他水上移动装置，但是船舶上装备的救生艇筏和长度小于5米的艇筏除外。其中，机动船舶是指用机器推进的船舶；拖船是指专门用于拖（推）动运输船舶的专业作业船舶；非机动驳船，是指在船舶登记管理部门登记为驳船的非机动船舶；游艇是指具备内置机械推进动力装置，长度在90米以下，主要用于游览观光、休闲娱乐、水上体育运动等活动，并应当具有船舶检验证书和适航证书的船舶。

【知识点3】 车船税计税依据和税率的基本政策

《车船税法》及其实施条例所涉及的排气量、整备质量、核定载客人数、净吨位、千瓦、艇身长度，以车船登记管理部门核发的车船登记证书或者行驶证所载数据为准。

依法不需要办理登记的车船和依法应当登记而未办理登记或者不能提供车船登记证书、行驶证的车船，以车船出厂合格证明或者进口凭证标注的技术参数、数据为准；不能提供车船出厂合格证明或者进口凭证的，由主管税务机关参照国家相关标准核定，没有国家相关标准的参照同类车船核定。

乘用车、客车和摩托车的计税依据为辆；其他车辆的计税依据为整备质量；对不能取得整备质量的，如能够获得总质量和核定载质量的，可按照车辆的总质量和核定载质量的差额作为车辆的整备质量；无法获得核定载质量的专项作业车和轮式专用机械车，可按照车辆的总质量确定整备质量。

《车船税税目税额表》规定的车船税税额为：

1. 乘用车。

按照排气量区间划分为7个档次，每辆每年税额为：

（1）1.0升（含）以下的，税额为60～360元；

（2）1.0升以上至1.6升（含）的，税额为300～540元；

（3）1.6升以上至2.0升（含）的，税额为360～660元；

（4）2.0升以上至2.5升（含）的，税额为660～1200元；

（5）2.5升以上至3.0升（含）的，税额为1200～2400元；

（6）3.0升以上至4.0升（含）的，税额为2400～3600元；

（7）4.0 升以上的，税额为 3600~5400 元。

2. 商用车。

划分为客车和货车。其中，客车（核定载客人数 9 人以上，包括电车）每辆每年税额为 480~1440 元；货车（包括半挂牵引车、三轮汽车和低速载货汽车等）按整备质量每吨每年税额为 16~120 元。

3. 挂车。

按相同整备质量的货车税额的 50% 计算应纳税额。

4. 其他车辆。

包括专用作业车和轮式专用机械车，按整备质量每吨每年税额为 16 元至 120 元。

5. 摩托车。

每辆每年税额为 36~180 元。

车辆的具体适用税额由省、自治区、直辖市人民政府依照《车船税税目税额表》规定的税额幅度和国务院的规定确定。

6. 机动船舶。

（1）净吨位不超过 200 吨的，每吨 3 元；

（2）净吨位超过 200 吨但不超过 2000 吨的，每吨 4 元；

（3）净吨位超过 2000 吨但不超过 10000 吨的，每吨 5 元；

（4）净吨位超过 10000 吨的，每吨 6 元。

拖船按照发动机功率每 1 千瓦折合净吨位 0.67 吨计算征收车船税。拖船、非机动驳船分别按照机动船舶税额的 50% 计算。

7. 游艇。

（1）艇身长度不超过 10 米的，每米 600 元；

（2）艇身长度超过 10 米但不超过 18 米的，每米 900 元；

（3）艇身长度超过 18 米但不超过 30 米的，每米 1300 元；

（4）艇身长度超过 30 米的，每米 2000 元；

（5）辅助动力帆艇，每米 600 元。

【知识点 4】车船税应纳税额计算的基本政策

购置的新车船，购置当年的应纳税额自纳税义务发生的当月起按月计算。应纳税额为年应纳税额除以 12 再乘以应纳税月份数。

在一个纳税年度内，已完税的车船被盗抢、报废、灭失的，纳税人可以凭有关管理机关出具的证明和完税凭证，向纳税所在地的主管税务机关申请退还自被盗抢、报废、灭失月份起至该纳税年度终了期间的税款。

已办理退税的被盗抢车船失而复得的，纳税人应当从公安机关出具相关证明的当月起计算缴纳车船税。

已缴纳车船税的车船在同一纳税年度内办理转让过户的，不另纳税，也不退税。

《车船税法》第八条所称取得车船所有权或者管理权的当月，应当以购买车船的发票或者其他证明文件所载日期的当月为准。

购置的新机动车，购置当年的应纳税额从购买日期的当月起至该年度终了按月计算。对于国内购买的机动车，购买日期以《机动车销售统一发票》所载日期为准；对于进口机动车，购买日期以《海关关税专用缴款书》所载日期为准。计算公式为：

$$应纳税额 = 计税依据 \times 年税额标准 \times 应纳税月份数 / 12$$

$$应纳税月份数 = 12 - 纳税义务发生日期（取月份）+ 1$$

【知识点5】 车船税税收优惠的基本政策

1. 法定免税车船如下：

（1）捕捞、养殖渔船：是指在渔业船舶登记管理部门登记为捕捞船或者养殖船的船舶；

（2）军队、武装警察部队专用的车船：是指按照规定在军队、武装警察部队车船登记管理部门登记，并领取军队、武警牌照的车船；

（3）警用车船：是指公安机关、国家安全机关、监狱、劳动教养管理机关和人民法院、人民检察院领取警用牌照的车辆和执行警务的专用船舶；

（4）依照法律规定应当予以免税的外国驻华使领馆、国际组织驻华代表机构及其有关人员的车船。

2. 实施条例规定的减免税项目如下：

（1）按照规定缴纳船舶吨税的机动船舶，自《车船税法》实施之日起5年内免征车船税；

（2）依法不需要在车船登记管理部门登记的机场、港口、铁路站场内部行驶或者作业的车船，自《车船税法》实施之日起5年内免征车船税。

（3）节约能源、使用新能源的车船可以免征或者减半征收车船税；

3. 对节能汽车，减半征收车船税。

（1）减半征收车船税的节能乘用车应同时符合以下标准：

①获得许可在中国境内销售的排量为1.6升以下（含1.6升）的燃用汽油、柴油的乘用车（含非插电式混合动力、双燃料和两用燃料乘用车）；

②综合工况燃料消耗量应符合标准。

（2）减半征收车船税的节能商用车应同时符合以下标准：

①获得许可在中国境内销售的燃用天然气、汽油、柴油的轻型和重型商用车（含非插电式混合动力、双燃料和两用燃料轻型和重型商用车）；

②燃用汽油、柴油的轻型和重型商用车综合工况燃料消耗量应符合标准。

4. 对新能源车船，免征车船税。

（1）免征车船税的新能源汽车是指纯电动商用车、插电式（含增程式）混合动力汽车、燃料电池商用车。纯电动乘用车和燃料电池乘用车不属于车船税征税范围，对其不征车船税。

（2）免征车船税的新能源汽车应同时符合以下标准：①获得许可在中国境内销售的纯电动商用车、插电式（含增程式）混合动力汽车、燃料电池商用车；②符合新能源汽车产品技术标准；③通过新能源汽车专项检测，符合新能源汽车标准；④新能源汽车生产企业或进口新能源汽车经销商在产品质量保证、产品一致性、售后服务、安全监测、动力电池回收利用等方面符合相关要求。

（3）免征车船税的新能源船舶应符合以下标准：

船舶的主推进动力装置为纯天然气发动机。发动机采用微量柴油引燃方式且引燃油热值占全部燃料总热值的比例不超过5%的，视同纯天然气发动机。

5. 符合上述标准的节能、新能源汽车，由工业和信息化部、税务总局不定期联合发布《享受车船税减免优惠的节约能源使用新能源汽车车型目录》予以公告。

6. 纳税人凭标注"纯天然气动力船舶"字段的船舶检验证书享受车船税免税优惠。

7. 授权省、自治区、直辖市人民政府规定的减免税项目如下：

（1）省、自治区、直辖市人民政府根据当地实际情况，可以对公共交通车船，农村居民拥有并主要在农村地区使用的摩托车、三轮汽车和低速载货汽车定期减征或者免征车船税；

（2）对受地震、洪涝等严重自然灾害影响纳税困难以及其他特殊原因确需减免税的车船，可以在一定期限内减征或者免征车船税。

8. 对纯电动乘用车、燃料电池乘用车、非机动车船（不包括非机动驳船）、临时入境的外国车船和香港特别行政区、澳门特别行政区、台湾地区的车船，不征收车船税。

9. 国家综合性消防救援车辆由部队号牌改挂应急救援专用号牌的，一次性免征改挂当年车船税。

【知识点6】 车船税的检查要点

（1）检查对于没有扣缴义务人的应税车船，车船的所有人或者管理人是否依法履行纳税义务。

（2）在对从事机动车交通事故责任强制保险业务的保险机构进行检查时，重点检查其是否按规定履行车船税法定扣缴义务，是否有延迟扣缴申报的行为。

（3）检查依法不需要在车船登记管理部门登记的在单位内部场所行驶或者作业的机动车辆和船舶，是否按规定申报缴纳车船税。对于轮式专用机械车的检查，应取证其最高设计车速是否大于每小时20公里，对于最高设计车速未超过每小时20公里的轮式工程机械车不征税。对于专用作业车，应取证其是在设计和技术特性上用于特殊工作的车辆，特别关注汽车起重机、消防车、混凝土泵车、清障车、高空作业车、洒水车、扫路车等。

（4）检查享受税收优惠的车船是否符合规定的标准、在规定的目录范围，履行了规定的程序。

（5）检查被查对象是否按规定正确计算车船税，特别是购置当年的应纳税额是否从购买日期的当月起。

（6）检查被查对象享受税收优惠是否符合规定的条件，履行了规定的程序。

第十一节　车辆购置税的检查方法

【知识点1】车辆购置税纳税人的基本政策

在中华人民共和国境内购置汽车、有轨电车、汽车挂车、排气量超过150毫升的摩托车（以下统称应税车辆）的单位和个人，为车辆购置税的纳税人，应当依照《中华人民共和国车辆购置税法》规定缴纳车辆购置税。

所称购置，是指以购买、进口、自产、受赠、获奖或者其他方式取得并自用应税车辆的行为。

地铁、轻轨等城市轨道交通车辆，装载机、平地机、挖掘机、推土机等轮式专用机械车，以及起重机（吊车）、叉车、电动摩托车，不属于应税车辆。

【知识点2】车辆购置税征收方式和应纳税额计算的基本政策

车辆购置税由税务机关负责征收，车辆购置税实行一次性征收。购置已征车辆购置税的车辆，不再征收车辆购置税。

车辆购置税的税率为10%。

车辆购置税的应纳税额按照应税车辆的计税价格乘以税率计算。

车辆购置税实行一车一申报制度。

【知识点3】 车辆购置税计税价格的基本政策

1. 应税车辆的计税价格，按照下列规定确定：

（1）纳税人购买自用应税车辆的计税价格，为纳税人实际支付给销售者的全部价款，不包括增值税税款；

（2）纳税人进口自用应税车辆的计税价格，为关税完税价格加上关税和消费税；

（3）纳税人自产自用应税车辆的计税价格，按照纳税人生产的同类应税车辆的销售价格确定，不包括增值税税款；

（4）纳税人以受赠、获奖或者其他方式取得自用应税车辆的计税价格，按照购置应税车辆时相关凭证载明的价格确定，不包括增值税税款。

2. 纳税人申报的应税车辆计税价格明显偏低，又无正当理由的，由税务机关依照《税收征收管理法》的规定核定其应纳税额。

3. 纳税人以外汇结算应税车辆价款的，按照申报纳税之日的人民币汇率中间价折合成人民币计算缴纳税款。

4. 纳税人购买自用应税车辆实际支付给销售者的全部价款，依据纳税人购买应税车辆时相关凭证载明的价格确定，不包括增值税税款。购置应税车辆时相关凭证，是指原车辆所有人购置或者以其他方式取得应税车辆时载明价格的凭证。无法提供相关凭证的，参照同类应税车辆市场平均交易价格确定其计税价格。

原车辆所有人为车辆生产或者销售企业，未开具机动车销售统一发票的，按照车辆生产或者销售同类应税车辆的销售价格确定应税车辆的计税价格。无同类应税车辆销售价格的，按照组成计税价格确定应税车辆的计税价格。

5. 纳税人进口自用应税车辆，是指纳税人直接从境外进口或者委托代理进口自用的应税车辆，不包括在境内购买的进口车辆。

6. 纳税人自产自用应税车辆的计税价格，按照同类应税车辆（即车辆配置序列号相同的车辆）的销售价格确定，不包括增值税税款；没有同类应税车辆销售价格的，按照组成计税价格确定。组成计税价格计算公式如下：

$$组成计税价格 = 成本 \times (1 + 成本利润率)$$

属于应征消费税的应税车辆，其组成计税价格中应加计消费税税额。

上述公式中的成本利润率，由国家税务总局各省、自治区、直辖市和计划单列市税务局确定。

7. 免税、减税车辆因转让、改变用途等原因不再属于免税、减税范围的，纳税人应当在办理车辆转移登记或者变更登记前缴纳车辆购置税。计税价格以免税、减税车辆初次办理纳税申报时确定的计税价格为基准，每满1年扣减10%。

具体纳税人、纳税义务发生时间、应纳税额按以下规定执行：

(1) 发生转让行为的，受让人为车辆购置税纳税人；未发生转让行为的，车辆所有人为车辆购置税纳税人。

(2) 纳税义务发生时间为车辆转让或者用途改变等情形发生之日。

(3) 应纳税额计算公式如下：

应纳税额 = 初次办理纳税申报时确定的计税价格 × (1 − 使用年限 × 10%) × 10% − 已纳税额

应纳税额不得为负数。

使用年限的计算方法是，自纳税人初次办理纳税申报之日起，至不再属于免税、减税范围的情形发生之日止。使用年限取整计算，不满1年的不计算在内。

8. 纳税人将已征车辆购置税的车辆退回车辆生产企业或者销售企业的，可以向主管税务机关申请退还车辆购置税。退税额以已缴税款为基准，自缴纳税款之日至申请退税之日，每满1年扣减10%。

应退税额计算公式如下：

应退税额 = 已纳税额 × (1 − 使用年限 × 10%)

应退税额不得为负数。

使用年限的计算方法是，自纳税人缴纳税款之日起，至申请退税之日止。

【知识点4】 车辆购置税税收优惠的基本政策

1. 下列车辆免征车辆购置税：

(1) 依照法律规定应当予以免税的外国驻华使馆、领事馆和国际组织驻华机构及其有关人员自用的车辆；

(2) 中国人民解放军和中国人民武装警察部队列入装备订货计划的车辆；

(3) 悬挂应急救援专用号牌的国家综合性消防救援车辆；

(4) 设有固定装置的非运输专用作业车辆；

(5) 城市公交企业购置的公共汽电车辆。

根据国民经济和社会发展的需要，国务院可以规定减征或者其他免征车辆购置税的情形，报全国人民代表大会常务委员会备案。

2. 设有固定装置的非运输专用作业车辆，是指采用焊接、铆接或者螺栓连接等方式固定安装专用设备或者器具，不以载运人员或者货物为主要目的，在设计和制造上用于专项作业的车辆。

免征车辆购置税的设有固定装置的非运输专用作业车辆，通过发布《免征车辆购置税的设有固定装置的非运输专用作业车辆目录》实施管理。

列入该目录的设有固定装置的非运输专用作业车辆，车辆生产企业、进口车辆经销商或个人（以下简称申请人）在上传《机动车整车出厂合格证》或进口机动车《车辆电子信息单》（以下简称车辆电子信息）时，将"是否列入《免征车辆购置税的设有固定装置的非运输专用作业车辆目录》"字段标注"是"（即免税标识）。工业和信息化部对申请人上传的车辆电子信息中的免税标识进行审核，并将通过审核的信息传送给税务总局。税务机关依据工业和信息化部审核后的免税标识以及办理车辆购置税纳税申报需要提供的其他资料，为纳税人办理车辆购置税免税手续。

申请人应当保证车辆电子信息与车辆产品相一致，对因提供虚假信息等造成车辆购置税税款流失的，依照《税收征收管理法》及其实施细则予以处理。

3. 对购置日期在 2022 年 6 月 1 日至 2022 年 12 月 31 日期间内且单车价格（不含增值税）不超过 30 万元的 2.0 升及以下排量乘用车，减半征收车辆购置税。

4. 对购置日期在 2023 年 1 月 1 日至 2023 年 12 月 31 日期间内的新能源汽车，免征车辆购置税。

免征车辆购置税的新能源汽车，通过工业和信息化部、税务总局发布《免征车辆购置税的新能源汽车车型目录》实施管理。自《免征车辆购置税的新能源汽车车型目录》发布之日起购置的，列入《免征车辆购置税的新能源汽车车型目录》的纯电动汽车、插电式混合动力（含增程式）汽车、燃料电池汽车，属于符合免税条件的新能源汽车。购置日期按照机动车销售统一发票或海关关税专用缴款书等有效凭证的开具日期确定。

2022 年 12 月 31 日前已列入《目录》的新能源汽车可按照该规定继续适用免征车辆购置税政策。

5. 对购置日期在 2024 年 1 月 1 日至 2025 年 12 月 31 日期间的新能源汽车免征车辆购置税，其中，每辆新能源乘用车免税额不超过 3 万元；对购置日期在 2026 年 1 月 1 日至 2027 年 12 月 31 日期间的新能源汽车减半征收车辆购置税，其中，每辆新能源乘用车减税额不超过 1.5 万元。购置日期按照机动车销售统一发票或海关关税专用缴款书等有效凭证的开具日期确定。

享受车辆购置税减免政策的新能源汽车，是指符合新能源汽车产品技术要求的纯电动汽车、插电式混合动力（含增程式）汽车、燃料电池汽车。新能源汽车产品技术要求由工业和信息化部会同财政部、税务总局根据新能源汽车技术进步、标准体系发展和车型变化情况制定。

销售方销售"换电模式"新能源汽车时，不含动力电池的新能源汽车与动力电池分别核算销售额并分别开具发票的，依据购车人购置不含动力电池的新能源汽车取得的机动车销售统一发票载明的不含税价作为车辆购置税计税价格。"换电模式"新能源汽车应当满足换电相关技术标准和要求，且新能源汽车生产企业能够自行或委托第三方为用户提供换电服务。

【知识点 5】 车辆购置税纳税义务时间、地点的基本政策

纳税人购置应税车辆,应当向车辆登记地的主管税务机关申报缴纳车辆购置税;购置不需要办理车辆登记的应税车辆的,应当向纳税人所在地的主管税务机关申报缴纳车辆购置税。即:

(1) 需要办理车辆登记的,向车辆登记地的主管税务机关申报纳税;

(2) 不需要办理车辆登记的,单位纳税人向其机构所在地的主管税务机关申报纳税,个人纳税人向其户籍所在地或者经常居住地的主管税务机关申报纳税。

车辆购置税的纳税义务发生时间为纳税人购置应税车辆的当日。纳税人应当自纳税义务发生之日起 60 日内申报缴纳车辆购置税。所称纳税义务发生时间,按照下列情形确定:

(1) 购买自用应税车辆的为购买之日,即车辆相关价格凭证的开具日期。

(2) 进口自用应税车辆的为进口之日,即《海关进口增值税专用缴款书》或者其他有效凭证的开具日期。

(3) 自产、受赠、获奖或者以其他方式取得并自用应税车辆的为取得之日,即合同、法律文书或者其他有效凭证的生效或者开具日期。

纳税人应当在向公安机关交通管理部门办理车辆注册登记前,缴纳车辆购置税。

车辆购置税的纳税义务发生时间以纳税人购置应税车辆所取得的车辆相关凭证上注明的时间为准。

【知识点 6】 车辆购置税的检查要点

(1) 检查被查对象是否属于车辆购置税的纳税义务人。

(2) 检查被查对象是否正确计算并缴纳车辆购置税。

(3) 检查被查对象享受税收优惠是否符合规定的条件,履行了规定的程序。

(4) 检查汽车企业销售的车辆电子信息与车辆产品是否一致,销售方是否如实开具发票,是否存在提供虚假信息或资料造成车辆购置税税款流失的情形。

>> 第十二节
烟叶税的检查方法

【知识点 1】 烟叶税纳税人的基本政策

在中华人民共和国境内,依照《中华人民共和国烟草专卖法》的规定收购烟叶的单位为烟叶税的纳税人。

收购烟叶的单位,是指依照《中华人民共和国烟草专卖法》的规定有权收购烟叶的烟草公司或者受其委托收购烟叶的单位。依照《中华人民共和国烟草专卖法》查处没收的违法收购的烟叶,由收购罚没烟叶的单位按照购买金额计算缴纳烟叶税。

【知识点2】 烟叶税征税范围的基本政策

所称烟叶,是指烤烟叶、晾晒烟叶。

晾晒烟叶,包括列入名晾晒烟名录的晾晒烟叶和未列入名晾晒烟名录的其他晾晒烟叶。

【知识点3】 烟叶税计税依据和应纳税额的基本政策

烟叶税的计税依据为纳税人收购烟叶实际支付的价款总额。纳税人收购烟叶实际支付的价款总额包括纳税人支付给烟叶生产销售单位和个人的烟叶收购价款和价外补贴。其中,价外补贴统一按烟叶收购价款的10%计算。

$$烟叶收购价款总额 = 收购价款 \times (1 + 10\%)$$

烟叶税的应纳税额按照纳税人收购烟叶实际支付的价款总额乘以税率计算。烟叶税的税率为20%。

【知识点4】 烟叶税纳税义务时间、地点的基本政策

纳税人应当向烟叶收购地的主管税务机关申报缴纳烟叶税。烟叶收购地的主管税务机关,是指烟叶收购地的县级税务局或者其所指定的税务分局、所。

烟叶税的纳税义务发生时间为纳税人收购烟叶的当日。所称收购烟叶的当天,是指纳税人向烟叶销售者付讫收购烟叶款项或者开具收购烟叶凭据的当天。

烟叶税按月计征,纳税人应当于纳税义务发生月终了之日起15日内申报并缴纳税款。

【知识点5】 烟叶税的检查要点

1. 检查中应正确界定中华人民共和国境内,是否将在境内收购烟叶的单位界定为纳税人,是否将在境外收购烟叶的单位错误界定为纳税人。

2. 检查中应正确界定烟叶税的征税范围,是否将所有在征税范围的烟叶都按规定申报缴纳烟叶税。是否将不应该纳入烟叶税征税范围的错误申报缴纳了烟叶税。如烟叶税的征税范围包括晾晒烟叶、烤烟叶,但不包括烟丝。纳税人是否将烟丝也纳入了征税范围。

3. 检查被查对象计征烟叶税时是否没有将价外补贴也包含在计税依据中,是否错

误地将实际的价外补贴包含在计税依据中，而不是定额计算价外补贴。

4. 检查被查对象是否错误地将纳税人的机构所在地作为烟叶税的纳税义务发生地。

5. 检查被查对象是否有未按规定期限申报缴纳烟叶税，是否有迟申报、迟纳税的嫌疑。

6. 检查被查对象是否检查所属年度可能跨越新旧烟叶税政策的时期，应注意检查新旧烟叶税政策的不同点，是否没有按规定在适用法律和政策时执行实体从旧，程序从新的原则。

第七章 涉税违法行为的检查与定性

第七章 | 涉税违法行为的检查与定性

>> 知识架构

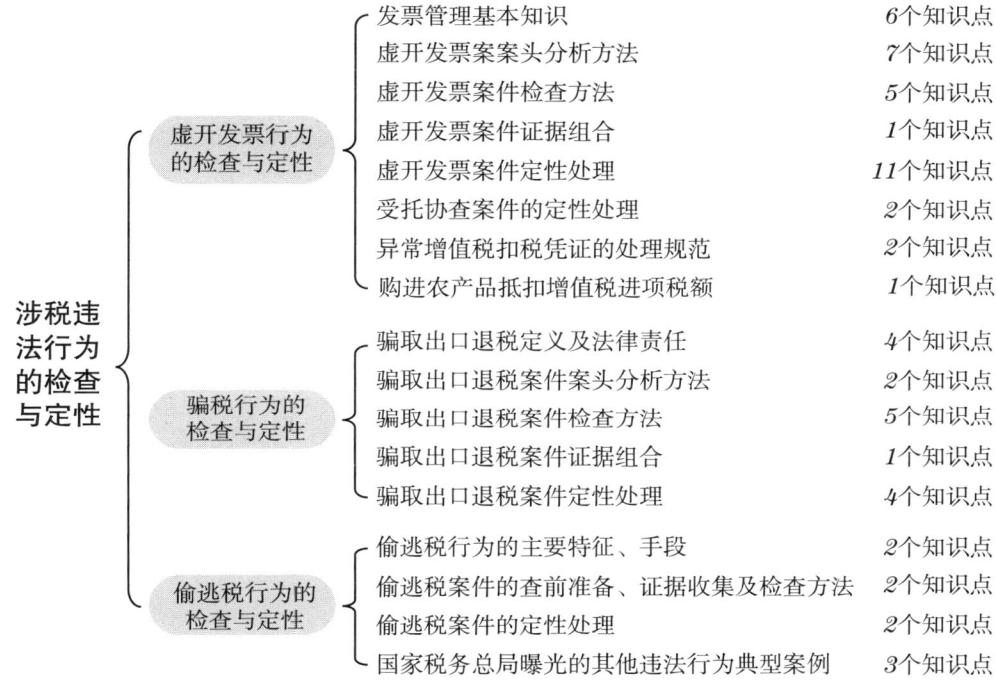

>> 第一节
虚开发票行为的检查与定性

一 发票管理基本知识

【知识点1】 发票的定义

发票,是指在购销商品、提供或者接受服务以及从事其他经营活动中,开具、收取的收付款凭证。发票包括纸质发票和电子发票。电子发票与纸质发票具有同等法律效力。

· 391 ·

【知识点2】 发票的领用管理

1. 自行领用管理规定

需要领用发票的单位和个人，应当持设立登记证件或者税务登记证件，以及经办人身份证明，向主管税务机关办理发票领用手续。领用纸质发票的，还应当提供按照国务院税务主管部门规定式样制作的发票专用章的印模。主管税务机关根据领用单位和个人的经营范围、规模和风险等级，在5个工作日内确认领用发票的种类、数量以及领用方式。单位和个人领用发票时，应当按照税务机关的规定报告发票使用情况，税务机关应当按照规定进行查验。

临时到本省、自治区、直辖市以外从事经营活动的单位或者个人，应当凭所在地税务机关的证明，向经营地税务机关领用经营地的发票。

2. 临时代开管理规定

要临时使用发票的单位和个人，可以凭购销商品、提供或者接受服务以及从事其他经营活动的书面证明、经办人身份证明，直接向经营地税务机关申请代开发票。依照税收法律、行政法规规定应当缴纳税款的，税务机关应当先征收税款，再开具发票。

3. 委托代开管理

税务机关根据发票管理的需要，可以按照国务院税务主管部门的规定委托其他单位代开发票。

4. 禁止非法代开发票

【知识点3】 发票的开具和保管

1. 经营活动中应当开具和取得发票

销售商品、提供服务以及从事其他经营活动的单位和个人，对外发生经营业务收取款项，收款方应当向付款方开具发票；特殊情况下，由付款方向收款方开具发票。

所有单位和从事生产、经营活动的个人在购买商品、接受服务以及从事其他经营活动支付款项，应当向收款方取得发票。取得发票时，不得要求变更品名和金额。

不符合规定的发票，不得作为财务报销凭证，任何单位和个人有权拒收。

《国家税务总局关于资源回收企业向自然人报废产品出售者"反向开票"有关事项的公告》（国家税务总局公告2024年第5号）规定：

（1）自2024年4月29日起，自然人报废产品出售者（以下简称出售者）向资源回收企业销售报废产品，符合条件的资源回收企业可以向出售者开具发票（以下称"反向开票"）。

报废产品，是指在社会生产和生活消费过程中产生的，已经失去原有全部或部分使用价值的产品。

出售者，是指销售自己使用过的报废产品或销售收购的报废产品、连续不超过 12 个月（指自然月，下同）"反向开票"累计销售额不超过 500 万元（不含增值税，下同）的自然人。

（2）实行"反向开票"的资源回收企业（包括单位和个体工商户，下同），应当符合以下三项条件之一，且实际从事资源回收业务：

①从事危险废物收集的，应当符合国家危险废物经营许可证管理办法的要求，取得危险废物经营许可证；

②从事报废机动车回收的，应当符合国家商务主管部门出台的报废机动车回收管理办法要求，取得报废机动车回收拆解企业资质认定证书；

③除危险废物、报废机动车外，其他资源回收企业应当符合国家商务主管部门出台的再生资源回收管理办法要求，进行经营主体登记，并在商务部门完成再生资源回收经营者备案。

（3）自然人销售报废产品连续 12 个月"反向开票"累计销售额超过 500 万元的，资源回收企业不得再向其"反向开票"。资源回收企业应当引导持续从事报废产品出售业务的自然人依法办理经营主体登记，按照规定自行开具发票。

（4）资源回收企业需要"反向开票"的，应当向主管税务机关提交《资源回收企业"反向开票"申请表》，并提供危险废物经营许可证或报废机动车回收拆解企业资质认定证书或商务部门再生资源回收经营者备案登记证明。资源回收企业应当通过电子发票服务平台或增值税发票管理系统，在线向出售者反向开具标注"报废产品收购"字样的发票。

（5）资源回收企业可以根据"反向开票"的实际经营需要，按照规定向主管税务机关申请调整发票额度，或最高开票限额和份数。资源回收企业销售报废产品适用增值税简易计税方法的，可以反向开具普通发票，不得反向开具增值税专用发票；适用增值税一般计税方法的，可以反向开具增值税专用发票和普通发票。资源回收企业销售报废产品，增值税计税方法发生变更的，应当申请对"反向开票"的票种进行调整。

资源回收企业可以按规定抵扣反向开具的增值税专用发票上注明的税款。

（6）资源回收企业中的增值税一般纳税人销售报废产品，本规定施行前已按有关规定选择适用增值税简易计税方法的，可以在 2024 年 7 月 31 日前改为选择适用增值税一般计税方法。

除上述情形外，资源回收企业选择增值税简易计税方法计算缴纳增值税后，36 个月内不得变更；变更为增值税一般计税方法后，36 个月内不得再选择增值税简易计税方法。

（7）资源回收企业向出售者"反向开票"时，应当按规定为出售者代办增值税及附加税费、个人所得税的申报事项，于次月申报期内向主管税务机关报送《代办税费报告表》和《代办税费明细报告表》，并按规定缴纳代办税费。未按规定期限缴纳代办税费的，主管税务机关暂停其"反向开票"资格，并按规定追缴不缴或者少缴的税费、滞纳金。

（8）资源回收企业首次向出售者"反向开票"时，应当就"反向开票"和代办税费事项征得该出售者同意，并保留相关证明材料。该出售者不同意的，资源回收企业不得向其"反向开票"，出售者可以向税务机关申请代开发票。

（9）出售者通过"反向开票"销售报废产品，可按规定享受小规模纳税人月销售额10万元以下免征增值税和3%征收率减按1%计算缴纳增值税等税费优惠政策。后续如小规模纳税人相关税费优惠政策调整，按照调整后的政策执行。

出售者通过"反向开票"销售报废产品，当月销售额超过10万元的，对其"反向开票"的资源回收企业，应当根据当月各自"反向开票"的金额为出售者代办增值税及附加税费申报，并按规定缴纳代办税费。

（10）出售者通过"反向开票"销售报废产品，按照销售额的0.5%预缴经营所得个人所得税。

出售者在"反向开票"的次年3月31日前，应当自行向经营管理所在地主管税务机关办理经营所得汇算清缴，资源回收企业应当向出售者提供"反向开票"和已缴税款等信息。

税务机关发现出售者存在未按规定办理经营所得汇算清缴情形的，应当依法采取追缴措施，并要求资源回收企业停止向其"反向开票"。

（11）资源回收企业反向开具的发票，符合税收法律、行政法规、规章和规范性文件相关规定的，可以作为本企业所得税税前扣除凭证。不符合规定进行税前扣除的，严格按照《税收征收管理法》《发票管理办法》等有关规定处理。

（12）资源回收企业应当对办理"反向开票"业务时提交的相关资料以及资源回收业务的真实性负责，依法履行纳税义务。一经发现资源回收企业提交虚假资料骗取"反向开票"资格或资源回收业务虚假的，税务机关取消其"反向开票"资格，并依法追究责任。

2. 开具发票的具体要求

开具发票应当按照规定的时限、顺序、栏目，全部联次一次性如实开具，开具纸质发票应当加盖发票专用章。

安装税控装置的单位和个人，应当按照规定使用税控装置开具发票，并按期向主管税务机关报送开具发票的数据。

使用非税控电子器具开具发票的，应当将非税控电子器具使用的软件程序说明资料报主管税务机关备案，并按照规定保存、报送开具发票的数据。

单位和个人开发电子发票信息系统自用或者为他人提供电子发票服务的，应当遵守国务院税务主管部门的规定。

自2017年7月1日起,购买方为企业的,索取增值税普通发票时,应向销售方提供纳税人识别号或统一社会信用代码;销售方为其开具增值税普通发票时,应在"购买方纳税人识别号"栏填写购买方的纳税人识别号或统一社会信用代码。不符合规定的发票,不得作为税收凭证。前述所称企业,包括公司、非公司制企业法人、企业分支机构、个人独资企业、合伙企业和其他企业。

销售方开具增值税发票时,发票内容应按照实际销售情况如实开具,不得根据购买方要求填开与实际交易不符的内容。销售方开具发票时,通过销售平台系统与增值税发票税控系统后台对接,导入相关信息开票的,系统导入的开票数据内容应与实际交易相符,如不相符应及时修改完善销售平台系统。

3. 发票使用范围

除国务院税务主管部门规定的特殊情形外,纸质发票限于领用单位和个人在本省、自治区、直辖市内开具。

除国务院税务主管部门规定的特殊情形外,任何单位和个人不得跨规定的使用区域携带、邮寄、运输空白发票。

禁止携带、邮寄或者运输空白发票出入境。

4. 发票使用登记

开具发票的单位和个人应当建立发票使用登记制度,配合税务机关进行身份验证,并定期向主管税务机关报告发票使用情况。

5. 变更注销税务登记时发票的变更、缴销

开具发票的单位和个人应当在办理变更或者注销税务登记的同时,办理发票的变更、缴销手续。

6. 发票的保管

开具发票的单位和个人应当按照国家有关规定存放和保管发票,不得擅自损毁。已经开具的发票存根联,应当保存5年。

7. 发票使用禁止行为

(1) 任何单位和个人应当按照发票管理规定使用发票,不得有下列行为:

①转借、转让、介绍他人转让发票、发票监制章和发票防伪专用品;

②知道或者应当知道是私自印制、伪造、变造、非法取得或者废止的发票而受让、开具、存放、携带、邮寄、运输;

③拆本使用发票;

④扩大发票使用范围;

⑤以其他凭证代替发票使用;

⑥窃取、截留、篡改、出售、泄露发票数据。

（2）任何单位和个人不得有下列虚开发票行为：

①为他人、为自己开具与实际经营业务情况不符的发票；

②让他人为自己开具与实际经营业务情况不符的发票；

③介绍他人开具与实际经营业务情况不符的发票。

【知识点4】 虚开发票行为的定义和相应条款

1. 行政定义

《发票管理办法》第二十一条第二款规定，任何单位和个人不得有下列虚开发票行为：

（1）为他人、为自己开具与实际经营业务情况不符的发票；

（2）让他人为自己开具与实际经营业务情况不符的发票；

（3）介绍他人开具与实际经营业务情况不符的发票。

2. 刑事定义

《刑法》第二百零五条规定，虚开增值税专用发票或者虚开用于骗取出口退税、抵扣税款的其他发票，是指有为他人虚开、为自己虚开、让他人为自己虚开、介绍他人虚开行为之一的。

《最高人民法院关于适用〈全国人民代表大会常务委员会关于惩治虚开、伪造和非法出售增值税专用发票犯罪的决定〉的若干问题的解释》（法发〔1996〕30号）规定，虚开增值税专用发票的，构成虚开增值税专用发票罪。具有下列行为之一的，属于"虚开增值税专用发票"：

（1）没有货物购销或者没有提供或接受应税劳务而为他人、为自己、让他人为自己、介绍他人开具增值税专用发票；

（2）有货物购销或者提供或接受了应税劳务但为他人、为自己、让他人为自己、介绍他人开具数量或者金额不实的增值税专用发票；

（3）进行了实际经营活动，但让他人为自己代开增值税专用发票。

【知识点5】 虚开发票行为的手段

从当前查处的案件来看，虚开发票主要有下列手段。

（1）虚出不虚进型：仅为他人虚开发票，无为自己虚开发票或让他人为自己虚开发票的行为，包括暴力型虚开和富余票型虚开等。

（2）虚进不虚出型：让他人为自己或自己为自己虚开发票，取得进项税额抵减销项税额达到少缴增值税或骗取出口退税的目的；或者同时虚增成本费用，在企业所得税税前扣除，少缴企业所得税。

（3）虚进又虚出型：既存在为他人虚开发票的行为，又存在让他人为自己或自己为自己虚开发票的行为。

（4）其他类型（特殊虚开）：不以骗取出口退税、多抵进项税款、骗取留抵退税，或不以少缴企业所得税为目的，而进行的虚开发票行为，如为了虚增业绩，为了骗取贷款等。

【知识点6】 国家税务总局曝光的虚开发票案例

1. 利用税收优惠虚开案例

某团伙控制某工程设备有限公司，在没有真实业务交易的情况下，非法取得大量海关进口增值税专用缴款书和虚开的增值税专用发票作进项税额抵扣，并利用增值税加计抵减政策违规加计抵减69.14万元；对外虚开增值税专用发票125份，价税合计金额7369.57万元。

某团伙控制多家空壳企业，利用增值税加计抵减政策互相虚开增值税专用发票1.09万份，价税合计金额10.84亿元，涉嫌虚增加计抵减税额870.55万元。同时，涉嫌对外虚开增值税发票2000余份，价税合计金额1.26亿元。

某团伙控制多家空壳企业，利用生产、生活性服务业增值税加计抵减政策，在没有真实业务交易的情况下，涉嫌虚开增值税发票价税合计金额45亿元，骗取留抵退税469万元。

某团伙将虚开公司包装成"高科技"软件开发企业，通过虚假软件开发等手段，利用软件企业税收优惠政策向多家企业虚开增值税专用发票3507份，价税合计金额3.75亿元，下游企业利用虚开的增值税专用发票骗取出口退税2788.48万元。

某软件开发有限公司伪装成软件开发企业，通过虚假软件开发等手段，利用软件企业税收优惠政策以及套取地方财政奖励政策，对外虚开增值税专用发票266份，价税合计金额2498万元。

2. 数电票虚开案例

某团伙控制15户空壳小规模纳税人企业，在没有真实业务交易的情况下，涉嫌对外虚开生活服务类全面数字化的电子发票814份，价税合计金额754.61万元。

3. 利用办税自助机代开虚开案例

某团伙控制多家空壳公司，在没有真实业务交易的情况下，利用办税自助机代开方式向多家企业虚开增值税专用发票2400余份，价税合计金额12.16亿元。目前，该案已由公安部门移送检察机关审查起诉。

4. 农产品收购发票的虚开案例

某团伙控制多家虚假生产企业，通过伪造身份证件获取虚假农户信息，虚开农产品收购发票1.5万份，金额13.32亿元。同时，在没有真实业务的情况下，向多家企业虚开增值税专用发票1.37万份，价税合计金额13.64亿元。

经查，该公司涉嫌操控 15 家空壳公司虚开农产品收购发票、增值税专用发票 8316 份，帮助其他企业偷逃税款 5379 万元。

5. 机动车销售统一发票的虚开案例

某公司购进超豪华小汽车后，通过低价开具机动车销售统一发票等手段，少缴超豪华小汽车零售环节消费税、增值税等税费 5332.79 万元。

6. 废旧物资虚开案例

某团伙利用他人身份信息设立 7 家空壳企业，通过电子税务局大量申请领用增值税专用发票，虚开废旧物资品名的增值税专用发票价税合计 2.39 亿元。

7. 某中介参与虚开案例

某犯罪分子利用该公司代理记账及代办变更登记便利，虚开增值税专用发票 9296 份，价税合计金额 8.7 亿元，为下游企业虚开增值税专用发票骗取留抵退税。

某企业管理咨询服务中心将自己包装为平台型企业，实为税务代理公司，通过收取服务费的方式为他人注册个人独资企业、代理涉税事项，在没有发生实际经营业务的情况下，以被代理企业的名义对外虚开增值税发票 1196 份，价税合计金额 1.06 亿元。

8. 其他虚开案例

某公司在生产研发过程中，通过多列支成本费用违规享受研发费用加计扣除 290.35 万元。同时，该公司还存在接受虚开增值税专用发票，违规抵扣增值税进项税额等涉税违法问题。

某公司在未发生真实交易的情况下，让他人为自己虚开增值税专用发票 221 份，价税合计金额 2556.38 万元，少缴增值税等税费 1604.11 万元。

某团伙控制某医疗科技有限责任公司，利用上游互联网平台企业虚构业务，向医药生产企业虚开品目为信息服务、市场推广费等增值税专用发票 3872 份，价税合计金额 3.53 亿元。目前，公安机关已将该案移送检察机关审查起诉。

某公司在未发生真实交易的情况下，对外虚开增值税专用发票 105 份。同时，该公司涉嫌逃避追缴欠税 825.68 万元。

二、虚开发票案案头分析方法

对于虚开发票案件，检查部门收到案源部门分配的案源后，采用"系统＋人工"的方式调取企业相关数据，聚合推送下发的疑点数据、案源信息以及获取的第三方信息等，参考虚开发票类型特征和典型案例，结合虚开发票违法活动中的新情况、新动向，对案件被查对象及串联企业群组进行对比分析、识别研判，找准案件风险疑点，明晰案件查处方向，确定检查组织方式，为后续检查工作顺利开展奠定坚实基础。

【知识点1】 对被查对象登记信息的分析

对被查对象的状态、生产经营注册地情况、变更登记情况、注册资本情况、团伙情况进行分析，找到其中的异常点。主要包括状态分析、生产经营注册地分析和串联群组分析。

根据《最高人民检察院关于涉嫌犯罪单位被撤销、注销、吊销营业执照或者宣告破产的应如何进行追诉问题的批复》（高检发释字〔2002〕4号）的规定，涉嫌犯罪的单位被撤销、注销、吊销营业执照或者宣告破产的，应当根据《刑法》关于单位犯罪的相关规定，对实施犯罪行为的该单位直接负责的主管人员和其他直接责任人员追究刑事责任，对该单位不再追诉。

企业注销登记后，法人资格随之消亡，税务稽查部门对市场主体登记已注销企业可不予立案检查，但对该企业虚开发票违法行为应进行调查，发现涉嫌虚开发票违法活动的该企业直接负责的主管人员和其他直接责任人员应将线索移送公安经侦部门。

根据《中华人民共和国公司登记管理条例》的规定，公司成立后无正当理由连续6个月未开业的，或者开业后自行停业连续6个月以上的，可以由公司登记机关吊销营业执照。

【知识点2】 对人员信息的分析

完全虚进虚出型、暴力虚开型等空壳类型虚开发票企业，呈现类聚成团、跨域作案、快速虚开的特点，利用同乡、亲属等地缘、血缘关系结成团伙。

因此查前对人员信息的分析，应包括对企业法定代表人分析、人员身份信息分析、代办人员分析、发票领购人员分析等内容。重点分析企业的法定代表人、实际控制人、股东、监事、财务人员、办税人员、管理人员、代办人员、发票领购人员的社会关系。

在虚开发票案件的查办过程中，应当按照事件流程，追踪圈定承办人员，构建案件人员及涉案关联人员数据表，从而达到以人寻人、因人循事，还原案件过程的目的。

【知识点3】 对征管信息的分析

查询税收征管系统及相关信息平台的数据，分析企业的税务登记情况、一般纳税人资格获取情况、银行账户情况、所采用的财务核算制度情况和享受的税收优惠政策，发现其中的异常点。

【知识点4】 对发票流信息的分析

从税收征管系统、增值税发票管理新系统中获取被查对象增值税专用发票存根联信息、增值税普通发票信息、农产品收购（销售）发票开具信息、增值税专用发票抵扣联信息、红字增值税专用发票信息、滞留发票信息、异常增值税扣税凭证信息、原货运增值税专用发票认证抵扣信息、海关进口增值税专用缴款书抵扣信息、增值税专用发票稽查等信息，开展下列风险分析：

（1）对发票核定情况进行分析。分析企业领购发票的发票票种、开票限额、领购数量、购票方式、最高开票限额、用票数量与被查对象实际领购情况是否一致，填列的销售方与开具方是否一致。

（2）对防伪税控设备进行分析。了解企业安装和使用防伪税控设备的情况和相关信息，发现其中的异常点。

（3）对发票领取情况进行分析。对企业发票领取的时点、频次、金额进行汇总分析，分析企业是否有领购发票后囤积发票暂未对外开具的情况；是否有通过临时增票方式一次大量领票的情况；是否有短期内频繁领票的情况；是否有新办企业初期少量领票开具申报后短期内随即大量领票的等各种异常领票的情况。

（4）对发票开具（取得）进行分析。主要分析其交易的频次、开具的时间、受票方、票面金额开具是否异常，发票开具的货物（服务）的品名是否为敏感品名，对开具的发票金额、品名和受票方离散度分析，发现其中的异常点。

（5）对发票来源去向溯源分析。向上追溯发票来源，向下追踪发票去向，利用国家税务总局平台发票流向图，分析推定发票流上各节点涉案企业的层级位、虚开发票动机和作案手法，选择外调对象，确定检查重点。

（6）对发票构成占比进行分析。可以分年度按进项抵扣凭证类别、不同税率（征收率）筛选出被查对象进项受票金额、销项开票金额，排序出上游来票企业、下游受票企业、货运企业、种植养殖农户等待核查数据，与案源信息数据、企业主体群组数据、涉案人员信息数据、征管申报数据进行交互分析，发现其中的异常点。

（7）对进销匹配情况分析。对货物进销品名匹配情况、税率匹配情况、经营范围匹配情况、特定货物经营半径匹配情况进行分析，找到其中与企业实际生产经营能力不相符的异常点。

（8）对企业的物耗进行分析。分析企业原辅料购进投入等物耗是否与企业的实际生产经营范围和生产经营能力一致，找到其中与企业实际生产经营情况不相符的异常点。

（9）对企业的能耗进行分析。分析企业的主要能耗，如电费、水费、能动费用等是否为企业实际生产经营所必需的，是否有明显异于同类正常企业耗用产出比值的，找到其中与企业实际生产经营能力不相符的异常点。

（10）对企业经营支出进行分析。分析发票数据中是否发生人员出差住宿、会议服务支出、固定资产购置、企业实际缴纳社保、办公用品采购、物业费用、保险费用支出等类别品目发票，企业实际缴纳的社保人员与从业人数、财务数据中的工资薪酬是否匹配。

（11）对企业的特殊发票分析。对企业开具或取得的收购发票进行分析，对企业开具或取得的红字增值税专用发票进行分析，对企业的异常增值税扣税凭证进行分析，对企业的负数普通发票进行分析，对企业的失控发票、滞留发票进行分析，对企业的作废发票和代开发票进行分析，找到其中与企业实际生产经营情况不相符的异常点。

【知识点5】 对申报信息的分析

查询税收征管系统，将被查对象增值税纳税申报表及其附列资料数据与发票开具数据、进项抵扣凭证数据、税款入库数据、增值税优惠政策备案信息进行表表比对、票表比对和表税比对。

表表比对，是指纳税申报表表内、表间逻辑关系比对。

票表比对，是指各类发票、凭证、备案资格等信息与纳税申报表进行比对。

表税比对，是指纳税人当期申报的应纳税款与当期的实际入库税款进行比对。

分析被查对象纳税申报是否存在异常情况，企业在开具发票后是否存在通过增值税纳税申报表及附列资料栏次进行虚假填列来不缴或少缴应纳税额，结合其发票对外开具情况从而分析其是否存在虚开发票的情况。

【知识点6】 对财务信息的分析

查询税收征管系统，将被查对象财务报表数据与发票开具数据、纳税申报数据、税款入库数据进行个体分析，与同地区、同规模、同行业正常企业开展比较分析。分析方法包括个体分析和比较分析。

【知识点7】 对第三方信息的分析

查办虚开案件应拓展案件涉税信息来源渠道、重视互联网情报信息收集工作，提升涉税信息扫描分析效能，采用"信息获取+比对印证"相结合的方法开展外部第三方数据收集分析工作。

（1）信息获取。如从政府网站获取涉税数据与被查对象数据进行比对分析。

（2）比对印证。如根据涉案主体涉嫌虚开发票违法类型，从专业或行业网站收集交易规则、交易流程、交割细则、仓储交易等涉税信息，查询相关信息，为检查取证提供情报支持和印证材料。

三、虚开发票案件检查方法

对涉嫌虚开案件，在法定的权限内开展检查，着重对企业注册经营、发票开具申报、资金结算收付、货物储运支付等情况开展调查取证。

【知识点1】 发票检查手段

税务人员进行检查时，应当出示税务检查证。

税务机关在发票管理中有权进行下列检查：

（1）检查印制、领用、开具、取得、保管和缴销发票的情况；

（2）调出发票查验；

（3）查阅、复制与发票有关的凭证、资料；

（4）向当事各方询问与发票有关的问题和情况；

（5）在查处发票案件时，对与案件有关的情况和资料，可以记录、录音、录像、照像和复制。

印制、使用发票的单位和个人，必须接受税务机关依法检查，如实反映情况，提供有关资料，不得拒绝、隐瞒。

税务机关需要将已开具的发票调出查验时，应当向被查验的单位和个人开具发票换票证。发票换票证与所调出查验的发票有同等的效力。被调出查验发票的单位和个人不得拒绝接受。税务机关需要将空白发票调出查验时，应当开具收据；经查无问题的，应当及时返还。

单位和个人从中国境外取得的与纳税有关的发票或者凭证，税务机关在纳税审查时有疑义的，可以要求其提供境外公证机构或者注册会计师的确认证明，经税务机关审核认可后，方可作为记账核算的凭证。

【知识点2】 发票流检查

发票流的检查，需从票面信息的比对核查以及流转过程的逻辑性方面进行检查。

（1）发票信息的比对核查。发票信息的比对核查包括通过国家税务总局增值税发票查验平台进行查验、核对票面信息和比对经营信息。

（2）上下游交易对象的检查。以涉嫌虚开企业为主体，对虚开企业发票业务链条的上下游企业、上下游企业各自的上下游企业进行全链条或穿透式检查，取得相关证据，印证事实，综合判断，扣紧证据链条，形成证据组合。

（3）滞留票的检查。滞留票是指销售方已开出，而购货方没有进行认证抵扣的增值税专用发票。

【知识点3】 货物流检查

对虚开发票案件货物流的检查可采用"审阅、比对、检查"的方法。

（1）审阅法，是指审阅购销合同。通过对企业购销合同的审阅，了解企业购进和销售货物的交货单位、交货方式（自运、代运、自提）、运输方式、到货地点、接货单位或接货人，以及货物的名称、品种、规格、质量、数量、计量单位、计量方法等基本信息。

（2）比对法，是指比对发票信息、合同信息，比对购、销是否关联匹配，确定无货虚开、票货分离、变名虚开等违法行为的检查方向。

（3）检查法，是指检查货物购销业务的真实性；委托加工业务的真实性；检查物流凭证，追查货物流向；检查出入库时间，追查发票性质；检查存货和经营能力是否匹配。

【知识点4】 资金流检查

资金流，是指在交易对象间随着业务活动而发生的资金往来。虚假资金流，是指以虚假现金收付、利用银行账户回流资金、利用承兑汇票虚假支付结算等手段实现形式上有与交易相匹配的资金收付，实质上无资金收付的行为。资金流的检查方法主要围绕检查资金有没有付出、已付出的资金有没有回流、虚假债权、虚假债务等展开。

【知识点5】 生产经营现场检查

对涉嫌虚开的实体经营企业的税务检查，需要检查人员实地核查被查对象或第三方的生产或经营情况，制作现场检查笔录、勘验笔录。如现场检查确认企业是否虚假登记注册地址与经营地址，现场调取被查对象账簿、记账凭证、电子数据和其他涉税单据、资料，现场检查企业的经营状况等，结合其他外部证据对企业的生产经营真实性进行判别。

四 虚开发票案件证据组合

【知识点】 证据组合

根据前面章节所述，证据包括书证、物证、视听资料、电子数据、证人证言、当事人的陈述、鉴定意见、勘验笔录、现场笔录等。证据组合就是证明主体从证明需求出发，围绕特定的证明对象，按照证明规则、证明标准、证明条件和证明路径，通过对所获上述类别证据材料进行组织和整合，从而形成证明依据、确认事实，进而得出结论。

认定虚开发票案件违法事实成立的证据主要由基础证据、主要证据、辅助证据三类证据组合而成，形成完整的证据链。走逃失联企业检查定性的证据组合应按照国家税务总局出台的相关文件执行。

1. 基础证据组合

基础证据就是在查处虚开发票案件时应普遍收集的证据，主要包括：

（1）证明纳税主体及资格的证据，如纳税人基础信息资料、纳税人主体的相关资料、证明纳税人涉税相关资格的相关资料等；

（2）纳税申报资料等证据，如纳税人发票领用存相关资料、申报信息、财务报表、报告信息等；

（3）其他相关基本资料。

2. 主要证据组合

主要证据就是在查处虚开发票案件时收集的能证明违法事实成立的核心证据，主要包括：

（1）虚开发票的基础性证据：包括发票领用、数电票"赋码授信"、发票开具、取得、勾选、抵扣、其他扣除凭证信息等证据，用以证明被查对象已经进行的相关与虚开发票有关的活动。

（2）调查生产能力的证据，用以证明被查对象的生产能力是否与其经营活动相匹配。

（3）调查交易资金的证据，用以证明被查对象是否存在与经营活动相匹配的交易资金流水。

（4）调查应税货物、应税劳务、应税行为真实性的证据，用以证明被查对象所交易的标的物、行为和活动是否真实存在。

（5）收付虚开发票手续费的证据，用以证明被查对象交易的违法性和违法所得的具体金额。

（6）其他主要证据。

3. 辅助证据组合

辅助证据，是指在查处虚开发票案件时收集的对案件定性起辅助支持作用的证据。它是对主要证据有补充作用的证据，在案件定性处理中起着重要的作用。它可能会以多种形式存在，只要符合证据的关联性、合法性、真实性的要求，有利于案件的查处和定性，都可以成为辅助证据组合的一部分。

五 虚开发票案件定性处理

虚开发票案件中针对开票方、受票方、掮客，不同的虚开目的、采用的不同手段、造成的不同后果，进行不同的处理。

【知识点1】 虚开发票行为的行政处理
1. 行政处理依据
《发票管理办法》第三十五条规定，违反该办法的规定虚开发票的，由税务机关没收违法所得；虚开金额在1万元以下的，可以并处5万元以下的罚款；虚开金额超过1万元的，并处5万元以上50万元以下的罚款；构成犯罪的，依法追究刑事责任。
2. 行政处理
（1）没收违法所得。
《行政处罚法》第二十八条规定，行政机关实施行政处罚时，应当责令当事人改正或者限期改正违法行为。当事人有违法所得，除依法应当退赔的外，应当予以没收。违法所得是指实施违法行为所取得的款项。法律、行政法规、部门规章对违法所得的计算另有规定的，从其规定。
（2）并处罚款。
虚开金额在1万元以下的，可以并处5万元以下的罚款；虚开金额超过1万元的，并处5万元以上50万元以下的罚款。
（3）构成犯罪的，依法追究刑事责任。

【知识点2】 非法代开发票行为的行政处理
同【知识点1】虚开发票行为的行政处理

【知识点3】 窃取、截留、篡改、出售、泄露发票数据的的行政处理
1. 行政处理依据
《发票管理办法》第三十六条规定，私自印制、伪造、变造发票，非法制造发票防伪专用品，伪造发票监制章，窃取、截留、篡改、出售、泄露发票数据的，由税务机关没收违法所得，没收、销毁作案工具和非法物品，并处1万元以上5万元以下的罚款；情节严重的，并处5万元以上50万元以下的罚款；构成犯罪的，依法追究刑事责任。
上述规定的处罚，《税收征收管理法》有规定的，依照其规定执行。
2. 行政处理
（1）没收违法所得。
（2）没收、销毁作案工具和非法物品。
（3）并处罚款。
并处1万元以上5万元以下的罚款；情节严重的，并处5万元以上50万元以下的

罚款。

（4）构成犯罪的，依法追究刑事责任。

【知识点4】 转借、转让、介绍他人转让发票，知道或者应当知道是非法取得的发票而受让、开具的行政处理

1. 行政处理依据

《发票管理办法》第三十七条规定，有下列情形之一的，由税务机关处1万元以上5万元以下的罚款；情节严重的，处5万元以上50万元以下的罚款；有违法所得的予以没收。

（1）转借、转让、介绍他人转让发票、发票监制章和发票防伪专用品的；

（2）知道或者应当知道是私自印制、伪造、变造、非法取得或者废止的发票而受让、开具、存放、携带、邮寄、运输的。

2. 行政处理

（1）有违法所得的予以没收。

（2）处以罚款。

由税务机关处1万元以上5万元以下的罚款；情节严重的，处5万元以上50万元以下的罚款。

【知识点5】 为他人提供方便导致未缴、少缴税款的行政处理

1. 行政处理依据

《税收征收管理法实施细则》第九十三条规定，为纳税人、扣缴义务人非法提供银行账户、发票、证明或者其他方便，导致未缴、少缴税款或者骗取国家出口退税款的，税务机关除没收其违法所得外，可以处未缴、少缴或者骗取的税款1倍以下的罚款。

《发票管理办法》第三十九条规定，违反发票管理法规，导致其他单位或者个人未缴、少缴或者骗取税款的，由税务机关没收违法所得，可以并处未缴、少缴或者骗取的税款1倍以下的罚款。

2. 行政处理

（1）没收违法所得。

（2）可以并处罚款。

可以并处未缴、少缴或者骗取的税款1倍以下的罚款。

【知识点6】 其他未发票违章行为条款

《发票管理办法》第三十三条规定，违反《发票管理办法》的规定，有下列情形之一的，由税务机关责令改正，可以处1万元以下的罚款；有违法所得的予以没收。

（1）应当开具而未开具发票，或者未按照规定的时限、顺序、栏目，全部联次一次性开具发票，或者未加盖发票专用章的；

（2）使用税控装置开具发票，未按期向主管税务机关报送开具发票的数据的；

（3）使用非税控电子器具开具发票，未将非税控电子器具使用的软件程序说明资料报主管税务机关备案，或者未按照规定保存、报送开具发票的数据的；

（4）拆本使用发票的；

（5）扩大发票使用范围的；

（6）以其他凭证代替发票使用的；

（7）跨规定区域开具发票的；

（8）未按照规定缴销发票的；

（9）未按照规定存放和保管发票的。

【知识点7】 其他常用行政处理条款

1. 偷税

《税收征收管理法》第六十三条规定，纳税人伪造、变造、隐匿、擅自销毁账簿、记账凭证，或者在账簿上多列支出或者不列、少列收入，或者经税务机关通知申报而拒不申报或者进行虚假的纳税申报，不缴或者少缴应纳税款的，是偷税。对纳税人偷税的，由税务机关追缴其不缴或者少缴的税款、滞纳金，并处不缴或者少缴的税款50%以上5倍以下的罚款；构成犯罪的，依法追究刑事责任。

2. 编造虚假计税依据

《税收征收管理法》第六十四条第一款规定，纳税人、扣缴义务人编造虚假计税依据的，由税务机关责令限期改正，并处5万元以下罚款。

3. 不进行纳税申报

《税收征收管理法》第六十四条第二款规定，纳税人不进行纳税申报，不缴或者少缴应纳税款的，由税务机关追缴其不缴或少缴的税款、滞纳金，并处不缴或少缴税款50%以上5倍以下的罚款。

4. 法条竞合的处理

《行政处罚法》第二十九条规定，对当事人的同一个违法行为，不得给予两次以上罚款的行政处罚。同一个违法行为违反多个法律规范应当给予罚款处罚的，按照罚款数额高的规定处罚。

【知识点8】 发出《已证实虚开通知单》

《税收违法案件发票协查管理办法（试行）》（税总发〔2013〕66号）第九条规定，已确定虚开发票案件的协查，委托方应当按照受托方一户一函的形式出具《已证实虚开通知单》及相关证据资料,并在所附发票清单上逐页加盖公章,随同《税收违法案件协查函》寄送受托方。通过协查信息管理系统发起已确定虚开发票案件协查函的,委托方应当在发送委托协查信息后5个工作日内寄送《已证实虚开通知单》以及相关证据资料。

关于委托协查方式的选择:对国家税务总局已纳入协查系统的协查,应通过协查系统发出委托协查;未纳入协查系统的协查,协查部门可采用纸质方式发起协查。凡可通过协查系统发出的协查,一律不再通过纸质方式发起协查;重大案件或者有特殊要求的案件,委托方可派人参与受托方的调查取证,提出取证要求。派人参与协查的,应严格控制。

【知识点9】 虚开发票案件的刑事处理

(1)《最高人民法院关于适用〈全国人民代表大会常务委员会关于惩治虚开、伪造和非法出售增值税专用发票犯罪的决定〉的若干问题的解释》(法发〔1996〕30号)第一条规定,具有下列行为之一的,属于"虚开增值税专用发票":

①没有货物购销或者没有提供或接受应税劳务而为他人、为自己、让他人为自己、介绍他人开具增值税专用发票;

②有货物购销或者提供或接受了应税劳务但为他人、为自己、让他人为自己、介绍他人开具数量或者金额不实的增值税专用发票;

③进行了实际经营活动,但让他人为自己代开增值税专用发票。

(2)《全国人民代表大会常务委员会关于惩治虚开、伪造和非法出售增值税专用发票犯罪的决定》(中华人民共和国主席令第57号)第八条规定,税务机关或者其他国家机关的工作人员有下列情形之一的,依照该决定的有关规定从重处罚:

①与犯罪分子相勾结,实施本决定规定的犯罪的;

②明知是虚开的发票,予以退税或者抵扣税款的;

③明知犯罪分子实施该决定规定的犯罪,而提供其他帮助的。

(3)《全国人民代表大会常务委员会关于惩治虚开、伪造和非法出售增值税专用发票犯罪的决定》(中华人民共和国主席令第57号)第五条规定,虚开用于骗取出口退税、抵扣税款的其他发票,是指有为他人虚开、为自己虚开、让他人为自己虚开、介绍他人虚开用于骗取出口退税、抵扣税款的其他发票行为之一的。

虚开发票案件具体与刑事的衔接及移送标准见本书第二章第三节相关内容。

【知识点10】 虚开发票案件的增值税处理

(1)《国家税务总局关于纳税人虚开增值税专用发票征补税款问题的公告》(国家税务总局公告2012年第33号)规定,纳税人虚开增值税专用发票,未就其虚开金额申报并缴纳增值税的,应按照其虚开金额补缴增值税;已就其虚开金额申报并缴纳增值税的,不再按照其虚开金额补缴增值税。

纳税人取得虚开的增值税专用发票,不得作为增值税合法有效的扣税凭证抵扣其进项税额。

(2)《国家税务总局关于纳税人对外开具增值税专用发票有关问题的公告》(国家税务总局公告2014年第39号)规定,纳税人通过虚增增值税进项税额偷逃税款,但对外开具增值税专用发票同时符合以下情形的,不属于对外虚开增值税专用发票:

①纳税人向受票方纳税人销售了货物,或者提供了增值税应税劳务、应税服务;

②纳税人向受票方纳税人收取了所销售货物、所提供应税劳务或者应税服务的款项,或者取得了索取销售款项的凭据;

③纳税人按规定向受票方纳税人开具的增值税专用发票相关内容,与所销售货物、所提供应税劳务或者应税服务相符,且该增值税专用发票是纳税人合法取得,并以自己名义开具的。

受票方纳税人取得的符合上述情形的增值税专用发票,可以作为增值税扣税凭证抵扣进项税额。

(3)增值税销项税额、进项税额和应纳税额的计算

增值税销项税额、进项税额和应纳税额的计算具体内容见本书第四章。

【知识点11】 虚开发票案件的企业所得税处理

1. 不合规发票不得作为税前扣除凭证

《企业所得税税前扣除凭证管理办法》(国家税务总局公告2018年第28号,以下简称《扣除办法》)第十二条规定,企业取得私自印制、伪造、变造、作废、开票方非法取得、虚开、填写不规范等不符合规定的发票(以下简称不合规发票),以及取得不符合国家法律、法规等相关规定的其他外部凭证(以下简称不合规其他外部凭证),不得作为税前扣除凭证。

2. 真实业务补开、换开发票可以税前扣除的规定

《扣除办法》第十三条规定,企业应当取得而未取得发票、其他外部凭证或者取得不合规发票、不合规其他外部凭证的,若支出真实且已实际发生,应当在当年度汇算清缴期结束前,要求对方补开、换开发票、其他外部凭证。补开、换开后的发票、其他外部凭证符合规定的,可以作为税前扣除凭证。

《扣除办法》第十五条规定,汇算清缴期结束后,税务机关发现企业应当取得而未取得发票、其他外部凭证或者取得不合规发票、不合规其他外部凭证并且告知企业的,企业应当自被告知之日起60日内补开、换开符合规定的发票、其他外部凭证。其中,因对方特殊原因无法补开、换开发票、其他外部凭证的,企业应当按照《扣除办法》

第十四条的规定，自被告知之日起 60 日内提供可以证实其支出真实性的相关资料。具体内容见本书第五章。

《扣除办法》第十六条规定，企业在规定的期限未能补开、换开符合规定的发票、其他外部凭证，并且未能按照《扣除办法》第十四条的规定提供相关资料证实其支出真实性的，相应支出不得在发生年度税前扣除。

3. 追补扣除的规定

《扣除办法》第十七条规定，除发生《扣除办法》第十五条规定的情形外，企业以前年度应当取得而未取得发票、其他外部凭证，且相应支出在该年度没有税前扣除的，在以后年度取得符合规定的发票、其他外部凭证或者按照《扣除办法》第十四条的规定提供可以证实其支出真实性的相关资料，相应支出可以追补至该支出发生年度税前扣除，但追补年限不得超过 5 年。

六 受托协查案件的定性处理

【知识点 1】 受托协查案件的基本知识

1. 受托协查案件

协查案件是指作为受托方收到了对方税务机关开出的已确定虚开类协查函，并由稽查部门立案的案件。对已证实虚开类协查，委托方应当按规定经过审理程序认定虚开后方可发起，并将相关证据资料传递到受托方。

2. 受托协查回函期限

受托方应当在收到协查函后 60 日内回函。通过协查信息管理系统发出的协查函，受托方应当在收到协查函后 30 日内回函。

国家税务总局督办的案件，受托方在回函期限前不能完成检查工作的，可以逐级上报国家税务总局申请延期，在得到国家税务总局同意后，在延期期限内给予回复。申请延期应当说明延期理由、延期期限以及与委托方沟通的情况。

国家税务总局对协查回函期限有特殊要求的，应当按照相关要求办理。

【知识点 2】 受托协查案件的定性处理

1. 根据情况定性为偷税、虚开发票或骗取出口退税

《国家税务总局关于纳税人取得虚开的增值税专用发票处理问题的通知》（国税发〔1997〕134 号，以下简称 134 号文件）作出如下规定。

（1）受票方利用他人虚开的专用发票，向税务机关申报抵扣税款进行偷税的，应当依照《税收征收管理法》追缴税款，处以偷税税款 50% 以上 5 倍以下的罚款；进项税金大于销项税金的，还应当调减其留抵的进项税额。利用虚开的专用发票进行骗取

出口退税的，应当依法追缴税款，处以骗取税款 1 倍以上 5 倍以下的罚款。（注：此处还存在违反《发票管理办法》的相关规定，如构成虚开发票行为，应比较前述《税收征收管理法》的条款和《发票管理办法》条款的规定，按照罚款数额高的规定处罚。）

（2）在货物交易中，购货方从销售方取得第三方开具的专用发票，或者从销货地以外的地区取得专用发票，向税务机关申报抵扣税款或者申请出口退税的，应当按偷税、骗取出口退税处理，依照《税收征收管理法》及有关规定追缴税款，处以偷税、骗税数额 5 倍以下的罚款。（注：此处的定性和处罚应按照违法行为发生时的文件要求，同时还存在违反《发票管理办法》的相关规定，如构成虚开发票行为，应比较前述《税收征收管理法》的条款和《发票管理办法》条款的规定，按照罚款数额高的规定处罚。）

（3）纳税人以上述第（1）条、第（2）条所列的方式取得专用发票未申报抵扣税款，或者未申请出口退税的，应当依照《发票管理办法》及有关规定，按所取得专用发票的份数，分别处以 1 万元以下的罚款；但知道或者应当知道取得的是虚开的专用发票，或者让他人为自己提供虚开的专用发票的，应当从重处罚。（注：此处的定性和处罚应按照违法行为发生时的文件要求，还存在违反《发票管理办法》的相关规定，如构成虚开发票行为，应比较前述《税收征收管理法》的条款和《发票管理办法》条款的规定，按照罚款数额高的规定处罚。）

（4）利用虚开的专用发票进行偷税、骗税，构成犯罪的，税务机关依法进行追缴税款等行政处理，并移送司法机关追究刑事责任。

为了严格贯彻执行 134 号文件，严厉打击虚开增值税专用发票活动，保护纳税人的合法权益，《国家税务总局关于〈国家税务总局关于纳税人取得虚开的增值税专用发票处理问题的通知〉的补充通知》（国税发〔2000〕182 号）对有关问题进一步明确如下。

有下列情形之一的，无论购货方（受票方）与销售方是否进行了实际的交易，增值税专用发票所注明的数量、金额与实际交易是否相符，购货方向税务机关申请抵扣进项税款或者出口退税的，对其均应按偷税或者骗取出口退税处理。

（1）购货方取得的增值税专用发票所注明的销售方名称、印章与其进行实际交易的销售方不符的，即 134 号文件第二条规定的"购货方从销售方取得第三方开具的专用发票"的情况。

（2）购货方取得的增值税专用发票为销售方所在省（自治区、直辖市和计划单列市）以外地区的，即 134 号文件第二条规定的"从销货地以外的地区取得专用发票"的情况。

（3）其他有证据表明购货方明知取得的增值税专用发票系销售方以非法手段获得的，即 134 号文件第一条规定的"受票方利用他人虚开的专用发票，向税务机关申报抵扣税款进行偷税"的情况。

《国家税务总局关于纳税人虚开增值税专用发票征补税款问题的公告》（国家税务总局公告 2012 年第 33 号）规定，纳税人取得虚开的增值税专用发票，不得作为增值税合法有效的扣税凭证抵扣其进项税额。

2. 善意取得虚开的增值税专用发票的处理规范

关于购货方（受票方）不知道取得的增值税专用发票（以下简称专用发票）是销售方虚开的情况下，对购货方应当如何处理的问题，《国家税务总局关于纳税人善意取得虚开的增值税专用发票处理问题的通知》（国税发〔2000〕187 号）明确如下。

购货方与销售方存在真实的交易，销售方使用的是其所在省（自治区、直辖市和计划单列市）的专用发票，专用发票注明的销售方名称、印章、货物数量、金额及税额等全部内容与实际相符，且没有证据表明购货方知道销售方提供的专用发票是以非法手段获得的，对购货方不以偷税或者骗取出口退税论处。但应按有关规定不予抵扣进项税款或者不予出口退税；购货方已经抵扣的进项税款或者取得的出口退税，应依法追缴。

购货方能够重新从销售方取得防伪税控系统开出的合法、有效专用发票的，或者取得手工开出的合法、有效专用发票且取得了销售方所在地税务机关已经或者正在依法对销售方虚开专用发票行为进行查处证明的，购货方所在地税务机关应依法准予抵扣进项税款或者出口退税。

如有证据表明购货方在进项税款得到抵扣，或者获得出口退税前知道该专用发票是销售方以非法手段获得的，对购货方应按 134 号文件和《国家税务总局关于〈国家税务总局关于纳税人取得虚开的增值税专用发票处理问题的通知〉的补充通知》（国税发〔2000〕182 号）的规定处理。

3. 协查案件中追征期问题适用条款

（1）《税收征收管理法》第五十二条规定，因税务机关的责任，致使纳税人、扣缴义务人未缴或者少缴税款的，税务机关在 3 年内可以要求纳税人、扣缴义务人补缴税款，但是不得加收滞纳金。

因纳税人、扣缴义务人计算错误等失误，未缴或者少缴税款的，税务机关在 3 年内可以追征税款、滞纳金；有特殊情况的，追征期可以延长到 5 年。

对偷税、抗税、骗税的，税务机关追征其未缴或者少缴的税款、滞纳金或者所骗取的税款，不受上述规定期限的限制。

《税收征收管理法实施细则》第八十一条规定，《税收征收管理法》第五十二条所称纳税人、扣缴义务人计算错误等失误，是指非主观故意的计算公式运用错误以及明显的笔误。

《税收征收管理法实施细则》第八十二条规定，《税收征收管理法》第五十二条所称特殊情况,是指纳税人或者扣缴义务人因计算错误等失误,未缴或者少缴、未扣或者少扣、未收或者少收税款,累计数额在 10 万元以上的。

(2)《国家税务总局关于未申报税款追缴期限问题的批复》(国税函〔2009〕326号)明确,《税收征收管理法》第五十二条规定,对偷税、抗税、骗税的,税务机关可以无限期追征其未缴或者少缴的税款、滞纳金或者所骗取的税款。《税收征收管理法》第六十四条第二款规定的纳税人不进行纳税申报造成不缴或少缴应纳税款的情形不属于偷税、抗税、骗税,其追征期按照《税收征收管理法》第五十二条规定的精神,一般为 3 年,特殊情况可以延长至 5 年。

七 异常增值税扣税凭证的处理规范

【知识点 1】 列为异常增值税扣税凭证的情形

1. 符合下列情形之一的增值税专用发票,列入异常增值税扣税凭证(以下简称异常凭证)范围:

(1)纳税人丢失、被盗税控专用设备中未开具或已开具未上传的增值税专用发票。

(2)非正常户纳税人未向税务机关申报或未按规定缴纳税款的增值税专用发票。

(3)增值税发票管理系统稽核比对发现"比对不符""缺联""作废"的增值税专用发票。

(4)经国家税务总局、省税务局大数据分析发现,纳税人开具的增值税专用发票存在涉嫌虚开、未按规定缴纳消费税等情形的。

(5)走逃(失联)企业存续经营期间发生下列情形之一的,所对应属期开具的增值税专用发票列入异常凭证范围:

①商贸企业购进、销售货物名称严重背离的;生产企业无实际生产加工能力且无委托加工,或生产能耗与销售情况严重不符,或购进货物并不能直接生产其销售的货物且无委托加工的。

②直接走逃失踪不纳税申报,或虽然申报但通过填列增值税纳税申报表相关栏次,规避税务机关审核比对,进行虚假申报的。

2. 增值税一般纳税人申报抵扣异常凭证,同时符合下列情形的,其对应开具的增值税专用发票列入异常凭证范围:

(1)异常凭证进项税额累计占同期全部增值税专用发票进项税额 70%(含)以上的;

(2)异常凭证进项税额累计超过 5 万元的。

纳税人尚未申报抵扣、尚未申报出口退税或已作进项税额转出的异常凭证,其涉及的进项税额不计入异常凭证进项税额的计算。

【知识点2】 异常扣税凭证的处理

1. 增值税一般纳税人取得的增值税专用发票列入异常凭证范围的，应按照以下规定处理：

①尚未申报抵扣增值税进项税额的，暂不允许抵扣。已经申报抵扣增值税进项税额的，除另有规定外，一律作进项税额转出处理。

②尚未申报出口退税或者已申报但尚未办理出口退税的，除另有规定外，暂不允许办理出口退税。适用增值税免抵退税办法的纳税人已经办理出口退税的，应根据列入异常凭证范围的增值税专用发票上注明的增值税额作进项税额转出处理；适用增值税免退税办法的纳税人已经办理出口退税的，税务机关应按照现行规定对列入异常凭证范围的增值税专用发票对应的已退税款追回。

纳税人因骗取出口退税停止出口退（免）税期间取得的增值税专用发票列入异常凭证范围的，按照上述第①项规定执行，即尚未申报抵扣增值税进项税额的，暂不允许抵扣。已经申报抵扣增值税进项税额的，除另有规定外，一律作进项税额转出处理。

③消费税纳税人以外购或委托加工收回的已税消费品为原料连续生产应税消费品，尚未申报扣除原料已纳消费税税款的，暂不允许抵扣；已经申报抵扣的，冲减当期允许抵扣的消费税税款，当期不足冲减的应当补缴税款。

④纳税信用A级纳税人取得异常凭证且已经申报抵扣增值税、办理出口退税或抵扣消费税的，可以自接到税务机关通知之日起10个工作日内，向主管税务机关提出核实申请。经税务机关核实，符合现行增值税进项税额抵扣、出口退税或消费税抵扣相关规定的，可不作进项税额转出、追回已退税款、冲减当期允许抵扣的消费税税款等处理。纳税人逾期未提出核实申请的，应于期满后按照上述第①项、第②项、第③项规定作相关处理。

⑤纳税人对税务机关认定的异常凭证存有异议，可以向主管税务机关提出核实申请。经税务机关核实，符合现行增值税进项税额抵扣或出口退税相关规定的，纳税人可继续申报抵扣或者重新申报出口退税；符合消费税抵扣规定且已缴纳消费税税款的，纳税人可继续申报抵扣消费税税款。

2. 经国家税务总局、省税务局大数据分析发现存在涉税风险的纳税人，不得离线开具发票，其开票人员在使用开票软件时，应当按照税务机关指定的方式进行人员身份信息实名验证。

3. 新办理增值税一般纳税人登记的纳税人，自首次开票之日起3个月内不得离线开具发票，按照有关规定不使用网络办税或不具备风险条件的特定纳税人除外。

八 购进农产品抵扣增值税进项税额

【知识点】 购进农产品抵扣增值税进项税额的一般规定

购进农产品，除取得增值税专用发票或者海关进口增值税专用缴款书外，按照农产品收购发票或者销售发票上注明的农产品买价和扣除率计算的进项税额，国务院另有规定的除外。进项税额计算公式：

$$进项税额 = 买价 \times 扣除率$$

买价，是指纳税人购进农产品在农产品收购发票或者销售发票上注明的价款和按照规定缴纳的烟叶税。

购进农产品，按照《农产品增值税进项税额核定扣除试点实施办法》抵扣进项税额的除外。

所称销售发票，是指农业生产者销售自产农产品适用免征增值税政策而开具的普通发票。

纳税人从批发、零售环节购进适用免征增值税政策的蔬菜、部分鲜活肉蛋而取得的普通发票，不得作为计算抵扣进项税额的凭证。

烟叶收购单位收购烟叶时按照国家有关规定以现金形式直接补贴烟农的生产投入补贴（以下简称价外补贴），属于农产品买价，为"价款"的一部分。烟叶收购单位，应将价外补贴与烟叶收购价格在同一张农产品收购发票或者销售发票上分别注明，否则，价外补贴不得计算增值税进项税额进行抵扣。

餐饮行业增值税一般纳税人购进农业生产者自产农产品，可以使用税务机关监制的农产品收购发票，按照现行规定计算抵扣进项税额。

纳税人购进农产品既用于生产销售或委托受托加工17%税率货物又用于生产销售其他货物服务的，应当分别核算用于生产销售或委托受托加工17%税率货物和其他货物服务的农产品进项税额。未分别核算的，统一以增值税专用发票或海关进口增值税专用缴款书上注明的增值税额为进项税额，或以农产品收购发票或销售发票上注明的农产品买价和11%的扣除率计算进项税额。

自2018年5月1日起，纳税人购进农产品，原适用11%扣除率的，扣除率调整为10%。纳税人购进用于生产销售或委托加工16%税率货物的农产品，按照12%的扣除率计算进项税额。

自2019年4月1日起，纳税人购进农产品，原适用10%扣除率的，扣除率调整为9%。纳税人购进用于生产或者委托加工13%税率货物的农产品，按照10%的扣除率计算进项税额。

>> 第二节
骗税行为的检查与定性

骗取出口退税活动涉及环节多、区域广，对骗取出口退税案件的具体处理，要注意税法与《刑法》的衔接，正确履行法定程序，保护当事人合法权利。对骗取出口退税涉嫌犯罪的，要依法移送公安机关侦办，不得只作追缴税款和行政处罚等处理。对于重大复杂的案件，要适时提请公安机关介入，或移送公安机关直接侦办，以迅速抓捕疑犯，有效追缴税款，提高执法办案效率，减少国家税收损失。税务机关要依法协助公安机关侦办骗取出口退税案件，各司其职，各负其责。

一 骗取出口退税定义及法律责任

【知识点1】 骗取出口退税定义

骗取出口退税行为，是指以假报出口或者其他欺骗手段，骗取国家出口退税款的行为。

（1）以假报出口骗取国家出口退税款。

《刑法》第二百零四条规定的"假报出口"，是指以虚构已税货物出口事实为目的，具有下列情形之一的行为：

①伪造或者签订虚假的买卖合同；

②以伪造、变造或者其他非法手段取得出口货物报关单、出口收汇核销单、出口货物专用缴款书等有关出口退税单据、凭证；

③虚开、伪造、非法购买增值税专用发票或者其他可以用于出口退税的发票；

④其他虚构已税货物出口事实的行为。

（2）以其他欺骗手段骗取国家出口退税款。

《刑法》第二百零四条规定的"其他欺骗手段"，是指具有下列情形之一的行为：

①骗取出口货物退税资格的；

②将未纳税或者免税货物作为已税货物出口的；

③虽有货物出口，但虚构该出口货物的品名、数量、单价等要素，骗取未实际纳税部分出口退税款的；

④以其他手段骗取出口退税款的。

骗取出口退税案件具体与刑事的衔接及移送标准见本书第二章第三节相关内容。

【知识点2】 国家税务总局曝光的骗取出口退税案例

1. 买单配票、买单配货、利用"道具"循环出口、骗取国家出口退税案例

某骗税团伙通过控制3户供应链平台企业，以"票货分离"方式取得超算服务器、笔记本电脑、显示器等品名的虚开增值税专用发票后，采取买单配货、道具循环、虚假结汇等手段虚假出口，涉嫌骗取出口退税3400余万元。

某团伙获取虚开的增值税专用发票后，勾结"配单"公司违规取得报关单据骗取出口退税，涉及出口企业42户，涉嫌骗取出口退税5171.4万元。

某团伙通过虚构农产品收购业务虚开增值税专用发票，勾结"配单"公司非法取得报关单据，骗取出口退税，涉及某农业发展有限公司等7户出口企业，涉嫌骗取出口退税10723万元。

某虚开团伙勾结下游某骗税团伙，利用操纵的不法报关行，共同实施"配单""配票"骗取出口退税。涉嫌虚开发票271份，价税合计金额2392万元（其中电子专用发票98份，价税合计金额1040万元），骗取出口退税274万元。

2. 低值高报骗取国家出口退税案例

某电子科技有限公司采用取得虚开的增值税专用发票、以残次商品低值高报等手段骗取出口退税。税务部门依法追缴该公司骗取出口退税款1700.41万元。

3. 虚构已税货物出口事实骗取国家出口退税案例

某犯罪团伙利用实际控制的外贸公司、上游空壳生产企业，虚构出口贸易业务，骗取国家出口退税款，虚开增值税专用发票6800余份，价税合计金额7.24亿元，骗取出口退税8300余万元。

某团伙利用实际控制的外贸公司、上游空壳生产企业，虚构出口贸易业务，骗取国家出口退税款，虚开增值税专用发票6800余份，价税合计金额7.24亿元，骗取出口退税8300余万元。

某团伙，以E省为总部，在三地设立生产型出口企业，采取"票货分离"的手段非法取得进项发票，并进行虚假生产和出口，进而骗取出口退税。涉案虚开骗税犯罪团伙2个，地下钱庄犯罪团伙1个，窝点25个，犯罪嫌疑人134名，涉嫌虚开发票8284份，价税合计金额12.07亿元，骗取出口退税1.61亿元。

多户企业通过虚假购进皮革、香菇等农产品，虚构生产和货物流，虚假外汇结算，短时间内"出口"金额达18.74亿元，骗取出口退税1.86亿元。

4. 以其他手段骗取出口退税款的

某团伙控制多家企业对外虚开增值税专用发票价税合计7.78亿元，涉嫌骗取出口退税6000余万元。

某团伙通过随机利诱代账会计等方式安插领票人员在不同区域领取发票后跨地区

虚开。该案涉嫌虚开增值税发票1.32万份，价税合计金额5.6亿元。

【知识点3】 骗取出口退税行政法律责任

骗取出口退税的行政责任主要包括：追缴出口货物退（免）税税款、税务行政罚款、没收非法所得、没收作案工具、停止出口货物退（免）税权，以及暂停或撤销对外贸易经营许可等。

《税收征收管理法》第六十六条规定，以假报出口或者其他欺骗手段，骗取国家出口退税款的，由税务机关追缴其骗取的退税款，并处骗取税款1倍以上5倍以下的罚款；构成犯罪的，依法追究刑事责任。对骗取国家出口退税款的，税务机关可以在规定期间内停止为其办理出口退税。

《出口货物劳务增值税和消费税管理办法》（国家税务总局公告2012年第24号）规定，对骗取国家出口退税款的，由省级以上（含本级）税务机关批准，按下列规定停止其出口退（免）税资格：

（1）骗取国家出口退税款不满5万元的，可以停止为其办理出口退税半年以上1年以下。

（2）骗取国家出口退税款5万元以上不满50万元的，可以停止为其办理出口退税1年以上1年半以下。

（3）骗取国家出口退税款50万元以上不满250万元，或因骗取出口退税行为受过行政处罚、2年内又骗取国家出口退税款数额在30万元以上不满150万元的，停止为其办理出口退税1年半以上2年以下。

（4）骗取国家出口退税款250万元以上，或因骗取出口退税行为受过行政处罚、2年内又骗取国家出口退税款数额在150万元以上的，停止为其办理出口退税2年以上3年以下。

（5）停止办理出口退税的时间以省级以上（含本级）税务机关批准后作出的《税务行政处罚决定书》的决定之日为起始日。

《财政部 国家税务总局关于出口货物劳务增值税和消费税政策的通知》（财税〔2012〕39号）规定，出口企业或其他单位因骗取出口退税被税务机关停止办理增值税退（免）税期间出口的货物不适用增值税退（免）税和免税政策，按相关规定适用增值税征税政策。

《税收征收管理法实施细则》第九十三条规定，为纳税人、扣缴义务人非法提供银行账户、发票、证明或者其他方便，导致骗取国家出口退税款的，税务机关除没收其违法所得外，可以处骗取的税款1倍以下的罚款。

【知识点4】 骗取出口退税刑事法律处理

骗取出口退税的刑事法律责任包括：判处无期徒刑、有期徒刑、拘役，并处以罚金和没收财产。

根据《最高人民检察院 公安部关于印发〈最高人民检察院 公安部关于公安机关管辖的刑事案件立案追诉标准的规定（二）〉》第六十条和《行政执法机关移送涉嫌犯罪案件的规定》（国务院令第310号）的有关规定，骗取国家退税款在5万元以上的，应移送公安机关。

《刑法》第二百零四条规定：【骗取出口退税罪】以假报出口或者其他欺骗手段，骗取国家出口退税款，数额较大的，处5年以下有期徒刑或者拘役，并处骗取税款1倍以上5倍以下罚金；数额巨大或者有其他严重情节的，处5年以上10年以下有期徒刑，并处骗取税款1倍以上5倍以下罚金；数额特别巨大或者有其他特别严重情节的，处10年以上有期徒刑或者无期徒刑，并处骗取税款1倍以上5倍以下罚金或者没收财产。

纳税人缴纳税款后，采取上述规定的欺骗方法，骗取所缴纳的税款的，依照《刑法》第二百零一条的规定（逃税罪）定罪处罚；骗取税款超过所缴纳的税款部分，依照前述的规定处罚。

《最高人民法院关于审理骗取出口退税刑事案件具体应用法律若干问题的解释》（法释〔2002〕30号）规定：骗取国家出口退税款5万元以上的，为《刑法》第二百零四条规定的"数额较大"。因此，骗取国家出口退税款5万元以上的处5年以下有期徒刑或者拘役，并处骗取税款1倍以上5倍以下的罚金。

《最高人民法院关于审理骗取出口退税刑事案件具体应用法律若干问题的解释》（法释〔2002〕30号）规定：骗取国家出口退税款50万元以上的，为《刑法》第二百零四条规定的"数额巨大"。其他严重情节，指具有下列情形之一的行为：

（1）造成国家税款损失30万元以上并且在第一审判决宣告前无法追回的；

（2）因骗取国家出口退税行为受过行政处罚，2年内又骗取国家出口退税款数额在30万元以上的；

（3）情节严重的其他情形。

因此，具有上述情形，处5年以上10年以下有期徒刑，并处骗取税款1倍以上5倍以下罚金。

《最高人民法院关于审理骗取出口退税刑事案件具体应用法律若干问题的解释》（法释〔2002〕30号）规定：骗取国家出口退税款250万元以上的，为《刑法》第二百零四条规定的"数额特别巨大"。其他特别严重情节，指具有下列情形之一的行为：

（1）造成国家税款损失 150 万元以上并且在第一审判决宣告前无法追回的；

（2）因骗取国家出口退税行为受过行政处罚，2 年内又骗取国家出口退税款数额在 150 万元以上的；

（3）情节特别严重的其他情形。

因此具有上述情形，处 10 年以上有期徒刑或者无期徒刑，并处骗取税款 1 倍以上 5 倍以下罚金或者没收财产。

骗取出口退税案件具体与刑事案件的衔接及移送标准见本书第二章第三节相关内容。

《最高人民法院关于审理骗取出口退税刑事案件具体应用法律若干问题的解释》（法释〔2002〕30 号）第六条规定：有进出口经营权的公司、企业，明知他人意欲骗取国家出口退税款，仍违反国家有关进出口经营的规定，允许他人自带客户、自带货源、自带汇票并自行报关，骗取国家出口退税款的，依照《刑法》第二百零四条第一款、第二百一十一条（单位犯危害税收征管罪的处罚规定）的规定定罪处罚。

《最高人民法院关于审理骗取出口退税刑事案件具体应用法律若干问题的解释》（法释〔2002〕30 号）第七条规定：实施骗取国家出口退税行为，没有实际取得出口退税款的，可以比照既遂犯从轻或者减轻处罚。

《最高人民法院关于审理骗取出口退税刑事案件具体应用法律若干问题的解释》（法释〔2002〕30 号）第八条规定：国家工作人员参与实施骗取出口退税犯罪活动的，依照《刑法》第二百零四条第一款的规定从重处罚。

《最高人民法院关于审理骗取出口退税刑事案件具体应用法律若干问题的解释》（法释〔2002〕30 号）第九条规定：实施骗取出口退税犯罪，同时构成虚开增值税专用发票罪等其他犯罪的，依照《刑法》处罚较重的规定定罪处罚。

二、骗取出口退税案件案头分析方法

所有的出口骗税案件的手段不外乎两类，一是虚构进项、虚构出口；二是虚构进项、真实出口。因此，对出口骗税案件的检查也应从购进和出口两个方向入手，来确定交易是否真实。真实的交易必须具备以下几个条件：一是买方真实且统一；二是卖方真实且统一；三是交易的标的真实且细节统一；四是交易真实完成（从买方到达卖方）且细节统一；五是发票真实合法且细节统一；六是款项真实支付和负担且细节统一。作为出口骗税企业，其在购进时是交易的买方，在出口时又是交易的卖方，所以无论是虚构进项的检查还是虚构出口的检查，其实归根结底都是围绕真实交易上述六个必备条件而开展的检查，本质上是一致的，只是出口的交易，又多了报关和外汇的收取，多了更多的单证。案件检查工作的一般流程也包括案头分析、检查取证、审理定性等方面。

【知识点1】 数据资料收集与整理

1. 收集企业主体信息

企业主体信息主要是对企业基本情况在金税系统及出口退税审核系统中进行采集和录入,为后续对企业开展进一步的分析、检查做好基础资料准备。该部分需要取得的数据主要包括但不限于以下内容:

(1) 登记信息;
(2) 企业类别信息;
(3) 申报情况;
(4) 纳税情况;
(5) 退税情况。

2. 企业出口信息

企业出口信息,是指在税务登记信息的基础上进一步完善被查对象具体出口业务情况,主要来自企业出口退税申报资料、备案单证以及税务机关进出口管理部门在日常管理中整理的相关数据。该部分数据对检查人员了解企业出口情况,进行初步的逻辑判断有重要作用,该部分需要取得以下数据:

(1) 企业出口产品信息;
(2) 企业出口国别信息;
(3) 企业出口口岸信息;
(4) 出口计价方式信息;
(5) 出口退税申报与管理信息。

3. 企业征管信息

企业征管信息,主要是指税务机关掌握的电子系统内企业征管资料和对出口企业管理情况,其中系统内征管资料主要指企业风险应对情况、管理部门处罚、税务稽查立案检查情况、出口退税部门的函调资料,纳税人信用等级资料等。

4. 企业财务信息

企业财务数据主要包括企业报送的财务报表资料及其他相关资料。

5. 企业发票数据

企业发票数据包括取得和开具增值税发票、其他发票、海关进口缴款书情况,包括国内货物购销,委托加工,运输费用,保险或其他代理服务费,具体关注单张票面金额,产品品名与来源地关系。

6. 企业外部数据

企业外部数据主要指税务机关各个征管系统之外的数据,主要包括可以在互联网查询的，以及需要通过外汇管理部门、海关等第三方部门取得数据资料。

【知识点2】 出口业务疑点分析

疑点案头分析，主要是以同类企业正常经营的情况作为参照，以企业财务指标、税务指标、出口退税高风险信息作为判断标准，在搜集和整理的数据资料基础上，查找企业可能存在的骗税风险点，记录形成案头分析资料，为后续检查工作做准备。可以进行分析的方面包括但不限于以下内容。

1. 企业出口信息分析

企业出口信息分析包括：

（1）出口金额分析；

（2）出口产品分析；

（3）报关口岸分析；

（4）出口国别分析；

（5）报关金额分析；

（6）收汇分析；

（7）换汇成本分析。

2. 进货信息情况分析

根据企业取得发票的信息分析企业购进货物进行分析，对进项进行虚开风险识别。

3. 企业经营情况分析

由于生产型和外贸型企业开展业务有所不同，在分析时需要结合企业的具体经营情况。

三 骗取出口退税案件检查方法

对涉嫌骗取出口退税案件，应着重查明企业用于申报出口退税的增值税专用发票是否为虚开发票、结算收汇是否存在资金回流或者虚构、出口单证是否真实合法等事实。

【知识点1】 现场检查

现场检查的基本流程包括：

（1）制定入场方案，做好查前准备工作；

（2）开展现场检查调账工作，确认检查对象，掌握主要人员身份信息；

（3）提前准备调取资料清册和制定策略，重点关注货物出口业务全过程，必要时采取同步音像记录方式取证；

(4）电子资料取证，做好电子资料证据固定；
(5）依法固定其他证据；
(6）制作现场记录；
(7）现场询问法定代表人、财务人员、生产人员、业务人员和保管人员；
(8）责成企业提供的其他相关资料。

【知识点 2】 账簿资料检查

账簿资料检查内容包括：
(1）检查外销合同；
(2）检查国内采购合同和委托加工合同；
(3）检查物流及辅助、仓储合同；
(4）检查货代、船代、关代往来资料；
(5）检查自制出口发票；
(6）检查结汇水单；
(7）检查代理进出口协议；
(8）检查税务部门和相关部门对被查对象的历史行政处理情况；
(9）检查报关单；
(10）检查商检报告和原产地证明。

【知识点 3】 进货情况检查

进货情况检查内容包括：
(1）检查供货企业情况；
(2）检查进出口货物逻辑关系。

【知识点 4】 资金检查

资金检查内容包括：
(1）检查地下钱庄的违法运作行为；
(2）检查出口企业正常资金流向；
(3）检查出口企业异常资金流向；
(4）检查出口企业其他跨境收汇的情况。

【知识点 5】 其他检查

其他检查包括：
(1）检查出口辅助费用；

(2) 检查出口运输单证及相应的出口运输情况;
(3) 其他根据案情需要进行的相关检查。

四 骗取出口退税案件证据组合

【知识点】 证据组合

骗取出口退税案件违法事实成立的证据主要由基础证据、主要证据、辅助证据三类证据组合而成,形成完整的证据链。

1. 基础证据组合

基础证据就是在查处骗取出口退税案件时应普遍收集的证据,主要包括:

(1) 证明纳税主体及资格的证据,如纳税人基础信息、一般纳税人资格、纳税人出口资格等相关资料,证明纳税人涉税相关资格的资料等;

(2) 纳税申报资料等证据,如纳税人发票领用存相关资料、申报信息、财务报表、报告信息、申请出口退税资料等;

(3) 其他相关基本资料。

2. 主要证据组合

主要证据就是在查处虚开发票案件时收集的能证明违法事实成立的核心证据,主要包括:

(1) 取得原料收购、国内货物采购的相关证据,证明被查对象是否存在真实的购进货物,购进的货物是否真实纳税。

(2) 取得货物生产、委托加工的相关证据,证明被查对象是否存在真实的生产经营活动。

(3) 取得货物出口和出口收汇的相关证据,证明被查对象是否存在真实的出口,出口的货物是否在国内真实纳税。

(4) 取得纳税人申请国家出口退税和国内申报纳税的情况,证明被查对象骗取出口退税的金额。

(5) 其他相关证据。

3. 辅助证据组合

辅助证据,是指在查处虚开发票案件时收集的对案件定性起辅助支持作用的证据。它是对主要证据有补充作用的证据,在案件定性处理中起着重要的作用。它可能会以多种形式存在,只要符合证据的关联性、合法性、真实性的要求,有利于案件的查处和定性,都可以成为辅助证据组合的一部分。

五 骗取出口退税案件定性处理

【知识点1】 虚构已纳税款骗取出口退税

1. 适用范围

（1）故意接受虚开、伪造、变造、非法取得增值税专用发票或者其他可用于出口退税的发票、凭证申报退税的。有证据表明，其出口销售行为符合《国家税务总局关于纳税人对外开具增值税专用发票有关问题的公告》（国家税务总局公告2014年第39号）规定之情形的除外。

（2）故意将未纳税或者免税货物申报为已税货物的。

（3）虚构出口货物的品名、数量、单价等要素，骗取未实际纳税部分出口退税款的。

2. 行政处理

（1）根据《出口货物劳务增值税和消费税管理办法》（国家税务总局公告2012年第24号发布）第十三条第（六）项规定，在规定的期限内停止为其办理出口退税。

（2）根据《国家税务总局关于纳税人取得虚开的增值税专用发票处理问题的通知》（国税发〔1997〕134号）第一条、第二条，以及《国家税务总局关于〈国家税务总局关于纳税人取得虚开的增值税专用发票处理问题的通知〉的补充通知》（国税发〔2000〕182号）第一条、第二条规定，属于骗税的，按照《税收征收管理法》骗税规定处理。

（3）根据《税收征收管理法》第六十六条第一款规定，追回骗取的出口退税款，未退（免）税款不再办理退税，并处骗取税款1倍以上5倍以下的罚款；依法移送，刑事处罚与行政处罚并存，以刑事处罚优先。

（4）根据《刑法》第二百零五条、《税收征收管理法》第七十七条和《行政执法机关移送涉嫌犯罪案件的规定》（国务院令第310号）第三条的有关规定，移送公安机关。

【知识点2】 虚构出口事实骗取出口退税

1. 适用范围

虚构出口事实是指虚构已税货物出口的事实。包括以下情形：

（1）以虚构已税货物出口事实为目的，伪造或者签订虚假的出口买卖合同，或者以伪造或者其他非法手段取得出口货物报关单、运输单据（包括装货单、货运提单、出口货物明细等）等有关出口货物退税单据、凭证的。

（2）故意将未出口的货物申报为已出口货物的。

(3) 虽有真实出口，但故意将出口货物作为获取出口退税的道具的。

此处所称道具是指出口企业为获取出口退税款，出口并申报退税的并非用于真实商业需求的货物。

2. 行政处理

（1）根据《出口货物劳务增值税和消费税管理办法》（国家税务总局公告2012年第24号发布）第十三条第（六）项规定，在规定的期限内停止为其办理出口退税。

（2）根据《税收征收管理法》第六十六条第一款规定，追回骗取的出口退税款，未退（免）税款不再办理退税，并处骗取税款1倍以上5倍以下的罚款；依法移送，刑事处罚与行政处罚并存，以刑事处罚优先。

（3）根据《刑法》第二百零五条、《税收征收管理法》第七十七条和《行政执法机关移送涉嫌犯罪案件的规定》（国务院令第310号）第三条的有关规定，移送公安机关。

【知识点3】 备案单证违法

1. 适用情形

取得了以下证据之一，但没有其他证据来证明骗取出口退税或收受虚开发票用于出口退税的情形，按备案单证违法定性处理。

（1）出口货物的合同虚假；

（2）出口货物装货单虚假；

（3）出口货物运输单据虚假；

（4）未按规定进行单证备案的出口货物。

2. 行政处理

（1）根据《财政部 国家税务总局关于出口货物劳务增值税和消费税政策的通知》（财税〔2012〕39号）第七条第（一）项第4目规定：出口企业或其他单位提供虚假备案单证的货物，适用增值税征税政策。第5目规定：出口企业或其他单位增值税退（免）税凭证有伪造或内容不实的货物，适用增值税征税政策。

（2）根据《财政部 国家税务总局关于出口货物劳务增值税和消费税政策的通知》（财税〔2012〕39号）第九条第（二）项第5目规定，已实际退税或免税的应当补缴已退或已免税款。

（3）根据《国家税务总局关于〈出口货物劳务增值税和消费税管理办法〉有关问题的公告》（国家税务总局公告2013年第12号）第五条第（八）项规定：出口企业或其他单位未按规定进行单证备案（因出口货物的成交方式特性，企业没有有关备案单证的情况除外）的出口货物，不得申报退（免）税，适用免税政策。已申报退（免）税的，应用负数申报冲减原申报。

（4）根据《税收征收管理法》第七十条的规定：纳税人、扣缴义务人逃避、拒绝或者以其他方式阻挠税务机关检查的，由税务机关责令改正，可以处1万元以下的罚款；情节严重的，处1万元以上5万元以下的罚款。

（5）《税收征收管理法实施细则》第九十六条第（一）项规定：纳税人、扣缴义务人提供虚假资料，不如实反映情况，或者拒绝提供有关资料的，依照《税收征收管理法》第七十条的规定处罚，由税务机关责令改正，可以处1万元以下的罚款；情节严重的，处1万元以上5万元以下的罚款。

（6）根据《出口货物劳务增值税和消费税管理办法》（国家税务总局公告2012年第24号发布）第十三条第（三）项规定：出口企业提供虚假备案单证的，主管税务机关应按照《税收征收管理法》第七十条的规定处罚，由税务机关责令改正，可以处1万元以下的罚款；情节严重的，处1万元以上5万元以下的罚款。

【知识点4】 不规范的出口业务

1. 适用情形

具有以下情形之一的按不规范的出口业务定性处理：

（1）出口企业将空白的出口货物报关单、出口收汇核销单等出口退（免）税单证交由除签有委托合同的货代公司、报关行，或由国外进口方指定的货代公司（提供合同约定或者其他相关证明）以外的其他单位或个人使用的。

（2）出口企业以自营名义出口，其出口业务实质上是由本企业及其投资的企业以外的其他经营者（或企业、个体经营者及其他个人）假借该出口企业名义操作完成的。

（3）出口企业以自营名义出口，其出口的同一批货物既签订购货合同，又签订代理出口合同（或协议）的。

（4）出口货物在海关验放后，出口企业自己或委托货代承运人对该笔货物的海运提单（其他运输方式的，以承运人交给发货人的运输单据为准，下同）上的品名、规格等进行修改，造成出口货物报关单与海运提单有关内容不符的。

（5）出口企业以自营名义出口，但不承担出口货物的质量、结汇或退税风险的，即出口货物发生质量问题不承担外方的索赔责任（合同中有约定质量责任承担者除外）；不承担未按期结汇导致不能核销的责任（合同中有约定结汇责任承担者除外）；不承担因申报出口退税的资料、单证等出现问题造成不退税责任的。

（6）出口企业未实质参与出口经营活动、接受并从事由中间人介绍的其他出口业务，但仍以自营名义出口的。

（7）下列属于《财政部 国家税务总局关于出口货物劳务增值税和消费税政策的通知》（财税〔2012〕39号，以下简称39号文件）第六条第（一）项，适用增值税免税政策的出口货物劳务。

①出口企业或其他单位出口规定的货物,具体是指:增值税小规模纳税人出口的货物;避孕药品和用具,古旧图书;软件产品,其具体范围是指海关税则号前四位为"9803"的货物;含黄金、铂金成分的货物,钻石及其饰品,其具体范围见39号文件附件7;国家计划内出口的卷烟,其具体范围见39号文件附件8;已使用过的设备,其具体范围是指购进时未取得增值税专用发票、海关进口增值税专用缴款书但其他相关单证齐全的已使用过的设备;非出口企业委托出口的货物;非列名生产企业出口的非视同自产货物;农业生产者自产农产品〔农产品的具体范围按照《农业产品征税范围注释》(财税〔1995〕52号)的规定执行〕;油画、花生果仁、黑大豆等财政部和国家税务总局规定的出口免税的货物;外贸企业取得普通发票、废旧物资收购凭证、农产品收购发票、政府非税收入票据的货物;来料加工复出口的货物;特殊区域内的企业出口的特殊区域内的货物;以人民币现金作为结算方式的边境地区出口企业从所在省(自治区)的边境口岸出口到接壤国家的一般贸易和边境小额贸易出口货物;以旅游购物贸易方式报关出口的货物。

②出口企业或其他单位视同出口的下列货物劳务:国家批准设立的免税店销售的免税货物〔包括进口免税货物和已实现退(免)税的货物〕;特殊区域内的企业为境外的单位或个人提供加工修理修配劳务;同一特殊区域、不同特殊区域内的企业之间销售特殊区域内的货物。

③出口企业或其他单位未按规定申报或未补齐增值税退(免)税凭证的出口货物劳务。具体是指:未在国家税务总局规定的期限内申报增值税退(免)税的出口货物劳务;未在规定期限内申报开具《代理出口货物证明》的出口货物劳务;已申报增值税退(免)税,却未在国家税务总局规定的期限内向税务机关补齐增值税退(免)税凭证的出口货物劳务。

对于适用增值税免税政策的出口货物劳务,出口企业或其他单位可以依照现行增值税有关规定放弃免税,并依照相关规定缴纳增值税。

(8)符合《财政部 国家税务总局关于防范税收风险若干增值税政策的通知》(财税〔2013〕112号,以下简称112号文件)第二条、第五条、第六条情形的。

112号文件第二条规定,出口企业购进货物的供货纳税人有属于办理税务登记2年内被税务机关认定为非正常户或被认定为增值税一般纳税人2年内注销税务登记,且符合下列情形之一的,自主管其出口退税的税务机关书面通知之日起,在24个月内出口的适用增值税退(免)税政策的货物劳务服务,改为适用增值税免税政策。

①外贸企业使用上述供货纳税人开具的增值税专用发票申报出口退税,在连续12个月内达到200万元以上(含本数,下同)的,或使用上述供货纳税人开具的增值税专用发票,连续12个月内申报退税额占该期间全部申报退税额30%以上的;

②生产企业在连续12个月内申报出口退税额达到200万元以上,且从上述供货纳

税人取得的增值税专用发票税额达到 200 万元以上或占该期间全部进项税额 30% 以上的;

③外贸企业连续 12 个月内使用 3 户以上上述供货纳税人开具的增值税专用发票申报退税,且占该期间全部供货纳税人户数 20% 以上的;

④生产企业连续 12 个月内有 3 户以上上述供货纳税人,且占该期间全部供货纳税人户数 20% 以上的。

上述"连续 12 个月内",外贸企业自使用上述供货纳税人开具的增值税专用发票申报退税的当月开始计算,生产企业自从上述供货纳税人取得的增值税专用发票认证当月开始计算。

112 号文件第五条规定,出口企业或其他单位出口的适用增值税退(免)税政策的货物劳务服务,如果货物劳务服务的国内收购价格或出口价格明显偏高且无正当理由的,该出口货物劳务服务适用增值税免税政策。主管税务机关按照下列方法确定货物劳务服务价格是否偏高:

①按照该企业最近时期购进或出口同类货物劳务服务的平均价格确定。
②按照其他企业最近时期购进或出口同类货物劳务服务的平均价格确定。
③按照组成计税价格确定。组成计税价格的公式为:

$$组成计税价格 = 成本 \times (1 + 成本利润率)$$

成本利润率由国家税务总局统一确定并公布。

112 号文件第六条规定,出口企业或其他单位存在下列情况之一的,其出口适用增值税退(免)税政策的货物劳务服务,一律适用增值税免税政策:

①法定代表人不知道本人是法定代表人的;
②法定代表人为无民事行为能力人或限制民事行为能力人的。
(9)国家税务总局规定的其他不规范的出口业务情形的。

2. 行政处理

(1)根据 39 号文件第七条第(一)项第 7 目,不适用增值税退(免)税政策,视同内销货物征税。

(2)根据 39 号文件第九条第(二)项第 5 目,已实际退税或免税的应当补缴已退或已免税款。

(3)对属于 39 号文件第六条第(一)项情形的,实行增值税免税政策(适用该文件第七条的除外)。

(4)对属于 112 号文件第二条、第五条、第六条情形的,适用增值税免税政策。

第三节 偷逃税行为的检查与定性

一、偷逃税行为的主要特征、手段

【知识点1】 偷逃税行为的主要手段

（1）纳税人伪造、变造、隐匿、擅自销毁账簿、记账凭证，不缴或者少缴应纳税款；

（2）纳税人在账簿上多列支出或者不列、少列收入，不缴或者少缴应纳税款；

（3）纳税人经税务机关通知申报而拒不申报，不缴或者少缴应纳税款；

（4）纳税人进行虚假的纳税申报，不缴或者少缴应纳税款；

（5）扣缴义务人伪造、变造、隐匿、擅自销毁账簿、记账凭证，不缴或者少缴已扣、已收税款；

（6）扣缴义务人在账簿上多列支出或者不列、少列收入，不缴或者少缴已扣、已收税款；

（7）扣缴义务人经税务机关通知申报而拒不申报，不缴或者少缴已扣、已收税款；

（8）扣缴义务人进行虚假的纳税申报，不缴或者少缴已扣、已收税款。

偷逃税案件具体与刑事的衔接及移送标准见本书第二章第三节相关内容。

【知识点2】 国家税务总局曝光的偷逃税行为案例

1. 加油站偷税案例

某加油站通过第三方收款平台和个人账户收款不入账等手段隐匿销售收入，进行虚假申报，少缴增值税等税费653.71万元。

某加油站通过隐匿销售收入、进行虚假申报等手段，少缴增值税等税费207.45万元。

某加油站通过篡改加油机主板芯片、安装作弊软件等手段隐匿销售收入，进行虚假申报，少缴增值税等税费247.72万元。

2. 机动车销售偷税案例

某公司购进超豪华小汽车后，通过低价开具机动车销售统一发票等手段，少缴超豪华小汽车零售环节消费税、增值税等税费5332.79万元。

3. 明星偷税案例

某明星采取虚构业务转换收入性质虚假申报、通过境内外多个关联企业隐匿个人收入等方式偷逃税款。

某明星取得部分劳务报酬未依法办理纳税申报少缴个人所得税；并将部分用于个人的消费性支出在其控股关联企业违规列支，少缴个人所得税。其关联企业存在将用于个人消费性支出在企业违规列支少缴增值税、企业所得税，以及未代扣代缴个人所得税等涉税问题。

4. 网络主播偷税案例

某网络主播在 2018 年至 2021 年期间从事网络直播取得收入，未依法办理纳税申报少缴个人所得税 800 余万元，其中通过转换收入性质等方式虚假申报偷逃个人所得税 300 余万元。

二、偷逃税案件的查前准备、证据收集及检查方法

【知识点 1】 偷逃税行为的查前准备

（1）调查分析，明确检查重点。

①根据举报线索，分析被举报对象的情况。

②根据企业经营产品特点、用途、销售对象、销售方式，分析判断企业是否可能存在销售不开发票的现象和现金结算的问题。

③根据企业报送的财务报表和申报纳税数据进行分析、比较，找出异常之处。分析企业账面反映的盈利能力是否与企业实际的生产能力和税负水平一致。

④根据公开资料分析是否存在少计收入及未准确反映的费用、损失等记录。

⑤计算企业的实际税负，将本期税负与上期税负对比、与同行业平均税负对比，分析判断其是否异常。

⑥分析企业的销售变动情况，分析同期比是否异常，分析销售结构和价格变动是否异常。

⑦通过能够获取的内部、外部数据检查是否存在其他异常情况。

（2）对被查对象的财务资料、申报信息、第三方获取信息等进行对比、分析，形成待核实疑点，并以此为重点制订检查方案。

【知识点 2】 偷逃税行为的证据收集及检查方法

被查对象伪造、变造、隐匿、擅自销毁账簿、记账凭证，或者在账簿上多列支出或者不列、少列收入，或者经税务机关通知申报而拒不申报或者进行虚假的纳税申报，不缴或者少缴应纳税款的，是偷税。

偷税行为的证据主要围绕纳税人、扣缴义务人的偷税手段收集证据：以账务检查为切入点，结合被查对象的供应、生产、销售、运输等部门内部管理信息，核实其纳税申报的真实性，通过现场检查、询问、协查等方法，以及到有关政府职能部门、业务相关单位等取得证据。

首先应取得偷税手段的证据。偷税手段包括具有欺骗、隐瞒性质的各种手段，"欺骗、隐瞒"是偷税手段的实质性特征。从行为外部特征来讲，主要包括以下几类行为：

（1）伪造、变造、隐匿和擅自销毁账簿、记账凭证（包括用于记账的发票等原始凭证）。

伪造是指被查对象依照真账簿、真凭证的式样制造虚假的账簿和记账凭证，以假充真的行为；变造是指被查对象对账簿、记账凭证进行挖补、涂改、拼接等方式，制作假账、假凭证，以假乱真的行为；隐匿是指被查对象将账簿、记账凭证故意隐藏起来，使稽查局难以查实计税依据的行为；擅自销毁是指在法定的保存期间内，擅自将正在使用中或者未过期的账簿、记账凭证销毁处理的行为。

（2）在账簿上多列支出或者不列、少列收入。

对于在账簿上多列支出或者不列、少列收入的手段，应当结合被查对象主观故意认定以及行为的总体纳税影响情况进行综合分析。多列支出是指在账簿上填写超出实际支出的数额，以冲抵或者减少实际收入的数额，虚增成本，乱摊费用，缩小利润数额等行为。

（3）经税务机关通知申报而拒不申报。

经税务机关通知申报而拒不申报是指应当依法办理纳税申报的被查对象，不按照法律、行政法规的规定办理纳税申报，经税务机关通知后，仍拒不申报的行为。

经税务机关通知申报包括：

①被查对象已经依法办理税务登记的；

②依法不需要办理税务登记的，经税务机关依法书面通知其申报的；

③尚未依法办理税务登记的被查对象，经税务机关依法书面通知其申报的。

（4）进行虚假的纳税申报。

虚假的纳税申报是指被查对象进行纳税申报过程中，制造虚假情况，如不实填写或者提供纳税申报表、财务会计报表以及其他的纳税资料等，少报、隐瞒应税项目、销售收入和经营利润等行为。

其次应取得偷税行为结果的证据，偷税结果反映偷税行为对国家税收的危害及其程度，是偷税行为认定的基本要素。根据相关司法解释，偷税数额是指在确定的纳税期间，不缴或者少缴各税种税款的总额。具体税种偷税数额认定有特别规定的，按特别规定执行。如纳税人、扣缴义务人的偷税行为少缴纳税款的证据，还应包括偷税当期的申报资料，反映应缴纳税款的询问笔录等。

三 偷逃税案件的定性处理

【知识点1】偷逃税行为的行政定性处理

《税收征收管理法》第六十三条规定，纳税人伪造、变造、隐匿、擅自销毁账簿、记账凭证，或者在账簿上多列支出或者不列、少列收入，或者经税务机关通知申报而拒不申报或者进行虚假的纳税申报，不缴或者少缴应纳税款的，是偷税。对纳税人偷税的，由税务机关追缴其不缴或者少缴的税款、滞纳金，并处不缴或者少缴的税款50%以上5倍以下的罚款；构成犯罪的，依法追究刑事责任。

扣缴义务人采取上述所列手段，不缴或者少缴已扣、已收税款，由税务机关追缴其不缴或者少缴的税款、滞纳金，并处不缴或者少缴的税款50%以上5倍以下的罚款；构成犯罪的，依法追究刑事责任。

【知识点2】偷逃税行为的刑事定性处理

《刑法》第二百零一条规定，纳税人采取欺骗、隐瞒手段进行虚假纳税申报或者不申报，逃避缴纳税款数额较大并且占应纳税额10%以上的，处3年以下有期徒刑或者拘役，并处罚金；数额巨大并且占应纳税额30%以上的，处3年以上7年以下有期徒刑，并处罚金。

扣缴义务人采取上述所列手段，不缴或者少缴已扣、已收税款，数额较大的，依照上述的规定处罚。

对多次实施上述行为，未经处理的，按照累计数额计算。

有上述行为的，经税务机关依法下达追缴通知后，补缴应纳税款，缴纳滞纳金，已受行政处罚的，不予追究刑事责任；但是，5年内因逃避缴纳税款受过刑事处罚或者被税务机关给予二次以上行政处罚的除外。

四 国家税务总局曝光的其他违法行为典型案例

【知识点1】骗取留抵退税案例

1. 某科技有限公司通过取得虚开的增值税专用发票虚增进项税额、进行虚假申报等手段，骗取留抵退税79.71万元。

2. 某虚开发票团伙控制多家空壳企业在没有真实货物交易的情况下，对外虚开增值税专用发票。该团伙下游企业通过接受虚开发票虚增进项税额骗取留抵退税47.68万元。

3. 某实业有限公司通过隐匿销售收入、减少销项税额、进行虚假申报等手段,骗取留抵退税 30.03 万元。

4. 某实业集团有限公司通过未按规定转出进项税额、进行虚假申报等手段,骗取留抵退税 43.69 万元。

5. 某商贸有限公司通过隐匿销售收入、减少销项税额、进行虚假申报等手段,骗取留抵退税 21.47 万元。

6. 某废品回收公司通过隐匿销售收入、减少销项税额、进行虚假申报等手段,骗取留抵退税 45.71 万元。

7. 某进出口贸易有限公司通过隐匿销售收入、减少销项税额、进行虚假申报等手段,骗取留抵退税 166.16 万元。

8. 某再生资源有限责任公司通过隐匿销售收入、减少销项税额、进行虚假申报等手段,骗取留抵退税 184.89 万元。

9. 某燃气有限责任公司通过隐匿销售收入、减少销项税额、进行虚假申报等手段,骗取留抵退税 79.52 万元。

10. 某加油站通过隐匿销售收入、减少销项税额、进行虚假申报等手段,骗取留抵退税 15.56 万元。

11. 某汽车服务有限公司通过隐匿销售收入、减少销项税额、进行虚假申报等手段,骗取留抵退税 71.08 万元。

12. 某家居贸易有限公司通过隐匿销售收入、减少销项税额、进行虚假申报等手段,骗取留抵退税 247.85 万元。

【知识点2】 个人所得税汇算清缴案例

1. 某个人未在法定期限内办理 2019 年度个人所得税综合所得汇算清缴,少缴个人所得税。经税务部门提醒督促,仍不办理汇算申报。税务部门对其立案检查,依据《个人所得税法》《税收征收管理法》《行政处罚法》等相关法律法规规定,追缴税款、加收滞纳金并处罚款共计 17.01 万元。

2. 某个人未在法定期限内办理 2019 年度和 2021 年度个人所得税综合所得汇算清缴,在办理 2020 年度个人所得税综合所得汇算清缴时,通过虚假填报子女教育专项附加扣除的方式,少缴个人所得税。经税务部门提醒督促,拒不申报 2019 年度和 2021 年度汇算清缴、拒不如实办理 2020 年度汇算清缴更正申报。税务部门对其立案检查,依据《个人所得税法》《税收征收管理法》《行政处罚法》等相关法律法规规定,对其追缴税款、加收滞纳金并处罚款共计 11.33 万元。

3. 某个人未依法办理 2020 年度个人所得税综合所得汇算清缴,少缴个人所得税 2.44 万元。税务部门对其立案检查后,A 某主动申报补缴了部分税款。综合考虑上述情况，税务稽查部门依据《个人所得税法》《税收征收管理法》《行政处罚法》等相关法律法规规定，对 A 某追缴税款、加收滞纳金并处罚款共计 4.67 万元。

4. 某个人 B 某在未购买符合扣除条件的商业健康险的情况下，在 2020 年度个税综合所得汇算清缴中虚假填报了商业健康险 2400 元，还在网络社交平台传播"退税秘笈"，诱导其他人员虚假填报。后经主管税务机关提醒，B 某更正了汇算清缴申报，并补缴了税款和滞纳金。考虑到 B 某在税务机关提示提醒后能够纠正补税，认错态度良好，税务部门对其进行了批评教育，不予处罚。

5. 某个人在仅取得单位内部培训证书、不符合职业资格继续教育专项附加扣除填报条件的情况下，错误填报了每年 3600 元的职业资格继续教育专项附加扣除。在父母健在但不满足赡养老人专项附加扣除填报条件的情况下，仍将祖父母添加为被赡养老人填报专项附加扣除。其承认错误并已按规定更正申报。考虑到该纳税人在提示提醒后能够纠正补税，认错态度良好，税务部门对其进行了批评教育，不予处罚。

【知识点3】 涉税中介机构违规发布涉税虚假宣传信息案例

1. 某企业服务集团有限公司通过互联网网站发布"返税服务"等涉税虚假宣传信息，歪曲解读税收政策，误导社会公众。主管税务机关联合当地市场监管部门对该公司进行约谈，责令其删除违规内容、及时消除影响，并依据《涉税专业服务监管办法（试行）》相关规定，扣减其涉税专业服务信用积分。

2. 某会计服务有限公司通过自媒体发布"实用的合理避税方法""合理节税的秘籍"等涉税虚假宣传信息，歪曲解读税收政策，误导社会公众。主管税务机关联合当地网信和市场监管部门对该公司进行约谈，责令其删除违规内容、及时消除影响，并依据《涉税专业服务监管办法（试行）》规定，将该公司涉税专业服务信用等级予以降级，扣减其涉税专业服务信用积分。

3. 某财税服务有限公司该公司通过自媒体发布"合理避税技巧""有效降低企业税负"等涉税虚假宣传信息，歪曲解读税收政策，误导社会公众。经税务机关调查，发现该公司还存在涉嫌违规开展税收策划帮助纳税人偷逃税款和协助他人虚开增值税发票等问题。主管税务机关联合当地网信和市场监管部门，对该公司进行约谈，责令其删除违规内容、及时消除影响，并依据《涉税专业服务监管办法（试行）》规定，将其列为重点监管对象，暂停受理其所代理的涉税业务。同时其涉嫌违规开展税收策划帮助纳税人偷逃税款和协助他人虚开增值税发票等问题移送公安机关立案侦查。

第八章 税务稽查管理制度

>> 知识架构

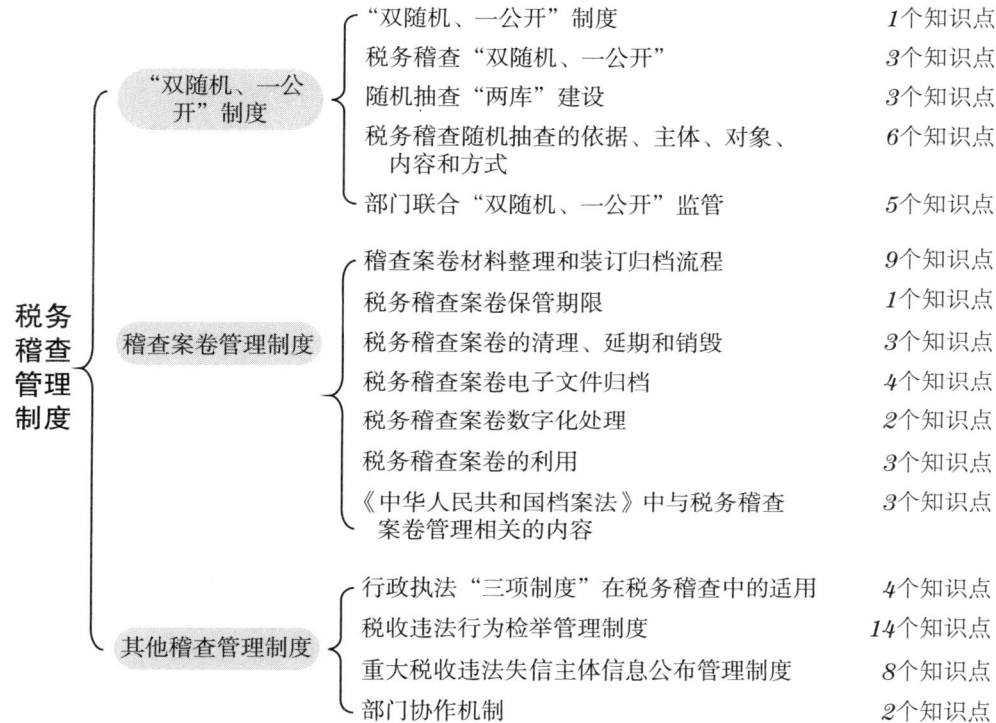

>> 第一节
"双随机、一公开"制度

一 "双随机、一公开"制度

【知识点】"双随机、一公开"制度

所谓"双随机、一公开",就是指在监管过程中随机抽取检查对象,随机选派执法检查人员,抽查情况及查处结果及时向社会公开。

二、税务稽查"双随机、一公开"

【知识点1】 随机抽取检查对象

市以上税务局稽查局应当按照随机抽查工作要求，遵循分级使用的原则，运用随机抽查对象名录库，采用定向抽查和不定向抽查的方式选取检查对象。

市以上税务局稽查局开展随机抽查，应当与大数据风险分析相结合，先从双随机平台抽取对象，再进行大数据风险分析。随机抽查比例和频次应当合理适度。

（1）国家税务总局稽查局根据稽查工作任务和计划，按照计划有序、依次安排的原则，每年按照国家税务总局有关文件要求、按行业随机选取重点稽查对象组织开展检查。对国家税务总局大企业税收管理司列名的"千户集团"企业，国家税务总局稽查局和大企业税收管理司共同协商制订工作规划和年度计划，选取随机抽查对象，实现数据共享、资源共享、结果共享。

（2）省、市税务局稽查局根据本级稽查工作任务和计划，按照国家税务总局有关文件要求，有序选取重点稽查对象开展检查。

对国家税务总局大企业税收管理司列名的"千户集团"企业，省税务局稽查局和省大企业税收服务和管理局共同协商制订工作计划，选取随机抽查对象，实现数据共享、资源共享、结果共享。

（3）对非重点稽查对象中的企业纳税人，每年抽查比例不超过3%；对非重点稽查对象中的非企业纳税人，每年抽查比例不超过1%。

（4）3年内已被抽查的随机抽查对象，不列入随机抽查范围。

（5）对列入随机抽查对象异常名录且属于持续经营状态的随机抽查对象，省、市税务局稽查局要加大抽查力度，具体抽查比例和频次由省、市税务局稽查局确定。

【知识点2】 随机选派执法检查人员

1. 随机选派方式

选派执法检查人员实施随机抽查，可以通过摇号方式从执法检查人员名录库中随机选派，也可以采取竞标等方式选派。

随机选派分为定向选派和不定向选派。定向选派是指根据抽查对象类型、性质和抽查内容，结合执法检查人员专长进行选派。不定向选派是指随机抽取检查对象后完全随机抽取主查、辅查等执法检查人员。执法检查人员的分组相对固定的稽查局，可只随机选派主查人员，由该主查人员所属的检查组实施随机抽查。定向选派与不定向选派要结合应用，兼施并举，确保稽查执法效能。

竞标选派是指相关执法检查人员组成相对固定的检查团队或者检查小组，针对特定稽查对象，按照先申请、后评定的方式，取得承担随机抽查任务的资格。

2. 选派执法检查人员的要求

选派执法检查人员应根据抽查内容，结合其专长进行选派。选派执法检查人员应符合以下要求：①执法检查人员在检查工作完成后，原则上3年内不得被选派对同一抽查对象再次实施检查；②对同一抽查对象选派执法检查人员不得少于2人；③执法检查人员与抽查对象有利害关系的，应当依法回避。

当前承担在查案件数量3起以上（含）的执法检查人员，原则上不再列入随机选派人员范围。

市以上税务局稽查局组织开展随机抽查工作，应当从本级执法检查人员名录库中随机选派执法检查人员。确有必要时，可以从下级稽查局执法检查人员名录库中抽调成员参加检查工作。下级稽查局可以提请上级稽查局随机选派执法检查人员，指导、协调或者直接参加下级稽查局组织开展的随机抽查工作。

同一执法检查人员在被上级稽查局选派承担抽查任务期间，本级稽查局不再将其列入随机选派人员范围。

上级稽查局从下级稽查局执法检查人员名录库中选派参加随机抽查工作的人员，原则上连续调用时间不得超过半年。情况特殊需要延长调用时间的，必须经上级稽查局主管领导批准，并且延长期限最长不得超过1年。

【知识点3】 公开税务稽查 "双随机" 情况

税务稽查随机抽查方案经批准后，依照政府信息公开的相关规定及行政执法公示事项清单要求，将税务稽查随机抽查信息主动向社会公布，自觉接受社会监督，扩大执法社会影响。

（1）公开的内容：事前公示主要包括税务稽查随机抽查的依据、主体、内容、方式等事项；事后公示主要包括抽查情况概述、查处汇总结果。

（2）公开的途径：税务机关在执法信息公示平台、官方网站公开；在办税服务场所公开的，可以通过公示栏、电子显示屏或者触摸屏公开。

（3）公开的期限：自信息形成或者变更之日起20个工作日内予以公开。

三 随机抽查 "两库" 建设

【知识点1】 随机抽查 "两库" 的含义

随机抽查"两库"是指随机抽查对象名录库和随机抽查执法检查人员名录库。

【知识点2】 随机抽查对象名录库的建设

1. 随机抽查对象含义

随机抽查对象包括各级税务局辖区内的全部纳税人、扣缴义务人和其他涉税当事人。

2. 随机抽查对象的分类

市以上税务局稽查局应当按照管理层级、稽查资源配置与纳税规模等标准，将随机抽查对象分为重点稽查对象和非重点稽查对象。

国家税务总局重点稽查对象主要包括：①国务院国有资产监督管理委员会中央企业名录列名的企业，由财政部按规定管理的金融类企业以及代表国务院履行出资人职责管理的国有企业；②国家税务总局稽查局确定的纳税规模较大的重点税源企业；③国家税务总局稽查局确定的跨区域经营的大型企业集团；④国家税务总局稽查局确定的其他重点稽查对象。

省税务局稽查局根据稽查工作任务和计划，在国家税务总局重点稽查对象之外，按照本级确定重点稽查对象的要求，综合考虑纳税规模、所属行业、分布区域、稽查资源配置等因素，确定本级税务局重点稽查对象名录。

市税务局稽查局根据稽查工作任务和计划，在国家税务总局和省税务局重点稽查对象之外，按照本级确定重点稽查对象的要求，综合考虑纳税规模、所属行业、稽查资源配置等因素，确定本级税务局重点稽查对象名录。

3. 随机抽查对象名录库的建立

随机抽查对象名录库是指市（地、盟、州以及直辖市和计划单列市的区，下同）以上税务局根据税务稽查随机抽查工作要求，针对随机抽查对象的不同类别，按照不同层级建设和管理的信息库。随机抽查对象名录库的建设、使用和维护应当充分运用信息化手段，遵循统筹规划、分类管理、分级使用、动态维护的原则。

随机抽查对象名录库主要适用于市以上税务局稽查局随机抽查对象的选取。

市以上税务局应当建立随机抽查对象名录库。

国家税务总局随机抽查对象名录库主要包括国家税务总局重点稽查对象；省税务局随机抽查对象名录库主要包括辖区内的国家税务总局、省税务局重点稽查对象，并对国家税务总局重点稽查对象进行标识；市税务局随机抽查对象名录库包括辖区内的所有随机抽查对象，并对国家税务总局、省税务局重点稽查对象进行分别标识。

4. 随机抽查对象异常名录库的建立

省、市税务局应当在建立随机抽查对象名录库的基础上，通过接收、分析、整理和确认随机抽查对象的异常涉税信息并进行标识，建立随机抽查对象异常名录。

对符合下列情形之一的随机抽查对象，列入随机抽查对象异常名录：①税收风险等级为高风险的；②2个年度内2次以上被检举且经检查均有税收违法行为的；③受托协查事项中存在税收违法行为的；④长期纳税申报异常的；⑤纳税信用级别为D级的；⑥被相关部门列为违法失信联合惩戒的；⑦存在其他异常情况的。

5. 随机抽查对象名录库采录信息要求

随机抽查对象名录库应当按照随机抽查对象类型，完整准确采录相关涉税信息。

重点稽查对象的采录信息主要包括：登记类信息、前3年纳税申报及财务报表、税控开票、风险分析、纳税评估、出口退税、纳税信用等级、跨区域企业集团组织架构情况。

非重点稽查对象的采录信息主要包括：登记类信息、前3年纳税申报及财务报表、税控开票。

非企业纳税人的采录信息主要包括：登记类信息、前3年纳税申报、税控开票，以及自行确定的其他信息。

随机抽查对象标识的异常涉税信息主要包括：高风险分析信息、检举线索、协查违法线索、长期异常纳税申报、纳税信用等级、相关部门列明的违法失信联合惩戒等相关信息。

国家税务总局随机抽查对象名录库的信息由国家税务总局稽查局采录，重点稽查对象所在省税务局稽查局负责协助补充相关信息。

【知识点3】 随机抽查执法检查人员名录库的建立

1. 执法检查人员名录库的含义

（1）税务稽查随机抽查执法检查人员名录库（以下简称执法检查人员名录库），是指国家税务总局和省、市税务局根据税务稽查随机抽查工作要求，按照不同层级建设和管理的执法检查人员相关信息库。

税务稽查随机抽查执法检查人员（以下简称执法检查人员），是指各级税务机关中取得《中华人民共和国税务检查证》的从事稽查实施工作的人员。

（2）建立、运用和管理执法检查人员名录库应当遵循统筹规划、统一建设、规范运用、动态管理、公正公开、持续完善的原则。

（3）各级税务机关由稽查部门牵头负责、相关部门协作配合，建立、运用和管理本级执法检查人员名录库。

2. 执法检查人员名录库的建立

国家税务总局、省、市税务局稽查局和跨区域稽查局分别建立执法检查人员名录库。

国家税务总局执法检查人员名录库人员包括国家税务总局本级执法检查人员和各省税务局推荐执法检查人员，推荐执法检查人员的数量为本省执法检查人员总数的

1%，由国家税务总局稽查局审核确定。

各省税务局执法检查人员名录库人员包括省税务局本级执法检查人员和各市税务局推荐执法检查人员，推荐执法检查人员的数量由各省税务局自行确定。

市税务局稽查局和跨区域稽查局执法检查人员名录库包括辖区内所有执法检查人员。

3. 国家税务总局执法检查人员名录库

国家税务总局执法检查人员名录库人员包括税务总局本级执法检查人员和各省税务局推荐执法检查人员，推荐执法检查人员的数量为本省执法检查人员总数的1%，由国家税务总局稽查局审核确定。各省税务局执法检查人员名录库人员包括省税务局本级执法检查人员和各市税务局推荐执法检查人员，推荐执法检查人员的数量由各省税务局自行确定。

4. 总局、省局执法检查人员基本条件

国家税务总局、省税务局执法检查人员名录库中的推荐执法检查人员应当具备以下基本条件。

（1）热爱税收事业，具有良好的政治素质，敬业爱岗，勤政廉洁，累计从事税务稽查工作2年以上，身体健康，能够承担外出办案等特定工作任务。

（2）工作实绩突出，领导和群众认可度较高，骨干带头作用较为明显，在本单位或者本专业领域具有一定的影响。

（3）具备较高的业务素质和专业素养，熟练掌握财税知识，具有较强的检查办案能力、组织协调能力、解决复杂问题能力，有一定业务专长，对相关行业有较丰富的实际检查工作经验，有办理重大案件经历。

（4）符合下列情形之一的，同等条件下可优先备选国家税务总局、省税务局执法检查人员名录库：①获得各类专业资格证书或相应职称的；②获得市税务局以上稽查能手、征管能手等荣誉称号的；③省税务局以上税务领军人才或者专业人才库成员；④多次被上级机关抽调参与全国、全省、全市各类案件检查、业务检查、重大专项行动等工作，取得突出成绩并受到表彰的。

5. 执法检查人员信息

执法检查人员信息包括基本信息、专长信息、业绩信息和状态信息。

（1）基本信息。

包括姓名、性别、年龄、政治面貌、学历学位、所学专业、职业资格、所在单位、所在岗位、职务、稽查工作年限、能级等次（主辅查）、证件号码等。

（2）专长信息。

专长信息是指执法检查人员擅长检查的行业、税种、案件、其他特长等信息。一名执法检查人员可以同时具备一项或多项专长，具体包括：

①擅长检查的行业门类（包括采矿业，制造业，电力、热力、燃气及水的生产和供应业，建筑业，批发和零售业，交通运输，仓储，邮政业，住宿和餐饮业，信息传输、软件和信息技术服务业，金融保险业，房地产业，租赁和商务服务业，文化、体育和娱乐业等）。

②擅长检查的税种（包括增值税、营业税、消费税、企业所得税、个人所得税、资源税、土地增值税、其他各税）。

③擅长检查的案件（包括逃避缴纳税款案件、逃避追缴欠税案件、骗取出口退税案件、虚开发票案件、制售非法发票案件等）。

④擅长的其他领域（包括法律、会计、电子查账等）。

（3）业绩信息。

①近三年检查的企业数量、重大税收违法案件数量、重点税源企业数量及相应查补数额。

②工作考核考评结果、获得各类奖励情况等。

③上级评价信息：包括上级借调记录及借调期间工作评价等。

④其他业绩信息，如科研成果、各类竞赛荣誉等。

（4）状态信息。

①个人当前在查案件数量。

②个人为国家税务总局、省税务局执法检查人员名录库成员的标记信息。

③个人为各级税务领军人才、各类人才库成员的标记信息。

④个人应当回避的信息，主要是指本人配偶、直系血亲、三代以内旁系血亲、近姻亲等可能影响公正执法的利害关系人担任执法检查人员本人执法权限范围内企业的法定代表人、实际控制人、重要股东或者直接责任人等信息。

四 税务稽查随机抽查的依据、主体、对象、内容和方式

【知识点1】税务稽查随机抽查依据

《税收征收管理法》第四章及《税收征收管理法实施细则》第六章等法律、行政法规和税务部门规章相关规定。

【知识点2】税务稽查随机抽查主体

税务稽查随机抽查主体是各级税务稽查部门。国家税务总局稽查局负责组织、协调全国税务稽查随机抽查工作，根据工作需要从全国重点税源企业中随机抽取待查对象，组织或督促相关地区税务稽查部门实施稽查。省、市税务局稽查局负责组织、协调、实施辖区内税务稽查随机抽查工作。县税务局稽查局负责实施辖区内税务稽查随

机抽查工作。

省税务局可以根据本地实际情况，适当调整税务稽查选案层级，对辖区内的全国、省、市重点税源企业由省税务局稽查局集中确定随机抽查对象。市以上税务局稽查局运用随机抽查对象名录库，选取随机抽查对象。上级税务稽查部门随机抽取的待查对象，可以自行稽查，也可以交由下级税务稽查部门稽查。下级税务稽查部门因力量不足实施稽查确有困难的，可以报请上级税务稽查部门从其他地区选调人员参与稽查。

【知识点3】 税务稽查随机抽查对象和内容

依法检查纳税人、扣缴义务人和其他涉税当事人（以下统称税务稽查对象）履行纳税义务、扣缴税款义务情况及其他税法遵从情况。所有待查对象，除线索明显涉嫌偷逃骗抗税和虚开发票等税收违法行为直接立案查处的外，均须通过摇号等方式，从税务稽查对象分类名录库和税务稽查异常对象名录库中随机抽取。

【知识点4】 税务稽查随机抽查方式

随机抽查分为定向抽查和不定向抽查。定向抽查是指按照税务稽查对象类型、行业、性质、隶属关系、组织架构、经营规模、收入规模、纳税数额、成本利润率、税负率、地理区域、税收风险等级、纳税信用级别等特定条件，通过摇号等方式，随机抽取确定待查对象名单，对其纳税等情况进行稽查。不定向抽查是指不设定条件，通过摇号等方式，随机抽取确定待查对象名单，对其纳税等情况进行稽查。定向抽查与不定向抽查要结合应用，兼施并举，确保稽查执法效能。

【知识点5】 分类确定税务稽查随机抽查比例和频次

对全国、省、市重点税源企业，采取定向抽查与不定向抽查相结合的方式，每年抽查比例20%左右，原则上每5年检查一轮。对非重点税源企业，采取以定向抽查为主、辅以不定向抽查的方式，每年抽查比例不超过3%。对非企业纳税人，主要采取不定向抽查方式，每年抽查比例不超过1%。对列入税务稽查异常对象名录库的企业，要加大抽查力度，提高抽查比例和频次。3年内已被随机抽查的税务稽查对象，不列入随机抽查范围。

市以上税务局稽查局对随机抽查对象名录库中的随机抽查对象，应当合理适度确定随机抽查比例和频次。

（1）国家税务总局稽查局根据稽查工作任务和计划，按照计划有序、依次安排的原则，每年按行业随机选取重点稽查对象组织开展检查，原则上每5年检查一轮。

对国家税务总局大企业税收管理司列名的"千户集团"企业，国家税务总局稽查局和大企业税收管理司共同协商制定工作规划和年度计划，选取随机抽查对象，实现数据共享、资源共享、结果共享。

（2）省、市税务局稽查局根据本级稽查工作任务和计划，有序选取重点稽查对象开展检查，原则上每5年检查一轮。

（3）对非重点稽查对象中的企业纳税人，每年抽查比例不超过3%；对非重点稽查对象中的非企业纳税人，每年抽查比例不超过1%。

（4）3年内已被抽查的随机抽查对象，不列入随机抽查范围。

对列入随机抽查对象异常名录且属于持续经营状态的随机抽查对象，省、市税务局稽查局要加大抽查力度，具体抽查比例和频次由省、市税务局稽查局确定。

【知识点6】 税务稽查随机抽查的实施

对随机抽查对象，税务局稽查局可以直接检查，也可以要求其先行自查，再实施重点检查，或自查与重点检查同时进行。自查与重点检查之间必须有明确的划分界限。待查对象属于企业集团的，需明确自查的组织形式和要求，并明确需要重点检查成员单位的确定方式和户数比例，一般根据成员单位的经营状况和自查情况等判定。

税务局稽查局的随机抽查（含重点税源企业随机抽查）与征管科技、大企业税收管理等部门的税务检查应当相互协调，统筹安排实地检查事项，统一规范进户执法，避免多头重复检查和交叉重叠执法。

推行非强制性执法方式是党中央、国务院部署的重要改革任务。2023年，国家税务总局对6项税务事项推行说服教育、约谈警示、风险提醒等非强制性执法方式，其中包括对税务稽查随机抽查对象开展自查辅导推行非强制性执法方式。

五 部门联合"双随机、一公开"监管

国务院2019年发布了《国务院关于在市场监管领域全面推行部门联合"双随机、一公开"监管的意见》（国发〔2019〕5号），要求在市场监管领域全面推行部门联合"双随机、一公开"监管，增强市场主体信用意识和自我约束力，对违法者"利剑高悬"；切实减少对市场主体正常生产经营活动的干预，对守法者"无事不扰"。强化企业主体责任，实现由政府监管向社会共治的转变，以监管方式创新提升事中事后监管效能。税务部门也是联合"双随机、一公开"监管的部门之一。

【知识点1】 部门联合"双随机、一公开"监管工作平台

各省（区、市）人民政府以国家企业信用信息公示系统和全国信用信息共享平台等为依托，建设本辖区统一的"双随机、一公开"监管工作平台，为抽查检查、结果集中统一公示和综合运用提供技术支撑。部门相关监管信息通过此平台实现互联互通，

满足部门联合双随机抽查需求。做到计划制定、名单抽取、结果公示、数据存档等各项抽查检查工作程序全程留痕、责任可追溯。

【知识点2】 部门联合抽查事项清单管理

各有关部门依照法律、法规、规章规定，建立本部门随机抽查事项清单，明确抽查依据、主体、内容、方式等。市场监管总局会同有关部门制定联合抽查事项清单、标准和实施办法。各省（区、市）人民政府统筹建立本辖区统一的市场监管领域随机抽查事项清单。随机抽查事项清单应根据法律、法规、规章立改废释和工作实际情况等进行动态调整，并及时通过相关网站和平台向社会公开。

随机抽查事项分为重点检查事项和一般检查事项。

重点检查事项针对涉及安全、质量、公共利益等领域，抽查比例不设上限；抽查比例高的，可以通过随机抽取的方式确定检查批次顺序。

一般检查事项针对一般监管领域，抽查比例应根据监管实际情况设置上限。严格控制重点检查事项的数量和一般检查事项的抽查比例。

【知识点3】 部门联合抽查检查

县级以上地方人民政府根据年度抽查工作计划，组织领导本辖区内的部门联合"双随机、一公开"监管工作。根据抽查涉及的对象范围和参与部门，通过公开、公正的方式从检查对象名录库中随机抽取检查对象，并根据实际情况随机匹配执法检查人员。抽查可以采取实地核查、书面检查、网络监测等方式；涉及专业领域的，可以委托有资质的机构开展检验检测、财务审计、调查咨询等工作，或依法采用相关机构作出的鉴定结论。鼓励运用信息化手段提高问题发现能力，实现全过程留痕。

【知识点4】 部门联合抽查检查结果公示运用

按照"谁检查、谁录入、谁公开"的原则，将抽查检查结果通过国家企业信用信息公示系统和全国信用信息共享平台等进行公示，接受社会监督。对抽查发现的违法违规行为依法加大惩处力度，涉嫌犯罪的及时移送司法机关。实现抽查检查结果政府部门间互认，促进"双随机、一公开"监管与信用监管有效衔接，对抽查发现的违法失信行为依法实施联合惩戒，形成有力震慑，增强市场主体守法自觉性。

【知识点5】 个案处理和专项检查

在做好"双随机、一公开"监管工作的同时，对通过投诉举报、转办交办、数据监测等发现的违法违规个案线索，立即实施检查、处置；需要立案查处的，要按照行政处罚程序规定进行调查处理。坚持问题导向，对通过上述渠道发现的普遍性问题和市场秩序存在的突出风险，通过双随机抽查等方式，对所涉抽查事项开展有针对性的专项检查，并根据实际情况确定抽查比例，确保不发生系统性、区域性风险。将抽查检查结果归集至国家企业信用信息公示系统和全国信用信息共享平台等，为开展协同监管和联合惩戒创造条件。

第二节 稽查案卷管理制度

一、稽查案卷材料整理和装订归档流程

【知识点1】 税务稽查案卷

税务稽查案卷是指税务局及其稽查局在依法履行税务稽查职责过程中取得或者形成的，具有保存价值的文字、图表、声像以及电子数据等形式的过程记录。

【知识点2】 税务稽查案卷类别划分

税务稽查案卷类别划分为：
（1）税务稽查立案查处类（以下简称立案查处类）；
（2）承办税收违法案件异地协助类（以下简称承办异地协助类）；
（3）重大税收违法案件督办类（以下简称重案督办类）；
（4）国家税务总局和省、自治区、直辖市、计划单列市税务局规定的其他类别。

【知识点3】 临时税务稽查案卷

对确定税务稽查的对象和事项，稽查局应当建立税务稽查案卷，将稽查选案、检查、审理、执行等相关工作情况记录纳入案卷管理。

税务稽查事项办理过程中取得或者形成的证据材料、相关文书、文件以及其他记录等材料（以下简称文件材料），应当装入临时税务稽查案卷，填写文件材料交接清单。文件材料交接清单应当编写目录，注明序号。

【知识点4】 立案查处类税务稽查案卷包括材料

立案查处类税务稽查案卷应当包括下列文件材料：
（1）选案环节相关文件材料，如税务稽查立案审批表、税收违法案件交办函等；

(2) 检查环节相关文件材料，如税务稽查报告、纳税人自查报告材料、税务稽查工作底稿、当事人陈述申辩材料、现场笔录、勘验笔录、书证、物证、视听资料、证人证言、电子数据等；

(3) 审理环节相关文件材料，如税务稽查审理报告、税务行政处罚事项告知书、听证材料、税务处理决定书、税务行政处罚决定书、税务稽查结论等；

(4) 执行环节相关文件材料，如税务稽查执行报告、延期或者分期缴纳罚款申请审批表、查补税收款项完税凭证等；

(5) 其他应当归入立案查处类案卷的文件材料。

稽查局选案部门在选案时，根据税务稽查对象，建立立案查处类税务稽查案卷；选案、检查、审理、执行部门分别收集本环节相关文件材料，并按照规定移交下一工作环节；审理部门在结案后 60 日内整理、装订、归档。

【知识点 5】 承办异地协助类税务稽查案卷包括材料

承办异地协助类税务稽查案卷应当包括下列文件材料：

(1) 异地协助事项接受的相关文件材料，如税收违法案件协查函等；

(2) 异地协助事项办理的相关文件材料，如税务检查通知书、现场笔录、书证、视听资料、证人证言等；

(3) 异地协助事项办结的相关文件材料，如税收违法案件协查回复函等；

(4) 其他应当归入承办异地协助类案卷的文件材料。

承办异地协助事项的稽查局（以下简称协助方稽查局）承办具体事项的部门，根据协助事项涉及的对象，建立承办异地协助类税务稽查案卷，收集相关文件材料，在异地协助事项办结后 60 日内整理、装订、归档。

协助方稽查局发现协助事项涉嫌税收违法行为需要立案查处的，承办具体事项的部门应当将承办异地协助类税务稽查案卷移交选案部门，立案后并入立案查处类案卷管理。

协助方稽查局应当将取得的证据材料原件保留在税务稽查案卷中，并向请求异地协助的稽查局提供复制件，注明"与原件核对无误"，加盖公章证明原件出处和存处。

【知识点 6】 重案督办类税务稽查案卷包括材料

重案督办类税务稽查案卷应当包括下列文件材料：

(1) 督办立项的相关文件材料，如重大税收违法案件督办立项审批表等；

(2) 督办办理的相关文件材料，如重大税收违法案件督办函、重大税收违法案件情况报告表、重大税收违法案件拟处理意见报告、重大税收违法案件催办函等；

(3) 督办办结的相关文件材料，如重大税收违法案件结案报告等；

（4）其他应当归入重案督办类案卷的文件材料。

督办税务局所属稽查局具体承担督办事项的部门，根据督办的重大税收违法案件，建立重案督办类税务稽查案卷，收集相关文件材料，在督办事项办结后60日内整理、装订、归档。

督办税务局及其稽查局认为督办的重大税收违法案件依法需要由本机关直接查处的，具体承担督办事项的部门应当将重案督办类税务稽查案卷移交选案部门，立案后并入立案查处类案卷管理。

【知识点7】 复议诉讼类材料归档要求

税务稽查事项发生行政复议、行政诉讼、国家赔偿诉讼、民事诉讼、刑事诉讼的，收集的复议、诉讼相关文件材料应当归入相关税务稽查案卷。

【知识点8】 会议发文类材料收集归档要求

税务稽查案卷文件材料有发文稿纸、文件处理单的，应当与文件材料正本、定稿一并收集。会同相关部门召开会议、发文所形成的文件材料，应当收集原件；无法收集原件的，收集复制件或者注明原件主要内容及制作单位。

【知识点9】 税务稽查案卷整理归档要求

1. 稽查局相关部门和人员应当在税务稽查事项办结后，及时对税务稽查案卷进行整理、装订、归档，做到分类规范、目录清晰、资料齐全、编号统一、装订整齐、归档及时。

2. 装订成册的立案查处类税务稽查案卷有不宜对外公开内容的，应当分为正卷、副卷。正卷主要列入各类证据材料、税收执法文书正本以及可以对外公开的相关审批文书等证明定性处理处罚合法性、合理性的文件材料。副卷主要列入检举相关材料、案件讨论记录、法定秘密材料、结论性文书原稿、审批稿以及不宜对外公开的税务稽查报告、税务稽查审理报告等内部管理文书、对案件最终定性处理处罚不具有直接影响但反映税务稽查执法过程的文件材料。税务稽查案卷副卷作为密卷或者内部档案管理；作为密卷管理的，密级以卷内文件材料最高密级确定。

3. 其他税务稽查案卷可以不分正卷、副卷，但其中有不宜对外公开内容的，按照副卷管理，并在案卷封面上标明；无不宜对外公开内容的，按照正卷管理，并在案卷封面上标明。

4. 税务稽查案卷及其相关文件材料的密级、保密期限、解密条件、知悉范围等依照国家保密规定确定。

5. 装订成册的税务稽查案卷卷内文件材料应当按照以下规则组合排列：

（1）立案查处类案卷正卷中的结论性文书及其送达回证排列在最前面，其他文书材料及副卷文书材料按照工作流程顺序排列；

（2）承办异地协助类、重案督办类等案卷文件材料按照工作流程顺序排列；

（3）证据材料按照所反映的问题特征分类，每类证据主证材料排列在前，旁证材料附列其后；

（4）其他文件材料按照其取得或者形成的时间顺序，并结合其重要程度进行排列。

税务稽查案卷卷内每份或者每组文件材料的排列规则：正文在前，附件在后；批复在前，请示在后；批示在前，报告在后；税收执法文书在前，送达回证在后；重要文件材料在前，其他文件材料在后；汇总性文件材料在前，基础性文件材料在后；定稿在前，修改稿在后。

6. 装订成册的税务稽查案卷由案卷封面、卷内文件材料目录、卷内文件材料、卷内文件材料备考表、封底组成。

装订成册的税务稽查案卷封面项目包括：案件名称、纳税人识别号、案件来源、案卷类别、案件编号、立案立项日期、办结日期、立卷日期、保管期限、密级等。

装订成册的税务稽查案卷卷内文件材料目录项目包括：文件材料名称、文号、序号、页号、页数、日期、备注、责任者。

装订成册的税务稽查案卷卷内文件材料备考表项目包括：本卷情况说明、立卷人、检查人、立卷时间。

7. 税务稽查案卷卷内文件材料经过系统整理排列后，应当用阿拉伯数字逐页编注页码，正面编注在右上角，背面编注在左上角，空白页不编注页码。卷内每份文件材料的原页码原样不变。案卷封面、卷内文件材料目录、卷内文件材料备考表、封底不编注页码。

装订成册的税务稽查案卷不得擅自增添或者抽取文件材料；确需增减文件材料的，应当由案卷保管人员在备考表中注明。增添的文件材料，可以插入与之直接相关的文件材料处，或者放在卷内文件材料之后，并相应追加填写目录。

8. 装订成册的税务稽查案卷可以采用硬卷皮装订保存，或者采用软卷皮装订并装入卷盒保存。

硬卷皮由封面、封底、卷脊构成。

采用软卷皮装订的税务稽查案卷，应当按照案卷编号依序装入卷盒保存。卷盒由封面和卷脊构成，卷脊项目包括全宗名称、目录号、年度、起止卷号。

税务稽查案卷文件材料过多的，应当按照顺序分册装订，各册分别从第一页起编注页码。

税务稽查案卷卷皮、卷盒尺寸规格应当符合国家规定标准。

9. 装订税务稽查案卷，应当检查卷内文件材料是否齐全、规范整洁，排列顺序是否符合规则，编注页码是否正确，卷内文件材料名称、数量与目录是否一致等。

10. 装订税务稽查案卷，应当剔除下列文件材料：

（1）没有证明或者参考价值的信封、工作材料；

（2）内容完全相同的重份文件材料；

（3）其他与卷内记录事项无关、确无保存必要的文件材料。

对前述所列的文件材料是否剔除存在疑问的，由相关部门甄别后提出意见，由稽查局领导或者税务局档案管理部门负责人审核确定。

11. 装订税务稽查案卷，应当注意以下事项：

（1）文书破损的，应当进行修复或者复制，原件在前，复制件在后；

（2）卷内有不可替代的容易褪色、消失的字迹等证据材料或者其他不利于长期保管的文件材料的，应当进行复制，原件在前，复制件在后；

（3）文件材料小于A4纸或者装订后影响字迹的，应当加贴衬纸；横向粘贴的，字头应当朝向左边；票据应当码平粘贴；

（4）文件材料大于A4纸的，右边与下边应当对齐，采取从里向外、从上往下的方式折叠；

（5）需要附卷保存的信封，应当打开展平后加贴衬纸或者复制留存，邮票不得撕揭；

（6）文件材料上的金属物应当剔除；

（7）排除可能影响案卷装订保管、损坏卷内文件材料的其他事项。

12. 可以随税务稽查案卷保存的物证，应当归入案卷；无法装订的，装入证物袋，标注证物名称、数量、特征、来源等相关信息，用封条粘贴，放到备考表与封底之间。不能随卷保存的物证，应当另处存放，并与案卷相互标注相关信息。不宜保存的物证，应当拍照装订归卷，实物经所属税务局主管稽查工作的局领导批准后销毁或者作其他适当处理。

13. 税务稽查案卷装订后，应当在卷底装订线结扣处粘贴封志，并加盖骑缝章。

二 税务稽查案卷保管期限

【知识点】 装订成册的税务稽查案卷保管期限

装订成册的税务稽查案卷保管期限：

（1）立案查处类中重大偷逃骗抗税、虚开发票等税收违法案件的案卷，保管期限为永久；

（2）立案查处类中一般偷逃骗抗税、虚开发票等税收违法案件的案卷，保管期限为30年；

（3）其他立案查处类案卷，保管期限为 10 年；

（4）承办异地协助类案卷保管期限参照前三项确定；

（5）重案督办类案卷保管期限根据所督办的案件确定；

（6）其他类别案卷保管期限依照国家税务总局或者省、自治区、直辖市、计划单列市税务局规定确定，或者根据所办事项具体情况适当确定。

保管期限从案卷装订成册次年 1 月 1 日起计算。

前述所列的重大税收违法案件标准，由国家税务总局或者省、自治区、直辖市、计划单列市税务局确定。

三 税务稽查案卷的清理、延期和销毁

【知识点 1】 税务稽查案卷的保管和移交

稽查局对装订成册的税务稽查案卷应当集中保管，并指定专人管理。案卷保管人员对保管的案卷应当严格查验，对不合格的案卷，应当退回相关部门重新整理。稽查局撤销或者稽查局不具备长期档案保管条件的，应当将税务稽查案卷移交承继其职能的机构保管或者移交所属税务局档案管理部门保管。案卷移交时，应当填写档案交接文据，办理交接手续。

【知识点 2】 税务稽查案卷的清理、延期和销毁

稽查局应当定期清理所保管的税务稽查案卷，对已到期的案卷进行鉴定，对仍有保存价值的，应当延长保管期限；对无继续保存价值的，应当依照档案管理规定的权限和程序审批后销毁。税务局档案管理部门保管的税务稽查案卷的清理、鉴定、销毁，由档案管理部门会同稽查局审核报税务局领导审批后进行。

任何单位和个人不得擅自销毁、转移、藏匿、伪造、变造、篡改、损毁税务稽查案卷及其文件材料，不得将案卷及其文件材料转让他人或者据为己有。

【知识点 3】 永久保存的税务稽查案卷

具有文献价值的税务稽查案卷电子文件和纸质案卷电子版本，由税务局档案管理部门负责人和稽查局局长签报所属税务局主管领导批准，可以永久保存，不与其相对应的纸质案卷同步销毁。

四 税务稽查案卷电子文件归档

【知识点1】 税务稽查案卷电子文件含义

税务稽查案卷电子文件,是指税务局及其稽查局在依法履行税务稽查职责过程中,通过计算机等电子设备取得、形成、处理、传输、存储的文字、图表、图像、音频、视频等文件,包括税收执法文书和内部管理文书的电子文本、电子数据、数码照片等。

【知识点2】 税务稽查案卷电子文件管理规则

税务稽查案卷电子文件与纸质文件材料的收集、整理、归档应当同步进行。

税务稽查案卷电子文件管理应当遵循以下规则:

(1) 统筹规划,统一标准,集中保存,规范管理;

(2) 对电子文件取得、形成、处理、传输、存储、利用、销毁等实行全过程管理,确保电子文件始终处于受控状态;

(3) 方便利用,提供分层次、分类别共享应用;

(4) 依照国家规定标准,采取有效技术手段和管理措施,确保电子文件信息安全。

【知识点3】 税务稽查案卷电子文件取得和形式要求

1. 税务稽查案卷电子文件形式要求

取得或者形成的税务稽查案卷电子文件,应当具备国家规定的原件形式,并符合以下要求:

(1) 能够有效表现所记载的内容并可供调取查用;

(2) 采用符合国家规定标准的文件存储格式,确保能够长期有效读取;

(3) 能够保证电子文件及其元数据自形成起完整无缺、来源可靠,未被非法更改;

(4) 在信息交换、存储和显示过程中发生的形式变化不影响电子文件内容真实、完整。

涉密电子文件的原件形式应当符合国家保密规定。

2. 税务稽查案卷电子文件取得或者形成要求

税务稽查过程中取得或者形成的税务稽查案卷电子文件,应当符合以下要求:

(1) 从税务稽查对象取得的作为证据的电子文件,应当保持文件原貌,及时封存;

(2) 检查人员制作的电子文件,应当注明电子文件的形成背景、证明对象、格式、大小、制作人等;

(3) 数据分析过程中产生的电子文件,应当注明数据分析的数据源、数据分析和处理方法、数据处理过程以及数据分析结论。

3. 收集税务稽查案卷电子文件的要求

收集税务稽查案卷电子文件，应当符合以下要求：

（1）收集电子文件应当同时制作记录每份电子文件的元数据、背景信息的电子文件登记表。

（2）收集的电子文件同时存在相对应的纸质或者其他载体形式的文件的，应当在内容、相关说明及描述上保持一致。

（3）收集具有永久保存价值的文本或者图形形式的电子文件，应当制成纸质文件或者缩微品等。

（4）收集只有电子签名的电子文件，应当尽量同时收集具有法律效力的非电子签名。

（5）收集记录重要文件的修改过程和办理情况、有查考价值的电子文件，应当同时收集电子文件及其电子版本的定稿。

（6）收集在网络系统中处于流转状态，暂时无法确定其保管责任的电子文件，应当采取捕获措施，集中暂存在符合安全要求的电子文件存储器中，以防散失。

（7）收集使用文字处理技术形成的文本电子文件，应当采用文字型电子文件通用的 XML、RTF、TXT 格式，并注明文件存储格式、文字处理工具等，必要时应当同时保留文字处理工具软件。

（8）收集使用扫描仪、数码相机等设备获得的图像电子文件，应当采用扫描型电子文件通用的 JPEG、TIFF 格式；采用非通用文件格式的，收集时应当将其转换成通用格式；无法转换的，应当将相关软件一并收集。

（9）收集使用数码相机拍摄的照片，反映重要内容的，应当冲洗出纸质照片，与数码照片一并归档；反映一般内容的，可只归档数码照片。

（10）收集使用计算机辅助设计或者绘图等设备获得的图形电子文件，应当注明其软硬件环境和相关数据。

（11）收集使用视频或者多媒体设备获得的电子文件以及使用超媒体链接技术制作的电子文件，应当采用视频和多媒体电子文件通用的 MPEG、AVI 格式；采用非通用文件格式的，应当同时收集其非通用格式的压缩算法和相关软件。

（12）收集使用音频设备获得的声音文件，应当采用音频电子文件通用的 WAV、MP3 格式，并同时收集其属性标识、参数和非通用格式的相关软件。

（13）收集使用通用软件产生的电子文件，应当同时收集其软件型号、名称、版本号和相关参数手册、说明资料等。

（14）收集使用专用软件产生的电子文件，应当转换成通用型电子文件；确实不能转换的，应当连同专用软件一同收集。

（15）收集套用统一模板的电子文件，在保证能够恢复原形态的情况下，其内容信息可脱离套用模板进行存储，被套用模板作为电子文件的元数据保存。

（16）收集电子文件一般不加密，加密的，应当将密钥同时归档。

（17）计算机系统运行和信息处理过程中涉及的与电子文件处理有关的参数、管理数据等，应当与电子文件一并收集。

【知识点4】税务稽查案卷电子文件归档要求

1. 税务稽查案卷电子文件归档要求

税务稽查案卷电子文件归档应当符合以下要求：

（1）与相对应的纸质案卷的归档期限相同；

（2）不得低于相对应的纸质案卷保管期限；

（3）电子文件及其元数据应当同时归档；

（4）可以随案卷保存的录音带、录像带、光盘等载体，应当在装具上标注相关信息；

（5）已经真实性、完整性、有效性鉴定、检测，并由相关责任人确认；

（6）具有永久保存价值或者其他重要价值的电子文件，应当转换为纸质文件或者缩微品同时归档；

（7）冲印的数码照片，应当标注照片相关信息；

（8）采用技术手段加密的电子文件应当解密后归档，压缩的电子文件应当解压缩后归档；

（9）准确划分密级；

（10）涉密电子文件应当使用符合国家保密规定的载体存储，并按照保密要求进行管理和使用。

通过税收管理信息系统审批运转、对税务定性处理处罚具有直接决定作用的电子文件，应当连同审批单打印成纸质文件材料，归入相对应的纸质税务稽查案卷；无可靠电子签名的纸质文件材料，由相关人员手写补充签名；确有特殊情况无法手写补充签名的，应当注明缘由。

税务稽查案卷电子文件归档可以采用在线或者离线存储。在线存储应当使用专用存储服务器，实行电子文件在线管理；离线存储可以选择使用只读光盘、一次写光盘、磁带、可擦写光盘、硬磁盘等耐久性好的载体，不得使用软磁盘作为归档电子文件长期保存的载体。

2. 税务稽查案卷电子文件存储具体要求

税务稽查案卷电子文件可以采用在线或者离线存储。在线存储应当使用专用存储服务器，实行电子文件在线管理。离线存储应当符合以下要求：

（1）可以选择使用只读光盘、一次写光盘、磁带、可擦写光盘、硬磁盘等耐久性好的载体，一式两套，一套封存保管，一套供查阅使用；有条件的，可另制作一套异处保存。

（2）加密电子文件，应当在解密后再制作拷贝。

（3）不允许使用软磁盘作为归档电子文件长期保存的载体；取得证据原件为软磁盘的，应当将软磁盘中数据拷贝到耐久性好的载体，并将软磁盘原件与拷贝后的载体一并归档。

（4）电子文件存储载体或者装具上应当有标签，标签上应当注明相对应的案卷全宗号、载体序号、类别号、密级、保管期限、存入日期等；需要在光盘标签面书写的，应当使用光盘标签笔；需要通过光盘打印标签的，应当通过计算机排版后，使用能够支持光盘盘面打印的打印机打印。

3. 保管税务稽查案卷电子文件离线存储载体的条件

保管税务稽查案卷电子文件离线存储载体，应当符合下列条件：

（1）载体应当作防写处理，避免擦、划、触摸记录涂层；

（2）单片载体应当装盒，竖立存放，避免挤压；

（3）存放时应当远离强磁场、强热源，与有害气体隔离；

（4）环境温度及相对湿度应当适宜。

4. 税务稽查案卷电子文件保密要求

传递、保管、利用、销毁税务稽查案卷电子文件，应当严格遵守国家保密规定，采取相应的安全保密措施。

五 税务稽查案卷数字化处理

【知识点1】 税务稽查案卷的数字化处理的含义

税务稽查案卷数字化，是指采用扫描仪或者数码相机等数码设备对纸质案卷文件材料进行数字化加工，将其转化为存储在磁带、磁盘、光盘等载体上且能被计算机识别的数字图像或者数字文本，并与案卷已有电子文件融合起来的处理过程。

税务机关应当积极创造条件，逐步实现税务稽查案卷数字化。

【知识点2】 税务稽查案卷的数字化处理要求

1. 税务稽查案卷数字化，可以在案卷文件材料整理装订时同步进行，也可以在案卷归档后集中进行。

2. 税务稽查案卷数字化，由稽查局、档案管理部门、电子税务管理部门依照国家纸质档案数字化有关规定实施。

3. 税务稽查案卷数字化应当符合以下要求：

（1）纸质案卷电子版本应当与原纸质案卷保持一致，不一致的应当注明原因和处理方法。

（2）对纸质案卷文件材料从封面至封底进行完整数字化，确实不能数字化的文件材料，应当登记备查。

（3）对纸质案卷数字化直接产生的图像文件应当采用通用格式。

（4）扫描色彩模式通常采用黑白二值模式扫描；对材料中有多色文字、红头、印章、插有照片图片、字迹清晰度较差等采用黑白扫描模式扫描无法清晰辨识的页面，应当采用彩色扫描模式扫描。

（5）需要进行文字识别的文件材料，扫描分辨率应当达到相应率值。

（6）符合国家相关保密规定。

4. 税务稽查案卷数字化过程中，可以为原纸质案卷逐册加贴与税收管理信息系统相关联的条形码、二维码、无线射频等机读标签。

六 税务稽查案卷的利用

【知识点1】 利用税务稽查案卷的手续要求

查阅、借阅、调阅、复制税务稽查案卷文件材料，应当按照规定办理相关手续。

1. 税务稽查对象利用税务稽查案卷的手续

税务稽查对象出示有效身份证明，可以查阅、复制涉及自身的税务稽查案卷正卷相关文件材料。

代理人出示税务稽查对象授权委托书及双方有效身份证明，可以查阅、复制涉及税务稽查对象自身的税务稽查案卷正卷相关文件材料。

2. 税务机关内部利用税务稽查案卷的手续

税务机关相关部门可以查阅、借阅本级税务机关与其工作相关的税务稽查案卷文件材料。

上级税务机关可以查阅、调阅下级税务机关税务稽查案卷相关文件材料。

经税务稽查案卷所在税务机关审核同意，同级税务机关之间可以查阅、复制案卷正卷相关文件材料，下级税务机关可以查阅、复制上级税务机关案卷正卷相关文件材料。

3. 司法、执法、纪检监察机关和其他单位利用税务稽查案卷的手续

司法、执法、纪检监察机关依照法定职权和程序查阅、调阅税务稽查案卷文件材料的，从其相关法律、法规规定。

4. 其他单位利用税务稽查案卷的手续

其他单位因工作需要，出示单位有效证明和经办人员有效身份证明，经税务稽查

案卷所在税务机关审核同意，可以查阅、复制案卷正卷相关文件材料。

5. 特殊税务稽查案卷的利用手续

涉及国家秘密、工作秘密、商业秘密、个人隐私和可能造成不良社会影响、后果的税务稽查案卷文件材料，以及尚未装订归档的案卷文件材料，在提供利用前应当由税务局及其稽查局相关部门进行审核，严格限制利用范围。利用涉密文件材料，应当按照规定报有权机关和领导批准，并按照规定程序办理有关手续。

具体税务稽查执法行为涉及法律、行政法规和国务院规定应当信息公开的事项，从其相关规定。

【知识点2】 利用税务稽查案卷的规范

1. 查阅、借阅、调阅、复制税务稽查案卷的规范

对查阅、借阅、调阅、复制的税务稽查案卷文件材料，不得涂改、圈划、抽换、批注、污损、折皱；不得将所借阅、调阅的案卷文件材料转借其他单位或者个人；不得擅自将查阅、借阅、调阅的案卷文件材料内容告知其他单位或者个人；不得泄露案卷涉及国家秘密、工作秘密、商业秘密、个人隐私的内容和事项。

发现被查阅、借阅、调阅、复制的税务稽查案卷文件材料有短缺、涂改、抽换、污损等情况的，案卷保管人员应当及时报告并追查。

复制的税务稽查案卷文件材料，案卷保管部门可以加盖印章证明出处或者存处。

借阅、调阅税务稽查案卷文件材料时，应当确定归还期限；借阅、调阅、归还案卷时，应当由借阅、调阅经办人员和案卷保管人员共同对案卷相关文件材料进行清点并签字确认。

2. 利用税务稽查案卷电子文件的规范

税务稽查案卷电子文件与纸质案卷电子版本的利用，依照纸质案卷利用有关规定办理。具备条件的税务机关，应当优先将税务稽查案卷电子文件与纸质案卷电子版本提供利用。案卷电子文件与纸质案卷电子版本能够满足利用需要的，一般不提供纸质案卷。提供利用税务稽查案卷电子文件与纸质案卷电子版本，可以采取在线阅览、数据传输、打印输出等方式。税务稽查案卷电子文件与纸质案卷电子版本经打印输出的，一般应当覆有表明其为复制件的水印，案卷保管部门可以加盖印章证明出处或者存处。

税务稽查案卷电子文件封存载体不得外借。利用税务稽查案卷电子文件，应当使用拷贝件。任何单位或者个人不得擅自拷贝税务稽查案卷电子文件。

【知识点3】 建设全国统一的税务稽查案卷查阅服务平台

国家税务总局依托税收管理信息系统，逐步建立全国统一的税务稽查案卷查阅服

务平台,争取实现案卷远程异地查阅。

七 《中华人民共和国档案法》中与税务稽查案卷管理相关的内容

【知识点1】 档案的含义

档案,是指过去和现在的机关、团体、企业事业单位和其他组织以及个人从事经济、政治、文化、社会、生态文明、军事、外事、科技等方面活动直接形成的对国家和社会具有保存价值的各种文字、图表、声像等不同形式的历史记录。

一切国家机关、武装力量、政党、团体、企业事业单位和公民都有保护档案的义务,享有依法利用档案的权利。

【知识点2】 档案的管理规范

1. 按照国家规定应当形成档案的机关、团体、企业事业单位和其他组织,应当建立档案工作责任制,依法健全档案管理制度。

2. 应当归档的材料,按照国家有关规定定期向本单位档案机构或者档案工作人员移交,集中管理,任何个人不得拒绝归档或者据为己有。国家规定不得归档的材料,禁止擅自归档。

3. 机关、团体、企业事业单位和其他组织发生机构变动或者撤销、合并等情形时,应当按照规定向有关单位或者档案馆移交档案。

4. 机关、团体、企业事业单位和其他组织的档案机构应当建立科学的管理制度,便于对档案的利用;按照国家有关规定配置适宜档案保存的库房和必要的设施、设备,确保档案的安全;采用先进技术,实现档案管理的现代化。

机关、团体、企业事业单位以及其他组织应当建立健全档案安全工作机制,加强档案安全风险管理,提高档案安全应急处置能力。

5. 涉及国家秘密的档案的管理和利用,密级的变更和解密,应当依照有关保守国家秘密的法律、行政法规规定办理。

6. 禁止篡改、损毁、伪造档案。禁止擅自销毁档案。禁止买卖属于国家所有的档案。

7. 属于国家所有的档案和《中华人民共和国档案法》第二十二条规定的档案及其复制件,禁止擅自运送、邮寄、携带出境或者通过互联网传输出境。确需出境的,按照国家有关规定办理审批手续。

8. 单位和个人持有合法证明,可以利用已经开放的档案。档案馆不按规定开放利用的,单位和个人可以向档案主管部门投诉,接到投诉的档案主管部门应当及时调查处理并将处理结果告知投诉人。利用档案涉及知识产权、个人信息的,应当遵守有关法律、行政法规的规定。

9. 机关、团体、企业事业单位和其他组织以及公民根据经济建设、国防建设、教学科研和其他工作的需要，可以按照国家有关规定，利用档案馆未开放的档案以及有关机关、团体、企业事业单位和其他组织保存的档案。

10. 机关、团体、企业事业单位以及其他组织应当加强档案信息化建设，并采取措施保障档案信息安全。机关、团体、企业事业单位和其他组织应当积极推进电子档案管理信息系统建设，与办公自动化系统、业务系统等相互衔接。

11. 电子档案应当来源可靠、程序规范、要素合规。电子档案与传统载体档案具有同等效力，可以以电子形式作为凭证使用。

12. 国家鼓励和支持机关、团体、企业事业单位以及其他组织推进传统载体档案数字化。已经实现数字化的，应当对档案原件妥善保管。

13. 违反《中华人民共和国档案法》规定，构成犯罪的，依法追究刑事责任；造成财产损失或者其他损害的，依法承担民事责任。

【知识点3】 外包档案服务的特殊规范

机关、团体、企业事业单位以及其他组织委托档案整理、寄存、开发利用和数字化等服务的，应当与符合条件的档案服务企业签订委托协议，约定服务的范围、质量和技术标准等内容，并对受托方进行监督。

受托方应当建立档案服务管理制度，遵守有关安全保密规定，确保档案的安全。

档案服务企业在服务过程中丢失属于国家所有的档案，擅自提供、抄录、复制、公布属于国家所有的档案的，或篡改、损毁、伪造档案或者擅自销毁档案的，由县级以上档案主管部门给予警告，并处2万元以上20万元以下的罚款。

>> 第三节
其他稽查管理制度

一 行政执法"三项制度"在税务稽查中的适用

【知识点1】 行政执法 "三项制度"

行政执法的"三项制度"，具体就是行政执法公示制度、执法全过程记录制度、重大执法决定法制审核制度。

全面推行行政执法公示制度，确保税务执法透明。通过加强事前公开、规范事中公示、推动事后公开、完善公示平台，让权力在阳光下运行。

全面推行执法全过程记录制度，确保税务执法规范。通过规范文字记录、推行音像记录、提高信息化水平、强化记录运用，让权力以"看得见"的方式规范运行。

全面推行重大执法决定法制审核制度，确保税务执法公正。通过落实审核主体、确定审核范围、明确审核内容、细化审核程序，让权力经受法治的检验。

【知识点2】 行政执法公示制度

行政执法公示是保障行政相对人和社会公众的知情权、参与权、表达权、监督权的重要措施。各级税务机关按照"谁执法、谁公示、谁负责"的原则，结合政府信息公开、权责清单公布、"双随机、一公开"监管等工作，在行政执法的事前、事中、事后三个环节，依法及时主动向社会公开税务执法信息。涉及国家秘密、商业秘密、个人隐私等不宜公开的信息，依法确需公开的，要作适当处理后公开。发现公开的税务执法信息不准确的，应当及时予以更正。如税务稽查案件中的行政处罚决定应当依法公开，公开的行政处罚决定被依法变更、撤销、确认违法或者确认无效的，应当在3个工作日内撤回原行政处罚决定信息并公开说明理由。

（1）强化事前公示，保证税务执法源头合法。全面准确及时主动公开税务执法主体、人员、职责、权限、依据、程序、救济渠道等基本信息，随机抽查事项、"最多跑一次""全程网上办"等清单信息，办税指南等办税信息。因法律法规及机构职能发生变化而引起公示信息变化的，应当及时进行动态调整。

（2）规范事中公示，做到税务执法过程公开。税务执法人员执法时要按规定着装、佩戴标识，着装、佩戴标识可能有碍执法的除外；在进行税务检查、调查取证、采取强制措施和强制执行、送达执法文书等执法活动时，必须主动出示税务检查证，向当事人和相关人员表明身份；在税务执法时，要出具执法文书，主动告知当事人执法事由、执法依据、权利义务等内容。办税服务场所要设置岗位信息公示牌，明示工作人员岗位职责、申请材料示范文本、咨询服务、投诉举报等信息。各省（自治区、直辖市、计划单列市）税务机关（以下简称省税务机关）要建立非即办执法事项办理进度查询工作机制，方便当事人实时查询办事进度。主管税务机关要公示定期定额个体工商户核定定额的初步结果等事中执法信息。

（3）加强事后公示，实现税务执法结果公开。税务机关按规定时限、内容和有关要求，向社会主动公开非正常户认定、欠税公告、税收减免、纳税信用等级评定等执法信息，公示税务行政许可决定、行政处罚决定信息。建立健全税务执法决定信息公开发布、撤销和更新机制。已公开的税务执法决定被依法撤销、确认违法或者要求重新作出的，要及时从信息公示平台撤下原执法决定信息。

（4）拓展公示途径，提升税务执法公信力。国家税务总局依托官方网站建立全国统一的税务执法信息公示平台，推动与政府行政执法信息公示平台的互联互通。税务机关要通过执法信息公示平台、官方网站、政务新媒体、办税服务厅公示栏、服务窗口等渠道，及时向社会公开税务执法信息。

【知识点3】 执法全过程记录制度

行政执法全过程记录是行政执法活动合法规范有效的重要保证。税务机关采取以文字记录为主、音像记录为辅的形式，对税务执法的启动、调查取证、审核决定、送达执行等全部过程进行记录，并全面系统归档保存，做到执法全过程留痕和可回溯管理。如税务稽查案件办理应当通过文字、音像等形式，对案件办理的启动、调查取证、审核、决定、送达、执行等进行全过程记录。

（1）完善文字记录，规范税务执法文书。税务机关以纸质文件或电子文件的形式对执法活动进行文字记录，做到记录合法规范、客观全面、及时准确。国家税务总局参照全国行政执法文书基本格式标准，结合税务执法实际，完善统一适用的税务执法文书格式文本，制作执法文书范本，研究制定税务执法规范用语；省税务机关可以制作说理式文书模板，推行说理式执法。

（2）规范音像记录，监督税务执法行为。税务机关通过照相机、录音机、摄像机、执法记录仪、视频监控等记录设备，实时对执法活动进行音像记录。做好音像记录与文字记录的衔接，对文字记录能够全面有效记录执法行为的，可以不进行音像记录；对查封扣押财产等直接涉及重大财产权益的现场执法活动，要推行全程音像记录；对现场检查、调查取证、举行听证、留置送达和公告送达等容易引发争议的执法过程，根据实际情况进行音像记录。国家税务总局建立健全执法音像记录管理制度及记录行为用语指引，明确执法音像记录的设备配备、使用规范、记录要素、存储应用、监督管理等要求，规范音像记录行为。省以下税务机关应当按照工作必需、厉行节约、性能适度、安全稳定、适量够用的原则，结合本地区经济发展水平和税务执法具体情况，配备音像记录设备，建设税务约谈（询问）室等办公场所。

（3）严格记录归档，完善税务执法档案。要完善税务执法档案管理制度。各级税务机关按照规定归档保存执法全过程记录资料，实现所有执法行为有据可查。对涉及国家秘密、商业秘密和个人隐私的记录资料，归档时要严格执行国家有关规定。省税务机关按照相对集中、经济高效、安全好用的原则，确定音像记录的存储方式，通过技术手段实现对同一执法对象的文字记录和音像记录的"一户式"集中归档。建立健全基于电子认证、电子签章的税务执法全过程数据化记录机制，形成业务流程清晰、数据链条完整、数据安全有保障的数字化归档管理制度。

（4）发挥记录作用，提高税务执法实效。各级税务机关在作出执法决定前，要调阅相关记录资料，对执法行为的合法性、规范性等进行审核。加强执法全过程记录信息的统计分析，查找执法薄弱环节，持续改进执法工作。要充分发挥记录信息对案卷评查、执法监督、法律救济、评议考核、舆论引导、行政决策、内控机制和纳税信用体系以及涉税专业服务信用建设等工作的积极作用，促进严格规范公正文明执法，依法维护税务人员和行政相对人的合法权益。

【知识点4】 重大执法决定法制审核制度

重大执法决定法制审核是保障行政执法机关作出的重大执法决定合法有效、保证执法公正的重要措施。税务机关作出重大执法决定之前，要严格进行法制审核，未经法制审核或审核未通过的，不得作出决定。

（1）明确审核主体，保障法制审核力量。稽查局审理部门是稽查局重大执法决定法制审核机构，法制审核机构要确保专人负责本单位重大执法决定法制审核工作。结合实际建立重大执法决定法制审核委员会，实行集体审理。

（2）明确审核事项，拓宽法制审核范围。凡涉及重大公共利益，可能造成重大社会影响或引发社会风险，直接关系行政相对人或第三人重大权益，经过听证程序作出税务执法决定，以及案件情况疑难复杂、涉及多个法律关系的，都应进行法制审核。如税务稽查案件中罚款数额较大或经过听证程序的税务行政处罚决定、税收保全措施、税收强制执行、税款数额较大的税务行政征收决定、对数额较大的延期缴纳税款申请的核准等都属于重大执法决定法制审核范围。

国家税务总局明确重大执法决定法制审核事项基础清单。省税务机关可结合实际增加法制审核事项。省以下税务机关根据法制审核事项清单，明确本级法制审核事项的具体标准，并于制定或修改相关标准后1个月内报上一级税务机关备案。

（3）明确审核内容，确保法制审核质量。审核内容包括执法主体是否合法，执法人员是否具备执法资格；执法程序是否合法；案件事实是否清楚，证据是否合法充分；适用法律、法规、规章、规范性文件是否准确，裁量基准运用是否适当；是否超越本机关法定权限；执法文书是否齐备、规范；违法行为是否涉嫌犯罪、需要移送司法机关等。法制审核机构完成审核后，提出同意或者存在问题的书面审核意见。税务执法承办机构要对法制审核机构提出存在问题的审核意见进行研究，作出相应处理后再次报送法制审核；对审核意见有异议的，应与法制审核机构进行沟通，未达成一致意见的，由承办机构提请其分管局领导专题协商研究；协商研究仍未达成一致意见的，报请主要负责人决定。

（4）明确审核责任，健全法制审核机制。税务执法承办机构应及时将符合法制审核范围的重大执法事项提交法制审核，并对送审材料的真实性、准确性、完整性，以及执法的事实、证据、法律适用、程序的合法性负责。法制审核机构对重大执法决定的法制审核意见负责。因承办机构的承办人员、负责法制审核的人员和审批税务执法决定的负责人滥用职权、玩忽职守、徇私枉法等，导致税务执法决定错误，要依纪依法追究相关人员责任。

二 税收违法行为检举管理制度

【知识点1】 税收违法行为检举的基本概念

1. 税收违法行为检举的含义

税收违法行为检举，是指单位、个人采用书信、电话、传真、网络、来访等形式，向税务机关提供纳税人、扣缴义务人税收违法行为线索的行为。

税收违法行为，是指涉嫌偷税（逃避缴纳税款），逃避追缴欠税，骗税，虚开、伪造、变造发票，以及其他与逃避缴纳税款相关的税收违法行为。

2. 税收违法行为检举人和被检举人

检举税收违法行为的单位、个人称检举人；被检举的纳税人、扣缴义务人称被检举人。

【知识点2】 税收违法行为检举管理

1. 检举管理工作遵循的原则

检举管理工作坚持依法依规、分级分类、属地管理、严格保密的原则。

2. 税收违法案件举报中心的设立

市（地、州、盟）以上税务局稽查局设立税收违法案件举报中心。国家税务总局稽查局税收违法案件举报中心负责接收税收违法行为检举，督促、指导、协调处理重要检举事项；省、自治区、直辖市、计划单列市和市（地、州、盟）税务局稽查局税收违法案件举报中心负责税收违法行为检举的接收、受理、处理和管理；各级跨区域稽查局和县税务局应当指定行使税收违法案件举报中心职能的部门，负责税收违法行为检举的接收，并按规定职责处理。举报中心应当对外挂标识牌。

3. 税收违法行为检举途径的公开

税务机关应当向社会公布举报中心的电话（传真）号码、通讯地址、邮政编码、网络检举途径，设立检举接待场所和检举箱。

税务机关同时通过12366纳税缴费服务热线接收税收违法行为检举。

4. 检举管理工作的部门协作

税务机关应当与公安、司法、纪检监察和信访等单位加强联系和合作，做好检举管理工作。

5. 检举接待场所的要求

税务机关应当合理设置检举接待场所。检举接待场所应当与办公区域适当分开，配备使用必要的录音、录像等监控设施，保证监控设施对接待场所全覆盖并正常运行。

【知识点3】 税收违法行为检举

1. 税收违法行为检举方式

检举人可以实名检举，也可以匿名检举。

以来访形式实名检举的，检举人应当提供营业执照、居民身份证等有效身份证件的原件和复印件。

以来信、网络、传真形式实名检举的，检举人应当提供营业执照、居民身份证等有效身份证件的复印件。

以电话形式要求实名检举的，税务机关应当告知检举人采取来访、来信、网络、传真的形式进行检举。

检举人未采取来访、来信、网络、传真的形式进行检举的，视同匿名检举。

举报中心可以应来访的实名检举人要求出具接收回执；对多人联名进行实名来访检举的，向其确定的第一联系人或者第一署名人出具接收回执。

2. 依法真实检举的要求

检举人在检举过程中应当遵守法律、行政法规等规定；应当对其所提供检举材料的真实性负责，不得捏造、歪曲事实，不得诬告、陷害他人；不得损害国家、社会、集体的利益和其他公民的合法权益。

3. 检举内容必备要素

检举人检举税收违法行为应当提供被检举人的名称（姓名）、地址（住所）和税收违法行为线索；尽可能提供被检举人统一社会信用代码（身份证件号码），法定代表人、实际控制人信息和其他相关证明资料。

鼓励检举人提供书面检举材料。

4. 检举人自行承担相关支出

检举税收违法行为是检举人的自愿行为，检举人因检举而产生的支出应当由其自行承担。

【知识点4】 税收违法行为检举事项的接收

1. 实名检举的接收和登记

举报中心接收实名检举，应当准确登记实名检举人信息。

检举人以个人名义实名检举应当由其本人提出；以单位名义实名检举应当委托本单位工作人员提出。

多人联名进行实名检举的，应当确定第一联系人；未确定的，以检举材料的第一署名人为第一联系人。

2. 举报中心以外的单位或部门接收检举的处理

12366纳税缴费服务热线接收电话检举后，应当按照以下分类转交相关部门：

（1）符合《税收违法行为检举管理办法》第三条规定的检举事项，应当及时转交举报中心；

（2）对应开具而未开具发票、未申报办理税务登记及其他轻微税收违法行为的检举事项，按照有关规定直接转交被检举人主管税务机关相关业务部门处理；

（3）其他检举事项转交有处理权的单位或者部门。

税务机关的其他单位或者部门接到涉嫌偷税（逃避缴纳税款）、逃避追缴欠税、骗税，虚开、伪造、变造发票，以及其他与逃避缴纳税款相关的税收违法行为的检举材料后，应当及时转交举报中心。

3. 来访检举的接待

来访检举应当到税务机关设立的检举接待场所；多人来访提出相同检举事项的，应当推选代表，代表人数应当在3人以内。

4. 口头检举的接收

接收来访口头检举，应当准确记录检举事项，交检举人阅读或者向检举人宣读确认。实名检举的，由检举人签名或者盖章；匿名检举的，应当记录在案。

接收电话检举，应当细心接听、询问清楚、准确记录。

5. 检举接收的全过程记录

接收电话、来访检举，经告知检举人后可以录音、录像。

接收书信、传真等书面形式检举，应当保持检举材料的完整，及时登记处理。

6. 税收违法行为检举接收回执的出具

举报中心可以应来访的实名检举人要求出具接收回执；对多人联名进行实名来访检举的，向其确定的第一联系人或者第一署名人出具接收回执。

【知识点5】 税收违法行为检举事项的审查与受理

1. 税收违法行为检举事项的审查与受理

举报中心对接收的检举事项，应当及时审查，有下列情形之一的，不予受理：

（1）无法确定被检举对象，或者不能提供税收违法行为线索的；

（2）检举事项已经或者依法应当通过诉讼、仲裁、行政复议以及其他法定途径解决的；

（3）对已经查结的同一检举事项再次检举，没有提供新的有效线索的。

除上述规定外，举报中心自接收检举事项之日起即为受理。

举报中心可以应实名检举人要求，视情况采取口头或者书面方式解释不予受理原因。

2. 国家税务总局稽查局举报中心收到检举事项的审查与受理

国家税务总局稽查局举报中心对本级收到的检举事项应当进行甄别。

对涉嫌偷税（逃避缴纳税款），逃避追缴欠税，骗税，虚开、伪造、变造发票，以及其他与逃避缴纳税款相关的税收违法行为的检举事项，按属地管理原则转送相关举报中心，由该举报中心审查并决定是否受理。国家税务总局稽查局举报中心应当定期向相关举报中心了解所转送检举事项的受理情况，对应受理未受理的应予以督办。

对前述情形以外的检举事项，转送有处理权的单位或部门。

3. 县税务局和跨区域稽查局受理检举事项的处理

未设立稽查局的县税务局受理的检举事项，对涉嫌偷税（逃避缴纳税款），逃避追缴欠税，骗税，虚开、伪造、变造发票，以及其他与逃避缴纳税款相关的税收违法行为的检举事项，提交上一级税务局稽查局举报中心统一处理。

各级跨区域稽查局受理的涉嫌偷税（逃避缴纳税款），逃避追缴欠税，骗税，虚开、伪造、变造发票，以及其他与逃避缴纳税款相关的税收违法行为的检举事项，提交同级税务局稽查局备案后处理。

【知识点6】 检举事项管辖争议的解决

检举事项管辖有争议的，由争议各方本着有利于案件查处的原则协商解决；不能协商一致的，报请共同的上一级税务机关协调或者决定。

【知识点7】 检举事项的处理

1. 检举事项的分级分类处理

检举事项受理后，应当分级分类，按照以下方式处理：

（1）检举内容详细、税收违法行为线索清楚、证明资料充分的，由稽查局立案检查。

（2）检举内容与线索较明确但缺少必要证明资料，有可能存在税收违法行为的，由稽查局调查核实。发现存在税收违法行为的，立案检查；未发现的，作查结处理。

（3）检举对象明确，但其他检举事项不完整或者内容不清、线索不明的，可以暂存待查，待检举人将情况补充完整以后，再进行处理。

（4）已经受理尚未查结的检举事项，再次检举的，可以合并处理。

（5）涉嫌偷税（逃避缴纳税款），逃避追缴欠税，骗税，虚开、伪造、变造发票，以及其他与逃避缴纳税款相关的税收违法行为以外的检举事项，转交有处理权的单位或者部门。

2. 检举事项的督办和交办

举报中心可以税务机关或者以自己的名义向下级税务机关督办、交办检举事项。

税务局稽查局对督办案件的处理结果应当认真审查。对于事实不清、处理不当的，应当通知承办机关补充调查或者重新调查，依法处理。

3. 检举事项处理时限

举报中心应当在检举事项受理之日起 15 个工作日内完成分级分类处理，特殊情况除外。

4. 检举事项办理时限

查处部门应当在收到举报中心转来的检举材料之日起 3 个月内办理完毕；案情复杂无法在期限内办理完毕的，可以延期。

【知识点8】 检举材料的管理

1. 检举材料的管理

举报中心应当严格管理检举材料，逐件登记已受理检举事项的主要内容、办理情况和检举人、被检举人的基本情况。

已接收的检举材料原则上不予退还。

督办案件的检举材料应当专门管理，并按照规定办理督办案件材料的转送、报告等具体事项。

检举材料的保管和整理，应当按照档案管理的有关规定办理。

2. 检举材料的销毁

不予受理的检举材料，登记检举事项的基本信息和不予受理原因后，经本级稽查局负责人批准可以销毁。

暂存待查的检举材料，若在受理之日起 2 年内未收到有价值的补充材料，可以销毁。

【知识点9】 检举事项的答复

1. 检举事项的答复范围

实名检举人可以要求答复检举事项的处理情况与查处结果。实名检举人要求答复检举事项查处结果的，检举事项查结以后，举报中心可以将与检举线索有关的查处结果简要告知检举人，但不得告知其检举线索以外的税收违法行为的查处情况，不得提供执法文书及有关案情资料。

实名检举人要求答复处理情况时，应当配合核对身份；要求答复查处结果时，应当出示检举时所提供的有效身份证件。

2. 检举事项的答复方式

举报中心可以视具体情况采取口头或者书面方式答复实名检举人。

3. 检举事项的答复人

实名检举事项的处理情况，由作出处理行为的税务机关的举报中心答复。

实名检举事项的查处结果，由负责查处的税务机关的举报中心答复。

4. 检举事项的去向告知和补充建议

将检举事项督办、交办、提交或者转交的，应当告知去向；暂存待查的，应当建议检举人补充资料。

5. 12366纳税缴费服务热线的告知

12366纳税缴费服务热线接收检举事项并转交举报中心或者相关业务部门后，可以应检举人要求将举报中心或者相关业务部门反馈的受理情况告知检举人。

【知识点10】 检举事项的奖励

1. 检举事项经查证属实，为国家挽回或者减少损失的，按照财政部和国家税务总局的有关规定对实名检举人给予相应奖励。

2. 检举的税收违法行为经税务机关立案查实处理并依法将税款收缴入库后，根据案件检举时效、检举材料中提供的线索和证据详实程度、检举内容与查实内容相符程度以及收缴入库的税款数额，按照以下标准对案件检举人计发奖金：

（1）收缴入库税款数额在1亿元以上的，给予10万元以下的奖金；

（2）收缴入库税款数额在5000万元以上不足1亿元的，给予6万元以下的奖金；

（3）收缴入库税款数额在1000万元以上不足5000万元的，给予4万元以下的奖金；

（4）收缴入库税款数额在500万元以上不足1000万元的，给予2万元以下的奖金；

（5）收缴入库税款数额在100万元以上不足500万元的，给予1万元以下的奖金；

（6）收缴入库税款数额在100万元以下的，给予5000元以下的奖金。

3. 被检举人以增值税留抵税额或者多缴、应退的其他税款抵缴被查处的应纳税款，视同税款已经收缴入库。

4. 检举的税收违法行为经查实处理后没有应纳税款的，按照收缴入库罚款数额依照本知识点第2条规定的标准计发奖金。

5. 因被检举人破产或者存有符合法律、行政法规规定终止执行的条件，致使无法将税款或者罚款全额收缴入库的，按已经收缴入库税款或者罚款数额依照规定的标准计发奖金。

6. 检举虚开增值税专用发票以及其他可用于骗取出口退税、抵扣税款发票行为的，根据立案查实虚开发票填开的税额按照本知识点第 2 条规定的标准计发奖金。

7. 检举伪造、变造、倒卖、盗窃、骗取增值税专用发票以及可用于骗取出口退税、抵扣税款的其他发票行为的，按照以下标准对检举人计发奖金：

（1）查获伪造、变造、倒卖、盗窃、骗取上述发票 10000 份以上的，给予 10 万元以下的奖金；

（2）查获伪造、变造、倒卖、盗窃、骗取上述发票 6000 份以上不足 10000 份的，给予 6 万元以下的奖金；

（3）查获伪造、变造、倒卖、盗窃、骗取上述发票 3000 份以上不足 6000 份的，给予 4 万元以下的奖金；

（4）查获伪造、变造、倒卖、盗窃、骗取上述发票 1000 份以上不足 3000 份的，给予 2 万元以下的奖金；

（5）查获伪造、变造、倒卖、盗窃、骗取上述发票 100 份以上不足 1000 份的，给予 1 万元以下的奖金；

（6）查获伪造、变造、倒卖、盗窃、骗取上述发票不足 100 份的，给予 5000 元以下的奖金。

查获伪造、变造、倒卖、盗窃、骗取上述以外其他发票的，最高给予 5 万元以下的奖金；检举奖金具体数额标准及批准权限，由各省、自治区、直辖市和计划单列市税务局根据《检举纳税人税收违法行为奖励暂行办法》规定并结合本地实际情况确定。

8. 检举非法印制、转借、倒卖、变造或者伪造完税凭证行为的，按照以下标准对检举人计发奖金：

（1）查获非法印制、转借、倒卖、变造或者伪造完税凭证 100 份以上或者票面填开税款金额 50 万元以上的，给予 1 万元以下的奖金；

（2）查获非法印制、转借、倒卖、变造或者伪造完税凭证 50 份以上不足 100 份或者票面填开税款金额 20 万元以上不足 50 万元的，给予 5000 元以下的奖金；

（3）查获非法印制、转借、倒卖、变造或者伪造完税凭证不足 50 份或者票面填开税款金额 20 万元以下的，给予 2000 元以下的奖金。

9. 同一案件具有适用两种或者两种以上奖励标准情形的，分别计算检举奖金数额，但检举奖金合计数额不得超过 10 万元。

同一税收违法行为被两个或者两个以上检举人分别检举的，奖励符合规定的最先检举人。检举次序以受理检举的登记时间为准。最先检举人以外的其他检举人提供的证据对查明税收违法行为有直接作用的，可以酌情给予奖励。对前述检举人计发的奖金合计数额不得超过 10 万元。

【知识点 11】 检举管理工作中对检举人、被检举人合法权益的保护

1. 检举人不愿提供个人信息或者不愿公开检举行为的，税务机关应当予以尊重和保密。
2. 税务机关应当在职责范围内依法保护检举人、被检举人的合法权益。
3. 税务机关工作人员与检举事项或者检举人、被检举人有直接利害关系的，应当回避。

检举人有正当理由并且有证据证明税务机关工作人员应当回避的，经本级税务机关负责人或者稽查局负责人批准以后，予以回避。

4. 税务机关工作人员必须严格遵守以下保密规定：

（1）检举事项的受理、登记、处理及查处，应当依照国家有关法律、行政法规等规定严格保密，并建立健全工作责任制，不得私自摘抄、复制、扣压、销毁检举材料；

（2）严禁泄露检举人的姓名、身份、单位、地址、联系方式等情况，严禁将检举情况透露给被检举人及与案件查处无关的人员；

（3）调查核实情况和立案检查时不得出示检举信原件或者复印件，不得暴露检举人的有关信息，对匿名的检举书信及材料，除特殊情况以外，不得鉴定笔迹；

（4）宣传报道和奖励检举有功人员，未经检举人书面同意，不得公开检举人的姓名、身份、单位、地址、联系方式等情况。

【知识点 12】 检举管理工作中税务机关或者税务人员违纪违法行为的法律责任

1. 税务机关工作人员违反《税收违法行为检举管理办法》规定，将检举人的检举材料或者有关情况提供给被检举人或者与案件查处无关人员的，依法给予行政处分。
2. 税务机关工作人员打击报复检举人的，视情节和后果，依法给予行政处分；涉嫌犯罪的，移送司法机关依法处理。
3. 税务机关工作人员不履行职责、玩忽职守、徇私舞弊，给检举工作造成损失的，应当给予批评教育；情节严重的，依法给予行政处分并调离工作岗位；涉嫌犯罪的，移送司法机关依法处理。
4. 税收违法检举案件中涉及税务机关或者税务人员违纪违法问题的，应当按照规定移送有关部门依纪依法处理。

【知识点 13】 检举管理工作中检举人违纪违法行为的法律责任

检举人在检举过程中不当遵守法律、行政法规等规定；捏造、歪曲事实，不得诬告、陷害他人；损害国家、社会、集体的利益和其他公民的合法权益的，税务机关工作人员应当对检举人进行劝阻、批评和教育；经劝阻、批评和教育无效的，可以联系

有关部门依法处理。

【知识点14】《信访工作条例》中的相关规定

1. 信访事项的提出和受理

（1）公民、法人或者其他组织可以采用信息网络、书信、电话、传真、走访等形式，向各级机关、单位反映情况，提出建议、意见或者投诉请求，有关机关、单位应当依规依法处理。反映情况，提出建议、意见或者投诉请求的公民、法人或者其他组织，称信访人。任何组织和个人不得打击报复信访人。

（2）信访人在信访过程中应当遵守法律、法规，不得损害国家、社会、集体的利益和其他公民的合法权利，自觉维护社会公共秩序和信访秩序，不得有下列行为：

①在机关、单位办公场所周围、公共场所非法聚集，围堵、冲击机关、单位，拦截公务车辆，或者堵塞、阻断交通；

②携带危险物品、管制器具；

③侮辱、殴打、威胁机关、单位工作人员，非法限制他人人身自由，或者毁坏财物；

④在信访接待场所滞留、滋事，或者将生活不能自理的人弃留在信访接待场所；

⑤煽动、串联、胁迫、以财物诱使、幕后操纵他人信访，或者以信访为名借机敛财；

⑥其他扰乱公共秩序、妨害国家和公共安全的行为。

（3）党委和政府信访部门以外的其他机关、单位收到信访人直接提出的信访事项，应当予以登记；对属于本机关、单位职权范围的，应当告知信访人接收情况以及处理途径和程序；对属于本系统下级机关、单位职权范围的，应当转送、交办有权处理的机关、单位，并告知信访人转送、交办去向；对不属于本机关、单位或者本系统职权范围的，应当告知信访人向有权处理的机关、单位提出。

对信访人直接提出的信访事项，有关机关、单位能够当场告知的，应当当场书面告知；不能当场告知的，应当自收到信访事项之日起15日内书面告知信访人，但信访人的姓名（名称）、住址不清的除外。

对党委和政府信访部门或者本系统上级机关、单位转送、交办的信访事项，属于本机关、单位职权范围的，有关机关、单位应当自收到之日起15日内书面告知信访人接收情况以及处理途径和程序；不属于本机关、单位或者本系统职权范围的，有关机关、单位应当自收到之日起5个工作日内提出异议，并详细说明理由，经转送、交办的信访部门或者上级机关、单位核实同意后，交还相关材料。

（4）各级机关、单位对可能造成社会影响的重大、紧急信访事项和信访信息，应当及时报告本级党委和政府，通报相关主管部门和本级信访工作联席会议办公室，在职责范围内依法及时采取措施，防止不良影响的产生、扩大。地方各级党委和政府信访部门接到重大、紧急信访事项和信访信息，应当向上一级信访部门报告，同时报告国家信访局。

2. 信访事项的办理

（1）各级机关、单位及其工作人员应当根据各自职责和有关规定，按照诉求合理的解决问题到位、诉求无理的思想教育到位、生活困难的帮扶救助到位、行为违法的依法处理的要求，依法按政策及时就地解决群众合法合理诉求，维护正常信访秩序。

（2）各级机关、单位及其工作人员办理信访事项，应当恪尽职守、秉公办事，查明事实、分清责任，加强教育疏导，及时妥善处理，不得推诿、敷衍、拖延。各级机关、单位应当按照诉讼与信访分离制度要求，将涉及民事、行政、刑事等诉讼权利救济的信访事项从普通信访体制中分离出来，由有关政法部门依法处理。各级机关、单位工作人员与信访事项或者信访人有直接利害关系的，应当回避。

（3）信访事项应当自受理之日起 60 日内办结；情况复杂的，经本机关、单位负责人批准，可以适当延长办理期限，但延长期限不得超过 30 日，并告知信访人延期理由。

（4）各级机关、单位应当坚持社会矛盾纠纷多元预防调处化解，人民调解、行政调解、司法调解联动，综合运用法律、政策、经济、行政等手段和教育、协商、疏导等办法，多措并举化解矛盾纠纷。

3. 监督和追责

（1）因下列情形之一导致信访事项发生，造成严重后果的，对直接负责的主管人员和其他直接责任人员，依规依纪依法严肃处理；构成犯罪的，依法追究刑事责任：

①超越或者滥用职权，侵害公民、法人或者其他组织合法权益；

②应当作为而不作为，侵害公民、法人或者其他组织合法权益；

③适用法律、法规错误或者违反法定程序，侵害公民、法人或者其他组织合法权益；

④拒不执行有权处理机关、单位作出的支持信访请求意见。

（2）有关机关、单位及其领导干部、工作人员有下列情形之一的，由其上级机关、单位责令改正；造成严重后果的，对直接负责的主管人员和其他直接责任人员依规依纪依法严肃处理；构成犯罪的，依法追究刑事责任：

①对待信访人态度恶劣、作风粗暴，损害党群干群关系；

②在处理信访事项过程中吃拿卡要、谋取私利；

③对规模性集体访、负面舆情等处置不力，导致事态扩大；

④对可能造成社会影响的重大、紧急信访事项和信访信息隐瞒、谎报、缓报，或者未依法及时采取必要措施；

⑤将信访人的检举、揭发材料或者有关情况透露、转给被检举、揭发的人员或者单位;

⑥打击报复信访人;

⑦其他违规违纪违法的情形。

(3) 信访人滋事扰序、缠访闹访情节严重,构成违反治安管理行为的,或者违反集会游行示威相关法律法规的,由公安机关依法采取必要的现场处置措施、给予治安管理处罚;构成犯罪的,依法追究刑事责任。信访人捏造歪曲事实、诬告陷害他人,构成违反治安管理行为的,依法给予治安管理处罚;构成犯罪的,依法追究刑事责任。

三 重大税收违法失信主体信息公布管理制度

【知识点1】 重大税收违法失信主体信息公布管理的原则

重大税收违法失信主体信息公布管理应当遵循依法行政、公平公正、统一规范、审慎适当的原则。

各级税务机关应当依法保护税务行政相对人合法权益,对重大税收违法失信主体信息公布管理工作中知悉的国家秘密、商业秘密或者个人隐私、个人信息,应当依法予以保密。

【知识点2】 重大税收失信主体

重大税收违法失信主体(以下简称失信主体)是指有下列情形之一的纳税人、扣缴义务人或者其他涉税当事人(以下简称当事人):

(1) 伪造、变造、隐匿、擅自销毁账簿、记账凭证,或者在账簿上多列支出或者不列、少列收入,或者经税务机关通知申报而拒不申报或者进行虚假的纳税申报,不缴或者少缴应纳税款100万元以上,且任一年度不缴或者少缴应纳税款占当年各税种应纳税总额10%以上的,或者采取前述手段,不缴或者少缴已扣、已收税款,数额在100万元以上的;

(2) 欠缴应纳税款,采取转移或者隐匿财产的手段,妨碍税务机关追缴欠缴的税款,欠缴税款金额100万元以上的;

(3) 骗取国家出口退税款的;

(4) 以暴力、威胁方法拒不缴纳税款的;

(5) 虚开增值税专用发票或者虚开用于骗取出口退税、抵扣税款的其他发票的;

(6) 虚开增值税普通发票100份以上或者金额400万元以上的;

(7) 私自印制、伪造、变造发票,非法制造发票防伪专用品,伪造发票监制章的;

(8) 具有偷税、逃避追缴欠税、骗取出口退税、抗税、虚开发票等行为,在稽查案件执行完毕前，不履行税收义务并脱离税务机关监管，经税务机关检查确认走逃（失联）的；

（9）为纳税人、扣缴义务人非法提供银行账户、发票、证明或者其他方便，导致未缴、少缴税款 100 万元以上或者骗取国家出口退税款的；

（10）税务代理人违反税收法律、行政法规造成纳税人未缴或者少缴税款 100 万元以上的；

（11）其他性质恶劣、情节严重、社会危害性较大的税收违法行为。

【知识点 3】 失信主体的确定时点

税务机关对当事人依法作出《税务行政处罚决定书》，当事人在法定期限内未申请行政复议、未提起行政诉讼，或者申请行政复议，行政复议机关作出行政复议决定后，在法定期限内未提起行政诉讼，或者人民法院对税务行政处罚决定或行政复议决定作出生效判决、裁定后，达到【知识点 2】重大税收失信主体所列情形之一的，税务机关确定其为失信主体。

对移送公安机关的当事人，税务机关在移送时已依法作出《税务处理决定书》，未作出《税务行政处罚决定书》的，当事人在法定期限内未申请行政复议、未提起行政诉讼，或者申请行政复议，行政复议机关作出行政复议决定后，在法定期限内未提起行政诉讼，或者人民法院对税务处理决定或行政复议决定作出生效判决、裁定后，达到【知识点 2】重大税收失信主体所列情形之一的，税务机关确定其为失信主体。

【知识点 4】 失信主体的确定程序

1. 送达告知文书

税务机关应当在作出确定失信主体决定前向当事人送达告知文书，告知其依法享有陈述、申辩的权利。告知文书应当包括以下内容：

（1）当事人姓名或者名称、有效身份证件号码或者统一社会信用代码、地址。没有统一社会信用代码的，以税务机关赋予的纳税人识别号代替。

（2）拟确定为失信主体的事由、依据。

（3）拟向社会公布的失信信息。

（4）拟通知相关部门采取失信惩戒措施提示。

（5）当事人依法享有的相关权利。

（6）其他相关事项。

对纳入纳税信用评价范围的当事人，还应当告知其拟适用 D 级纳税人管理措施。

2. 听取陈述、申辩意见

当事人在税务机关告知后 5 日内，可以书面或者口头提出陈述、申辩意见。当事人口头提出陈述、申辩意见的，税务机关应当制作陈述申辩笔录，并由当事人签章。

税务机关应当充分听取当事人陈述、申辩意见，对当事人提出的事实、理由和证据进行复核。当事人提出的事实、理由或者证据成立的，应当采纳。

3. 制作并送达失信主体确定文书

经设区的市、自治州以上税务局局长或者其授权的税务局领导批准，税务机关在【知识点3】规定的申请行政复议或提起行政诉讼期限届满，或者行政复议决定、人民法院判决或裁定生效后，于30日内制作失信主体确定文书，并依法送达当事人。失信主体确定文书应当包括以下内容：

（1）当事人姓名或者名称、有效身份证件号码或者统一社会信用代码、地址。没有统一社会信用代码的，以税务机关赋予的纳税人识别号代替。

（2）确定为失信主体的事由、依据。

（3）向社会公布的失信信息提示。

（4）相关部门采取失信惩戒措施提示。

（5）当事人依法享有的相关权利。

（6）其他相关事项。

对纳入纳税信用评价范围的当事人，还应当包括适用D级纳税人管理措施提示。

上述规定的时限不包括因其他方式无法送达，公告送达告知文书和确定文书的时间。

【知识点5】 失信主体的信息公布

1. 失信主体的信息公布时点和公布内容

税务机关应当在失信主体确定文书送达后的次月15日内，向社会公布下列信息：

（1）失信主体基本情况；

（2）失信主体的主要税收违法事实；

（3）税务处理、税务行政处罚决定及法律依据；

（4）确定失信主体的税务机关；

（5）法律、行政法规规定应当公布的其他信息。

对依法确定为国家秘密的信息，法律、行政法规禁止公开的信息，以及公开后可能危及国家安全、公共安全、经济安全、社会稳定的信息，税务机关不予公开。

税务机关按照规定向社会公布失信主体基本情况。失信主体为法人或者其他组织的，公布其名称、统一社会信用代码（纳税人识别号）、注册地址以及违法行为发生时的法定代表人、负责人或者经人民法院生效裁判确定的实际责任人的姓名、性别及身份证件号码（隐去出生年、月、日号码段）；失信主体为自然人的，公布其姓名、性别、身份证件号码（隐去出生年、月、日号码段）。

经人民法院生效裁判确定的实际责任人，与违法行为发生时的法定代表人或者负责人不一致的，除有证据证明法定代表人或者负责人有涉案行为外，税务机关只向社会公布实际责任人信息。

2. 失信主体的公布途径

税务机关应当通过国家税务总局各省、自治区、直辖市、计划单列市税务局网站向社会公布失信主体信息，根据本地区实际情况，也可以通过税务机关公告栏、报纸、广播、电视、网络媒体等途径以及新闻发布会等形式向社会公布。

国家税务总局归集各地税务机关确定的失信主体信息，并提供至"信用中国"网站进行公开。

3. 失信主体可以事先不公布的情形

下列情形的失信主体，在失信信息公布前按照《税务处理决定书》《税务行政处罚决定书》缴清税款、滞纳金和罚款的，经税务机关确认，不向社会公布其相关信息。

（1）伪造、变造、隐匿、擅自销毁账簿、记账凭证，或者在账簿上多列支出或者不列、少列收入，或者经税务机关通知申报而拒不申报或者进行虚假的纳税申报，不缴或者少缴应纳税款100万元以上，且任一年度不缴或者少缴应纳税款占当年各税种应纳税总额10%以上的，或者采取前述手段，不缴或者少缴已扣、已收税款，数额在100万元以上的。

（2）欠缴应纳税款，采取转移或者隐匿财产的手段，妨碍税务机关追缴欠缴的税款，欠缴税款金额100万元以上的。

（3）具有偷税、逃避追缴欠税行为，在稽查案件执行完毕前，不履行税收义务并脱离税务机关监管，经税务机关检查确认走逃（失联）的。

【知识点6】 失信主体的联合惩戒

1. 税务机关对确定的失信主体，纳入纳税信用评价范围的，按照纳税信用管理规定，将其纳税信用级别判为D级，适用相应的D级纳税人管理措施。

2. 对按规定向社会公布信息的失信主体，税务机关将失信信息提供给相关部门，由相关部门依法依规采取失信惩戒措施。

【知识点7】 失信主体的停止信息公布

失信主体信息自公布之日起满3年的，税务机关在5日内停止信息公布。

【知识点8】 失信主体的提前停止公布

1. 可以申请提前停止公布失信信息的情形

失信信息公布期间，符合下列条件之一的，失信主体或者其破产管理人可以向作出确定失信主体决定的税务机关申请提前停止公布失信信息：

（1）按照《税务处理决定书》《税务行政处罚决定书》缴清（退）税款、滞纳金、罚款，且失信主体失信信息公布满 6 个月的；申请人应当提交停止公布失信信息申请表、诚信纳税承诺书。

（2）失信主体破产，人民法院出具批准重整计划或认可和解协议的裁定书，税务机关依法受偿的；申请人应当提交停止公布失信信息申请表，人民法院出具的批准重整计划或认可和解协议的裁定书。

（3）在发生重大自然灾害、公共卫生、社会安全等突发事件期间，因参与应急抢险救灾、疫情防控、重大项目建设或者履行社会责任作出突出贡献的，申请人应当提交停止公布失信信息申请表、诚信纳税承诺书以及省、自治区、直辖市、计划单列市人民政府出具的有关材料。

2. 申请提前停止公布失信信息的程序

（1）税务机关应当自收到申请之日起 2 日内作出是否受理的决定。申请材料齐全、符合法定形式的，应当予以受理，并告知申请人。不予受理的，应当告知申请人，并说明理由。

（2）受理申请后，税务机关应当及时审核。属于按照《税务处理决定书》《税务行政处罚决定书》缴清（退）税款、滞纳金、罚款，且失信主体失信信息公布满 6 个月情形的，经设区的市、自治州以上税务局局长或者其授权的税务局领导批准，准予提前停止公布；属于其他可以申请提前停止公布失信信息的情形，经省、自治区、直辖市、计划单列市税务局局长或者其授权的税务局领导批准，准予提前停止公布。

（3）税务机关应当自受理之日起 15 日内作出是否予以提前停止公布的决定，并告知申请人。对不予提前停止公布的，应当说明理由。

3. 不予提前停止公布的情形

失信主体有下列情形之一的，不予提前停止公布：

（1）被确定为失信主体后，因发生偷税、逃避追缴欠税、骗取出口退税、抗税、虚开发票等税收违法行为受到税务处理或者行政处罚的；

（2）5 年内被确定为失信主体两次以上的。

申请人按《重大税收违法失信主体管理办法》第十八条第二项规定（失信主体破产，人民法院出具批准重整计划或认可和解协议的裁定书）申请提前停止公布的，不受前述规定限制。

4. 提前停止信息公布的时点

税务机关作出准予提前停止公布决定的，应当在 5 日内停止信息公布。

5. 信用培训

税务机关可以组织申请提前停止公布的失信主体法定代表人、财务负责人等参加信用培训，开展依法诚信纳税教育。信用培训不得收取任何费用。

四 部门协作机制

【知识点 1】 部门协作机制

部门协作，是指稽查局与外部政府机关、执法机关、司法机关、银行、证券等部门之间就信息共享、案件查处等方面进行沟通协调，形成合力，共同打击税收违法犯罪行为，推进税收共治格局构建。部门协作包括税警协作、司法协作、税银协作、其他协作等。

【知识点 2】 多部门联合打击涉税违法犯罪机制

1. 四部门联合打击"三假"专项行动

国家税务总局、公安部、海关总署、人民银行 2018 年 8 月启动打击"三假"（"假企业""假出口""假申报"）专项行动，2021 年 10 月建立常态化联合打击虚开骗税工作机制，深化行政与司法机关的协同配合。

通过强力打击，破获了一大批大要案件，打掉了一大批虚开骗税团伙，一度猖獗的虚开骗税势头得到有效遏制；通过强力整治，一些重点行业、重点地区虚开骗税严重的局面得到了扭转，重点领域案发率呈下降趋势；通过强力护航，减税降费政策得到有效落实，使政策红利更好地惠及守法经营企业；通过强力夯基，形成了一大批管用实用的措施、机制和制度，构筑起事前防、事中阻、事后打的立体防控体系。各相关部门坚持密切配合、协同共治，创新战法、深查严打，不断优化执法方式，有效提升了防范和打击"三假"涉税违法犯罪行为的能力。

2. 六部门常态化打击"三假"和骗取留抵退税违法犯罪工作

在四部门专项打击的基础上，新增最高人民检察院、国家外汇管理局加入联合打击工作机制。2022 年，六部门联合印发了《关于做好常态化打击虚开骗税违法犯罪工作的指导意见》，在联合选案、案件查办、案件移送等方面密切协作，加强跨地区联动协作、部门间协同配合和工作沟通交流推进，充分发挥联合打击机制的聚合效应，不断提升打击的综合效能。

3. 七部门联合打击涉税违法犯罪机制

在六部门联合打击的基础上，新增了最高人民法院加入工作机制。2023 年 7 月 3 日，税务总局、公安部、最高人民检察院、最高人民法院、海关总署、中国人民银行、国家外汇局在北京召开全国七部门联合打击涉税违法犯罪工作推进会议。

会议强调，各部门要以深入开展学习贯彻习近平新时代中国特色社会主义思想主题教育为契机，全面对标对表党中央、国务院决策部署，紧紧依靠各级党委、政府，持续健全完善协作机制，凝聚更强合力，务求长治长效，在协同联动、数据赋能、精准打击、以打促治上再上新台阶，特别是要精准打击"假企业""假出口""假申报"，精准打击行业性、区域性重大案件和职业化犯罪团伙，精准打击主犯、累犯和内外勾结犯罪分子，着力推进营造法治公平的营商环境，努力在服务高质量发展中开新局、建新功，为推进国家治理体系和治理能力现代化作出更大贡献。

4. 八部门联合打击涉税违法犯罪机制

在七部门联合打击的基础上，新增了市场监管总局加入工作机制。2024年2月27日，税务总局、公安部、最高人民法院、最高人民检察院、中国人民银行、海关总署、市场监管总局、国家外汇局在北京召开全国八部门联合打击涉税违法犯罪工作推进会议。会议指出，2023年常态化打击涉税违法犯罪工作机制持续完善，跨部门协作进一步拓展深化，有力健全了从行政执法到刑事司法全链条、一体化打击涉税违法犯罪的工作新格局。

会议强调，各部门要坚持以习近平新时代中国特色社会主义思想为指导，持续深入学习领会习近平总书记重要指示批示精神，自觉站在坚定捍卫"两个确立"、坚决做到"两个维护"的政治高度，全面贯彻党中央、国务院决策部署，紧紧依靠各级党委、政府支持，牢牢把握好形势任务、职责定位、策略战法、工作要求，持续深化完善联合打击工作机制，依法严厉打击涉税违法犯罪行为，充分发挥保障国家税收安全、保障经济运行秩序、保障社会公平正义的职能作用，持续提升八部门联合打击涉税违法犯罪工作质效，更好营造法治环境，更好服务高质量发展，为推进国家治理体系和治理能力现代化作出新的更大贡献。